왕의 어머니가 된
일곱 후궁

총괄 옥영정(장서각 관장)
주관 정은주(왕실문헌연구실장)
기획 왕실문헌연구실
원고 김윤정
논고 정해득, 이미선
교정 왕실문헌연구실(정은주, 김덕수, 김우진, 박진성, 박철민, 하은미, 조희연)
전시진행 하은미, 조희연
자료출납 자료보존관리팀(김기태, 이재준, 임지영, 김민현, 박하늘), 왕실문헌연구실(김하영)
보존처리 자료보존관리팀(김나형, 김예인, 성연심, 신이나, 최점복)
사진촬영 C.G.photo(강영호), 자료보존관리팀(김샘, 김다운)

사진협조 고려대학교박물관
국가유산청 궁능유적본부
국립고궁박물관
국립중앙박물관
서울공예박물관
서울대학교 규장각한국학연구원
숙명여자고등학교
전주이씨 대동종약원

일러두기

- 이 책은 2025년 장서각 기획전 〈칠궁, 왕의 어머니가 된 일곱 후궁〉(2025. 9. 22. ~ 2026. 6. 26.)〉의 도록이다.
- 자료 설명은 자료 명칭(한글, 한자), 연대, 수량, 판종, 크기(세로×가로)cm, 청구기호(소장처), 문화유산 지정사항, 설명 순서로 실었다.
- 작성·간행연대의 경우, 고문서는 작성연대, 고서는 간행연도를 표기하였다.
- 한국학중앙연구원 장서각 소장자료는 '청구기호'로 표기하였고, 타 기관 소장자료는 기관명칭으로 표기하였다.
- 본문 가운데 책 제목은『 』, 글 제목은「 」, 작품 제목은《 》나 〈 〉, 인용한 구절은 " "로 표기하였다.

• 2025년 장서각 기획전 •

왕의 어머니가 된
일곱 후궁

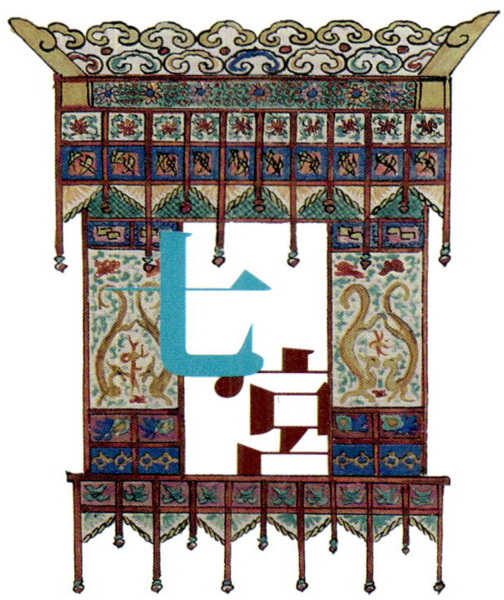

한국학중앙연구원 藏書閣
THE ACADEMY OF KOREAN STUDIES

인사말

한국학중앙연구원 장서각은 조선 왕실과 민간 사대부의 고문헌 20여만 점을 소장한 아카이브로서, 고문헌의 연구와 보존 및 대중화에 앞장서고 있습니다. 지난 40여 년간 장서각은 왕실과 민간의 고문헌을 소개하는 다양한 전시 컬렉션을 구축해 왔습니다. 축적된 연구 성과를 기반으로 새로운 전시 주제를 발굴하고, 대중과의 소통을 통해 고문헌의 가치를 널리 알리고자 노력하고 있습니다.

이번 기획전은 왕의 어머니가 된 일곱 후궁과 그 사당인 칠궁七宮을 주제로 마련되었습니다. 칠궁은 후궁 출신으로 종묘에 모실 수 없었던 왕의 생모를 위해 별도로 조성된 왕실 사당으로, 어머니를 추모하는 아들의 효심이 깃든 공간입니다. 독립된 일곱 사당은 일제강점기를 거치며 육상궁毓祥宮 영역에 합사되어 '칠궁'으로 통칭되었습니다. 현재 청와대 인근에 위치한 칠궁은 한국 근현대사의 격동 속에서 왜곡되고 축소된 모습으로 남아 있습니다.

장서각에 소장된 방대한 문헌자료는 칠궁의 원형과 역사적 의미를 복원할 수 있는 중요한 기반이 됩니다. 칠궁의 다양한 고문헌은 1964년에 문화재관리국 창경원사무실로 이관되었고, 문화재관리국 장서각사무소를 거쳐 1981년 한국학중앙연구원의 전신인 한국정신문화연구원으로 이관되었습니다. 이에 따라 현재 장서각은 칠궁에서 전래된 고문헌의 대부분을 관리하고 있습니다. 또한 장서각에 소장된 창덕궁 봉모당의 모훈서謨訓書, 선원각의 왕실 보첩譜牒 및 적상산사고의 의궤와 등록 등을 통해서도 다양한 칠궁 관련 자료를 확인할 수 있습니다.

장서각은 '칠궁 아카이브'로서의 책임감을 갖고 칠궁을 재조명하는 노력을 지속하고자 합니다. 풍부한 자료를 토대로 칠궁에 깃든 사람들의 이야기와 기록을 살펴봄으로써, 다양한 왕실 서사의 공간으로 확장될 수 있을 것입니다. 특히 청와대 재이전을 앞둔 현 시점에서, 종묘와 더불어 주목해야 할 칠궁의 위상을 확인하고 국가유산으로서의 가치를 재정립하기 위한 폭넓은 공감과 소통이 필요합니다. 이번 전시가 칠궁에 대한 관심을 높이고, 그 역사적 의미를 공유하는 소중한 기회가 되기를 바랍니다.

2025년 9월

장서각 관장

전시개요

칠궁七宮은 왕을 낳았으나 왕후가 되지 못한 일곱 후궁을 모신 사당으로, 조선의 유교적 제례 질서 속에서 종묘에 들지 못한 후궁들을 위해 별도로 조성된 공간입니다. 인빈 김씨의 저경궁, 희빈 장씨의 대빈궁, 숙빈 최씨의 육상궁, 정빈 이씨의 연호궁, 영빈 이씨의 선희궁, 유빈 박씨의 경우궁, 황귀비 엄씨의 덕안궁으로 구성되며, 원래는 각각 독립된 공간에 있었으나 1908년 육상궁 영역에 합설된 뒤, 1929년 덕안궁을 이안하면서 '칠궁'이라는 명칭으로 통합되었습니다.

왕의 생모인 후궁의 사당이 '궁'으로 자리 잡게 된 것은 영조가 마련한 궁원제宮園制를 통해서였습니다. 유교적 정통성과 군주의 효를 동시에 실현하고자 했던 영조는 숙빈을 왕후로 추존하는 대신 그녀의 신분을 고려한 새로운 효의 방식을 모색했습니다. 이에 따라 시호를 올리고 궁원제를 선포했으며 『궁원식례』를 편찬해 종묘·왕릉과 구별되는 궁·원의 제도를 정비하였습니다. 이 궁원제는 칠궁 성립의 제도적 기반이 되었으며, 각 궁의 형성과 위상은 당시의 정치적·시대적 맥락에 따라 다채롭게 전개되었습니다.

이번 기획전에서는 칠궁의 성립과 그 변화의 흐름을 역사적 맥락에서 입체적으로 조명하였습니다. 이를 위해 장서각에 소장된 문헌자료를 엄선하여 Ⅰ장은 영조의 사모곡으로 상징되는 육상궁, Ⅱ장은 궁원제의 명암으로 대비되는 저경궁과 대빈궁, Ⅲ장은 정조의 차등적 궁원제를 반영한 연호궁과 선희궁, Ⅳ장은 순조의 애통함이 스며있는 경우궁, 그리고 Ⅴ장은 일제강점기 궁원제의 쇠락을 보여주는 덕안궁으로 구성하였습니다.

이를 통해 일제강점기의 무리한 합사와 현대사의 질곡 속에서 축소된 칠궁을 넘어, 그 안에 깃든 후궁들의 삶과 역사적 층위를 복원하고자 합니다. 잊혀진 사람과 공간의 역사를 다시 마주하는 계기가 되기를 기대합니다.

2025년 9월

장서각 왕실문헌연구실

도성 내 칠궁의 위치

연번	궁호	인물	건립 시기	원 위치	현재 주소
❶	육상궁	숙빈 최씨	1725년(영조 1)	북부 순화방	종로구 궁정동
❷	저경궁	인빈 김씨	1755년(영조 31)	남부 회현방	중구 남대문로
❸	대빈궁	희빈 장씨	1723년(경종 3)	중구 경행방	종로구 낙원동
❹	연호궁	정빈 이씨	1725년(영조 1)	북부 순화방	종로구 궁정동
❺	선희궁	영빈 이씨	1764년(영조 40)	북부 순화방	종로구 궁정동
❻	경우궁	유빈 박씨	1824년(순조 24)	북부 광화방	종로구 계동
❼	덕안궁	황귀비 엄씨	1911년	덕수궁 경내→남부 명례방	중구 태평로

차례

昭寧園

I

육상궁, 영조의 사모곡

1726년영조 2 11월 6일, 영조는 6년 만에 어머니 숙빈 최씨의 신주를 마주하고 깊은 회한에 잠겼다. 숙빈은 1718년숙종 44 3월 9일에 아들인 연잉군의 사저에서 숨을 거두었고, 연잉군은 정성을 다해 상례를 주관하며 제사를 모셨다. 그러나 1721년경종 1 연잉군이 왕세제로 책봉되어 왕통의 계승자가 되면서, 더 이상 어머니의 제사를 지낼 수 없었다. 이에 숙빈 신주에 봉사자로 기재된 연잉군의 이름은 삭제되었다. 영조가 즉위하면서, 숙빈은 왕의 생모인 사친私親으로 예우받게 되었다. 이에 경복궁 북쪽 순화방에 숙빈의 사당인 숙빈묘淑嬪廟가 조성되었고, 양주의 묘소에는 신도비神道碑가 건립되었다. 그러나 숙빈묘가 완공된 이후에도, 영조는 경종의 삼년상을 마친 뒤 종묘에 신주를 모시고 나서야 비로소 숙빈묘에 거둥할 수 있었다.

이후 영조는 효를 다하기 위해 숙빈묘에 자주 행차했고, 직접 제사를 올리는 친제親祭를 시도했다. 사적인 의례가 지나치다는 신하들의 비판에 대응하여, 영조는 "사적인 일 속에도 공적인 것이 있다[私之中有公]."는 논리를 내세우며 공적 의례의 정비를 선언했다. 이에 1744년영조 20, 숙빈 제사의 축식祝式을 제정하고, 묘호廟號 · 묘호墓號를 육상毓祥 · 소령昭寧으로 정했다. 9년 뒤인 1753년영조 29에는 숙빈에게 '화경和敬'을 시호諡號로 올리고 궁원제宮園制를 선포하면서, 육상묘 · 소령묘는 육상궁 · 소령원으로 승격되었다. 영조는 숙빈을 왕후로 추숭하지 않으면서 효를 다하는 방식으로 시호의 정당성을 강조했다. 시호를 근거로 사친 후궁을 위한 궁원제를 정비했고, 『궁원식례』를 편찬하여 공식적으로 제도화했다.

영조는 이후 육상궁에 3차례 시호를 추가로 올렸고, 숙빈은 '화경휘덕안순수복和敬徽德安純綏福'이라는 8자의 시호를 갖게 되었다. 영조는 시호를 올리는 의식으로 시책諡冊과 시인諡印을 갖춘 상시책인의上諡冊印儀를 창안했는데, 숙빈의 지위에 맞춰 정통과의 차등을 고려한 것이었다. 상시책인의는 숙종과 인원왕후 등에게 존호를 올리는 의식과 함께 진행되면서, 숙빈은 왕실 조상으로서의 위상을 확보할 수 있었다. 또한 새로운 시호를 반영한 『팔고조도八高祖圖』를 제작하여 육상궁에 봉안하는 의례가 거행되었다. 이러한 과정을 통해 육상궁은 왕실의 의례와 추모의 공간으로 자리매김되었다.

숙빈 최씨(淑嬪崔氏, 1670~1718): 숙종의 후궁, 영조의 어머니

연도	생애와 주요 사건
1670년(현종 11)	출생. 해주 최씨. 부父 최효원崔孝元, 모母 남양 홍씨
1676년(숙종 2)	7세, 입궁
1692년(숙종 18)	23세, 숙종과 궁인 최씨 만남
1693년(숙종 19)	24세, 종4품 숙원으로 책봉, 첫 아들 영수永壽 출산
1694년(숙종 20)	종2품 숙의로 책봉, 둘째 아들 금昑 출산
1695년(숙종 21)	26세, 종1품 귀인으로 책봉
1699년(숙종 25)	30세, 정1품 숙빈淑嬪이 됨, 금昑이 연잉군延礽君으로 책봉
1718년(숙종 44)	49세, 숙빈 최씨 사망, 양주 고령동 옹장리 장사
1725년(영조 1)	숙빈 최씨 신도비 세움, 숙빈묘淑嬪廟 완성
1744년(영조 20)	인빈 김씨, 숙빈 최씨 3대 추증, 육상묘毓祥廟와 소령묘昭寧墓 추봉
1753년(영조 29)	시호: 화경和敬, 묘호廟號: 육상궁毓祥宮, 원호園號: 소령원昭寧園으로 승격
1755년(영조 31)	시호 '휘덕徽德' 추가
1772년(영조 48)	시호 '안순安純' 추가
1776년(영조 52)	시호 '수복'을 추가해 '화경휘덕안순수복숙빈和敬徽德安純綏福淑嬪'

* 이하 후궁의 연표는 이미선(한국학중앙연구원 연구교수)의 자료를 참고로 작성하였음.

육상궁 · 연호궁 전경

육상궁·연호궁 현판

육상궁 감실

육상궁 신주

01

최숙의 호산청일기

崔淑儀護産廳日記

1694년(숙종 20)
1책, 필사본, 40.0×28.0㎝
K2-3619

1694년 숙빈 최씨가 영조를 출산할 당시 설치된 호산청의 활동 내용을 기록한 일기이다. 숙빈의 출산을 위해 세 차례 호산청이 설치되면서, 1693년 9월 『최숙원방호산청일기崔淑媛房護産廳日記』, 1694년 8월 『최숙의방호산청일기崔淑儀房護産廳日記』, 1698년 7월 『최귀인방호산청일기崔貴人房護産廳日記』가 편찬되었다. 숙빈이 종4품 숙원, 종2품 숙의, 종1품 귀인의 신분으로 숙종의 3남, 4남, 5남을 출산하면서, 숙빈의 품계 변화에 따라 제목을 달리한 것이다. 숙종의 4남인 영조만이 장성했고, 3남과 5남은 어려서 사망했다.

호산청은 후궁의 출산을 돕기 위한 임시 관청으로, 출산 예정 1개월 전에 설치되었다. 3개월 전에 설치되는 왕비의 산실청과는 직제와 규모에서 차이가 있었으나, 제공되는 물품이나 약물 및 운영 방식은 동일했다. 일기에는 호산청 설치와 담당자 차출, 산실 마련 과정, 산통 시작 후의 음식과 약물 제공, 출산 후 산모와 아기 관리 상황 등이 일자별로 기록되어 있다. 매일 산모와 아기의 건강 상태, 식사, 약물 처방 등이 정리되었으며, 국왕 숙종에게 보고하고 재가를 받는 절차를 따랐다. 8월 12일 호산청을 설치한 후 9월 13일 아들[男阿只氏], 즉 영조가 태어났고, 7일째 되는 날인 9월 19일 무병장수를 기원하는 권초제捲草祭가 거행되었다. 권초제를 끝으로 호산청은 해체되고 관원들에 대한 포상이 이루어졌다.

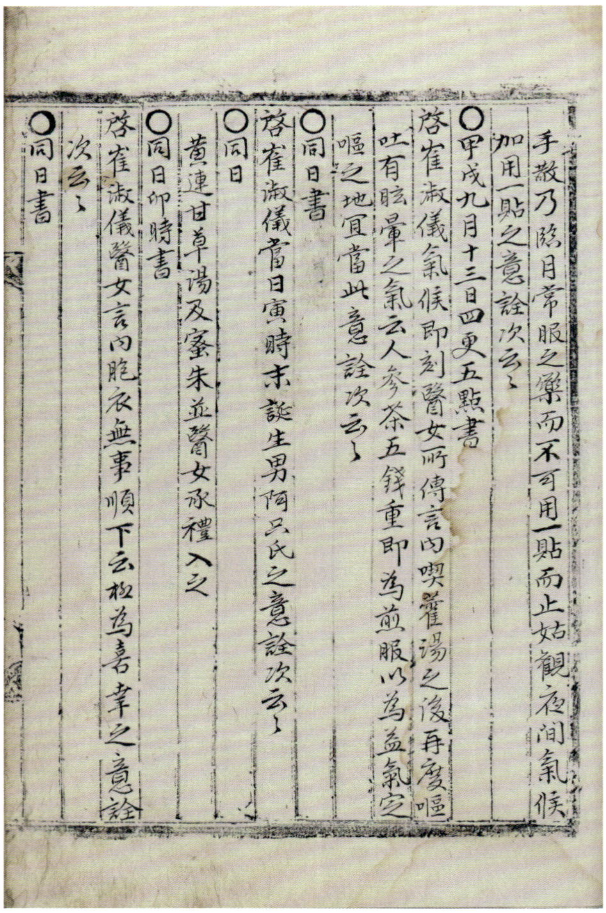

手敎乃臨月常服之藥而不可用一貼而止姑觀夜間氣候
加用一貼之意詮次云云
○甲戌九月十三日四更五點書
啓崔淑儀氣候卽刻醫女所傳言內喫藿湯之後再度嘔
吐有眩暈之氣云人參茶五錢重卽爲煎服以爲益氣定
嘔之地宜當此意詮次云云
○同日書
啓崔淑儀當日寅時末誕生男阿只氏之意詮次云云
○同日
黃連甘草湯及鎭朱並醫女承禮入之
○同日卯時書
啓崔淑儀醫女言內胞衣無事順下云極爲喜幸之意詮
次云云
○同日書

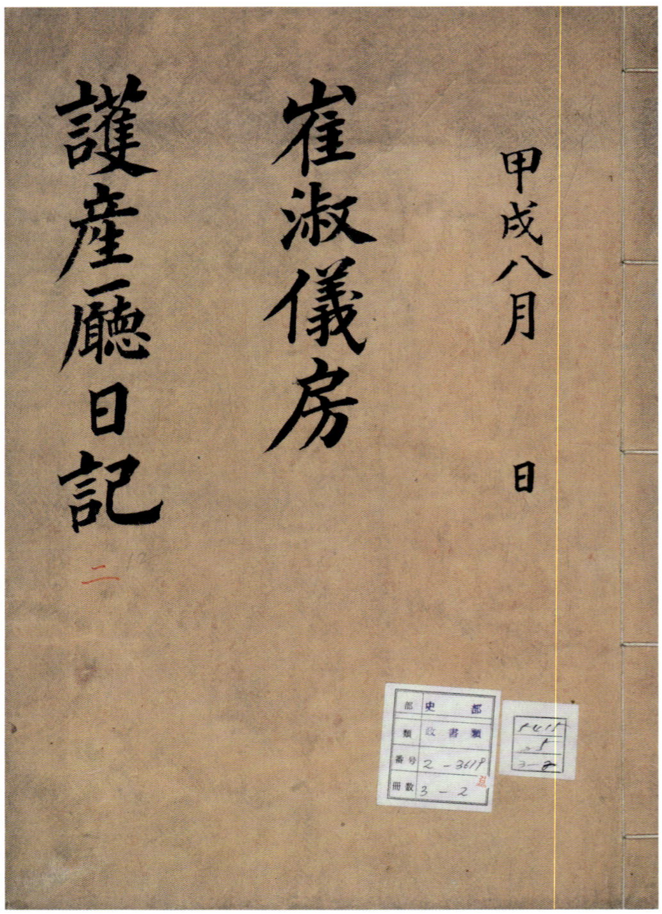

崔淑儀房
護産廳日記
甲戌八月 日

02

숙빈방 인장

淑嬪房印章

1699년(숙종 25) 이후
놋쇠, 7.8×6.5㎝
국립고궁박물관

숙빈 최씨의 궁방인 숙빈방淑嬪房에서 사용했던 놋쇠 인장이다. 1699년 10월 23일에 귀인 최씨가 빈의 품계를 받아 숙빈淑嬪으로 봉해지면서, 숙빈방이 운영되었다. 인장의 손잡이는 방울이 달린 목걸이를 한 동물사자 또는 해태로 추정이 정면을 바라보고 앉아 있는 모습이며, 인면에 '숙빈방淑嬪房' 세 글자가 새겨져 있다.

03

무술점차일기

戊戌苫次日記

1718년(숙종 44)
1책, 필사본, 25.1×18.0㎝
K2-2948

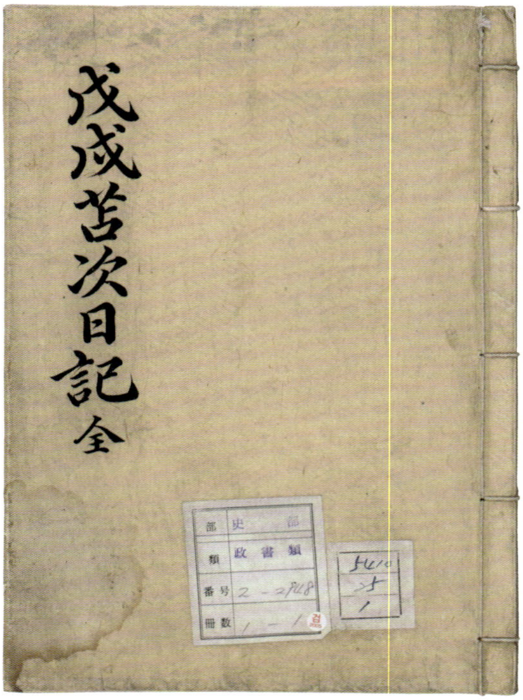

1718년 3~5월에 연잉군이 숙빈 최씨의 상장례 과정을 기록한 일기이다. '점차'는 '거적자리'로, 상주喪主의 거처를 의미한다. 숙빈은 무술년인 1718년 3월 9일에 장동壯洞의 연잉군 사저인 창의궁彰義宮에서 요양 중에 사망했다. 영조는 연잉군의 신분으로 생모인 숙빈의 상례를 주관했다. 숙빈의 호칭은 서자庶子가 생모를 칭하는 '망모亡母'로 정해졌고, 연잉군의 상복 역시 논란의 대상이 되었다. 그럼에도 연잉군은 봉사자로서, 숙빈의 신주에 이름을 기재할 수 있었다.

이 책은 숙빈이 사망한 1718년 3월 9일부터 상복을 벗고 입궐하는 5월 22일까지의 상례 절차를 날짜순으로 기록했다. 숙종은 숙빈의 예장禮葬을 명했고, 대전과 세자궁 등에서 호상護喪을 위한 인원과 물품이 지원되었다. 사망 후 3개월째인 5월 12일, 양주 고령동高嶺洞 옹장리瓮場里에 장사 지내고, 반우返虞하여 초우제初虞祭를 거행했다. 이어 13일에 재우제, 14일에 삼우제, 16일에 졸곡제卒哭祭를 지냈다. 이처럼 숙빈의 상례는 3개월 장례와 삼우제 시행 등 『주자가례』에 따른 사가례私家禮 방식으로 진행되었다. 상례일기와 함께 조객명단弔客名單, 제사의절, 택일기擇日記, 내수사 및 기타 관청에서 보낸 물품의 품목 등을 자세히 수록했고, 「성빈처소도成殯處所圖」, 「제물진설도祭物陳設圖」, 「산소제청도山所祭廳圖」 3종의 도설圖說을 첨부했다. 책의 마지막에는 5월 22일에 연잉군이 피눈물을 흘리며 검수했다는 기록이 남아 있다.

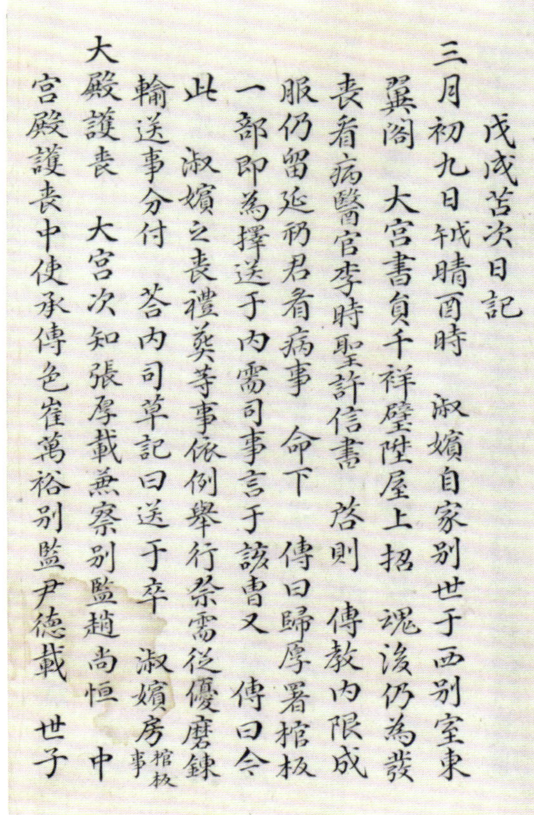

戊戌苫次日記

三月初九日戊晴酉時　淑嬪自家別世于西別室東
翼閣　大宮書員千祥璧陞屋上招　魂後仍為發
喪看病醫官李時聖許信書　啓則　傳教内限成
服仍留延礽君看病事　命下　傳曰歸厚署棺板
一部即為擇送于内需司事言于該曹又　傳曰令
此　淑嬪之喪禮葬等事依例舉行祭需從優磨鍊
輸送事分付　答内司草記曰送于卒　淑嬪房棺板事
大殿護喪　大宮次知張厚載兼祭別監趙尚恒　中
宮殿護喪中使承傳色崔萬裕別監尹德載　世子

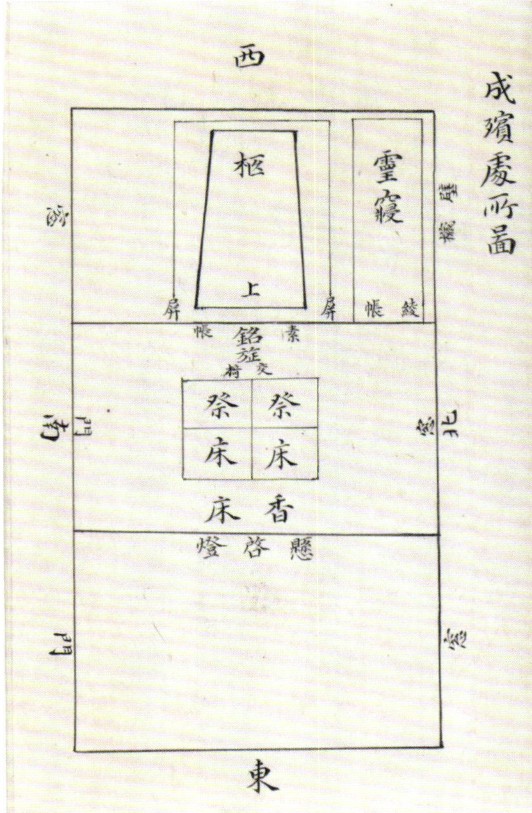

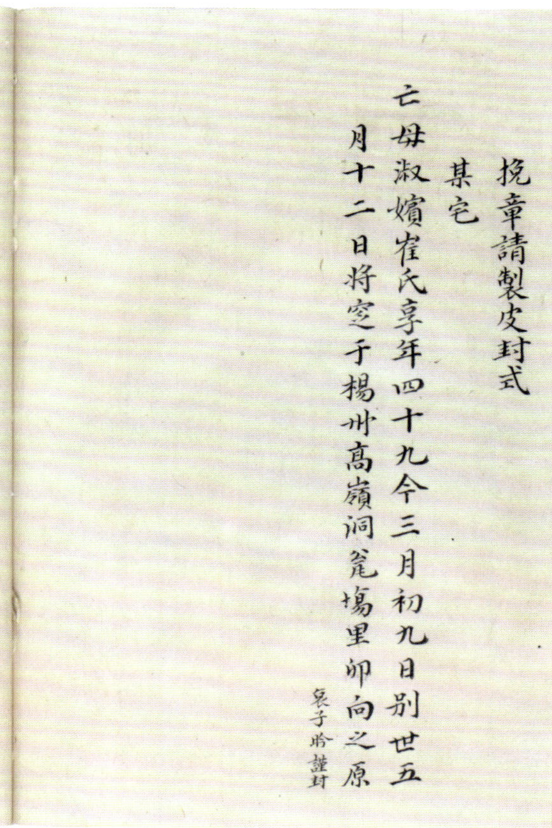

挽章請製皮封式

某宅

亡母淑嬪崔氏享年四十九今三月初九日別世五
月十二日将窆于楊州高嶺洞苙塲里卯向之原

哀子昑謹封

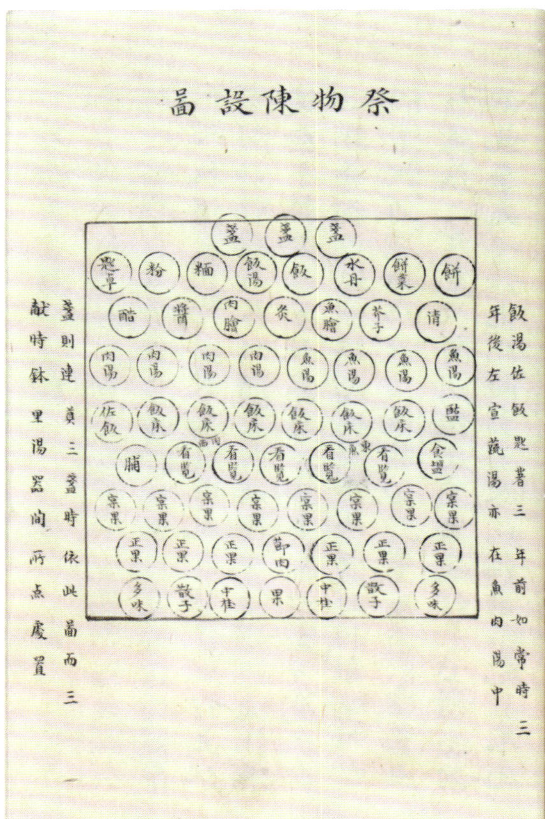

04

묘소도형과 산론

墓所圖形與山論

1718년(숙종 44)
접포(1장), 종이에 수묵·필사, 80.0×59.4㎝
K2-4450

1718년 숙빈 최씨 묘소를 조성하기 위해 양주 고령동 옹장리현재 경기도 파주시 광탄면 일대의 풍수를 그린 산도山圖와 묘소의 풍수를 평가한 산론山論이다. 종이를 접어놓은 접포摺鋪 형태로 제작되었고, 표지의 중앙에 '묘소도형여산론墓所圖形與山論'의 표제가 붙어 있다. 펼친 도면의 상단에는 '양주고령동옹장리유좌묘향산도급산론楊州高嶺洞瓮場里酉坐卯向山圖及山論'이라는 제목이 있으며, 중앙에 산도, 하단에 산론이 배치되어 있다. 산도는 묘소를 중심으로 한 주위 산수의 지형 지세와 경관을 풍수적으로 묘사한 그림으로, 우측 상단에 묘소의 산줄기와 물줄기, 좌향坐向을 기재하고 후손이 장수·부귀 등의 응험을 얻을 수 있다고 평가했다. 또한 사·유·축년巳·酉·丑年에 태어난 후손이 음덕을 받고, 병·신丙·辛의 해에 발복한다고 기록했다. 하단에는 묘소를 풍수적인 길지로 평가한 2건의 산론이 기재되어 있는데, 관상감 소속 상지관相地官인 김원명金遠鳴·정탁鄭倬·양재흥楊再興과 오진열吳震說이 각각 작성한 것이다. 산론의 제목 아래 '연잉군장延礽君章'이 찍혀 있어, 영조가 연잉군 시절 숙빈의 상례를 주관하며 소장했던 것으로 추정된다.

연잉군장

楊州高嶺洞崖場里酉坐卯向山畓及山論

右旋辛兌龍酉生卯向艮巽得水巽破

課曰

旺丁順壽

饒財榮華

讖曰

己酉丑生人受蔭

丙辛之年發福

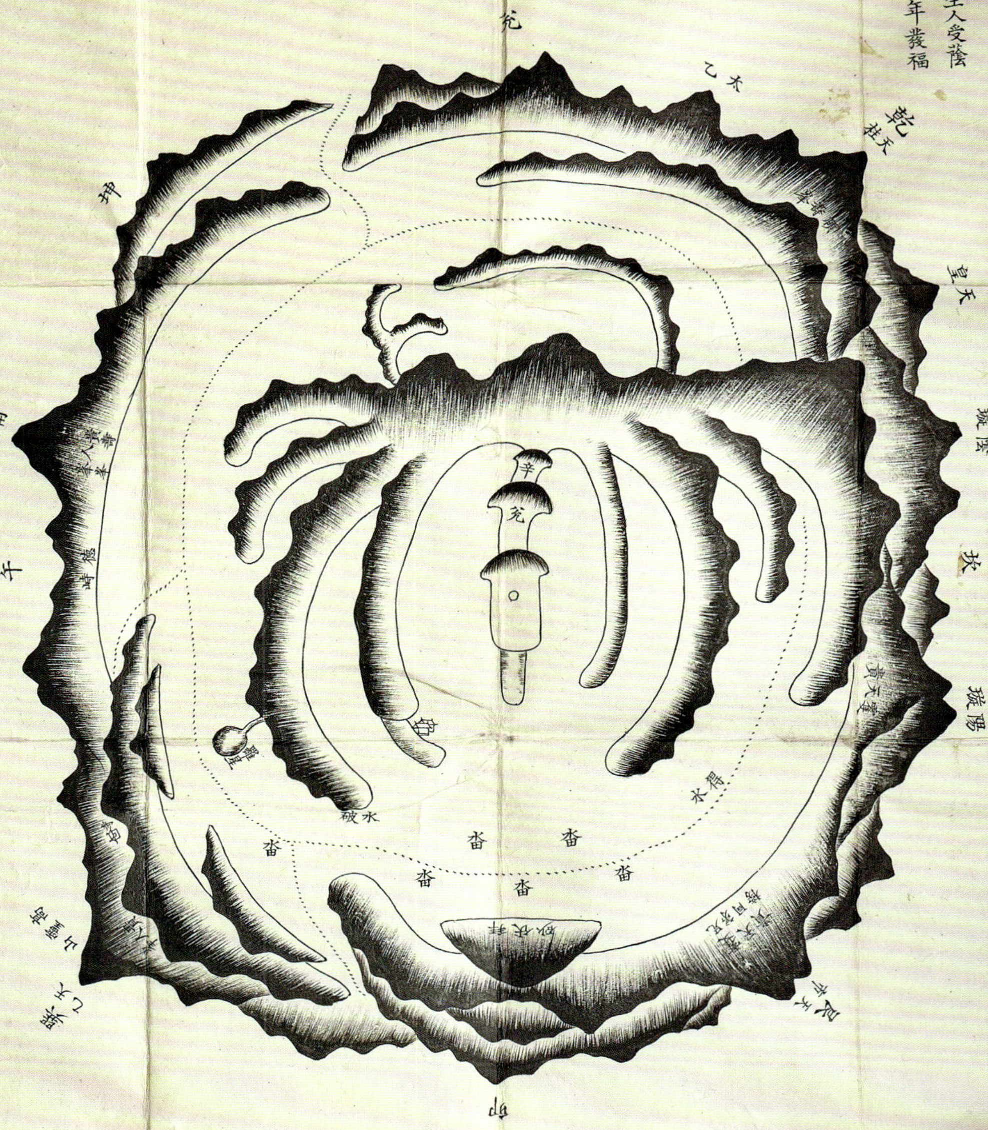

楊州高嶺洞崖場里山論

右旋辛兌龍酉生卯向艮巽
得水巽破
此山来勢雄奇作穴精妙左
抱右回龍虎相揖前迎後擁
主案有情四方砂法合得貴
格生養朝水俱合方位内堂
緊密外局寛平龜蛇華表捍
门秀美天關悏洞地軸深鎖
此實難得吉地

兼教授金逺鳴

教授鄭 倬

前教授楊再興

又

右旋辛兌龍酉生卯向艮巽
得水巽破
此山祖宗聳拔結穴豊厚龍
虎回抱水勢彎環照對秀麗
水口關攔明堂平正砂格妍
媚實為貞吉之地

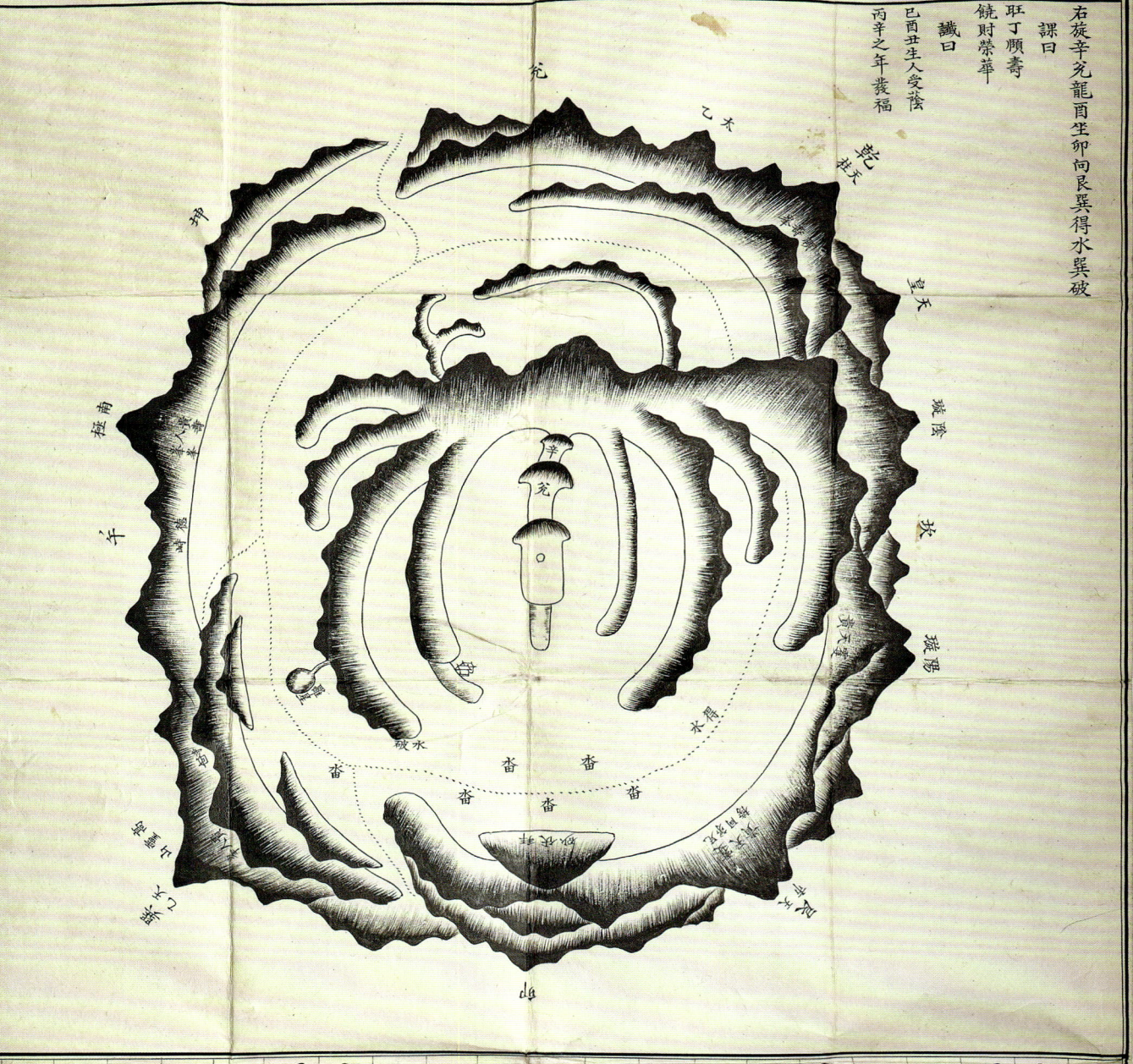

副司勇吳震説

05

숙빈 최씨 묘비 탑본

淑嬪崔氏墓碑搨本

1718년(숙종 44)
2축, 탑본, (전면) 189.7×68.7㎝, (음기) 189.8×68.9㎝
K2-5263-1, 2

1718년 9월에 건립된 숙빈 최씨 묘표墓表의 탑본이다. 전면은 대자 해서로 '유명조선국후궁숙빈수양최씨지묘有明朝鮮國後宮淑嬪首陽崔氏之墓'라고 썼고, 후면의 음기陰記는 중자 해서로 숙빈의 일대기를 간략하게 기록했다. 음기의 기록에 따르면, 숙빈의 본관은 해주이고, 1693년숙종 19 숙원으로 봉해진 후 귀인을 거쳐 1699년숙종 25 정1품 숙빈에 봉해졌다. 숙빈 소생의 세 아들 중 둘째 연잉군만 장성하여 서종제徐宗悌, 1656~1719의 딸과 혼인했다. 숙빈은 장동壯洞의 창의궁에서 요양하다 1718년 3월 9일에 49세의 나이로 사망했고, 5월 12일 양주 고령동 옹장리에 안장되었다.

묘표의 제작 과정은 『제청급석물조성시등록祭廳及石物造成時謄錄』 K2-3580에 자세히 기록되어 있다. 음기는 동평위東平尉 정재륜鄭載崙, 1648~1723이 찬술했고 숙종이 교정했으며, 글씨는 서평군西平君 이요李橈, 1687~1756가 썼다. 1718년 9월 1일에 185자의 음기를 새기는 작업을 시작하여 16일에 완성했다. 전면의 15자는 사자관寫字官 이이방李爾芳이 썼고, 9월 16일부터 19일까지 글자를 새기는 작업이 진행되었다. 이후 표석의 탑본을 제작했는데, 내수사內需司가 3건, 연잉군이 7건을 인출했다. 내수사 인출 3건 중 1건은 숙종, 1건은 세자에게 올리고 1건은 내수사에서 보관했다. 연잉군이 인출한 것은 동평위, 서평군 등에게 보내고 2건은 따로 보관했다. 묘표는 숙빈묘가 소령원으로 승격된 이후에도 봉분 앞에 그대로 남아 있다. 숙빈의 장례 절차와 묘소 조성의 초기 양상을 보여주는 중요한 자료이다.

소령원 전경, 경기도 파주시 광탄면

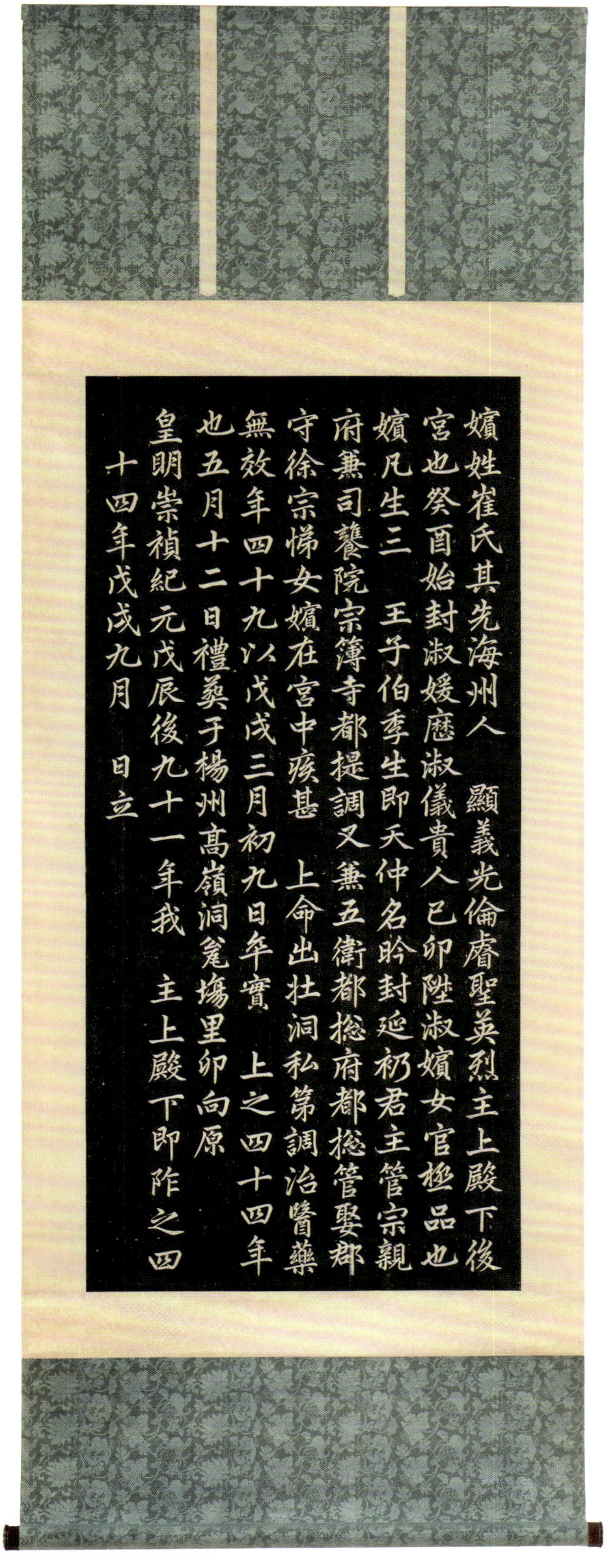
嬪姓崔氏其先海州人 顯義光倫睿聖英烈主上殿下後
宮也癸酉始封淑媛歷淑儀貴人己卯陞淑嬪女官極品也
嬪凡生三 王子伯季生即夭仲名昑封延礽君主管宗親
府兼司饔院宗簿寺都提調又兼五衛都摠府都摠管娶郡
守徐宗悌女嬪在宮中疾甚 上命出壯洞私第調治醫藥
無效年四十九以戊戌三月初九日卒實 上之四十四年
也五月十二日禮葬于楊州高嶺洞甕場里卯向原
皇明崇禎紀元戊辰後九十一年我 主上殿下即阼之四
十四年戊戌九月 日立

음기

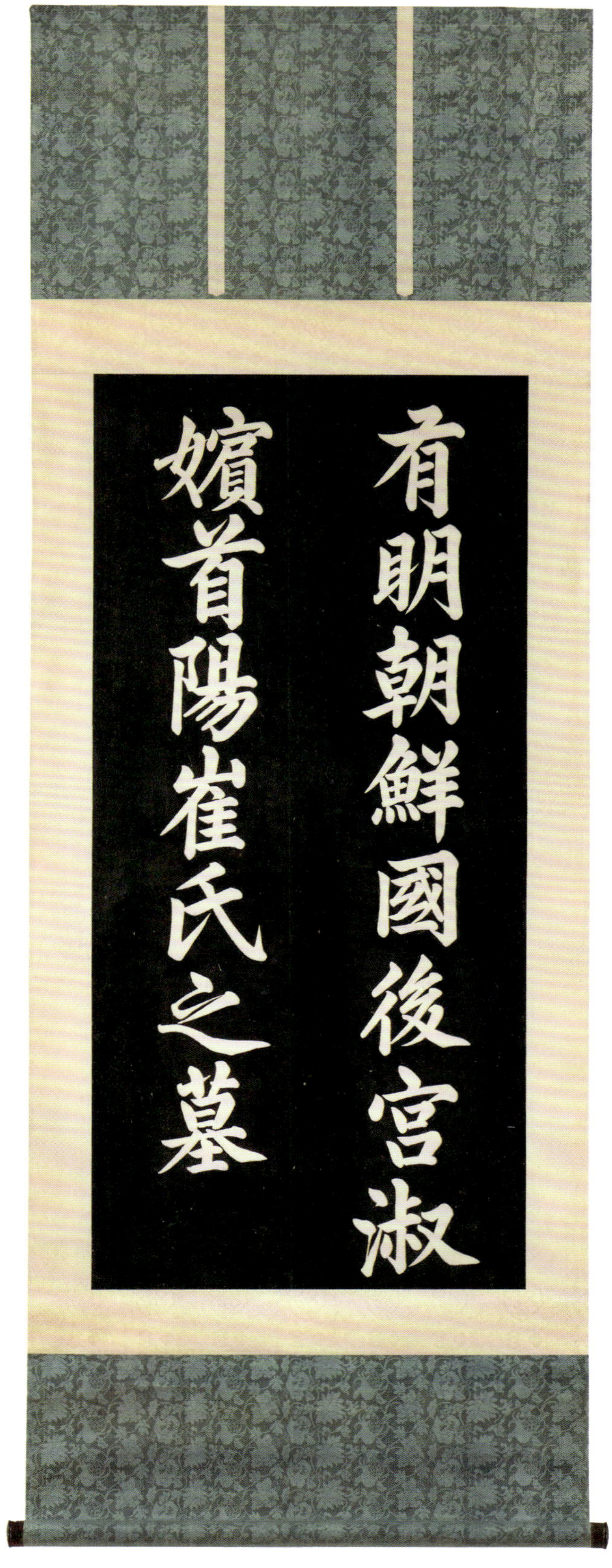
有明朝鮮國後宮淑
嬪首陽崔氏之墓

전면

06

숙빈 최씨 사우제문 원고

淑嬪崔氏祠宇祭文原稿

1726년(영조 2)
1첩, 필사, 34.2×12.3㎝, (전체) 34.3×97.0㎝, 보물
K4-437

1726년 11월 6일 영조가 숙빈 최씨의 생신을 맞아 숙빈묘淑嬪廟에 올렸던 제문의 원고이다. 1725년영조 1 1월에 경복궁 북쪽 순화방에 숙빈묘의 건립이 시작되었고, 1726년 1월 16일에는 완성된 숙빈묘에 신주가 봉안되었다. 영조는 새로운 묘호廟號를 정하지 않고 생전의 작호에 따라 '숙빈묘'로 칭했다. 1726년 10월 12일 경종의 삼년상을 마치고 종묘에 신주를 봉안한 후에야, 영조는 숙빈묘에 나아가 전배례展拜禮를 행했다.

영조는 숙빈을 '선빈先嬪' 즉 돌아가신 빈이라고 칭하면서, 6년 만에 숙빈묘에 직접 제문을 올리는 심정을 절절히 묘사했다. 숙빈의 삼년상을 마치자마자 숙종상을 당했으며, 1721년경종 1 왕세제로 책봉되어 종통을 계승하면서 숙빈의 제사를 직접 지낼 수 없었다. 영조는 숙빈이 섭섭해할 거라는 생각이 들 때마다 한밤중에 울음을 삼켜야 했다. 제문 곳곳에 남아 있는 삽입과 수정의 흔적은 글을 반복해 다듬은 영조의 사무치는 그리움을 보여준다. 제문의 말미에는 영조의 후궁이자 효장세자의 생모인 정빈 이씨를 위한 짧은 축사祝詞도 함께 쓰여 있다. 효장세자가 영조를 따라 육상궁에 행차하면서, 정빈묘靖嬪廟에도 전배례를 행한 것으로 보인다.

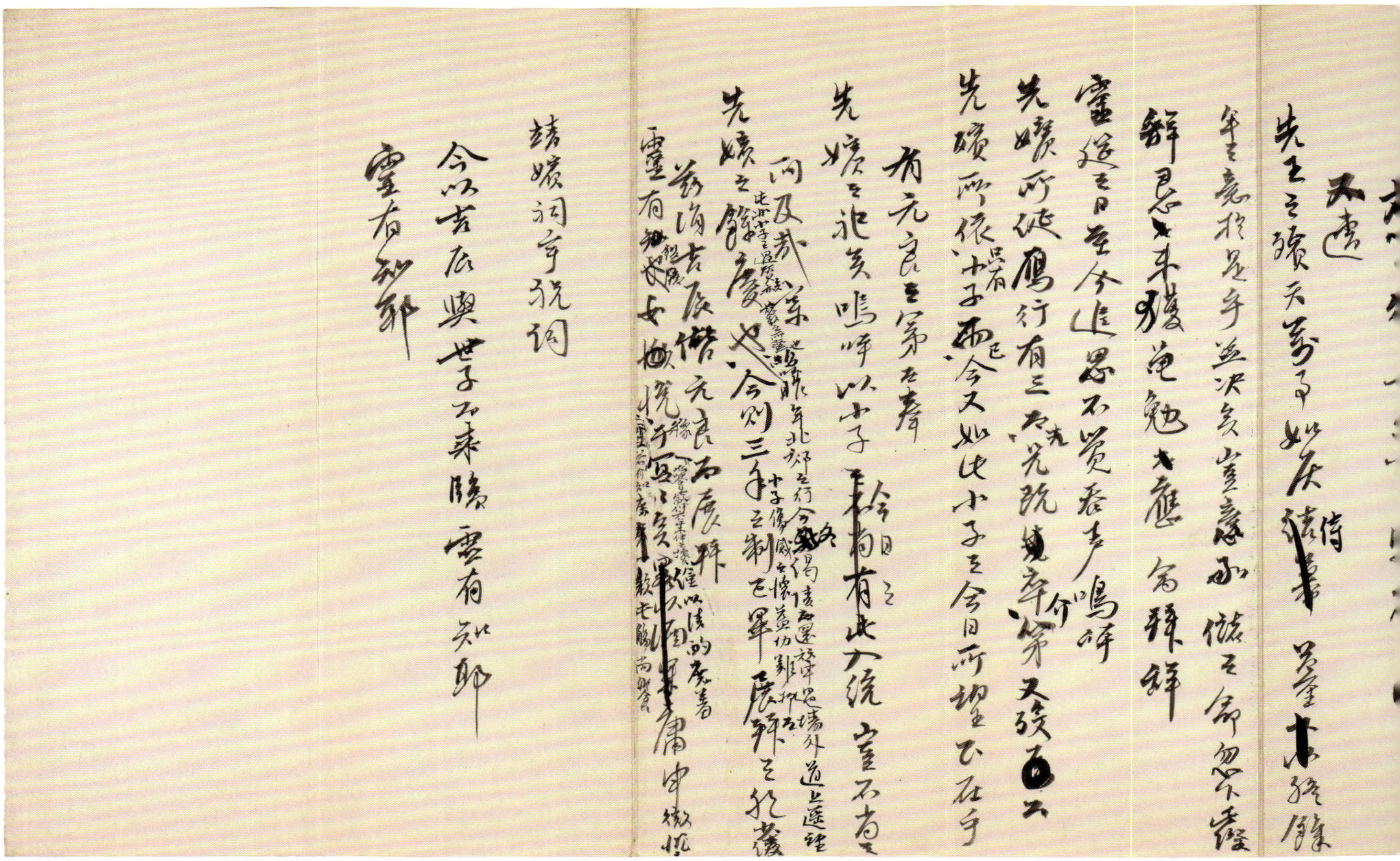

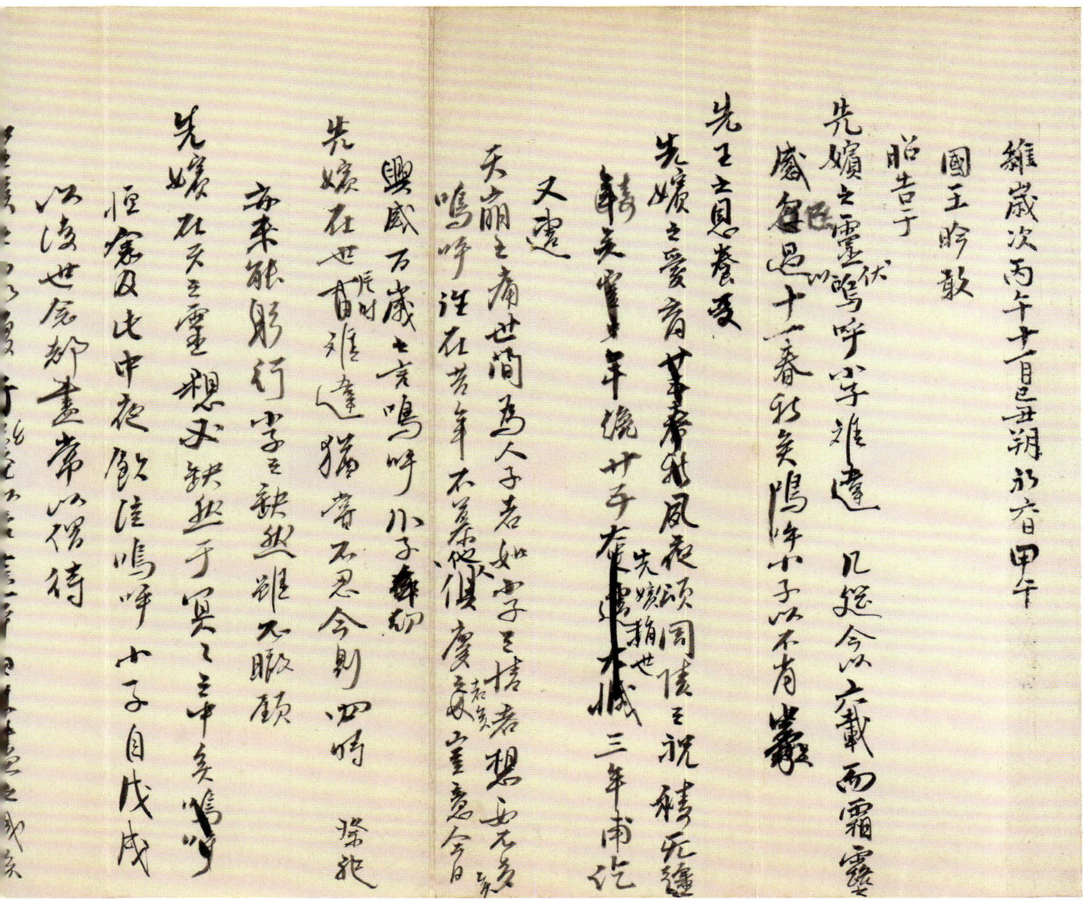

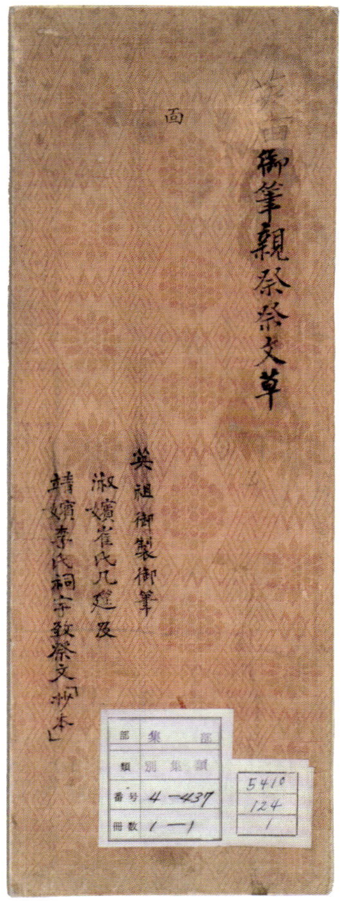
御筆親祭祭文草

07

사묘 전배록

私廟展拜錄

1733년(영조 9)
1장, 필사, 43.0×93.0㎝
RD00882

1726년영조 2 11월부터 1733년까지 영조가 숙빈묘에 전배展拜한 일시와 동행한 인물 등을 직접 기록한 자료이다. 전배는 절을 올리는 배례拜禮가 중심이 되는 의례로서, 폐백을 갖추어 삼헌三獻을 행하는 제사와는 구분되었다. 『승정원일기』에 따르면, 1726년 10월 20일에 영조는 경종의 신주를 종묘에 모시는 부묘祔廟를 마쳤으므로 숙빈묘에 전배할 것을 하명했고, 숙빈 최씨의 탄일인 11월 6일에 맞춰 길일을 정했다. 숙종 대 대원군 전배와 경종 대 대빈묘 전배를 참고하여 의절을 마련했는데, 종묘와 구분되는 사묘私廟의 의례를 따른 것이다.

1726년 11월 6일에 처음으로 행한 전배례에는 효장세자가 어가를 따랐고, 1727년영조 3 3월에는 숙빈의 기일에 맞춰 영조가 전배했다. 1728년영조 4에는 효장세자가 어가를 따라 소묘小廟인 정빈묘에 예를 올렸다. 효장세자 사후인 1729년영조 5 3월에는 화순옹주和順翁主, 1720~1758가 함께 가서 소묘에 술을 올렸다. 1732년영조 8 8월에는 육상궁에 거둥하면서 효장세자의 사당에 들렀다. 1733년 2월에는 화순옹주의 부마 월성위月城尉 김한신金漢藎, 1720~1758이 배종하여 소묘에 술을 올렸고, 대묘大廟인 숙빈묘에는 영조가 술을 올렸다. 1727년의 전배례를 수록한 『국조속오례의』의 「배육상묘의拜毓祥廟儀」에는 배례와 사당 내부의 봉심奉審 절차만 수록되어 있지만, 실제로는 제문과 술을 올리는 의례가 행해졌음을 알 수 있다. 이 자료는 1733년 3월 17일 정오에 작성되었으며, 마지막에 '대길大吉'이라는 글자를 연달아 쓴 것은 크게 길하고 복되기를 기원한 뜻으로 이해된다.

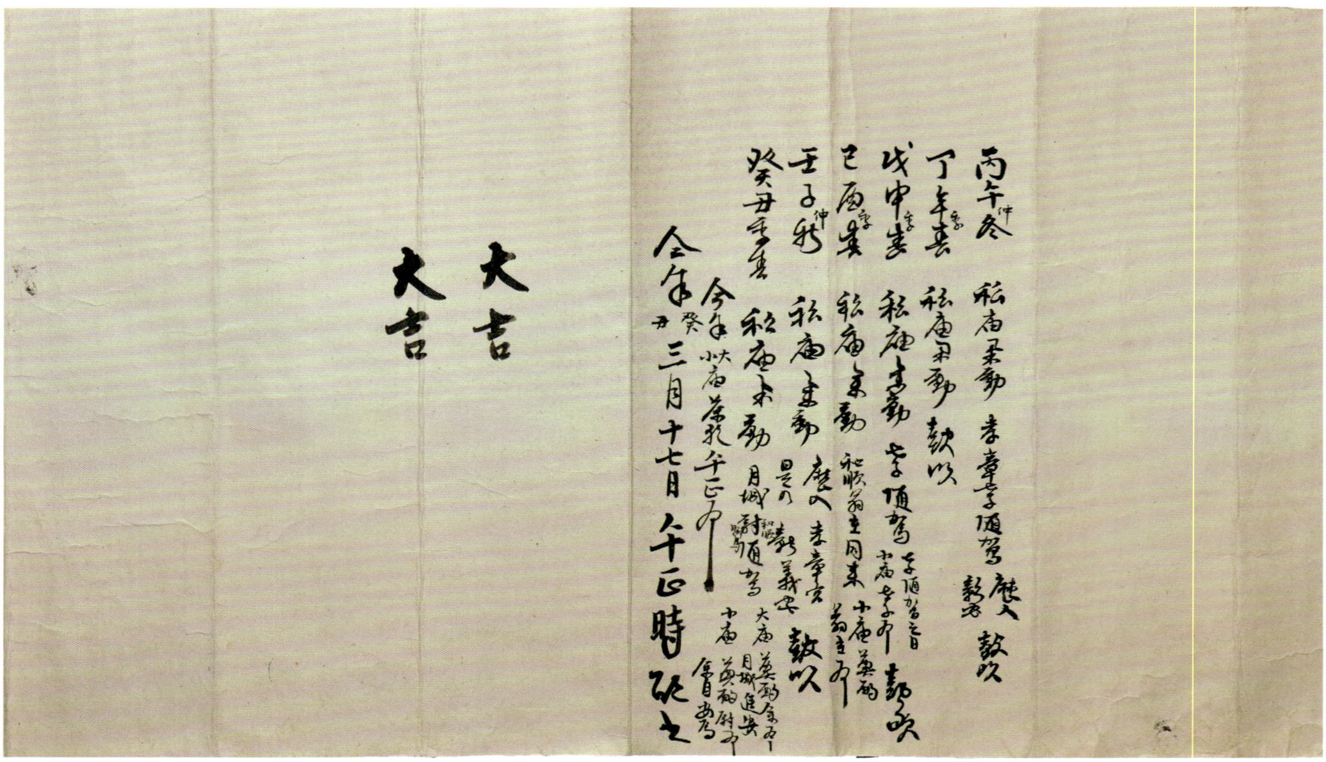

영조의 격노, 조중회를 팽형烹刑에 처하라.

1743년영조 19 11월 29일, 정언 조중회趙重晦, 1711~1782의 상소를 읽은 영조는 책상을 내리치며 눈물을 흘렸다. 상소는 영조의 잦은 숙빈묘 전배와 친제親祭 문제를 지적하면서, 인정에 치우쳐 예절을 준수하지 못했다는 비판을 담고 있었다. 영조는 자신이 종묘와 사묘私廟의 의례를 엄격히 구분했음을 강조하면서, 조중회의 비판을 자신과 숙빈에 대한 모욕으로 간주했다.

이에 세자에게 선위할 것을 선언하면서 "조중회를 팽형에 처하여 내 마음을 위로하기를 바란다."라고 압박했다. 팽형은 삶아 죽이는 가혹한 형벌로서 탐관오리를 일벌백계하는 수단으로 강조되었지만 실제로 집행된 사례는 드물었다. 신하들은 팽형이 지나치다고 반대했지만, 영조는 팽형을 통해 자신의 격노를 드러내고자 했다.

연일 혜성이 출몰하고 세자의 가례嘉禮가 임박한 상황에서, 12월 20일 영조의 비망기로 사건은 일단락되었다. 영조는 '사친私親'의 '사私'는 '공사公私'의 사가 아니라 '나 혼자만[我之所獨耳]'의 의미로서 정통과의 구분을 위한 것임을 강조했다. 따라서 정통과의 구분이 명백하다면, 효의 차원에서 숙빈에게 예를 다하는 것은 지나치게 존숭하는 것이 아니라고 주장했다. 그럼에도 공정함과 대비되는 사사로움으로 사친 의례를 규정하는 것은 왕을 업신여기는 행위라고 비판했다.

1744년영조 20 3월 숙빈의 기일을 앞두고 영조는 조중회의 상소로 인한 마음의 고통을 호소하며, 부모께 효를 다할 수 없는 슬픔을 노래한 『시경』「육아蓼莪」편을 3번이나 반복해 읊었다. "사적인 일 속에도 공적인 것이 있다[私之中有公]."라는 논리를 내세우면서 사친을 위한 의례라도 왕의 행위로서 공적인 규정이 필요함을 강조했다. 또한 구차하지 않고 공명정대한 의례의 시행이 효를 실천하는 근본이라고 주장했다. 이에 따라 제사의 축식祝式을 제정하고 육상묘와 소령묘를 숙빈의 사당과 묘소의 공식적인 칭호로 정했다.

9년 후인 1753년영조 29의 궁원제 선포 역시 이세희李世熙, ?~1755의 상소를 계기로 전개되었다. 왕후 추숭을 주장한 이세희의 상소는 조중회의 입장과 상반되었지만, 영조는 왕의 뜻을 억측하고 모욕했다는 동일한 반응을 보였다. 1753년 6월에 영조는 이세희의 상소를 거론하면서, "내가 후궁의 아들인 것을 누가 모르는가? 이미 이 자리에 오른 후에는 신하들이 나의 근본을 거론해서는 안 된다."라는 말로 신하들을 질책했다. 영조는 신하들이 자신 앞에서 일부러 서자의 '서庶'자를 쓰지 않는 것은 마음 속에 이유가 있어서라고 지적했고, 임금의 어머니를 알지 못한다고 비판했다. 갈등이 고조되는 상황에서 영조가 숙빈에게 시호를 올리겠다는 뜻을 밝히자, 왕후 추숭을 염려하던 신하들은 인정과 예문에 합당한 결정이라고 환영했다. 영조는 "시호가 정해지면 궁과 원으로 칭해야 한다."라고 선언하면서 공식적으로 궁원제를 선포했다.

궁원제 성립 과정에서 조중회와 이세희의 상소는 결정적인 계기가 되었다. 영조는 사친 추숭에 대한 상반된 주장을 정치적으로 활용함으로써 새로운 사친 의례를 주도적으로 시행할 수 있었다. 효의 실천은 제도 정비를 위한 이론적 명분이 되었고, 선위전교와 국정파행도 불사한 영조의 노회한 정치 감각은 궁원제 성립의 실질적 동력으로 작용했다.

08

육상묘 고유제문 원고

毓祥廟告由祭文原稿

1744년(영조 20)
1장, 필사, 38.0×80.0㎝
RD02127

1744년 숙빈 최씨의 사당과 묘소의 칭호를 육상毓祥과 소령昭寧으로 정한 뒤 지낸 고유제 제문의 초고이다. 1744년 3월 7일 영조는 "드러낼 칭호가 있은 뒤에 근본에 보답하는 뜻이 있다."라고 주장하면서 숙빈의 사당과 묘소에 새로운 칭호를 정하도록 명했다. '숙빈묘'로 칭하는 것은 숙종이 내린 아름다운 작호를 높이는 도리가 아니고, '사묘私廟'는 자신에게만 국한되어 후대에는 사용할 수 없는 칭호라고 지적했다. 이에 영의정 김재로金在魯, 1682~1759 등이 육경毓慶 · 소령으로 의논하였는데, 육경은 인헌왕후仁獻王后의 옛 원호園號라는 점에서 육상으로 고쳤다.

영조는 숙빈의 기일인 3월 9일에 숙빈묘에 전배하여 새로운 칭호인 육상 · 소령을 직접 고유하였다. 이를 위해 영조가 직접 짓고 쓴 제문의 초고에는 곳곳에 지우고 고친 흔적이 남아 있다. 제문에는 효를 다하지 못한 슬픔과 더불어 은혜에 보답하고 정성을 다하기 위해 칭호를 정했음을 강조하는 내용이 담겨 있다.

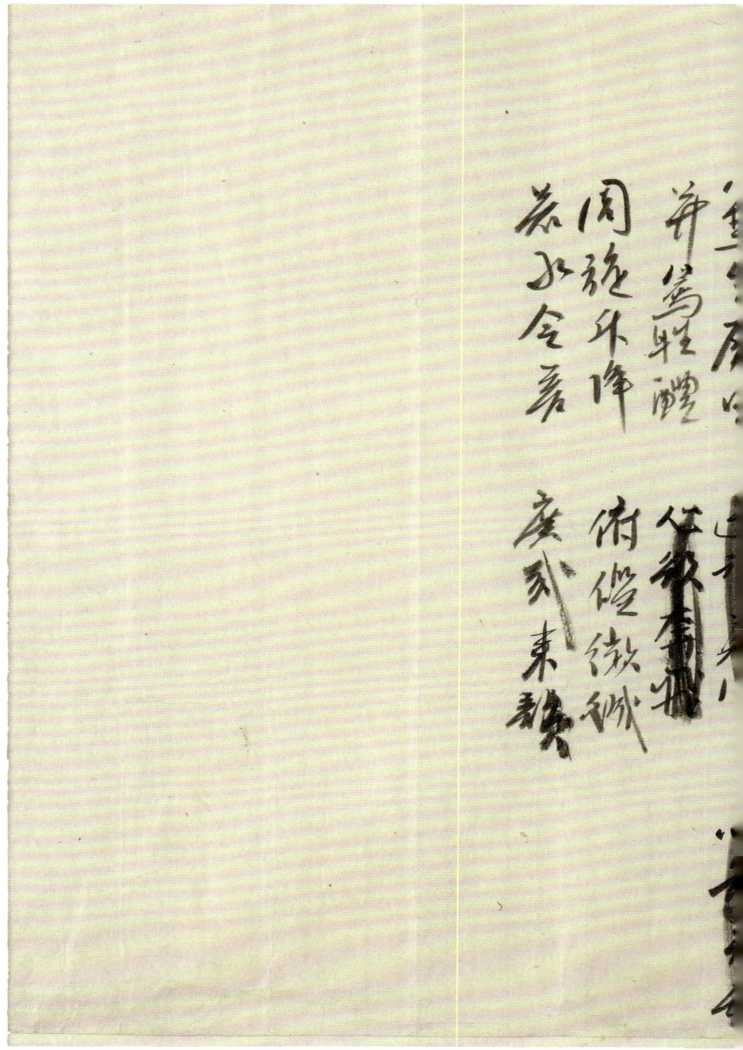

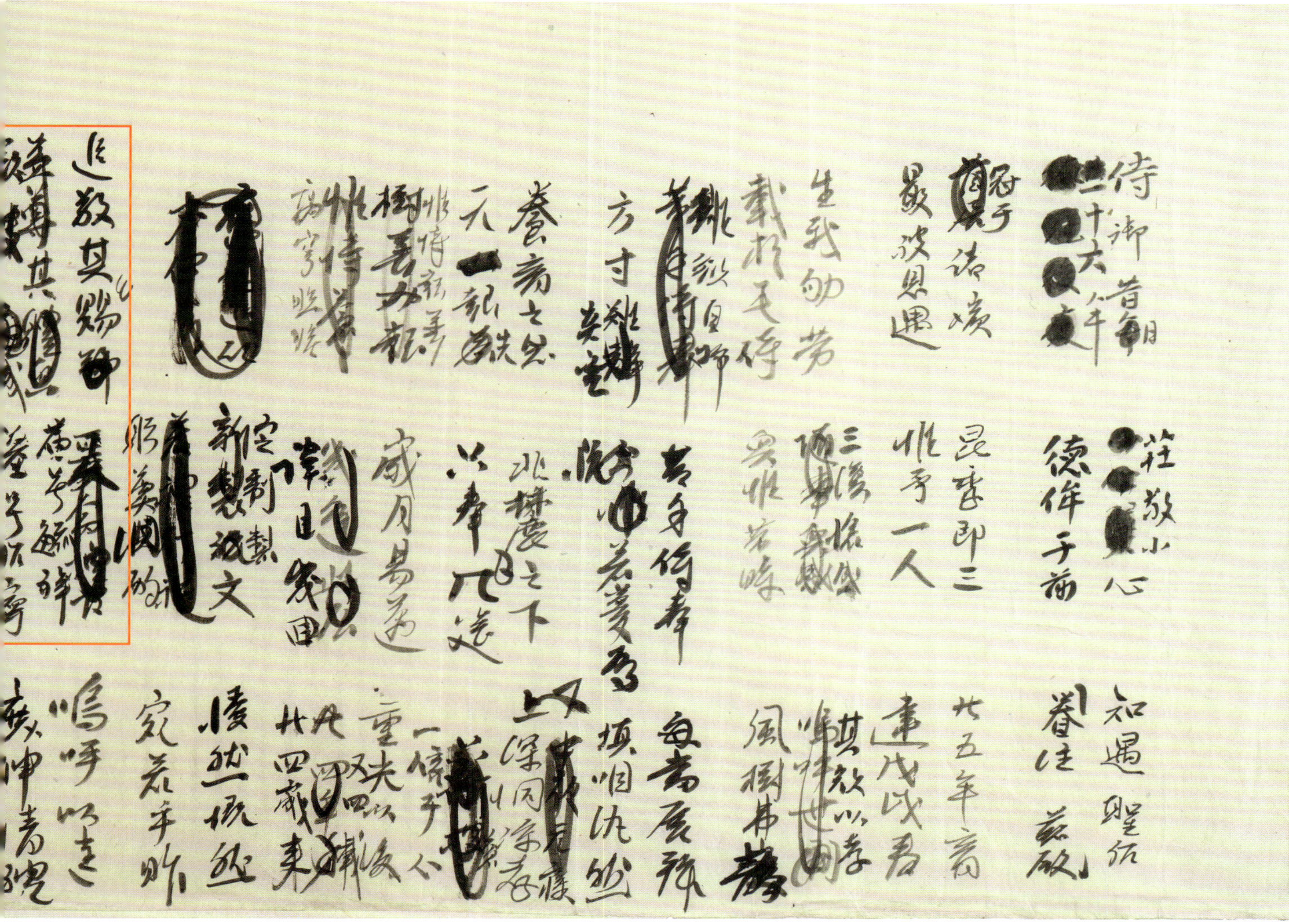

追敬其賜　그 은혜를 공경하고
欲致其誠　그 정성을 다하고자
廟號毓祥　사당의 칭호를 육상이라 하고
墓號昭寧　묘소의 칭호를 소령이라 하였습니다.

09

숙빈 최씨 소령묘갈문 원고

淑嬪崔氏昭寧墓碣文原稿

1744년(영조 20)
1장, 필사, 43.1×92.7㎝, 보물
RD02299

1744년 영조가 숙빈 최씨의 묘호墓號를 소령昭寧으로 정한 뒤 소령묘 옆에 세운 묘갈문의 원고이다. 영조가 직접 짓고 쓴 소령묘갈의 후면 음기陰記의 초고로서 곳곳에 수정하고 삽입한 흔적이 있다. 음기에는 숙빈의 가계와 생애 및 자손들을 기록하는 한편, 숙빈의 은혜에 보답하는 존봉尊奉의 절차를 자세히 서술했다. 1725년영조 1 순화방順化坊에 사당을 건립한 일, 즉위 10년에 숙빈의 부를 추증한 일, 그리고 즉위 20년에 조부와 증조부를 추증하고 묘호廟號를 육상毓祥, 묘호를 소령으로 정한 일, 전감典監을 두어 묘소를 지키게 한 일 등을 적었다. 이어 "아! 지금 이후로 존경하고 받들어 근본에 보답하는 자식의 도리를 조금이나마 펼 수 있을 듯하다[嗚呼從今以往小子尊奉報本之道庶可少伸]."라는 한 문장을 삽입하여 자신의 깊은 감회를 드러냈다.

아! 25년 동안 낳아주고 길러 주신 은혜에 만분의 일이라도 보답할 수 있을 듯하다. 이제 이 비문을 지음에 문임文任의 신하를 버려두고 소략하게나마 내가 기술한 것은 또한 자식으로서 사친의 조심하는 마음을 체득함이라. 붓을 잡고 글을 쓰니 눈물과 콧물이 얼굴을 뒤덮는다. 지난날을 추억하노니 이내 감회가 곱절이나 애틋하구나.

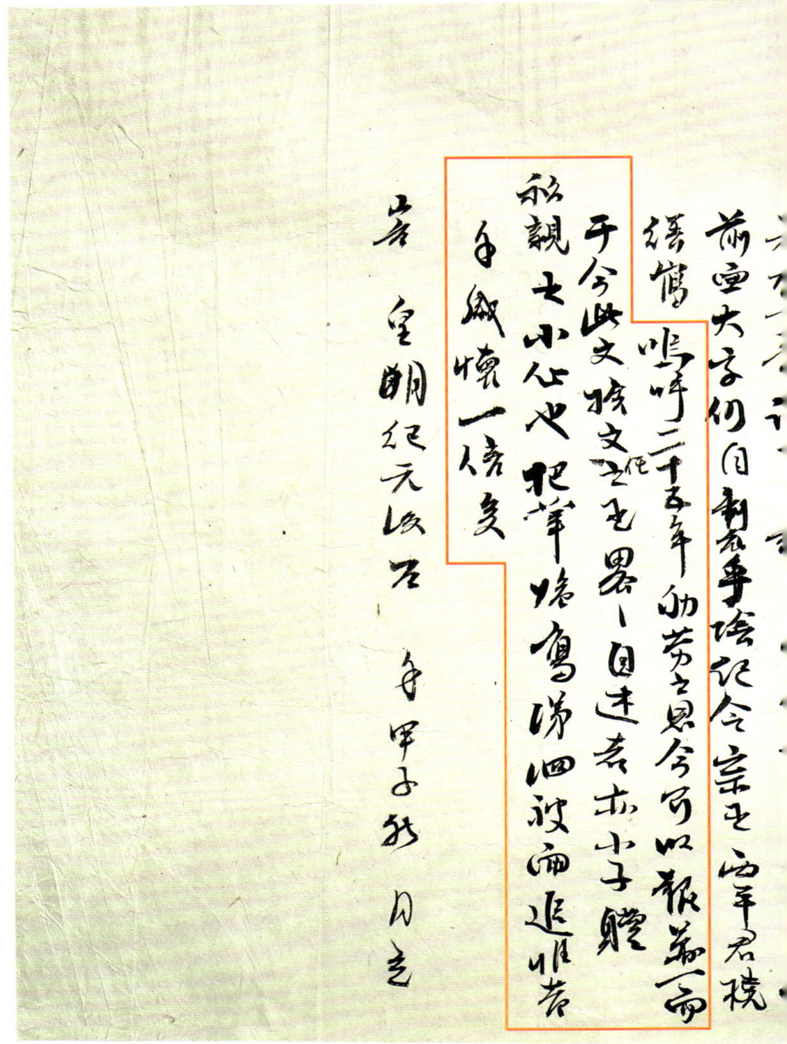

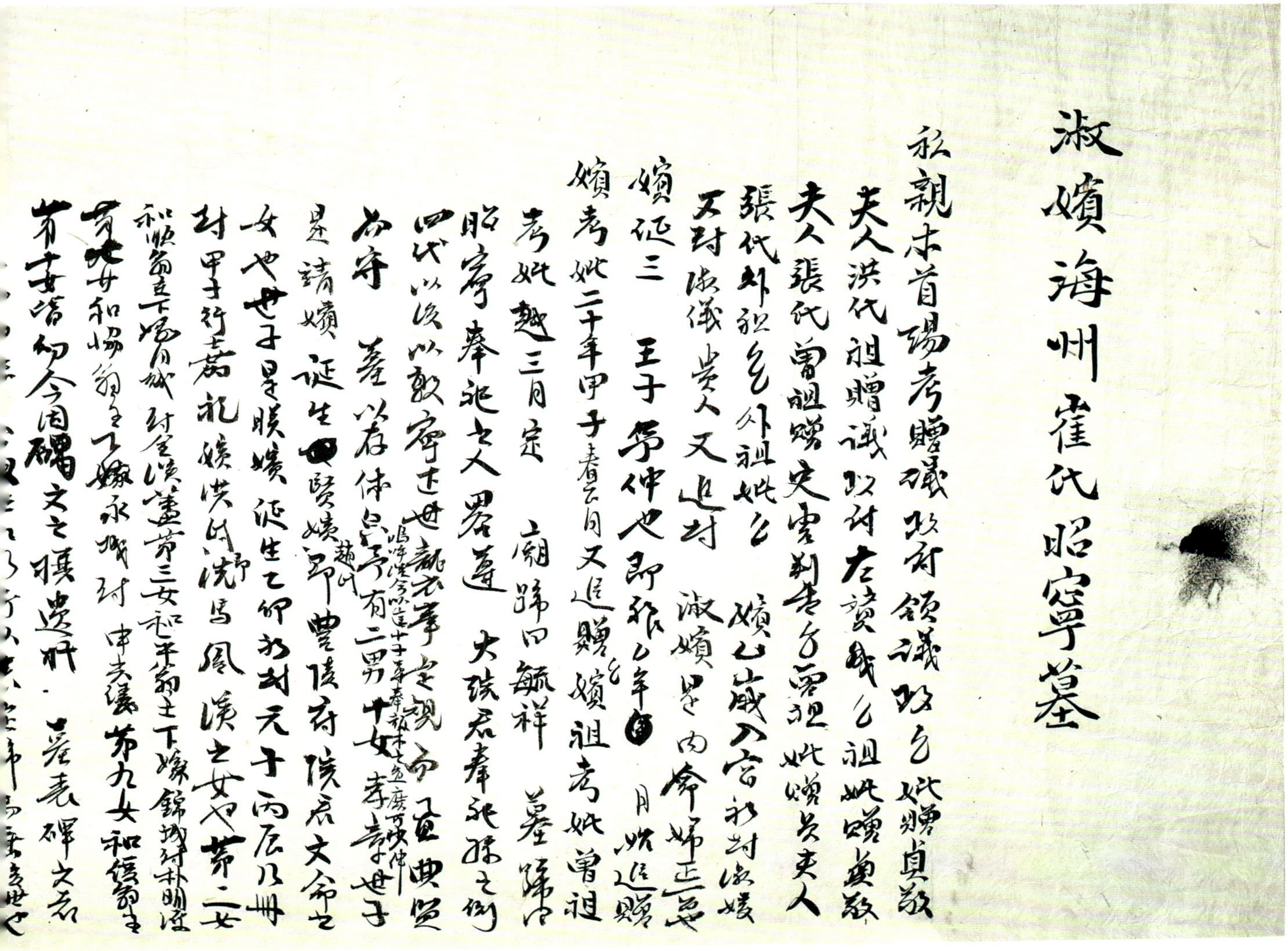
淑嬪海州崔氏昭寧墓

私親本首陽考贈議政府領議政 妣贈貞敬
夫人洪氏祖贈議政府左贊成 祖妣贈貞敬
夫人張氏曾祖贈[illegible] 曾祖妣贈[illegible]夫人
張氏外祖[illegible] 外祖妣[illegible] 嬪以[illegible]歲入宮初封淑媛
又封淑儀貴人又進封 淑嬪是內命婦正一品也
嬪誕三 王子第仲也即我也[illegible]年[illegible]月以追贈
嬪考妣二十年甲子春正月又追贈 嬪祖考妣曾祖
考妣越三月定 廟號曰毓祥 墓號曰
昭寧奉祀七人君[illegible] 大孫君奉祀孫之例
四代以後以敦寧世襲[illegible]典[illegible]
爲守 墓以存[illegible]有二男十女 孝章世子
是 請嬪 誕生[illegible]嬪[illegible]陵府院君文命之
女也世子早逝嬪誕生乙卯初封元子丙辰乃冊
封甲子行嘉禮嬪洪氏洪鳳漢之女也第二女
和順翁主下嫁月城尉金漢藎第三女和平翁主下嫁錦城尉朴明源
第七女和協翁主下嫁永城尉申光綏第九女和緩翁主
有十女皆幼今因碣文之撰遂[illegible] 墓表碑文[illegible]

10

숙빈 최씨 소령묘갈 탑본

淑嬪崔氏昭寧墓碣搨本

1744년(영조 20)
2축, 탑본, (전면) 193.3×68.9㎝, (음기) 197.0×68.8㎝
K2-5264-1(전면), K2-5266(음기)

영조의 어제어필을 새긴 소령묘갈의 탑본이다. 소령묘갈은 현재 소령원의 정자각 옆 비각 안에 보존되어 있다. 묘갈의 전면에는 대자 해서楷書로 '숙빈해주최씨소령묘淑嬪海州崔氏昭寧墓'라고 새겼는데, 영조의 어필이다. 후면 음기의 상단에는 대자 전서篆書로 '소령묘갈昭寧墓碣'이라 새겼고, 내용은 해서로 작성했다. 음기의 말미에는 작성일이 1744년 7월 15일로 기록되어 있다.

숙빈 최씨 소령묘갈

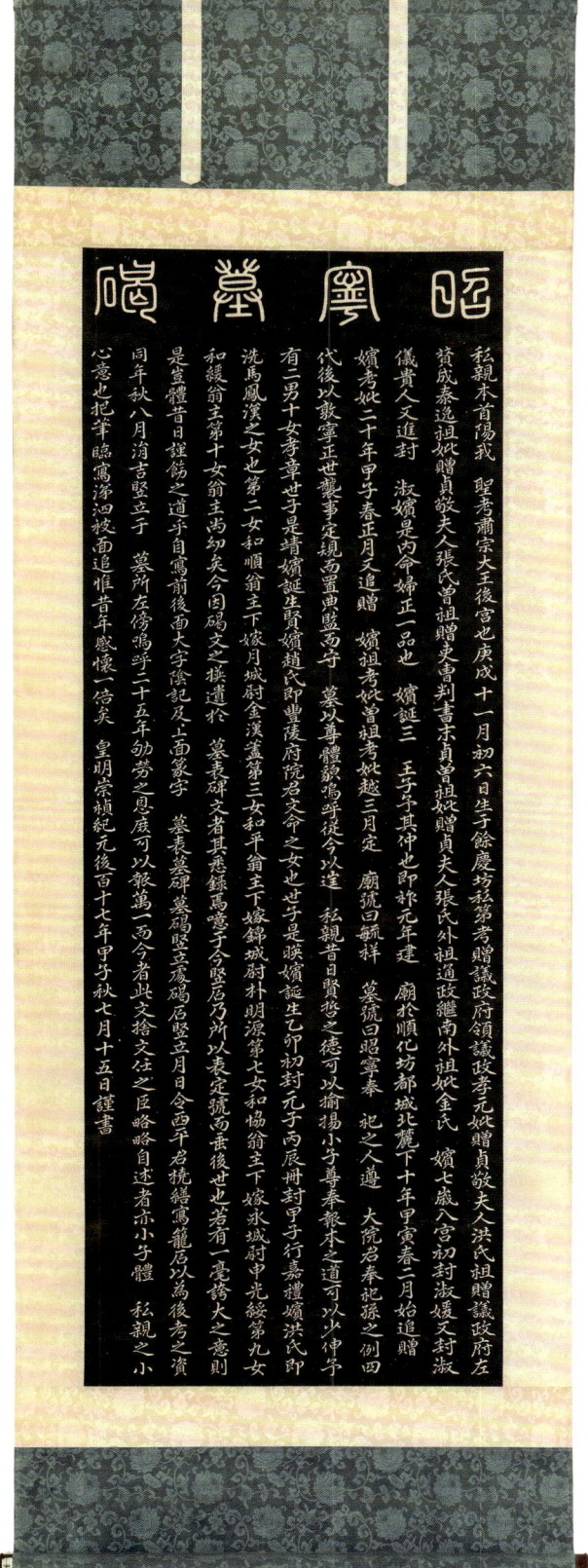

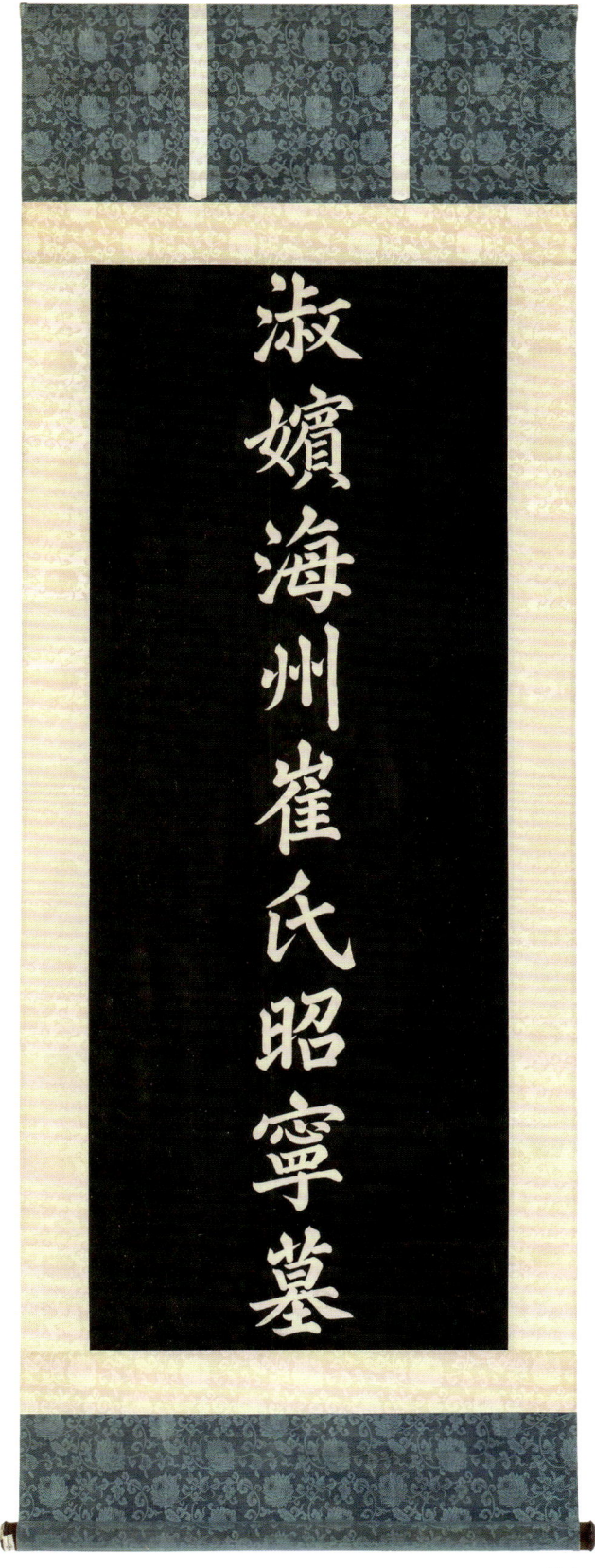
昭寧墓碣
私親本首陽我 聖考肅宗大王後宮也庚戌十一月初六日生于餘慶坊私第考贈議政府領議政孝元妣贈貞敬夫人洪氏祖贈議政府左
贊成泰逸祖妣贈貞敬夫人張氏曾祖贈吏曹判書末貞曾祖妣贈貞夫人張氏外祖通政繼南外祖妣金氏 嬪七歲入宮初封淑媛又封淑
儀貴人又進封 淑嬪是內命婦正一品也 嬪誕三 王子予其仲也即祚元年建 廟於順化坊都城北麓下十年甲寅春二月始追贈
嬪考妣二十年甲子春正月又追贈 嬪祖考妣曾祖考妣越三月定 廟號曰毓祥 墓號曰昭寧奉 祀之人遵 大院君奉祀孫之例四
代後以敦寧正世襲事定規而置典監而守 墓以尊體顏嗚呼從今以逹 私親昔日賢哲之德可以揄揚小子尊奉報本之道可以少伸予
有二男十女孝章世子是靖嬪誕生賢嬪趙氏即豐陵府院君文命之女也世子是暎嬪誕生乙卯初封元子丙辰冊封甲子行嘉禮嬪洪氏即
洗馬鳳漢之女也第二女和順翁主下嫁月城尉金漢藎第三女和平翁主下嫁錦城尉朴明源第七女和協翁主下嫁永城尉申光綏第九女
和緩翁主第十女翁主尚幼矣今因碣文之撰遺於 墓表碑文者其悉錄焉噫予今竪石乃所以表定號而垂後世也若有一毫誇大之意則
是豈體昔日謹飭之道乎自寫前後面大字陰記及上面篆字 墓表墓碑墓碣竪立處碣石竪立月日令西平君橈繕寫龍石以為後考之資
同年秋八月涓吉竪立于 墓所左傍嗚呼二十五年劬勞之恩庶可以報萬一而今者此文捨文任之臣略略自述者亦小子體 私親之小
心意也把筆臨寫涕泗被面追惟昔年感懷一倍矣 皇明崇禎紀元後百十七年甲子秋七月十五日謹書

음기

淑嬪海州崔氏昭寧墓

전면

11

소령 제서

昭寧題書

1745년(영조 21)
1장, 필사, 34.4×73.3㎝
RD02112

숙빈 최씨의 묘호墓號인 '소령昭寧'을 좌우에 두 글자씩 해서楷書로 쓴 글씨로, 현판을 제작하기 위한 원고이다. 글씨 중앙의 '을축중추중순乙丑仲秋中旬'이라는 기록을 통해, 1745년 8월 중순에 작성된 것임을 알 수 있다. 하단에는 현판 제작 방식이 기재되어 있는데, 검은색 바탕에 금색 글씨를 입힌 현판으로 손상 방지를 위해 사롱紗籠과 여닫이문을 갖추도록 했다. 사롱은 현판을 감싸는 비단으로 테두리의 가장자리에 편철片鐵을 두르고 못을 박아 고정했다. 여닫이문은 테두리 양쪽을 경첩으로 연결하여 여닫을 수 있게 제작하였다. 사롱과 여닫이문은 왕이나 왕세자의 글씨와 글을 새긴 최고 위계의 현판에만 제한적으로 설치되었다.

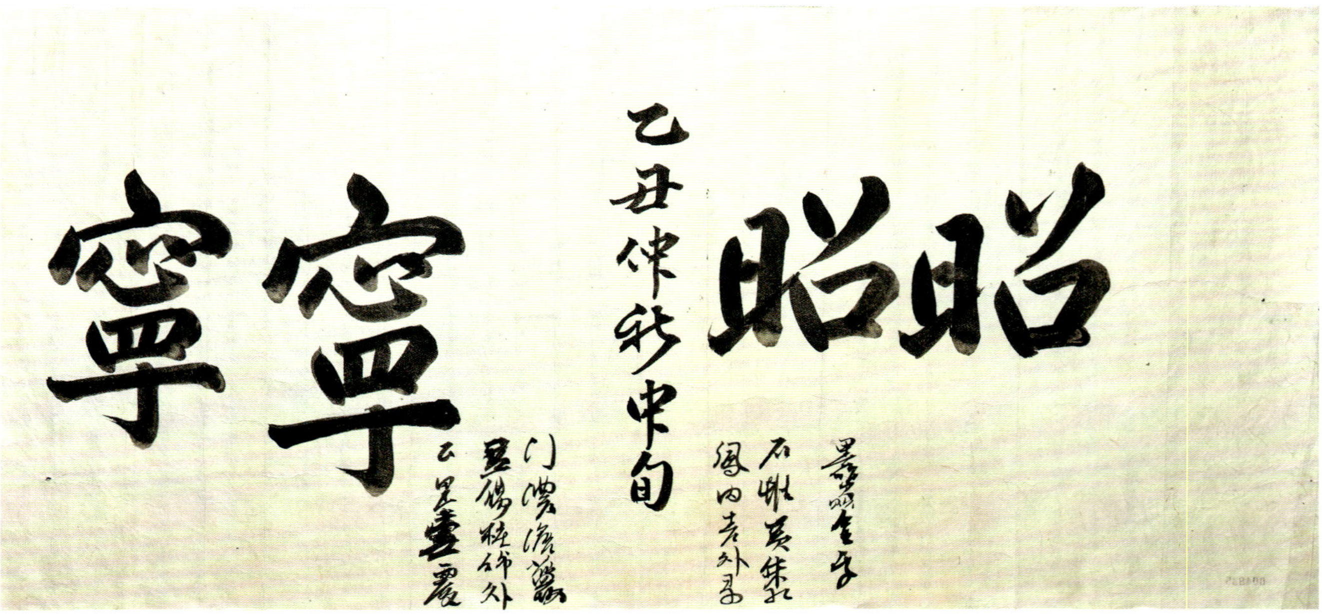

12

사친 숙빈 최씨 제문

私親淑嬪崔氏祭文

1751년(영조 27)
1장, 필사, 29.0×22.0㎝
RD02498

1751년 3월 9일 영조가 육상묘毓祥廟에 올린 제문이다. 1744년 영조 20에 묘호廟號를 육상으로 정하면서 숙빈묘는 육상묘로 개칭되었고, 제사의 축문 서식이 새로 규정되었다. 영조는 축문에서 자신을 '자子', 숙빈 최씨를 '비妣'로 칭하고자 하였다. 그러나 '비'는 적통의 어머니를 의미한다는 비판을 수용하여 자신과 숙빈의 호칭을 '국왕'과 '사친私親'으로 정했다. 그럼에도 영조는 '국왕' 아래 자신의 휘인 '금昑'을 기재할 것을 주장하여 신하들의 동의를 얻어냈다. 이러한 논의를 거쳐 정비된 축식을 확인할 수 있는 제문이다.

제문에서 영조는 "지난해를 생각하니 아픔이 새롭습니다. 지금 친히 제사를 지내지 않으면 장차 탄식과 후회가 남을 것 같습니다."라고 서술했다. 『승정원일기』에 따르면, 지난해인 1750년영조 26 3월 9일 흰 무지개가 해를 꿰뚫는 기상이변으로 인해 영조는 숙빈의 기일에 행하는 육상묘의 전배를 취소해야 했다. 이에 작년 기일에 전배하지 못한 아픔을 되새기며 친히 제문을 써서 제사 지낸 것으로 보인다.

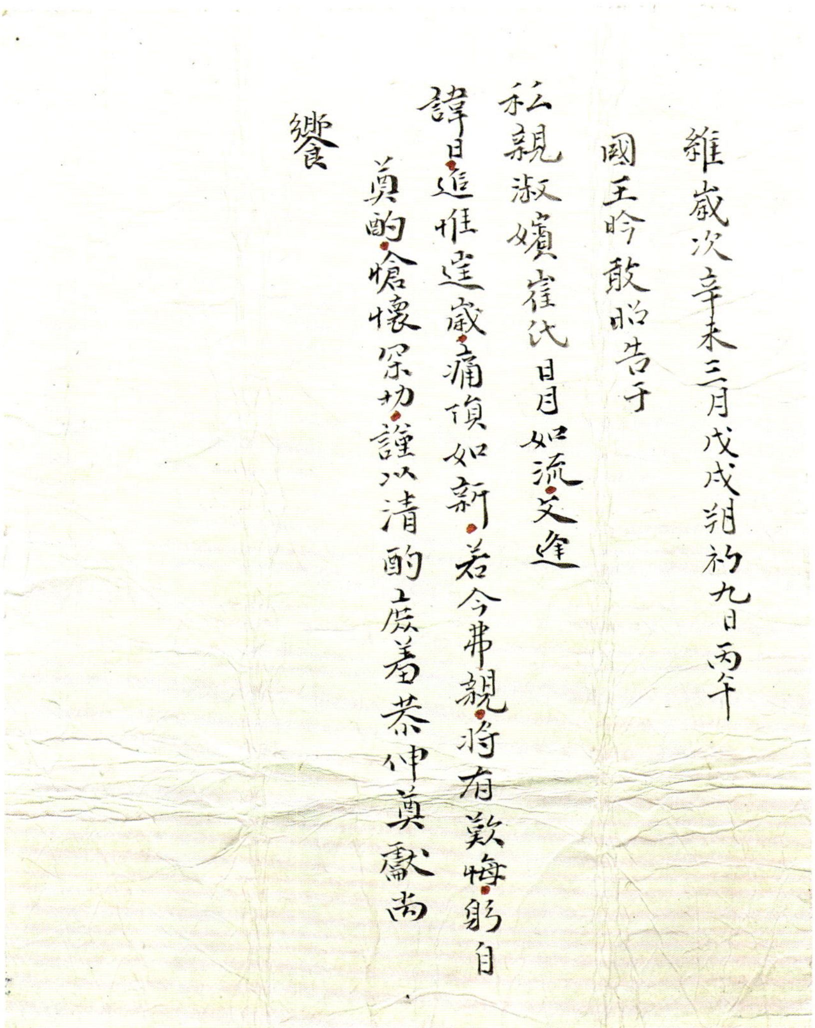
維歲次辛未三月戊戌朔初九日丙午
國王昑敢昭告于
私親淑嬪崔氏日月如流又逢
諱日追惟違歲痛頃如新若今弗親將有歎悔躬自
奠酌愴懷罙切謹以清酌庶羞恭伸奠獻尚
饗

『궁원식례宮園式例』 편찬, 사친私親에서 선비先妣로

『궁원식례』는 1753년영조 29 영조가 숙빈을 위한 궁원제를 선포하면서, 그 제도와 의례를 기록한 규정집이다. 장서각에는 육상궁·소령원에 관한 3종의 『궁원식례』가 소장되어 있다. 『승정원일기』에 따르면, 1756년영조 32 6월 28일에 영조는 『궁원식례』를 '원편原編', '보편補編', '정본定本'으로 구분하고 원편과 보편을 교정하여 정본으로 간행하게 했다. 이러한 3종의 『궁원식례』를 통해 궁원제의 정비와 변화에 반영된 영조의 지향을 확인할 수 있다.

원편은 1753년 6월 25일 궁원제 선포 이후, 약 20일 만에 완성되었다. 6월 27일 봉원도감封園都監을 설치하여 소령원에 정자각과 석물 등을 설치하고, 세자의 사당을 기준으로 육상궁의 의물을 정비하도록 하였다. 또한 궁원의 제사 의주儀註 및 축식祝式, 진설陳設 등의 규정을 마련하여 『궁원식례』를 편찬했다. 7월 16일에는 완성된 『궁원식례』를 육상궁에 봉안하는 의식이 거행되었다.

그런데 원편의 편찬 직후부터 새로운 의례가 보완되면서 8월 20일에 수정 초본草本이 마련되었다. 영조는 효를 다한다는 명분을 내세우며, 8월 6일 육상궁에서 상시책인의上諡冊印儀를 거행했다. 이에 따라 시책諡冊과 시인諡印을 제작하여 육상궁에 봉안했고, 9월 4일에는 종묘에 고유한 후 반교頒敎와 진하陳賀 의례를 거행했다. 영조는 새로운 규정을 보완하여 원편과는 별도의 책으로 『궁원식례보편』을 편찬하게 하였다. 9월 24일에 영조는 『궁원식례보편』을 검토한 후 "이제는 내 마음에도 꼭 맞는다."고 평가했다. 또한 10월 22일에는 축식에서 숙빈의 호칭을 '사친私親'이 아닌 '선자친先慈親'으로 변경하는 등 궁원제의 정비를 계속했고, 11월에 보완된 규정을 수록한 『궁원식례보편』이 완성되었다.

원편과 보편의 구체적인 차이를 살펴보면, 원편은 세자의 사당을 기준으로 종묘의 정제正祭와 구분되는 속제俗祭의 형식을 따랐다. 속제는 왕실 조상에게 생시처럼 효를 다하기 위한 제사로서, 신에게 바치는 희생犧牲인 생고기 대신 일상의 음식인 유밀과油蜜果를 올렸다. 또한 '작爵' 대신 '은잔銀盞'을 사용하고 폐백幣帛을 생략하는 속제의 원칙을 준수했다. 반면 보편의 경우, 육상궁 제사에서 종묘와 동일한 '작'을 사용하고, 술항아리인 이彝·준尊·뢰罍의 배치 역시 종묘의 방식을 따랐다. 또한 폐백을 추가하여 일반적인 속제와 차등을 두었다. 이러한 보편의 규정은 속제를 기본으로 하되, 종묘 정제의 요소를 절충하여 궁원제의 의례적 위상을 높이려는 영조의 의지를 보여준다.

정본은 1756년에 원편과 보편을 통합하여 교정한 후 실록자로 간행되었다. 이 과정에서 숙빈의 호칭은'선비先妣'로 일괄 수정되었다. 사망한 어머니를 지칭하는 '비妣'는 사망한 아버지인 '고考'와 짝을 이루어 적통을 의미하였으므로 후궁인 생모에게는 사용할 수 없었다. 그러나 영조는 1755년 12월에 『주례周禮』를 근거로 숙빈의 호칭을 '선비'로 변경했고, 이러한 결정을 정본 『궁원식례』를 통해 제도적으로 확립하고자 하였다.

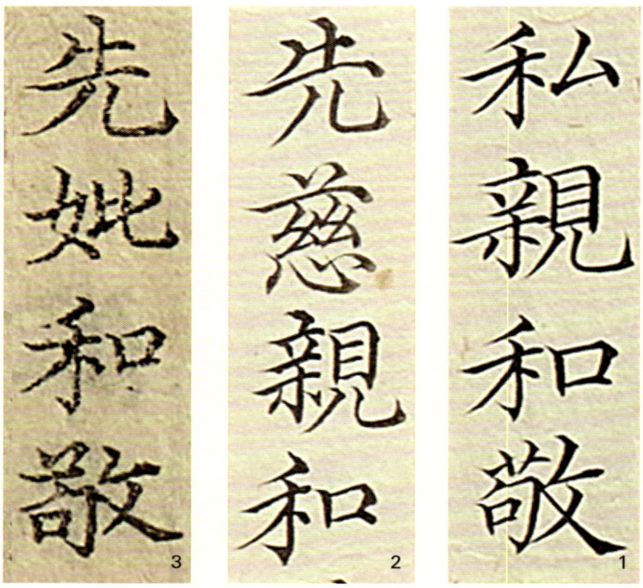

1. 『육상궁 소령원 식례』(원편), 1753년
2. 『궁원식례보편』, 1753년
3. 『육상궁 소령원 식례』(정본), 1756년

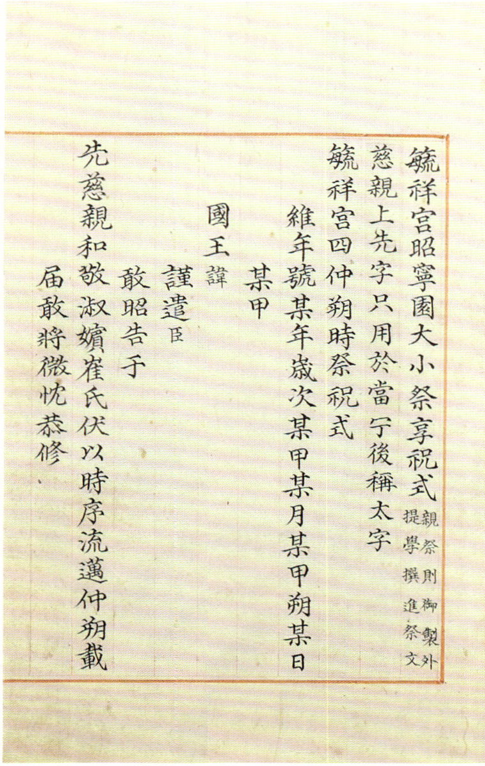
毓祥宮昭寧園大小祭享祝式 親祭則御製外提學撰進祭文
慈親上先字只用於當宁後稱太字
毓祥宮四仲朔時祭祝式
維年號某年歲次某甲某月某甲朔某日
某甲
國王諱
謹遣臣
敢昭告于
先慈親和敬淑嬪崔氏伏以時序流邁仲朔載
届敢將微忱恭修

『궁원식례보편』, 1753년

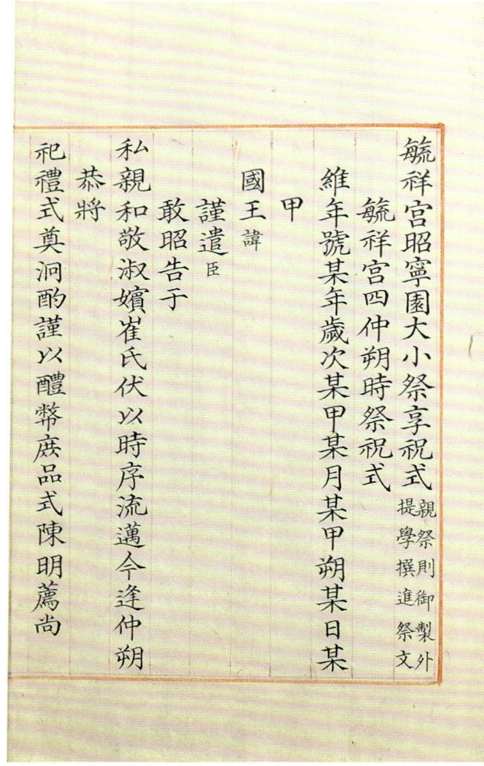
毓祥宮昭寧園大小祭享祝式 親祭則御製外提學撰進祭文
毓祥宮四仲朔時祭祝式
維年號某年歲次某甲某月某甲朔某日某
甲
國王諱
謹遣臣
敢昭告于
私親和敬淑嬪崔氏伏以時序流邁今逢仲朔
恭將
祀禮式奠泂酌謹以醴幣庶品式陳明薦尚

『육상궁 소령원 식례』(원편), 1753년

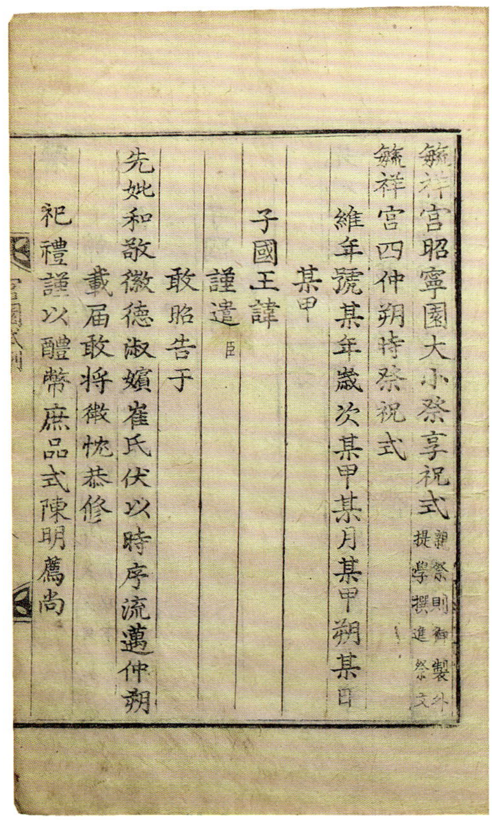
毓祥宮昭寧園大小祭享祝式 親祭則御製外提學撰進祭文
毓祥宮四仲朔時祭祝式
維年號某年歲次某甲某月某甲朔某日
某甲
子國王諱
謹遣臣
敢昭告于
先妣和敬徽德淑嬪崔氏伏以時序流邁仲朔
載届敢將微忱恭修
祀禮謹以醴幣庶品式陳明薦尚

『육상궁 소령원 식례』(정본), 1756년

13

육상궁 소령원 식례

毓祥宮昭寧園式例

1753년(영조 29)
1책, 필사본, 33.7×23.5㎝
K2-2474

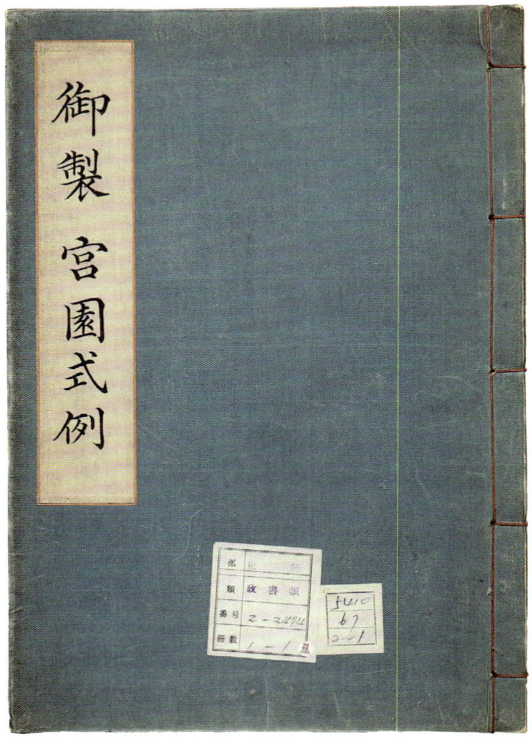

1753년 7월에 구윤명具允明, 1711~1797 등이 영조의 명을 받들어 육상궁과 소령원에 관한 제반 규정을 정리하여 편찬한 책이다. 영조는 1753년 6월 25일 궁원제를 선포한 데 이어, 27일에는 육상궁과 소령원의 식례를 예조에서 작성하여 육상궁, 소령원, 예조, 봉상시에 보관하라는 전교를 내렸다. 『승정원일기』에 따르면, 6월 27일에 동부승지 임순任珣, 1692~1760에게 명하여 『궁원식례』를 쓰게 했고, 7월 3일에는 우승지 구윤명이 입시하여 수정이 필요한 부분을 보고했다. 7월 8일에는 『궁원식례』를 정서正書하여 2건은 내입內入하고 2건은 예조에 보관토록 하였다. 7월 13일에 장황粧潢을 마쳤고, 7월 16일에 채여彩輿로 운반하여 육상궁에 봉안하는 의식을 거행했다.

이 책은 영조의 전교를 시작으로, 육상궁 식례毓祥宮式例와 소령원 식례昭寧園式例를 통해 궁원의 제도와 관리 및 각종 제사의 거행 등을 전반적으로 규정했고, 이상의 식례를 봉행하도록 명하는 영조의 어제 소지小識를 수록했다. 다음으로 「육상궁소령원전배친제섭제의주毓祥宮昭寧園展拜親祭攝祭儀註」에는 육상궁의 전배의, 시제친제의, 절제친제의, 시제섭제의, 절제섭제의 및 소령원의 전배의, 기제친제의, 기제섭제의 등이 수록되어 있다. 「육상궁소령원대소제향축식毓祥宮昭寧園大小祭享祝式」에는 육상궁의 사중삭시제·절사의 축식, 소령원의 기신제·절사의 축식을 수록했다. 이어서 「육상궁의물毓祥宮儀物」에는 청개靑蓋, 운선雲扇, 관지통灌地筒이 기록되어 있다. 「육상궁소령원대소제향진설도식毓祥宮昭寧園大小祭享陳設圖式」에는 육상궁의 시제·절사·고유제 제물진설도와 제기수祭器數, 소령원의 기신제·절사·고유제 제물진설도와 제기수가 상세히 기록되었다. 권말에는 영조의 명을 받들어 본서를 편집한 춘추관 수찬관인 구윤명과 조명정趙明鼎, 1709~1779의 직함이 명시되어 있다.

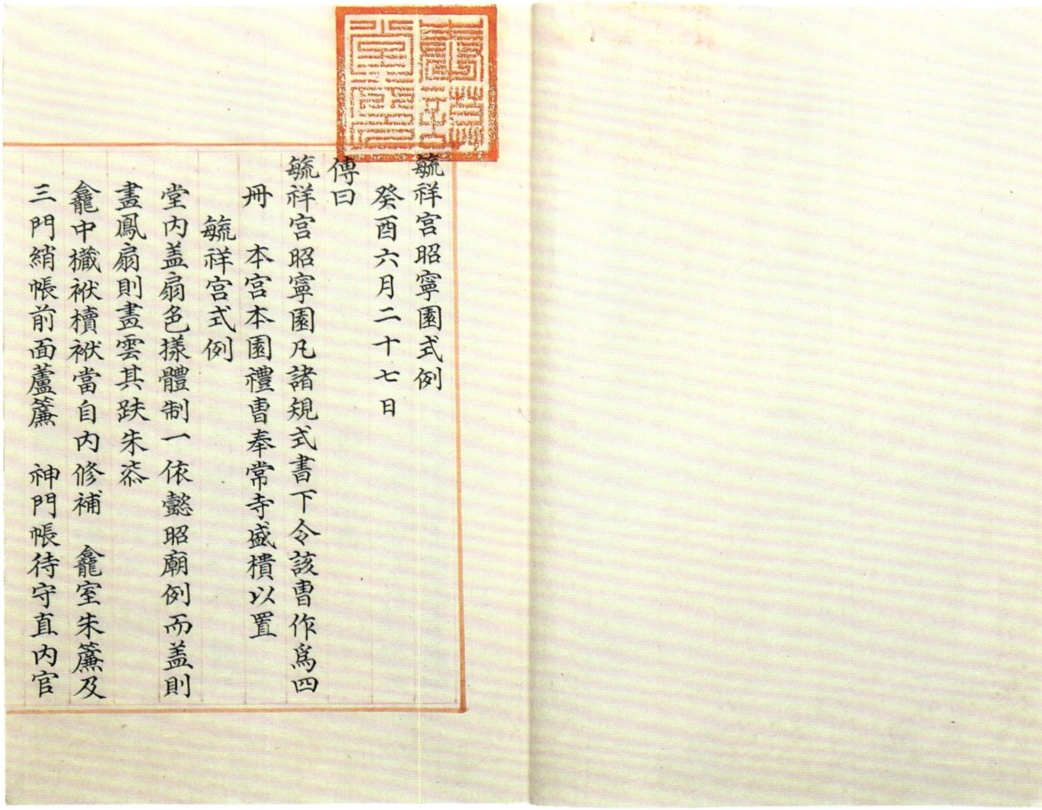

毓祥宮昭寧園式例
癸酉六月二十七日
傳曰
毓祥宮昭寧園凡諸規式書下令該曹作爲四
冊 本宮本園禮曺奉常寺盛櫃以置
毓祥宮式例
堂內蓋扇色㨾體制一依懿昭廟例而蓋則
畫鳳扇則畫雲其趺朱漆
龕中襯袱櫝袱當自內修補 龕室朱簾及
三門綃帳前面蘆簾 神門帳待守直內官

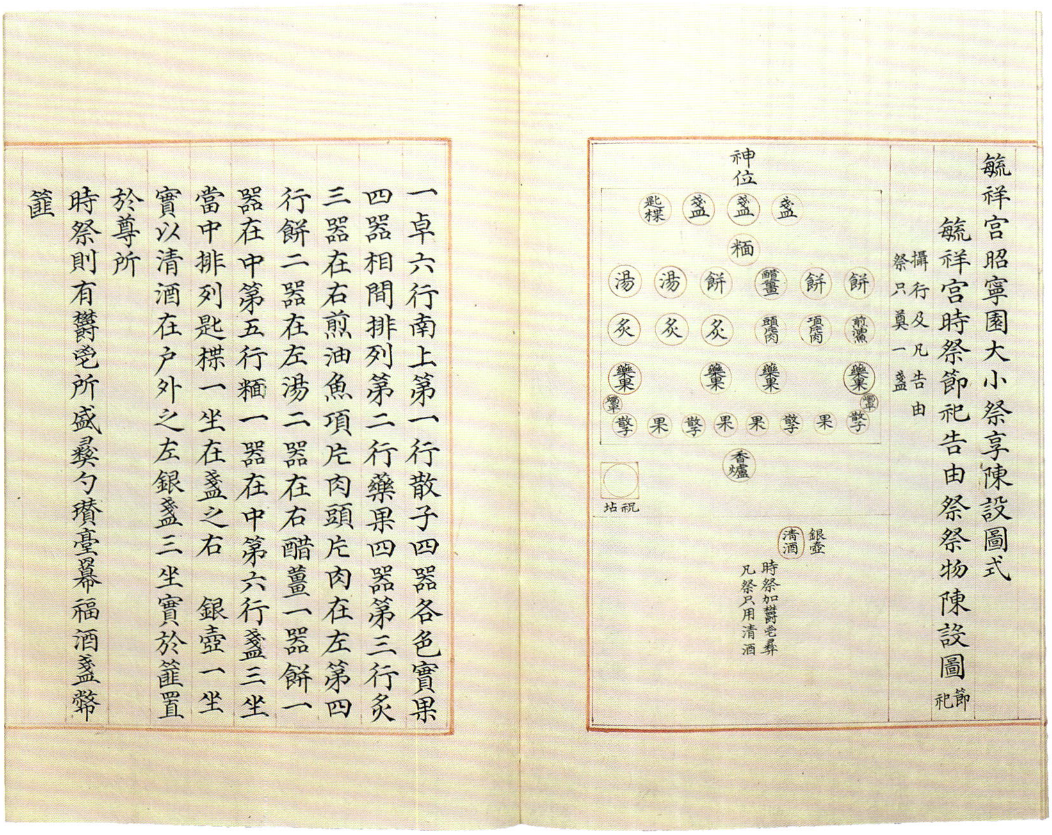

毓祥宮昭寧園大小祭享陳設圖式
毓祥宮時祭節祀告由祭祭物陳設圖 節祀
攝行及凡告由祭只奠一盞

一卓六行南上第一行散子四器各色實果
四器相間排列第二行藥果四器第三行炙
三器在右煎油魚項片肉頭片肉在左第四
行餅二器在左湯二器在右醋薑一器餅一
器在中第五行糆一器在中第六行盞三坐
當中排列匙楪一坐在盞之右 銀壺一坐
實以淸酒在戶外之左銀盞三坐實於篚置
於尊所
時祭則有鬱鬯所盛彝勺瓚臺冪福酒盞幣
篚

14

궁원식례보편

宮園式例補編

1753년(영조 29)
1책, 필사본, 33.4×23.5㎝
K2-2427

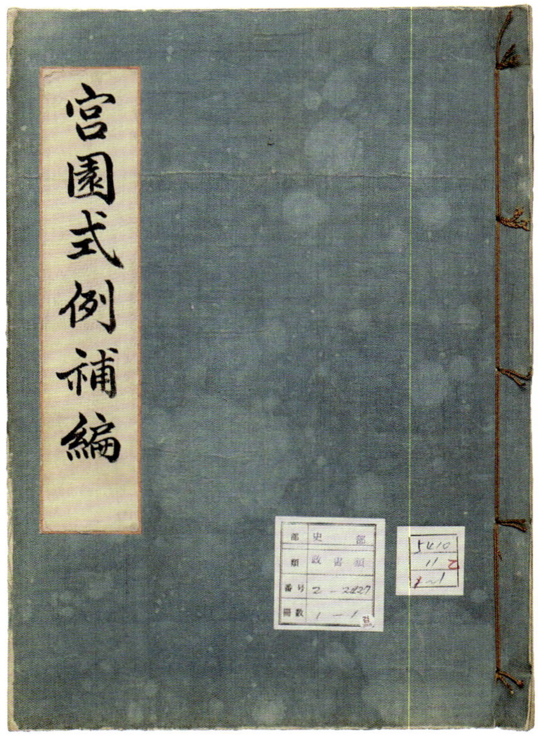

1753년 7월 편찬된 『궁원식례』의 내용을 보완하여 11월에 편찬한 육상궁·소령원의 규정집이다. 1753년 7월 16일에 『궁원식례』를 육상궁에 봉안하였지만, 이후 궁원제의 정비에 따라 규정의 보완이 이루어졌다. 영조는 원편 『궁원식례』를 수정하지 말고 『궁원식례보편』을 새로 간행하여 함께 봉안하게 했다. 이후 10월 22일 숙빈 최씨의 호칭을 '사친私親'에서 '선자친先慈親'으로 변경한 내용이 『궁원식례보편』에 수록되었고, 11월 1일과 6일에도 교정이 진행되었다.

권두에는 9월 7일 영조가 지은 「어제궁원식례보편권수御製宮園式例補編卷首」를 수록하여 궁원의 제도를 후세의 법식으로 삼는다는 간행 의도를 밝혔다. 이어 영조의 전교를 통해 보완 사항을 열거했는데, 숙빈의 호칭 변경, 친제 시 삼헌三獻 거행 및 제사 전 재계齋戒와 헌관의 관품 규정 등이 포함되었다. 다음으로, 「육상궁소령원대소제향축식毓祥宮昭寧園大小祭享祝式」, 「궁원제의宮園祭儀」, 「육상궁의물毓祥宮儀物」, 「소령원의물昭寧園儀物」, 「육상궁소령원대소제향진설도식毓祥宮昭寧園大小祭享陳設圖式」이 이어지고 마지막에는 편집에 참여한 홍봉한洪鳳漢, 1713~1778과 이철보李喆輔, 1691~1775 등의 명단이 수록되었다.

원편 『궁원식례』와 비교하면, '축식'이 의주인 '궁원제의' 앞에 배치되었고, 도설을 포함한 '의물'이 '진설도식' 앞에 추가되었다. 또한 축식에서 숙빈의 호칭을 '선자친'으로 변경하면서, 후대에는 '선先' 자를 '태太' 자로 칭하도록 규정했다. 의주에는 백관의 배례拜禮 절차와 '작헌례의酌獻禮儀'가 추가되었고, 의물에는 시책諡冊인 죽책과 시인諡印인 은인 등이 새롭게 수록되었다. '도식'에서는 속제俗祭와 구분되는 주기酒器와 폐백의 사용을 확인할 수 있다.

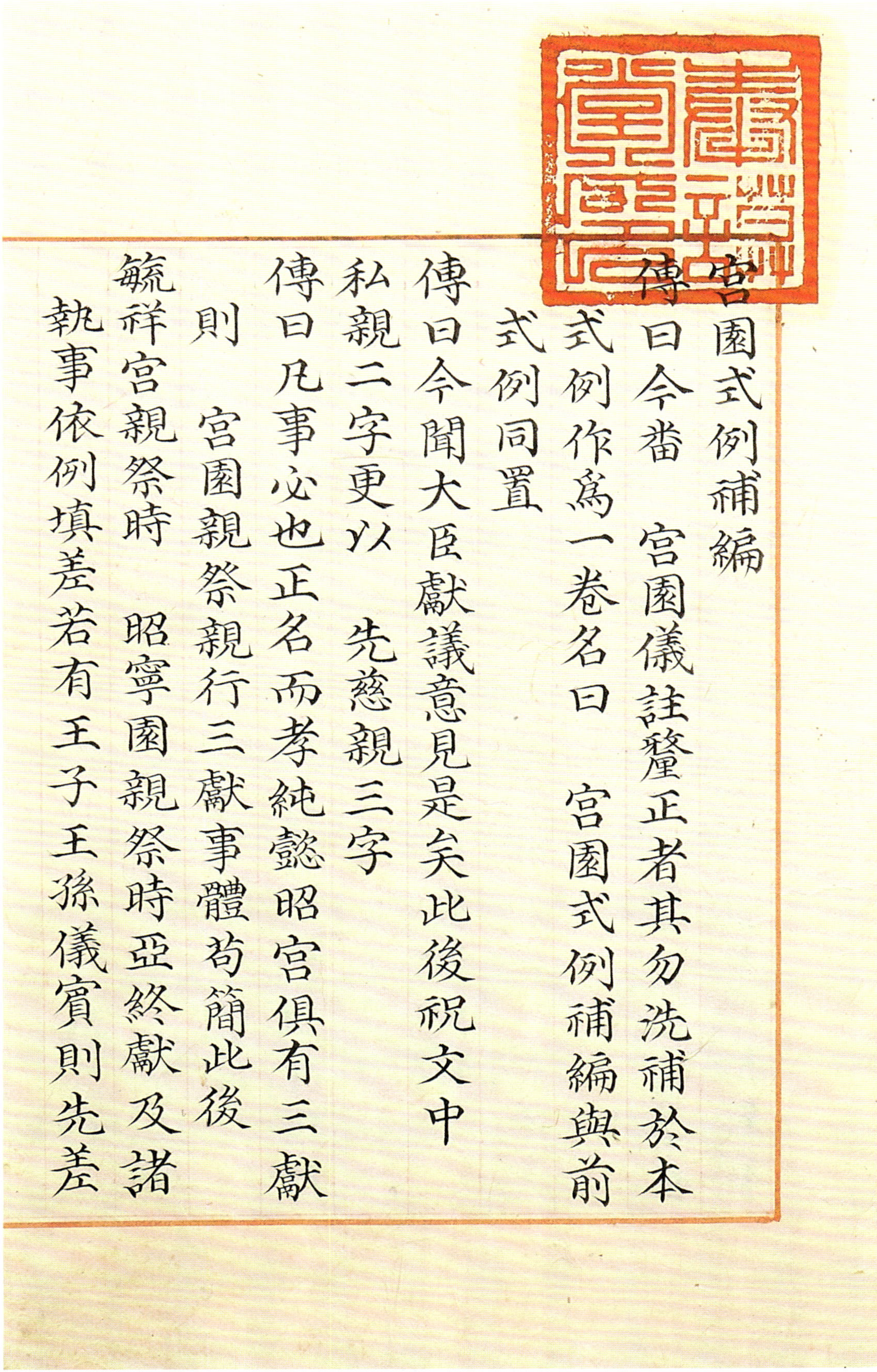
宮園式例補編
傳曰今番 宮園儀註釐正者其勿洗補於本
式例作爲一卷名曰 宮園式例補編與前
式例同置
傳曰今聞大臣獻議意見是矣此後祝文中
私親二字更以 先慈親三字
傳曰凡事必也正名而孝純懿昭宮俱有三獻
則 宮園親祭親行三獻事體苟簡此後
毓祥宮親祭時 昭寧園親祭時亞終獻及諸
執事依例塡差若有王子王孫儀賓則先差

毓祥宮昭寧園大小祭享陳設圖式

毓祥宮時祭節祀告由祭祭物陳設圖

節祀攝行及凡告由祭只奠一爵

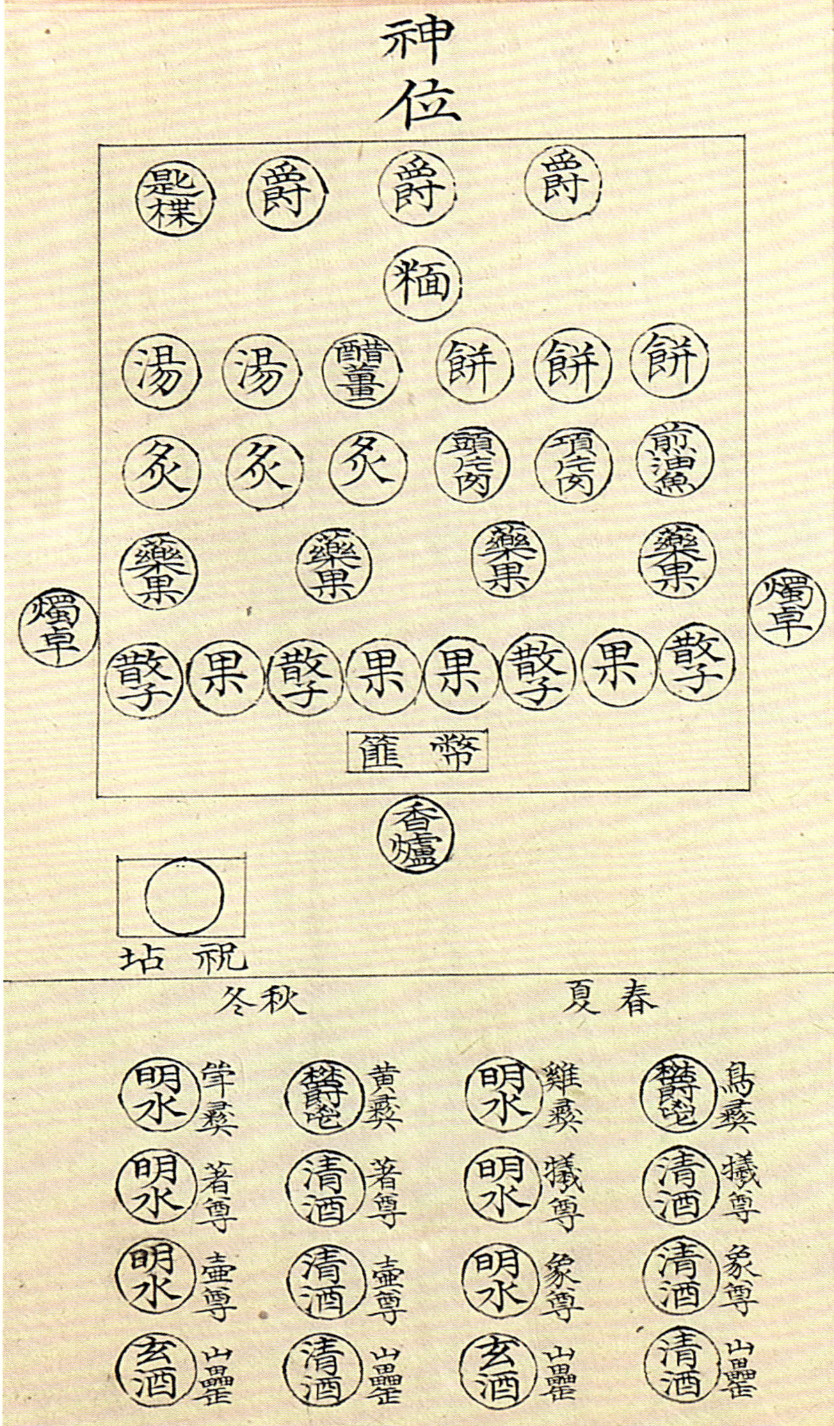

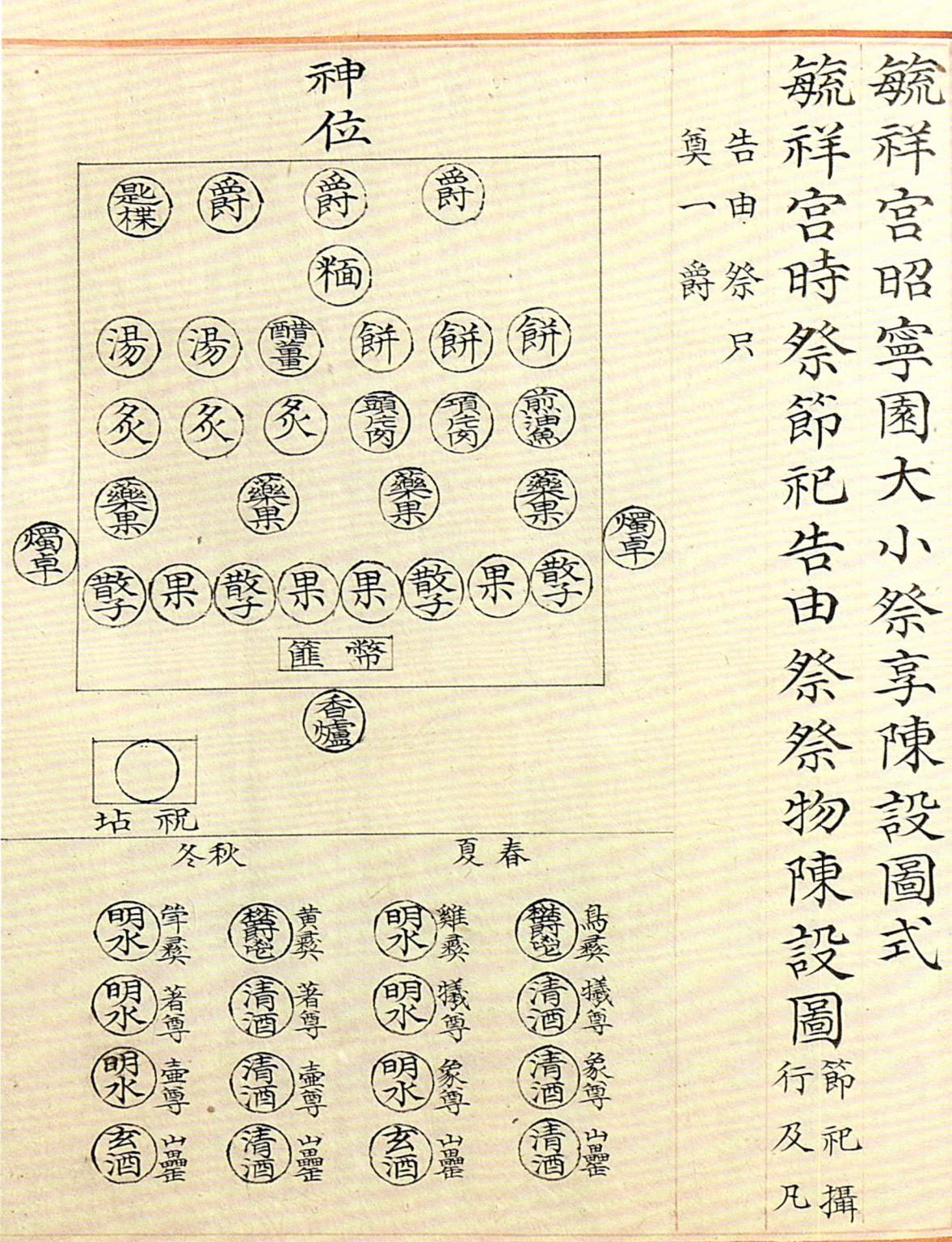

東西長六寸五分
南北廣一寸五分
高一寸八分

倚子

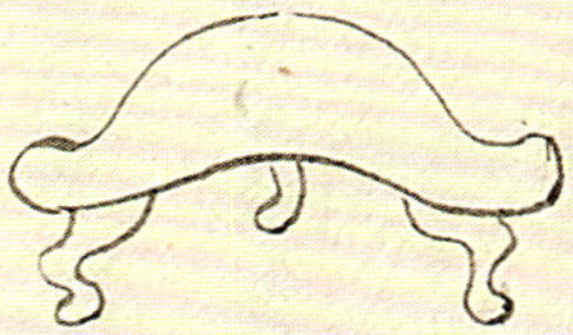

蓋覆紫的水紬單
袱長二尺廣二幅
並覆倚榻

高一尺七寸内欄干高一
寸東西長一尺五寸南北
廣六寸柒唐朱紅

神榻

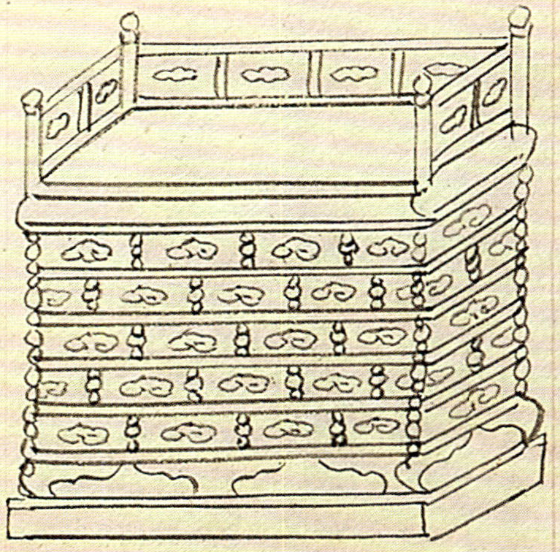

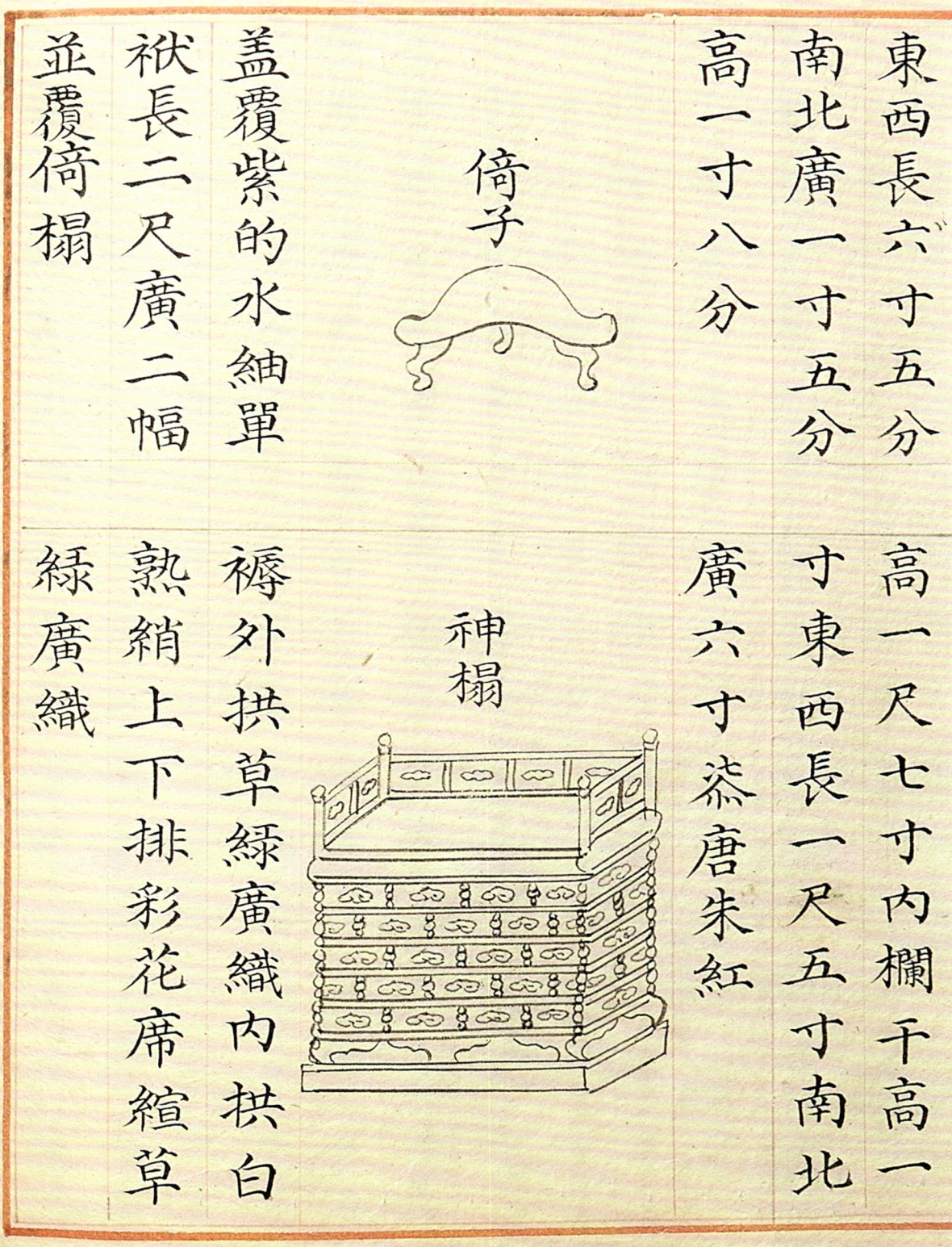

褥外拱草綠廣織内拱白
熟綃上下排彩花席縇草
綠廣織

15

육상궁 소령원 식례

毓祥宮昭寧園式例

1756년(영조 32)
1책, 활자본, 32.4×16.3㎝
K2-2476

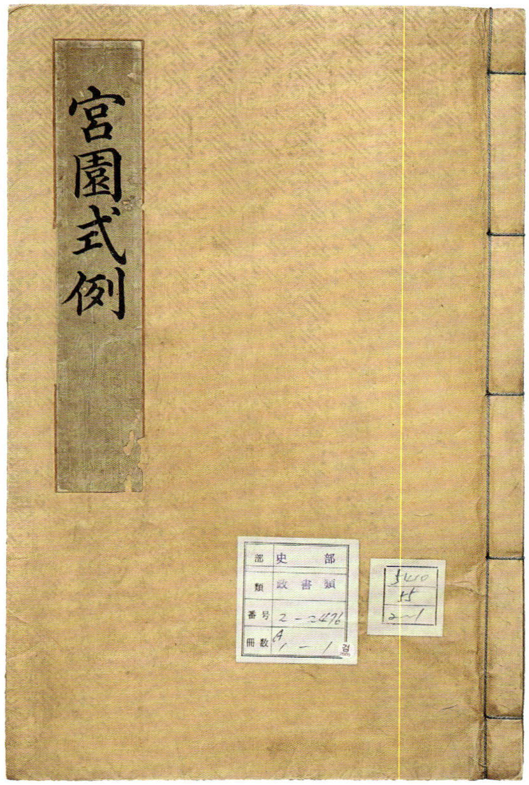

1753년영조 29 편찬된 원편 『궁원식례』와 『궁원식례보편』을 교정하여 1756년에 활자본으로 간행한 정본定本이다. 『승정원일기』에 따르면, 1753년 6월 28일 영조는 원편과 보편을 교정한 정본 『궁원식례』의 편찬을 명했고, 7월 3일에 완성본을 교서관에서 실록자實錄字로 간행토록 하였다. 『영조실록』 1765년 7월 10일 기사에는 『궁원식례』가 완성되었다는 내용과 함께 궁원의 제도가 종묘와 거의 차이가 없다는 비판이 기록되어 있다.

권두에는 영조 어제인 『궁원식례보편』의 소서小敍와 원편 『궁원식례』의 소지小識를 수록했고, 이어 「육상궁식례」 27조와 「소령원식례」 23조를 각각 기재했다. 이후의 체제는 『궁원식례보편』을 따랐다. 정본의 중요한 특징은 원편과 보편의 호칭인 '사친'과 '선자친'을 모두 '선비先妣'로 수정한 점이다. 정본의 간행은 '선비'의 호칭을 공식화하는 의미가 있다.

『영조실록』에 따르면 1755년영조 31 12월 4일 '휘덕徽德'을 시호로 정하면서, 영조는 "'선자친' 세 글자는 고금의 전례典禮에 없는 것으로서 축문을 읽을 때 늘 겸연쩍었다."라고 지적했다. 이에 『주례』 등을 근거로 '선비'의 사용을 확정했고, 영조의 자칭도 '자子'를 추가한 '자국왕 휘子國王諱'로 변경했다. 이러한 변화는 종묘와 차이가 없다는 비판의 대상이 될 수 있었다. 그러나 종묘 제사에서 선대 왕후는 '선비'가 아닌 '황비皇妣'로 칭해졌고, 제사를 올리는 왕은 '효자 사왕 신 휘孝子嗣王臣諱'라는 자칭을 사용했다. 결과적으로 영조는 '정통과의 구분'이라는 원칙을 준수하여 육상궁의 축식을 정비한 것이다.

毓祥宮昭寧園式例

毓祥宮式例

一堂內盖扇色揉體制盖則畫鳳扇則畫雲其趺朱漆

一龕中纖袱紫紬內拱藍紬三幅袱樻袱紫紬二幅袱纖內褥席纖下褥席皆以紫紬內拱藍紬紙槊韜藉多紅雲紋緞內拱藍雲紋緞待次知中官分付次入內入 本宮自內造成

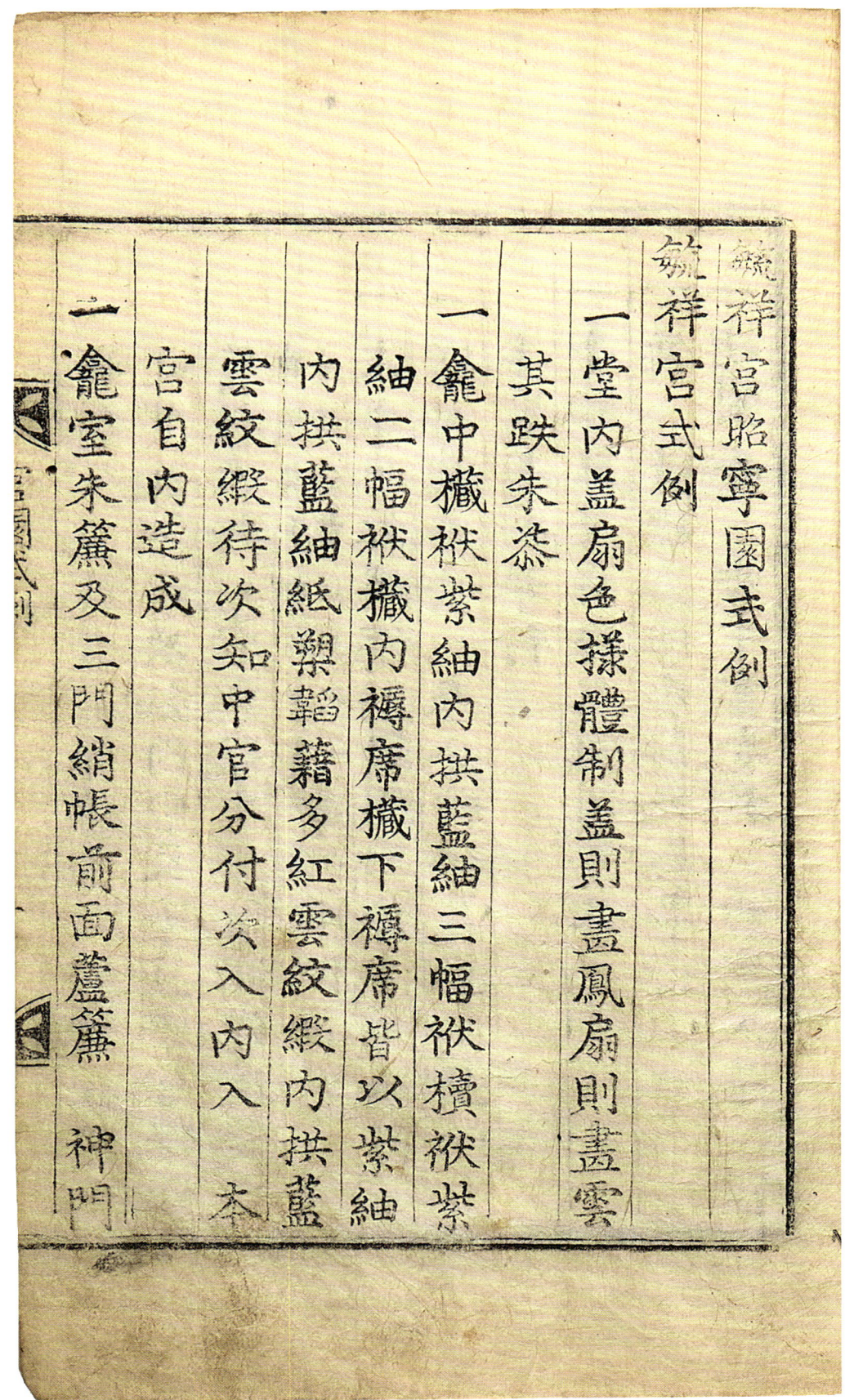

一龕室朱簾及三門綃帳前面蘆簾 神門

16

육상궁 상시책인의

毓祥宮上諡冊印儀

1753년(영조 29)
1책, 필사본, 31.5×21.0㎝
K2-2473

1753년 영조의 하교에 따라 육상궁에 시책諡冊과 시인諡印을 올리는 의식과 과정을 정리하여 편찬한 책이다. 권두에는 영조의 「어제 육상궁상시책인의 소지御製毓祥宮上諡冊印儀小識」가 실려 있고, 이후 상시책인의와 관련된 영조의 전교 및 의례 절차를 규정한 「예조초기禮曹草記」가 수록되었다. 다음으로, 「상책인의上冊印儀」 등의 의주와 「죽책문竹冊文」, 「은인전문식銀印篆文式」, 「표석전후면表石前後面」, 축문 등을 기록했다. 권말에는 상시봉원도감 관원과 상시책인의 집사관 등의 명단 및 편집에 참여한 관원의 명단이 수록되었다.

영조는 1753년 6월 25일 숙빈의 시호를 '화경和敬'으로 정한 후 다음날 육상궁에 친림하여 고유제를 지내고 신주를 고쳐 썼다. 숙빈에게 시호를 올리는 것은 왕후로 추숭하지 않으면서 효를 다하기 위한 의기義起의 방식으로 강조되었다. 그런데 한 달 뒤인 7월 27일에 영조는 시책과 시인을 갖추어 시호를 올리는 의식을 거행해야 한다고 주장했다. 결국 영조의 뜻에 따라 8월 6일 육상궁에서 시책·시인을 올리는 최초의 상시책인의가 거행되었다. 시책문은 이천보李天輔, 1698~1761가 찬술하고 월성위月城尉 김한신金漢藎, 1720~1758이 글씨를 썼다. 시인은 금성위錦城尉 박명원朴明源, 1725~1790의 글씨로 제작되었다. 시책과 시인을 올리는 상책인관上冊印官은 박문수朴文秀, 1691~1756, 시책을 읽은 독책관讀冊官은 김한신, 시인을 읽는 독인관讀印官은 박명원이 담당했다. 상시책인의는 영조가 사친 후궁을 위해 창안한 의례로서, 궁원제 성립의 정당성을 상징하는 의식으로 자리를 잡았다.

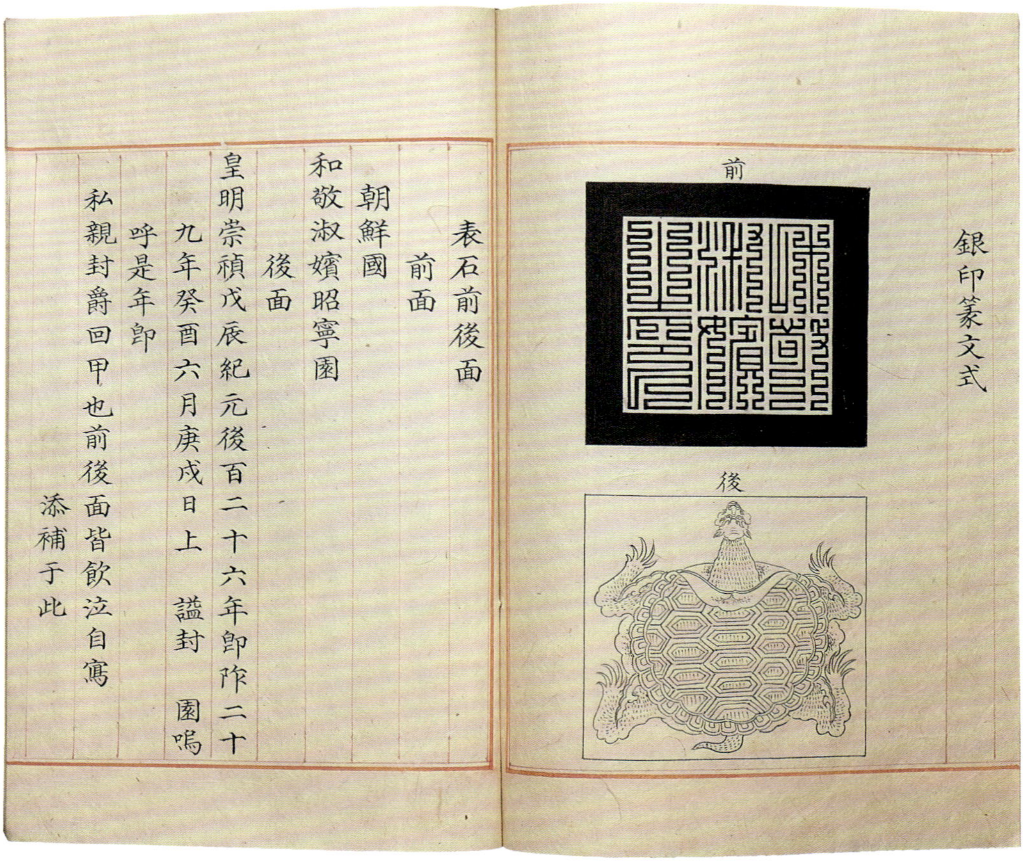
銀印篆文式
前
後

表石前後面
前面
朝鮮國
和敬淑嬪昭寧園
後面
皇明崇禎戊辰紀元後百二十六年卽阼二十
九年癸酉六月庚戌日上 謚封 園嗚
呼是年卽
私親封爵回甲也前後面皆飮泣自寫
添補于此

'상시책인의'의 역설

상시책인의는 왕의 사친에게 시호의 의미를 기술한 시책諡冊과 시호를 새긴 시인諡印을 올리는[上] 의례이다. 1753년영조 29에 영조는 숙빈을 위해 '화경和敬'을 시호로 정했고, 육상궁에서 시책과 시인을 올리는 최초의 상시책인의를 거행했다. 영조가 창안한 상시책인의는 궁원제의 성립과 그 정당성을 확보하는 의례로서 강조되었다. 그러나 후궁은 책·인을 받을 수 없는 신분이며, 왕이 시호를 올리는 대상도 아니었다. 따라서 상시책인의 시행을 통해 사친 후궁 의례의 난점과 궁원제의 착종된 위상을 확인할 수 있다.

왕이 시호를 올리는 대상은 선대의 왕과 왕후로서 그들의 의물인 옥책玉冊·금보金寶로 시책·시보를 제작하여 올리는 '상시책보의上諡冊寶儀'가 거행되었다. 왕의 생존 시 왕비가 먼저 사망한 내상재선內喪在先의 경우, 왕비의 의물인 옥책·금보를 제작하되 남편인 왕이 올리는 대상이 아니라는 점에서 '상上' 대신 '증贈'을 사용하여 '증시책보의贈諡冊寶儀'를 시행했다. 시책·시인은 세자와 세자빈의 의물로서 죽책竹冊·옥인玉印으로 제작되었고, 왕이 시호를 내려주는[賜] '사시책인의賜諡冊印儀'에서 사용되었다.

국가례에서 '보寶'와 '인印'은 그 용어 자체로 왕·왕비와 세자·세자빈의 신분을 특정했다. 후궁은 '인'을 받는 대상이 아니었지만, 영조는 숙빈을 위해 세자빈의 옥인보다 격이 낮은 은인銀印을 시인으로 정했다. 이 과정에서 영조는 "내가 사친을 위하여 감히 옥인玉印을 바랄 수는 없더라도 어찌 은인을 만들 수 없겠는가?"라고 주장했다. 또한 책문冊文은 승통承統한 비빈妃嬪을 위한 것이라는 이유로 죽책문 작성을 거부한 대제학 조관빈趙觀彬, 1691~1757을 유배형에 처했다.

영조는 후궁의 의례적 차등을 인정하면서도 아들이 어머니를 위해서는 '상'자를 사용해야 한다는 효의 논리를 강조했다. 따라서 어머니를 위한 '상'자와 신분적 제약에 따른 '인'자가 충돌하는 '상시책인의'의 역설이 발생한 것이다. 이러한 모순은 예법과 인정에 모두 합당한 사친 의례를 정비하려는 영조의 의지를 명확히 보여준다.

『춘관통고春官通考』에 정리된 시호 관련 의례

	대상	행위	시책諡冊	시보諡寶 시인諡印	의례
춘관통고	대상大喪·내상內喪	상上	시책(옥)	시보(금)	상시책보의上諡冊寶儀
	내상재선內喪在先	증贈	시책(옥)	시보(금)	증시책보의贈諡冊寶儀
	소상小喪·소내상小內喪	사賜	시책(죽)	시인(옥)	사시책인의賜諡冊印儀
	저경궁儲慶宮·육상궁毓祥宮	상上	시책(죽)	시인(은)	상시책인의上諡冊印儀

17

화경숙빈 상시봉원시 세자칭하전문

和敬淑嬪上諡封園時世子稱賀箋文

1753년(영조 29)
1장, 필사, 34.6×137.5㎝
K2-3086

1753년 9월 4일에 숙빈 최씨의 시호를 올리고 원園으로 봉한 사실을 종묘에 고한 후, 사도세자가 창경궁 명정전에서 영조에게 진하進賀하며 올린 전문箋文이다. 두꺼운 장지壯紙에 세필로 쓴 두루마리 형태로, 말미의 연월일 부분에 '왕세자인王世子印'이 답인되어 있다. 영조의 존호는 붉은 비단을 덧댄 부분에 기재되었다. 사도세자는 영조의 효성을 강조하여, "30년을 재위하시며 어린아이처럼 간절히 사모하셨도다[三紀端臨一念孺慕]."라고 서술했다. 오랫동안 사친의 존봉尊奉을 미루다가 현양하는 아름다운 규식을 조율하여 비로소 효를 다하는 의례를 거행하였다고 칭송하며, 궁원제의 정당성을 부각시켰다.

『승정원일기』에 따르면, 1753년 9월 1일에 영조는 원손을 정할 때도 고묘告廟하는데 시호를 올리고 원으로 봉한 사실을 고묘하지 않은 문제를 지적했다. 이어 "공자는 노담老聃에게 예를 물었는데, 나는 신하들에게 예를 구걸한다."라고 탄식하면서, 고묘 의례를 청하지 않은 신하들을 질책했다. 결국 9월 4일, 영조의 뜻대로 고묘와 반교頒敎, 진하 의식이 거행되었다. 영조는 "육순의 만년에 사친을 위해 예를 다하였다."라고 기뻐하며 경과慶科의 시행과 사면을 명했다.

和敬淑嬪崔氏上 諡奉 園

莊祖 世子時奉箋稱賀

至行純德英謨毅烈章義弘倫光仁敦禧主上殿下

至行純德英謨毅烈章義弘倫光仁敦禧主上殿下

18

소령원도

昭寧園圖

1753년(영조 29)
1장, 종이에 담채, 115.0×86.5㎝, 보물
RD04412

1753년 6월 소령묘昭寧墓를 소령원으로 승격시킨 직후에 그린 산도山圖이다. 1753년 8월 이후 정자각丁字閣과 봉분 주위의 마석馬石, 양석羊石, 호석虎石 각 1쌍 등을 세워 소령원으로 정비하기 이전의 모습이다. 『승정원일기』에 따르면 1753년 7월 23일에 영조가 '소령원도'에 대해 하문한 바 있어, 소령원의 조성에 참고하기 위해 공역에 착수하기 이전의 모습을 그린 것으로 추정된다.

곡장으로 둘러싸인 봉분 앞에 1718년숙종 44 9월에 세운 묘표墓表가 있고 그 앞으로 혼유석魂遊石과 상석床石, 그 옆에 제주병석祭酒甁石이 있다. 장명등을 중심으로 양쪽에 망주석과 문석인文石人이 한 쌍씩 서 있다. 왕릉과 달리 우측 문석인 아래에 중배설석中排設石이 있고 곡장 밖 우측 상단에는 산신상석山神床石이 있다. 우측 하단에는 1744년영조 20 묘호墓號를 소령으로 정한 후 세운 표석表石의 비각碑閣이 그려져 있다.

좌측 하단 제청祭廳 내의 중심 건물은 육오당六吾堂이다. 영조는 잠저 시절에 지은 당호인 '육오당'을 어필로 써서 현판으로 제작해 걸었다. 반송 옆 기임각祈稔閣은 영조가 휴식을 취하며 농사짓는 광경을 바라보았던 초사草舍로, 정자각을 세우면서 육오당 위쪽으로 이전하기 전의 모습을 그린 것이다. 『소령원지昭寧園誌』K2-4439에 따르면, 육오당과 기임각에는 영조의 어제어필 18건이 현판 등의 형태로 소장되어 있었다. 영조는 재위 기간 동안 12차례 소령원에 전배했고, 어제어필을 안치하는 방식을 통해 숙빈에 대한 사모의 정을 드러냈다.

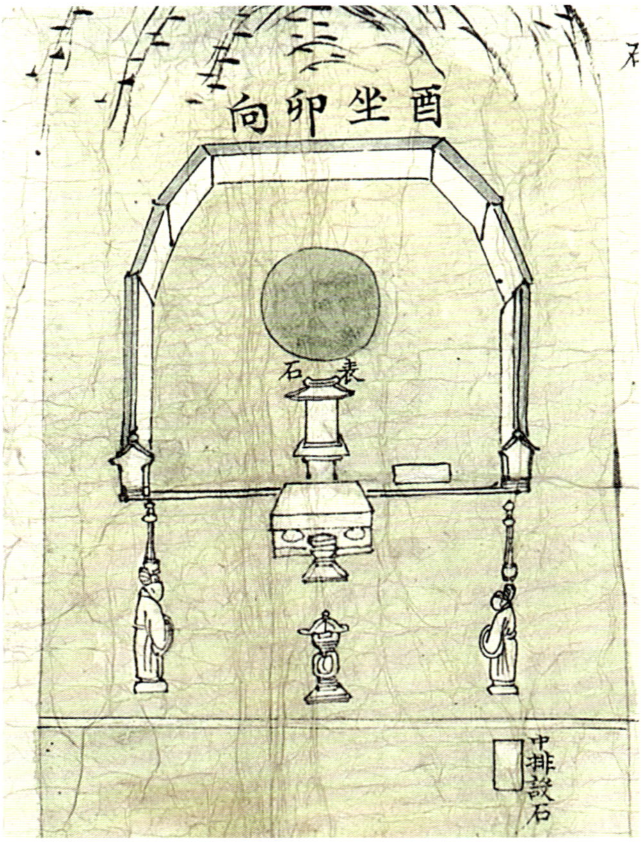

원침 부분

昭寧園

19

화경숙빈 소령원비 탑본

和敬淑嬪昭寧園碑搨本

1753년(영조 29)
2축, 탑본, (전면) 246.8×92.6㎝, (음기) 247.0×92.2㎝
K2-5265-1, 2

1753년 6월 26일 숙빈 최씨에게 시호를 올리고 소령묘를 소령원으로 승격시킨 후 세운 표석의 탑본이다. 전면에는 '조선국 화경숙빈소령원朝鮮國 和敬淑嬪昭寧園'을 대자 해서로 새겼다. 후면 음기陰記에는 1753년 6월 26일 육상궁에 시호를 올리고 소령원으로 승격시킨 사실을 간략히 기록했다. 전면과 음기는 모두 영조의 어제어필로, 숙빈이 숙원淑媛에 봉해진 지 60년 되는 해를 맞이하여 눈물을 삼키며 친히 썼음을 밝혔다.

『상시봉원도감의궤上諡封園都監儀軌』K2-3069의 비석소조碑石所條에는 소령원비를 세우는 과정과 절차 및 소용 물품에 대해 자세히 기록되어 있다. 표석은 남포오석藍浦烏石을 채취하여 사용했는데, 임시로 지은 가가假家에서 석재를 다듬는 마정 작업이 진행되었다. 이후 글자를 배열하여 종이에 옮겨 쓰는 초도정서草圖正書, 정서한 글자를 석재의 표면에 옮겨 붙이는 북칠北柒의 과정을 거쳐 각수들이 글자를 새겼다. 이후 소령원비의 탑본을 제작했는데, 진상용 4건은 대전, 세자궁, 육상궁 등에 올렸고, 나머지 10건은 도제조, 당상 등 고위 담당관에게 분배되었다.

화경숙빈 소령원비

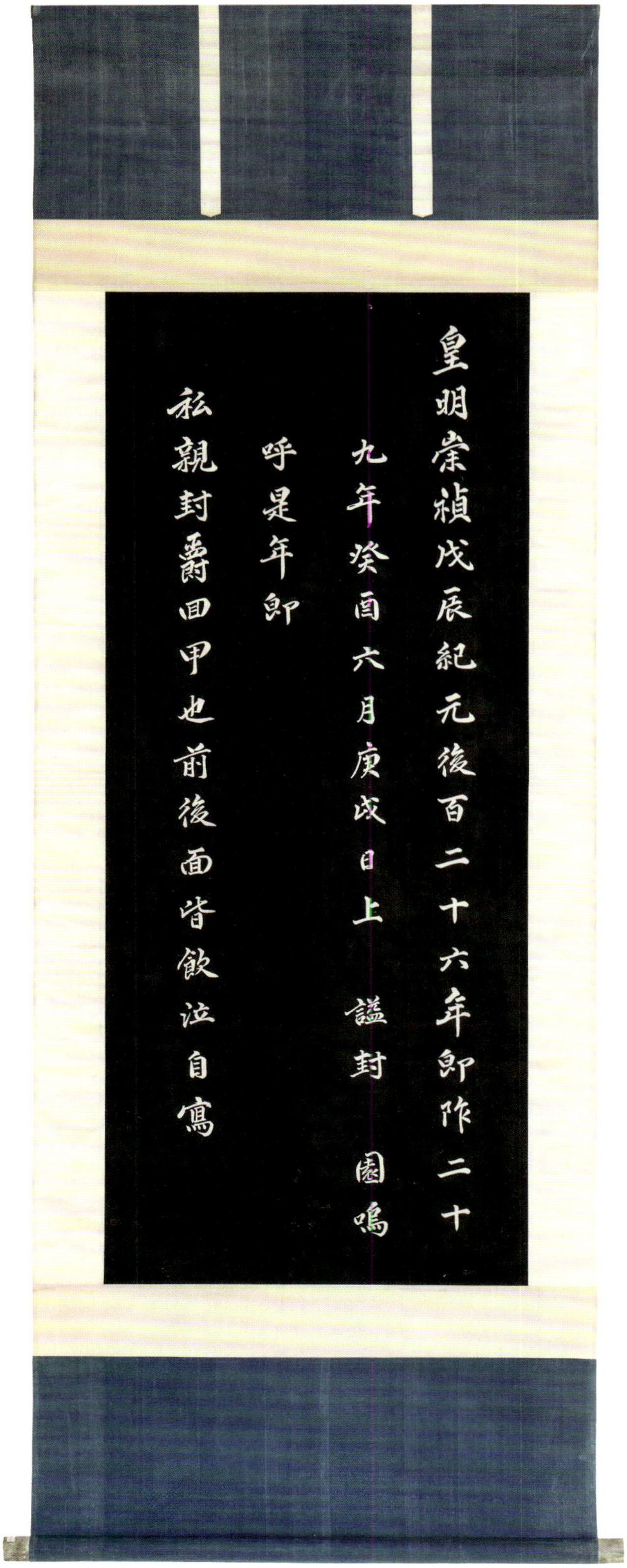
皇明崇禎戊辰紀元後百二十六年卽作二十
九年癸酉六月庚戌日上 謚封 園嗚
呼是年卽
私親封爵回甲也前後面皆飮泣自寫

음기

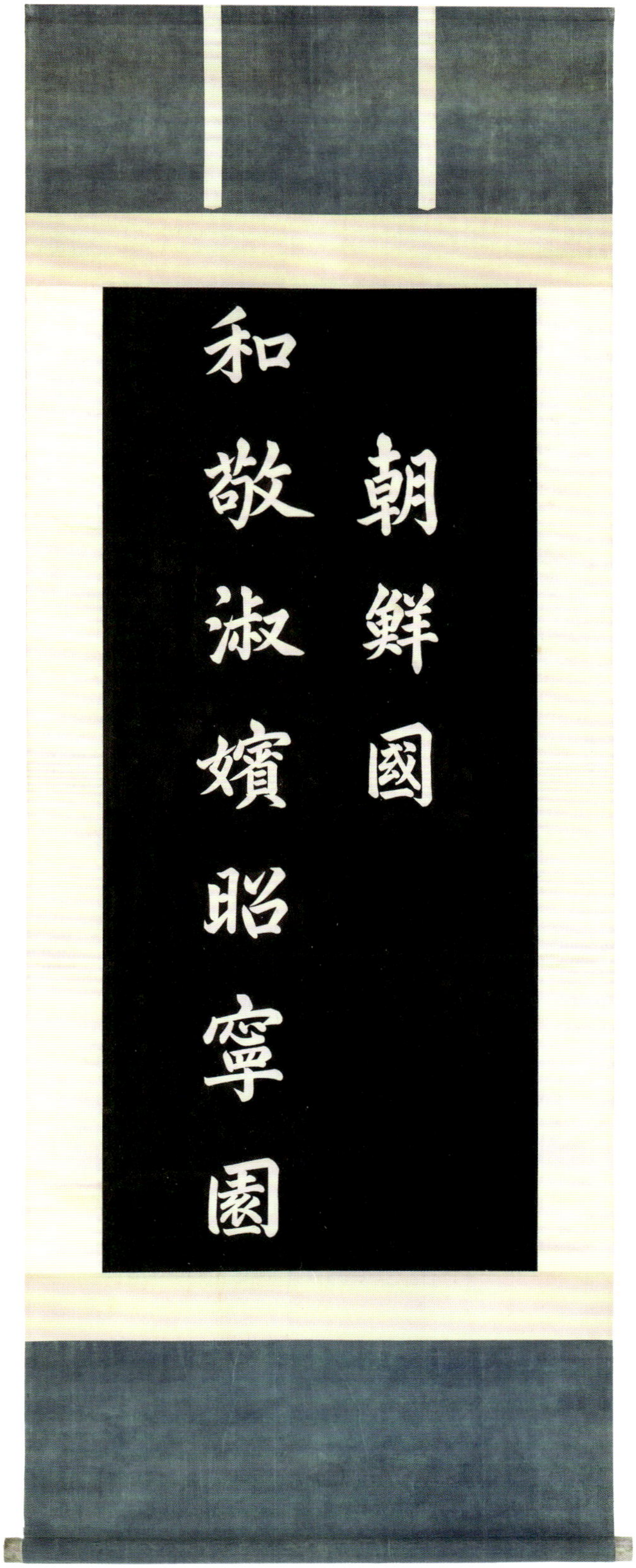
朝鮮國
和敬淑嬪昭寧園

전면

20

선비화경휘덕숙빈 최씨 제문
先妣和敬徽德淑嬪崔氏祭文

1756년(영조 32)
1장, 필사, 61.0×104.2㎝
RD02830

1756년 1월 1일에 영조가 숙빈 최씨에게 '휘덕徽德'을 시호로 가상加上하면서 지낸 제사의 제문이다. 『영조실록』에 따르면, 1755년 영조 31 12월 4일 육상궁에 추가로 올릴 시호를 '휘덕'으로 정했고, 숙빈의 호칭을 '선자친先慈親'에서 '선비先妣'로 변경했다. 1756년 1월 1일 육상궁에서 상시책인의를 거행했고, 숙빈을 '선비'로 칭하는 제문을 올렸다. 영조는 자신을 기르고 가르치신 은혜를 언급하며 그리움을 드러냈고 왕위에 오른 후에도 어머니를 기리는 일에 안이했음을 탄식했다. 이어 숙빈이 처음 봉작을 받은 지 60년 되는 해를 맞이하여 인원왕후의 자교를 받들어 '휘덕'을 시호로 올리게 되었음을 밝혔다. 또한 『주례周禮』에 따라 '선비'로 칭하게 되었음을 강조하며, "소자小子의 30년 맺힌 마음이 조금이나마 풀리는 듯합니다."라고 술회했다.

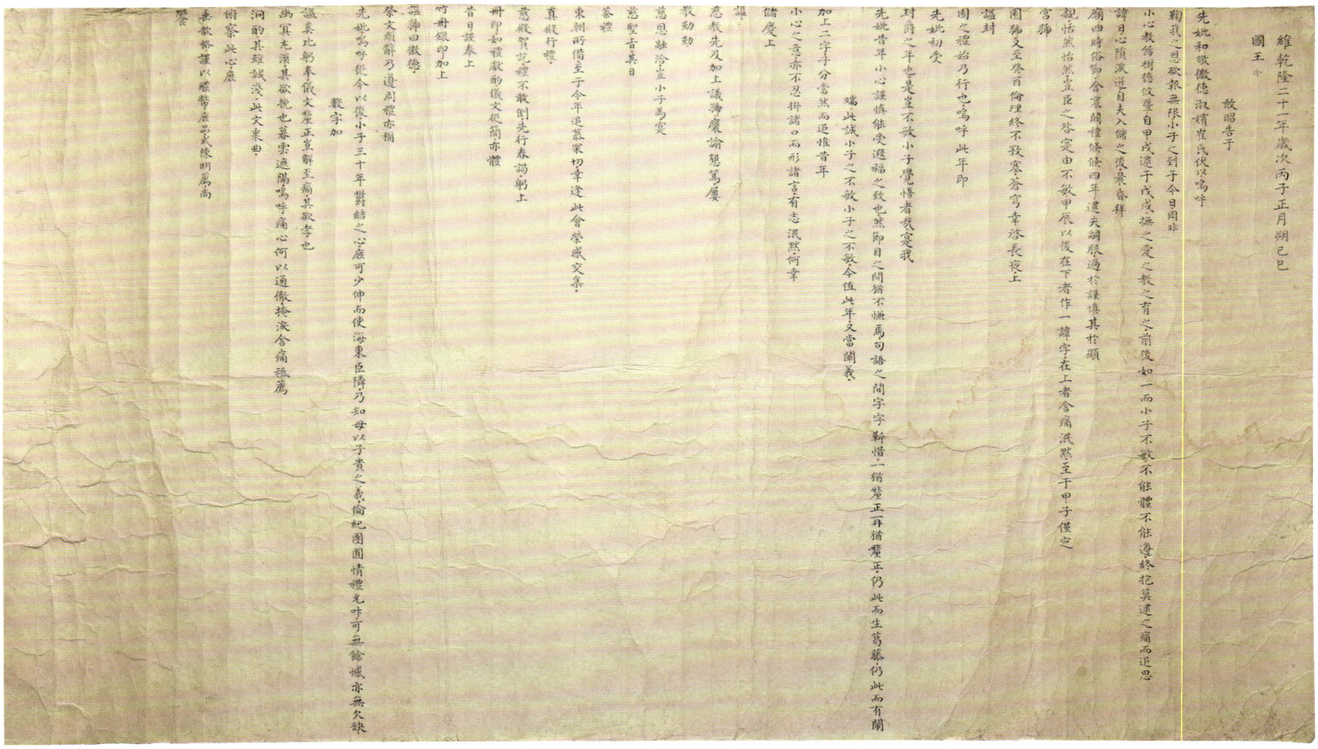

維乾隆二十一年歲次丙子正月朔己巳
國王 諱
敢昭告于
先妣和敬徽德淑嬪崔氏伏以嗚呼
鞠我之恩欲報無限小子之到于今日罔非
小心教飭樹德攸暨自甲戌逮于戊戌撫之愛之教之育之前後如一而小子不敏不能體不能遵終抱莫逮之痛而追思
諱日心隕淚迸自夫入儲之後晨昏拜
廟四時俗節含哀闕禮倏倏四年逮夫嗣服過於謹愼其於顯
親怙然怡然豈臣之咎寔由不敏甲辰以後在下者作一諱字在上者含痛泯默至于甲子僅定
宮號
園號又至癸酉倫理終不斁塞蒼穹幸啓長夜上
諡封
園之禮始乃行也嗚呼此年即
先妣初受
封爵之年也是豈不敏小子覺悟者哉寔我
先妣昔年小心謹愼能受遐福之致也然節目之間猶不慊焉句語之間字字靳惜一猶釐正再猶釐正仍此而生葛藤仍此而有閙
端此誠小子之不敏小子之不敏今值此年又當闡義
加上二字予分當然而追惟昔年

21

화경휘덕안순숙빈 가상시호시 세손칭하전문

和敬徽德安純淑嬪加上謚號時世孫稱賀箋文

1772년(영조 48)
1첩, 필사본, 39.0×12.0㎝
K2-3087

1772년 9월 15일 숙빈 최씨에게 '안순安純'을 시호로 가상加上한 후, 왕세손 산祘, 후의 정조이 축하하여 올린 전문의 일부이다. 영조는 1753년영조 29 숙빈에게 '화경'을 시호로 올린 후, 1756년영조 32 1월 1일에 '휘덕徽德', 1772년 9월 15일에는 '안순'이라는 시호를 추가로 올렸다. 『영조실록』에 따르면, 9월 15일에 육상궁에서 상시책인의를 행한 후 경현당景賢堂으로 나아가 반교와 진하를 진행했다. 세손의 전문은 서명응徐命膺, 1716~1787이 지었는데, 잘 짓지 못했다는 이유로 문책을 받았다.

이 첩은 두터운 장지壯紙를 절첩하고, 붉은 비단으로 표지를 장황했다. 영조에게 올리는 두루마리 형태의 정본이 아닌, 절첩 형태의 보관용 부본副本이자 투식적인 앞부분만을 기록하고 말미에 세손의 보인도 없는 미완성본으로 추정된다. 서명응이 지은 전문은 『보만재집保晚齋集』에 「왕세손하가상육상궁시호전문王世孫賀加上毓祥宮諡號箋文」으로 수록되어 있다.

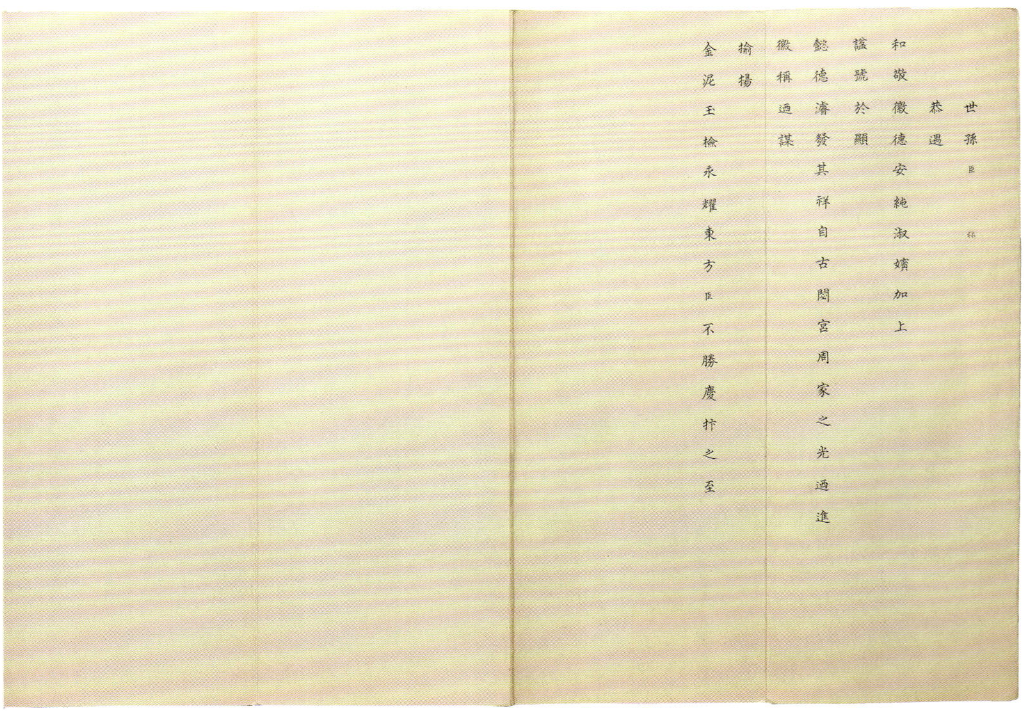

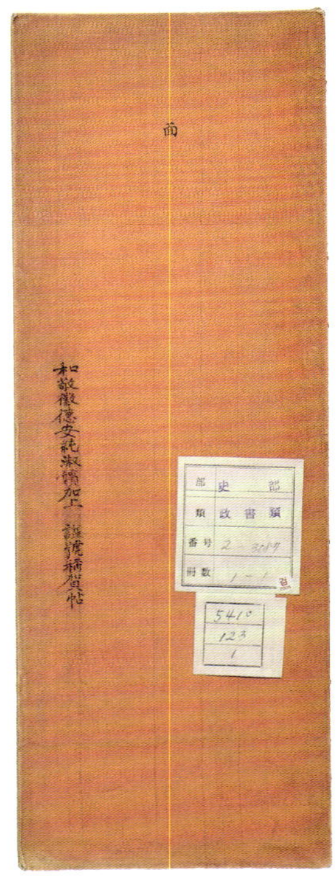

22

육상궁 묘현의

육샹궁묘현의

19세기 이후
1첩, 필사본, 23.5×7.3㎝
K2-2472

육상궁에서 거행된 묘현례廟見禮의 의주를 기록한 홀기이다. 절첩 형태로, 각 면에 5행씩 기재했고 붉은 첨지를 붙여 활용도를 높였다. 여관女官인 상궁尙宮이 의례를 진행했으므로 홀기의 의주는 한자가 아닌 한글 궁체로 작성되었다. 왕과 왕비는 육상궁에서 두 번 절하고, 어진御眞을 모신 냉천정冷泉亭에서는 네 번 절하는 것으로 차등을 두었다. 『영조실록』에 따르면, 1773년영조 49 3월 8일에 영조는 항상 모시고 싶은 마음을 대신하여 육상궁에 팔순과 육순에 그린 어진을 걸어 두었다.

묘현례는 신부를 친영親迎한 후 사당에 알현케 하는 유교 혼례의 한 절차이다. 『가례家禮』에서는 친영 후 3일에, 『의례儀禮』에서는 친영 후 3개월에 묘현례를 거행함으로써, 온전한 부인으로 인정받았다. 그러나 조선의 『국조오례의』에는 수록되지 않았으므로, 중종·선조 대 고례 회복 차원에서 왕실의 묘현례 시행이 논의되었으나 성사되지 않았다. 1696년숙종 22에 숙종의 강한 의지에 따라, 『대명회전大明會典』 「묘현조廟見條」에 근거한 왕실 최초의 묘현례가 거행되었다. 이때 숙종과 인현왕후, 세자와 세자빈이 함께 종묘에 나아가 묘현례를 행했다. 이후 왕비의 혼궁과 사친의 궁 및 어진을 봉안하는 선원전 등에서도 묘현례가 거행되었다.

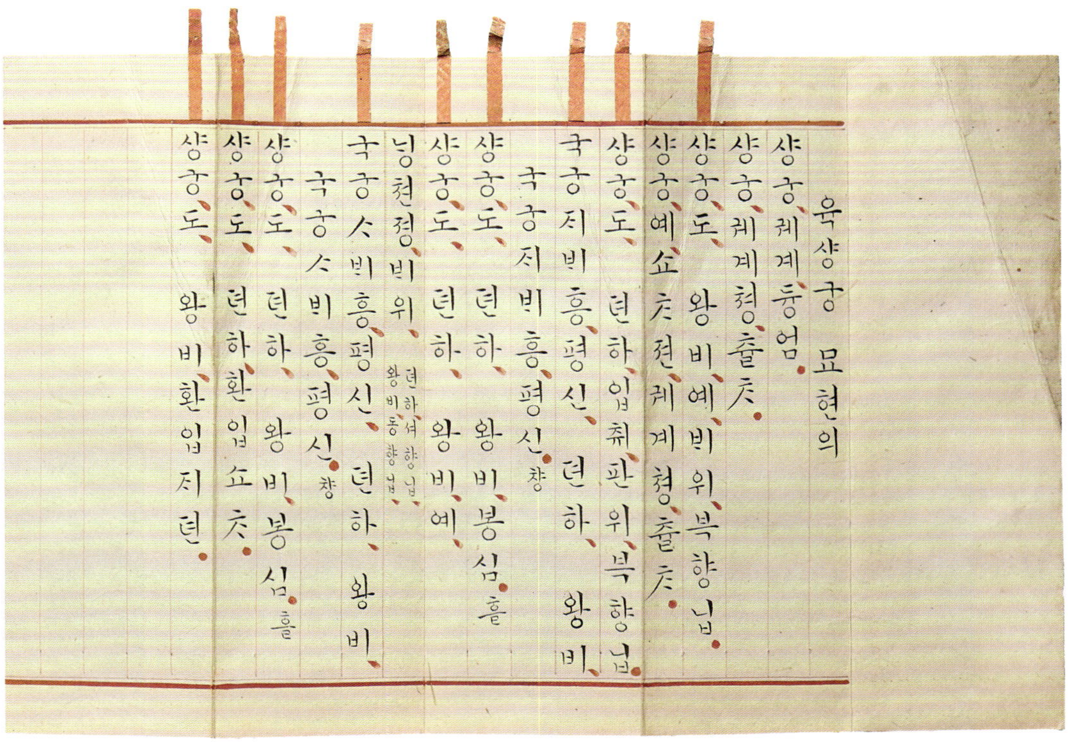

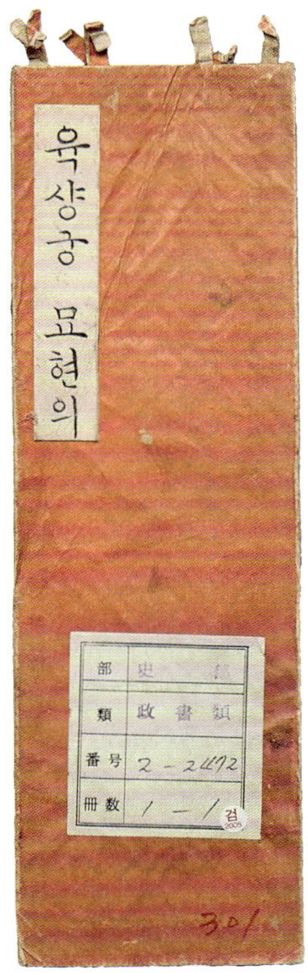

23

경인 각궁 제수도

경인각궁제슈도

19세기
1첩, 필사, 31.1×11.5㎝
K2-2414

육상궁, 선희궁, 경우궁 등의 기신제와 탄일제에 소요되는 음식의 종류와 수량을 한글로 기록한 발기이다. 경인년은 경우궁이 성립된 이후인 1830년순조 30 혹은 1890년고종 27에 해당한다. 돌아가신 날에 지내는 기신제와 태어나신 날에 지내는 탄일제를 따로 정리한 자료로서, 탄일제는 『궁원식례』에 수록되지 않은 제사이다.

각 궁의 제사에 따라 품목과 수량 등에 차이가 있었다. 육상궁 기신제의 경우, 전복 반접, 문어 1미, 광어 4미, 황대구 3미, 말린 전복 5접, 조기 2속, 난혜卵醢 1기, 생치 3수, 생선 3미 등을 갖추었다. 이에 비해 선희궁 기신제에는 전복 반접, 문어 1미, 광어 3미, 말린 전복 반동半同, 오징어 3접, 황대구 3미, 조기 2속, 난혜 1기, 생치 3수, 생선 3미 등을 올렸다. 전복과 광어의 수량에서 약간의 차이가 있을 뿐만 아니라, 품목에서도 선희궁의 경우 오징어가 추가되는 차이를 보인다.

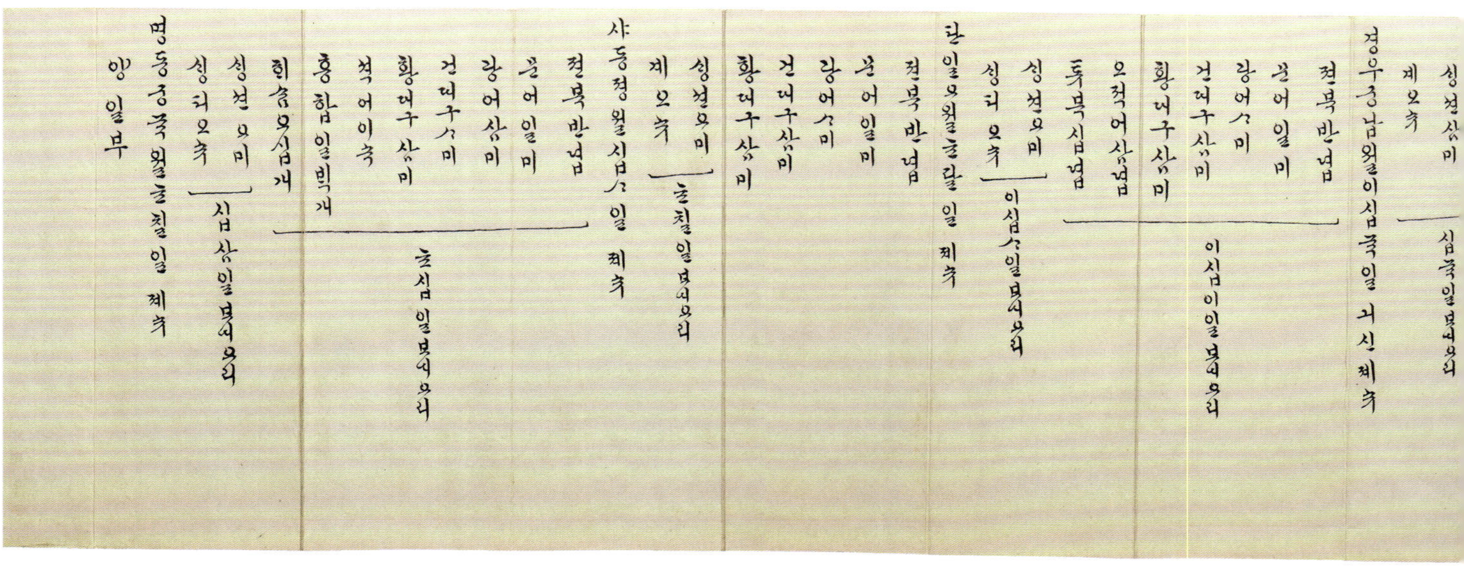

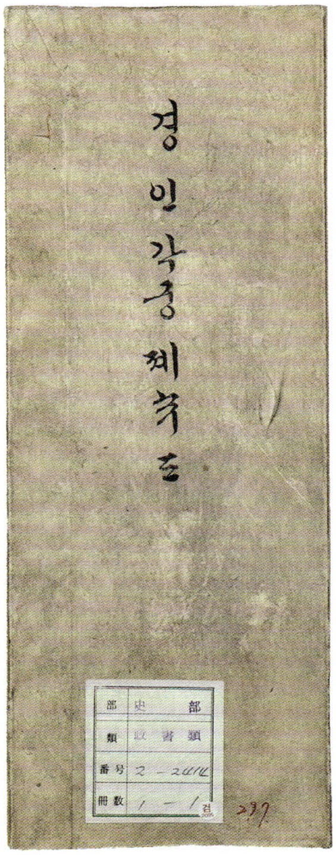

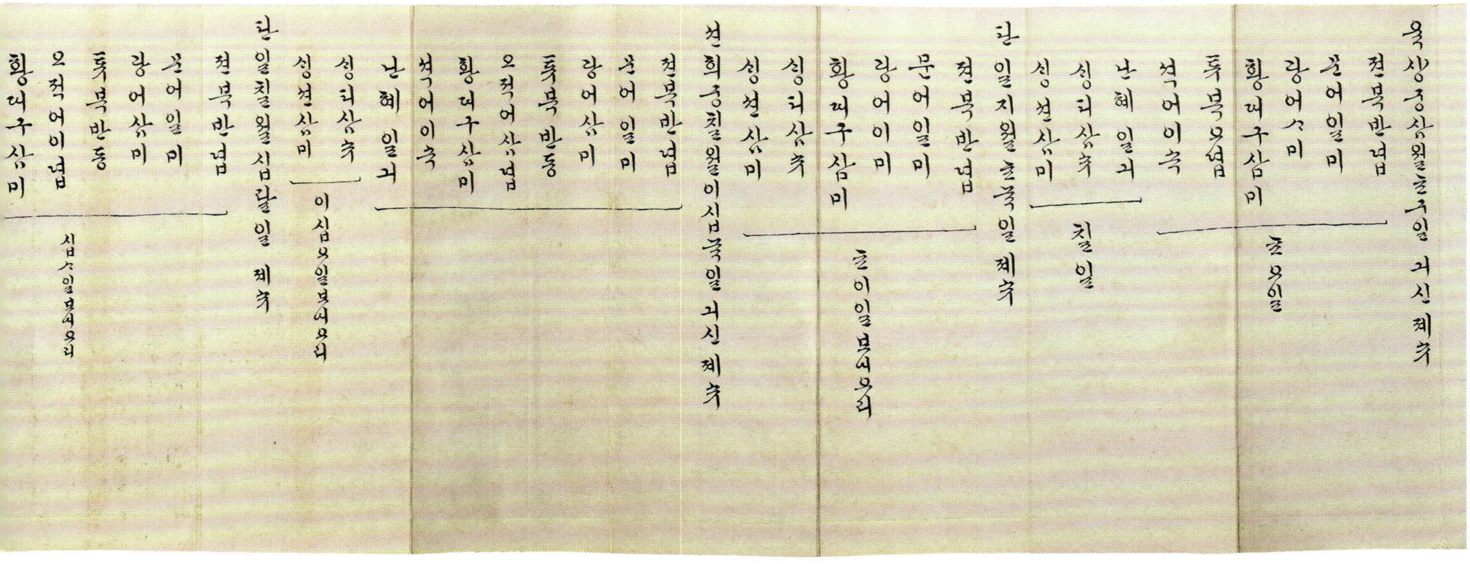

팔고조도八高祖圖, 어머니의 이름으로

팔고조도는 자신부터 4대代 고조까지의 내외 조상을 소급하여 기록한 가계도이다. 왕실 팔고조도의 경우, 별도로 필사한 주홍색 인찰공책지에 작성하여 두터운 장지壯紙 위에 부착한 후 왕의 휘諱를 가리기 위해 주홍 비단을 붙였다. 가장 아래 1단의 중앙에 왕을 기재하고, 2단에 부모 2명, 3단에 조부모 4명, 4단에 증조부모 8명, 5단에 고조부모 16명을 차례로 기록했다. 이렇게 수록된 30명의 내외 조상 중, 돌아가신 적통의 부모를 의미하는 '고考'와 '비妣'는 왕의 부계에만 사용되었고 그 외의 조상은 '부'와 '모'로 써서 구분했다.

왕실 팔고조도는 종부시宗簿寺에서 주관하여 『선원계보기략』 등의 왕실 보첩과 함께 제작되었다. 성종 대 '각전팔조족도各殿八祖族圖' 등의 존재가 확인되지만, 팔고조도의 제작이 본격화된 것은 영조 대부터이다. 1734년영조 10, 영조의 명으로 종부시 소장 팔고조도와 운흥군雲興君 집안에서 편찬된 『열성팔고조도列聖八高祖圖』 등의 분석이 진행되었다. 이를 토대로 팔고조도를 수정하여 편찬하였고, 1735년영조 11 4월 22일 교정청에서 『선원계보기략』 등과 함께 완성된 『열성팔고조도』K2-1066를 영조에게 바쳤다.

『열성팔고조도』에서 경종과 영조의 팔고조도는 왕후와 생모의 계통을 구분하여 2종으로 제작되었다. 경종의 적모[妣]를 인현왕후, 영조의 적모[妣]를 인원왕후로 정했고, 사친私親의 계통은 별도로 작성했다. 영조는 사친의 일을 숨겨야 한다고 생각하는 신하들을 비판하면서, "내가 만약 지나치게 행동한다면 숨기는 것이 옳지만, 지나치지 않음에도 숨기고자 하는 것은 도리에 어긋난다."고 반박했다. 이러한 영조의 결정에 따라, 사친 후궁을 어머니로 기록하는 팔고조도의 제작이 시작되었다. 이에 사친 후궁의 부모 2명, 조부모 4명, 증조부모 8명의 이름이 팔고조도에 수록되면서, 조상에 대한 증직贈職이 이루어졌다.

이후 영조가 숙빈에게 거듭 시호를 올리면서 팔고조도의 이름도 함께 수정되었다. 1753년영조 29 8월 6일에 '화경和敬'을 시호로 올린 이후, 1756년영조 32 1월 1일 '휘덕徽德', 1772년영조 48 9월 15일 '안순安純', 1776년영조 52 1월 7일 '수복綏福'의 시호가 차례로 추가되었다. 이에 따라 새로 제작된 팔고조도는 선원각璿源閣 등에 봉안되었고, 의장과 고취를 갖추어 육상궁에 봉안하는 의례가 거행되었다. 영조는 팔고조도에 어머니의 이름을 기록했고, 시호를 더하여 위상을 높이는 방식으로 효를 다하고자 하였다. 영조의 사모곡으로 각인된 어머니 숙빈의 이름은 팔고조도를 통해 영원한 기억의 대상이 되었다.

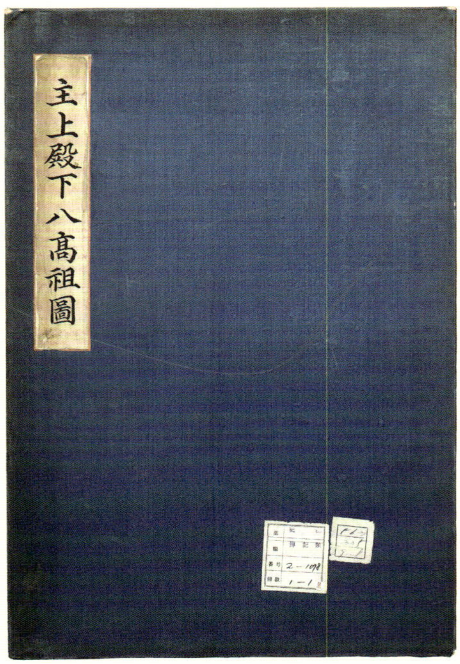

『주상전하 팔고조도』, 1753년(영조 29), K2-1078

24

주상전하 팔고조도

主上殿下八高祖圖

1744년(영조 20)
1첩, 필사본, 51.8×35.8㎝
K2-1079

'주상전하主上殿下'인 영조의 어머니가 '탄생모 숙빈 최씨誕生母淑嬪崔氏'로 기록되어 있다. 숙빈을 '탄생모'로 칭했고 마지막에 '적해주籍海州'라고 써서 본적이 해주임을 표기했다. 숙빈의 아버지 최효원崔孝元이 영의정, 조부 최태일崔泰逸이 좌찬성, 증조부 최말정崔末貞이 이조판서로 추증되어 있다는 점에서, 3대 추증이 이루어진 1744년에 제작된 팔고조도로 추정된다.

『승정원일기』에 따르면, 1734년영조 10 2월 18일에 영조는 인빈 김씨의 부친에게 영의정을 추증한 전례에 따라 숙빈의 아버지 최효원을 영의정으로 추증했다. 이후 1744년 1월 19일에 영조는 3대 추증의 대상에서 국왕의 사친이 제외된 것은 잘못이라고 비판하면서, 숙빈의 조부와 증조부를 추증하고 팔고조도를 수정하도록 명했다.

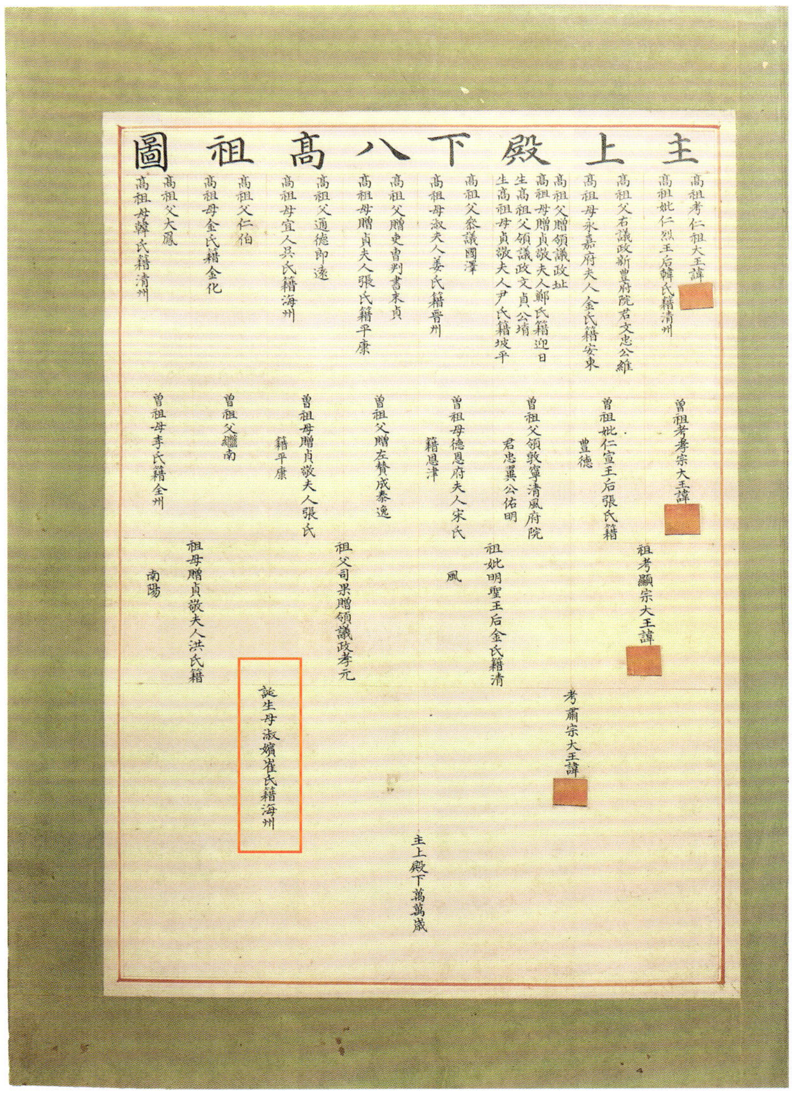

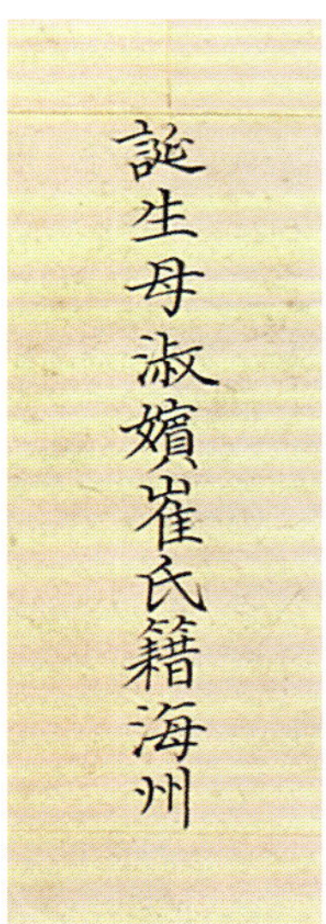

25

주상전하 팔고조도

主上殿下八高祖圖

1753년(영조 29)
1첩, 필사본, 49.5×33.2㎝
K2-1078

‘주상전하’인 영조의 어머니가 ‘탄생모 화경숙빈 최씨誕生母和敬淑嬪崔氏’로 기록되어 있다. 1753년 6월 25일에 정한 시호인 ‘화경和敬’이 ‘숙빈’ 앞에 추가된 것이다. 『승정원일기』에 따르면, 6월 29일부터 팔고조도와 『선원계보기략』 등의 수정이 논의되었고, 7월 26일에는 팔고조도를 민무늬 청색 비단[藍廣的]으로 장황하여 육상궁에 봉안하게 하였다. 또한 9월 10일에는 숙빈의 조부와 증조부를 각각 정1품 우의정과 종1품 우찬성으로 추가 증직하면서 팔고조도를 다시 수정했다. 9월 15일 영조가 완성된 팔고조도를 어람한 후, 세장細仗과 고취鼓吹를 갖추어 육상궁에 봉안하는 의식이 거행되었다.

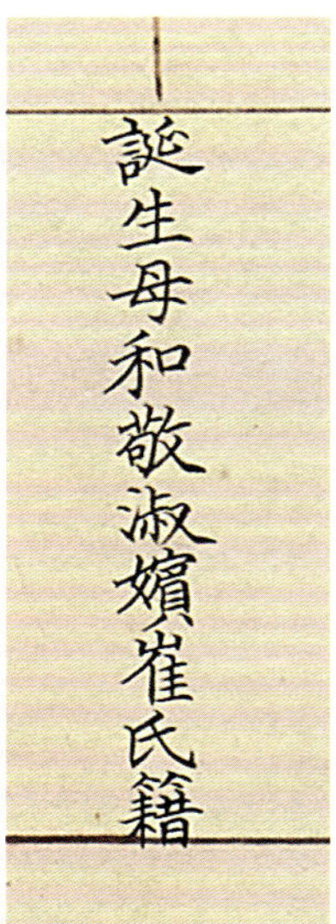

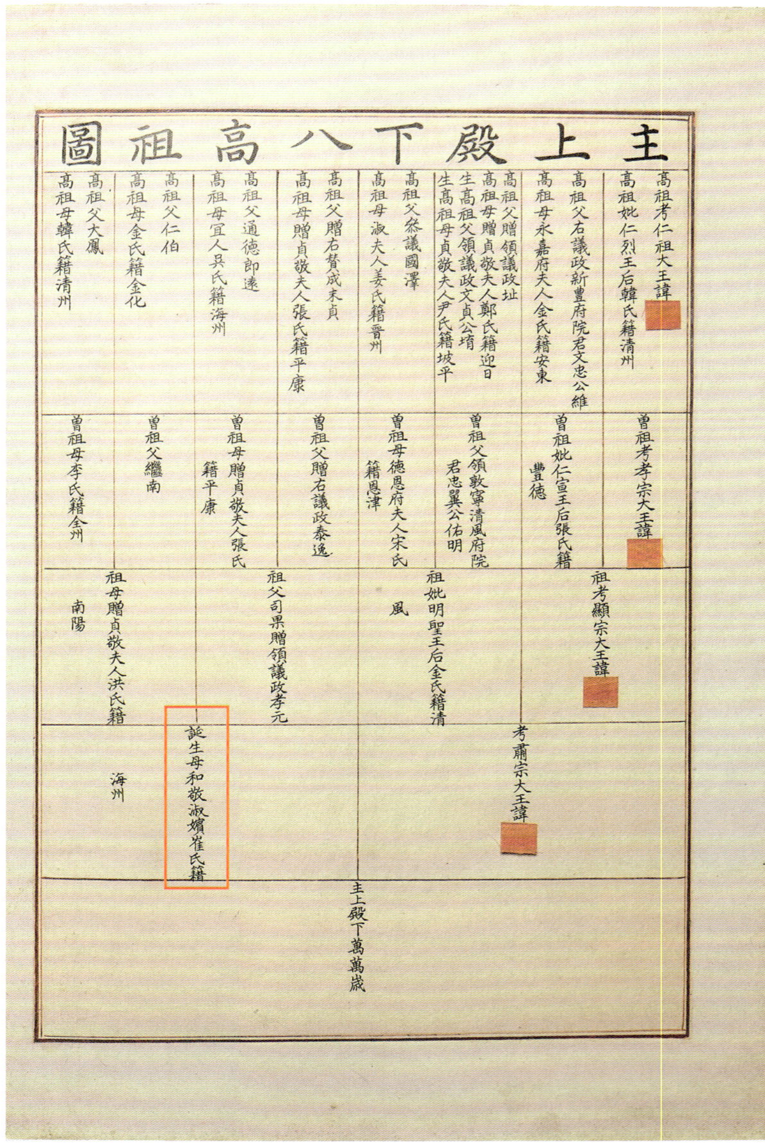

26

주상전하 팔고조도

主上殿下八高祖圖

1756년(영조 32)
1첩, 필사본, 43.5×30.5㎝
K2-1080

'주상전하'인 영조의 어머니가 '화경휘덕숙빈 최씨和敬徽德淑嬪崔氏'로 기록되어 있다. 1756년 1월 1일 '휘덕'이라는 시호가 가상加上된 이후에 작성된 것으로, 기존의 팔고조도와 달리 '탄생모' 호칭이 생략되어 있다. 『승정원일기』에 따르면, 1756년 1월 13일에 숙빈의 '선비先妣' 호칭 사용에 따라 '탄생모'를 '탄생비誕生妣'로 수정하는 논의가 제기되었다. 그러나 영조는 팔고조도의 경우 세대만 표기해도 충분히 내용을 알 수 있다는 이유로 '탄생비'를 쓰지 않기로 했다. 이후 팔고조도에서 '탄생모'라는 호칭도 더 이상 사용되지 않았다.

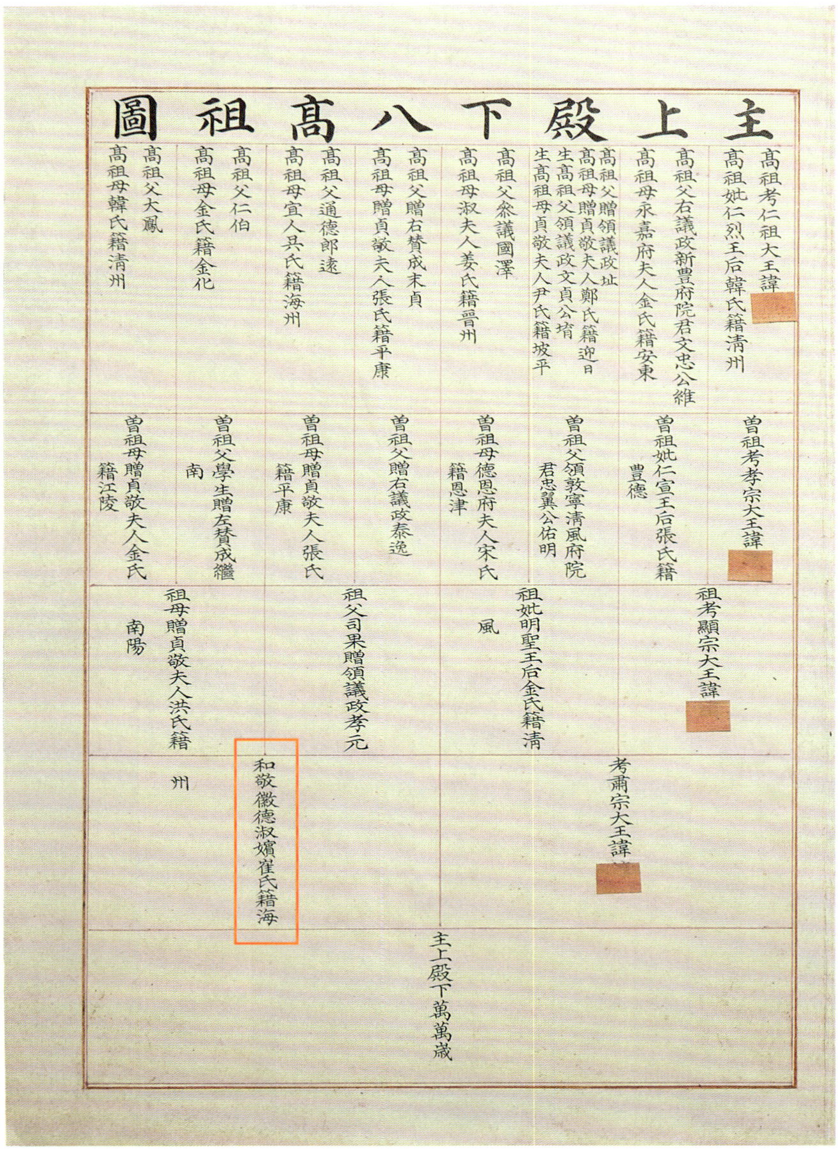
主上殿下八高祖圖
高祖考仁祖大王諱
高祖妣仁烈王后韓氏籍清州
高祖父右議政新豊府院君文忠公維
高祖母永嘉府夫人金氏籍安東
高祖父贈領議政址
高祖母贈貞敬夫人鄭氏籍迎日
生高祖父領議政文貞公堉
生高祖母貞敬夫人尹氏籍坡平
高祖父叅議國澤
高祖母淑夫人姜氏籍晋州
高祖父贈右賛成末貞
高祖母贈貞敬夫人張氏籍平康
高祖父通德郎遠
高祖母宜人呉氏籍海州
高祖父仁伯
高祖母金氏籍金化
高祖父大鳳
高祖母韓氏籍清州
曽祖考孝宗大王諱
曽祖妣仁宣王后張氏籍豊德
曽祖父領敦寧清風府院君忠翼公佑明
曽祖母德恩府夫人宋氏籍恩津
曽祖父贈右議政泰逸
曽祖母贈貞敬夫人張氏籍平康
曽祖父學生贈左賛成繼南
曽祖母贈貞敬夫人金氏籍江陵
祖考顯宗大王諱
祖妣明聖王后金氏籍清風
祖父司果贈領議政孝元
祖母贈貞敬夫人洪氏籍南陽州
考肅宗大王諱
和敬徽德淑嬪崔氏籍海
主上殿下萬萬歲

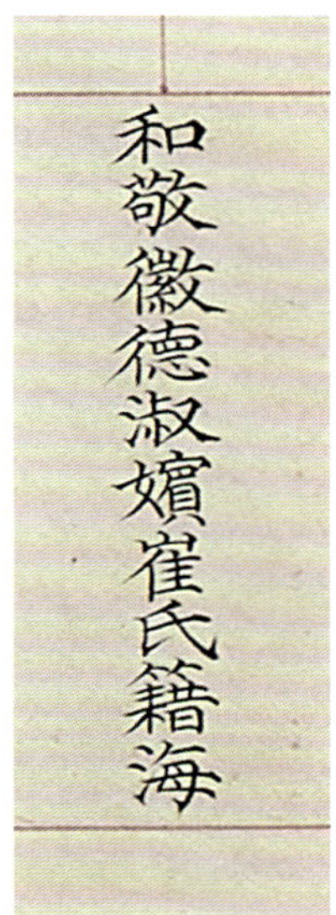
和敬徽德淑嬪崔氏籍海

27

주상전하 팔고조도

主上殿下八高祖圖

1772년(영조 48)
1첩, 필사본, 48.1×32.4㎝
K2-1081

‘주상전하’인 영조의 어머니가 ‘화경휘덕안순숙빈 최씨和敬徽德安純淑嬪崔氏’로 기록되어 있다. ‘안순安純’이라는 시호가 가상加上된 1772년 9월 15일 이후에 제작된 것임을 알 수 있다. 『승정원일기』에 따르면, 9월 25일에 의장과 고취를 갖추어 새로 제작된 팔고조도를 육상궁에 봉안하는 의식이 거행되었다.

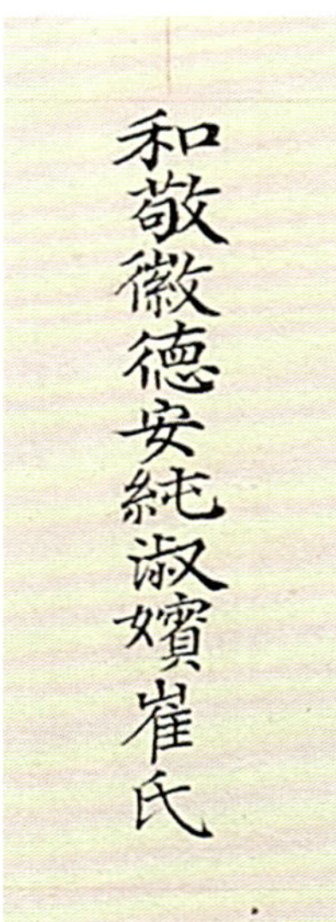

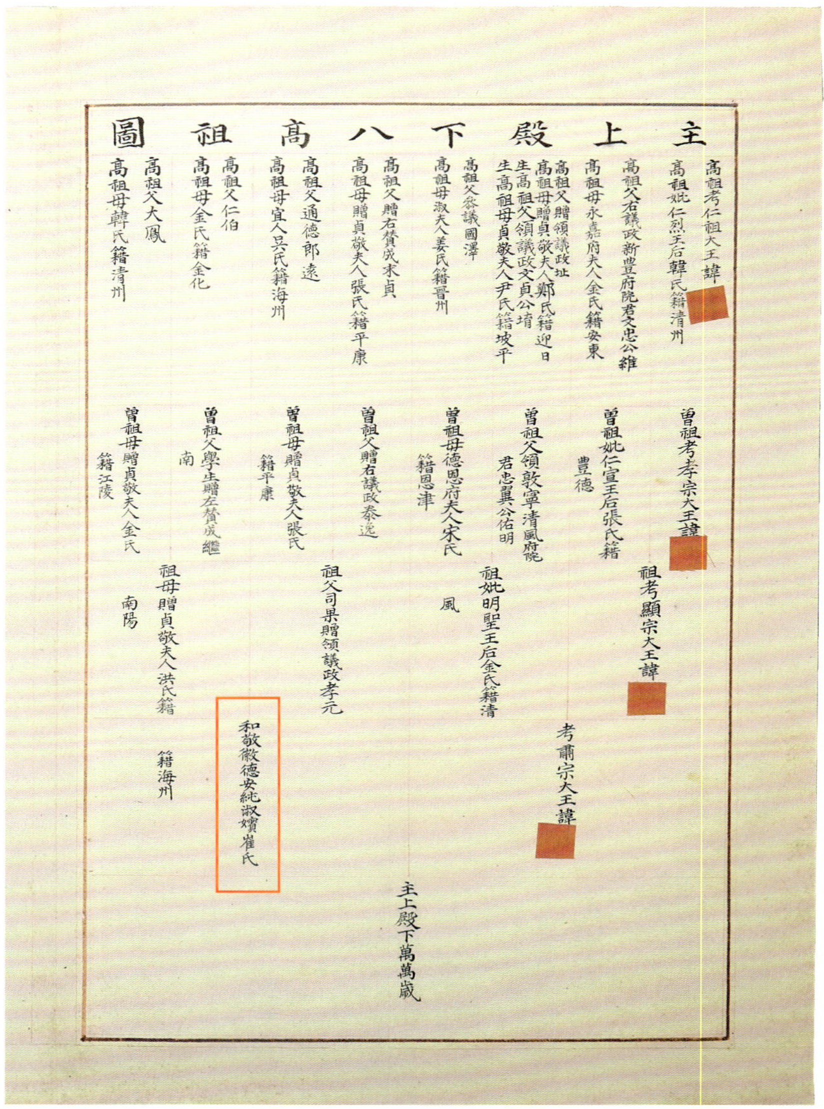
主上殿下八高祖圖
高祖考仁祖大王諱
高祖妣仁烈王后韓氏籍清州
高祖父右議政新豊府院君文忠公維
高祖母永嘉府夫人金氏籍安東
高祖父贈領議政址
高祖母贈貞敬夫人鄭氏籍迎日
生高祖父領議政文貞公墳
生高祖母貞敬夫人尹氏籍坡平
高祖父參議國澤
高祖母淑夫人姜氏籍晉州
高祖父贈右贊成末貞
高祖母贈貞敬夫人張氏籍平康
高祖父通德郎遠
高祖母宜人吳氏籍海州
高祖父仁伯
高祖母金氏籍金化
高祖父大鳳
高祖母韓氏籍清州
曾祖考孝宗大王諱
曾祖妣仁宣王后張氏籍豐德
曾祖父領敦寧清風府院君忠翼公佑明
曾祖母德恩府夫人宋氏籍恩津
曾祖父贈右議政泰逸
曾祖母贈貞敬夫人張氏籍平康
曾祖父學生贈左贊成繼南
曾祖母贈貞敬夫人金氏籍江陵
祖考顯宗大王諱
祖妣明聖王后金氏籍清風
祖父司果贈領議政孝元
祖母贈貞敬夫人洪氏籍南陽
考肅宗大王諱
和敬徽德安純淑嬪崔氏籍海州
主上殿下萬萬歲

28

열성팔고조도
列聖八高祖圖

1776년(영조 52)
1첩, 필사본, 47.5×33.8㎝
K2-1065

영조와 선왕先王 20인에 대한 24종의 팔고조도를 묶은 첩으로, '주상전하'인 영조의 팔고조도 2종이 함께 수록되어 있다. 그중 하나는 인원왕후를 '비妣'로 기재하였고, 다른 하나는 '화경휘덕안순수복숙빈 최씨和敬徽德安純綏福淑嬪崔氏'를 어머니로 기록하였다. 이 팔고조도는 숙빈에게 '수복綏福'의 시호가 가상된 1776년 1월 7일 이후에 제작된 것이다.

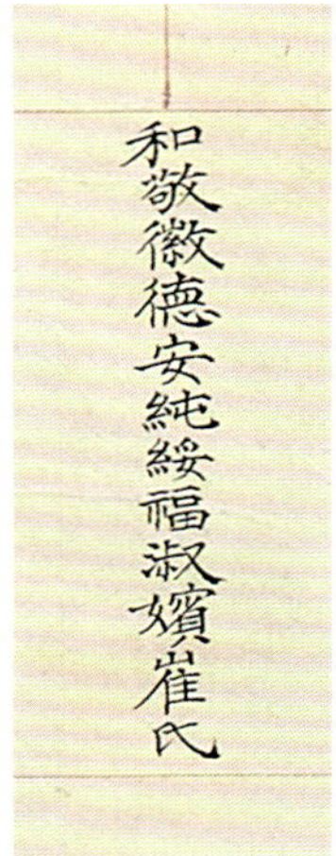

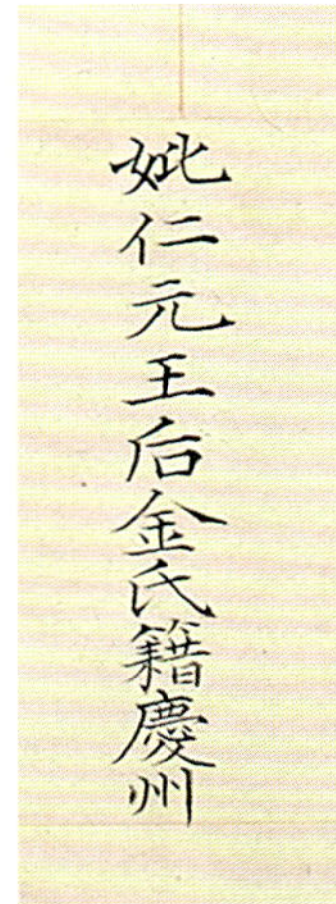

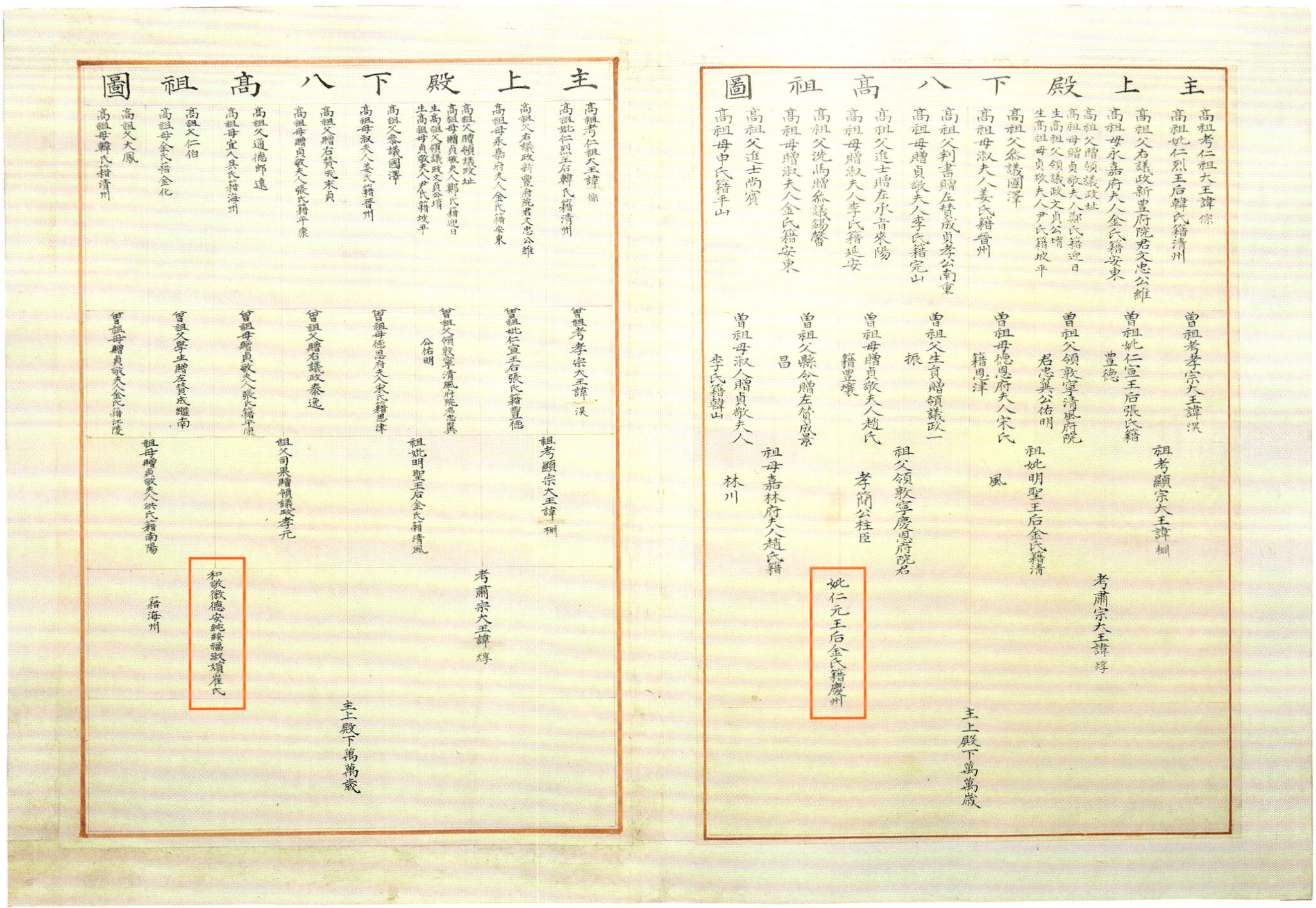

29

어제 초육일전배시여회

御製初六日展拜時餘懷

1766년(영조 42)
1첩, 필사본, 33.6×20.6㎝
K4-4782

1766년 11월 6일 영조가 육상궁에 전배한 후의 감회를 적은 글이다. 영조는 1726년영조 2 11월 6일, 숙빈 최씨의 생신을 맞이하여 육상궁, 즉 당시 새로 건립된 숙빈묘에 처음으로 전배했다. 이때 풍월헌風月軒에 시를 써서 걸었는데, 마지막 구절에 "수레와 가마가 움직이려 하니 해가 뜨고, 궁으로 돌아올 즈음에 다시 보니 달이 떠오르네[輿輦將動金烏飛 回駕復見玉兎走]."라고 적었다. 영조는 40년 만인 1766년에 73세의 나이로 육상궁에 전배하면서, "숭정전 월대에서 해를 보았고, 궁에 돌아와 문 앞에서 다시 달을 바라보네[崇政月臺纔見金烏 回駕門前復瞻玉兎]."의 16자를 다시 썼다. 이는 숙종이 지은 "동쪽으로 해를 바라보고 서쪽으로 달을 바라본다[東瞻金烏 西望玉兎]."라는 내용과 부합하는 것임을 밝히며, 숙종에 대한 감회를 되새겼다. 또한 영조는 인원왕후가 태어난 양정재養正齋와 숙빈이 태어난 여경방餘慶坊이 지척임을 언급하며 그리움을 드러내기도 했다.

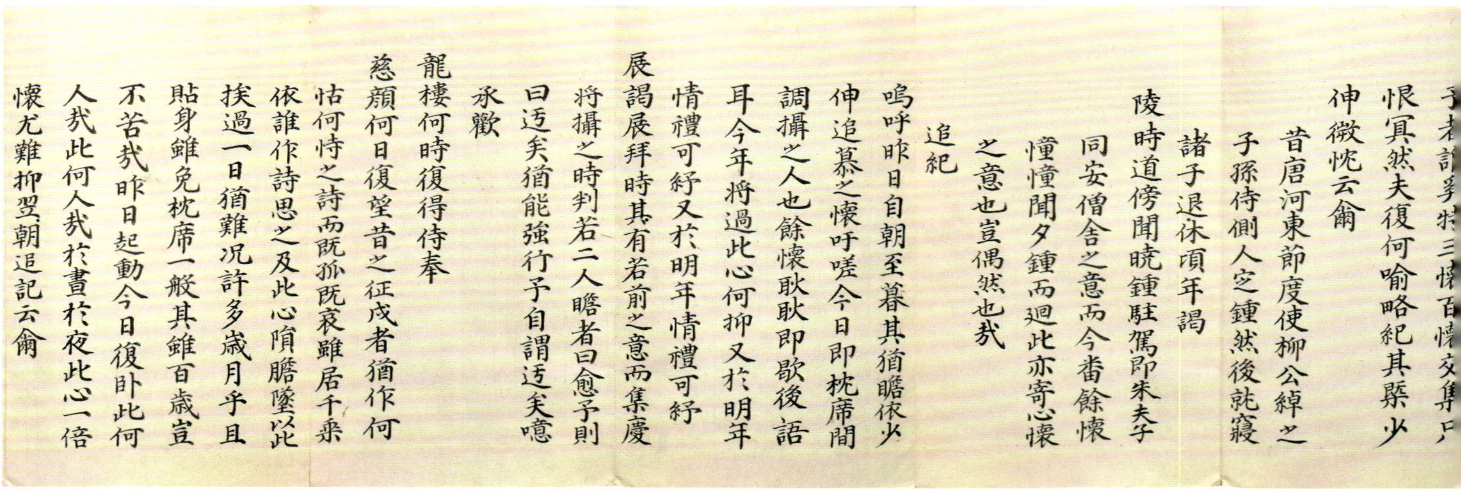
恨冥然夫復何喻略紀其槩少
伸微忱云爾
昔唐河東節度使柳公綽之
子孫侍側人定鍾然後就寢
諸子退休頃年謁
陵時道傍聞曉鍾駐駕即朱夫子
同安僧舍之意而今番餘懷
憧憧聞夕鍾而廻此亦寄心懷
之意也豈偶然也哉
追紀
嗚呼昨日自朝至暮其猶瞻依少
伸追慕之懷吁嗟今日即枕席間
調攝之人也餘懷耿耿即歇後語
耳今年將過此心何抑又於明年
情禮可紓又於明年情禮可紓
展謁展拜時其有若前之意而集慶
將攝之時判若二人瞻者曰愈予則
曰逌矣猶能強行予自謂逌矣噫
承歡
龍樓何時復得侍奉
慈顔何日復望昔之征戍者猶作何
怙何恃之詩而旣孤旣衰雖居千乘
依誰作詩思之及此心隕膽墜況
挨過一日猶難況許多歲月乎且
貼身雖免枕席一般其雖百歲豈
不苦哉昨日起動今日復卧此何
人哉此何人哉於晝於夜此心一倍
懷尤難抑翌朝追記云爾

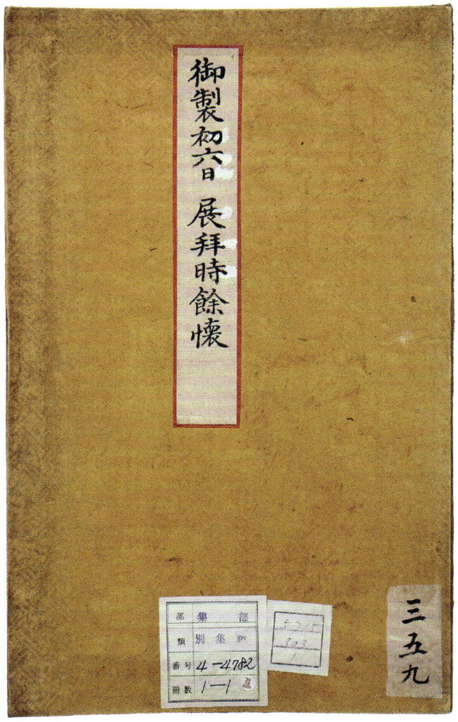

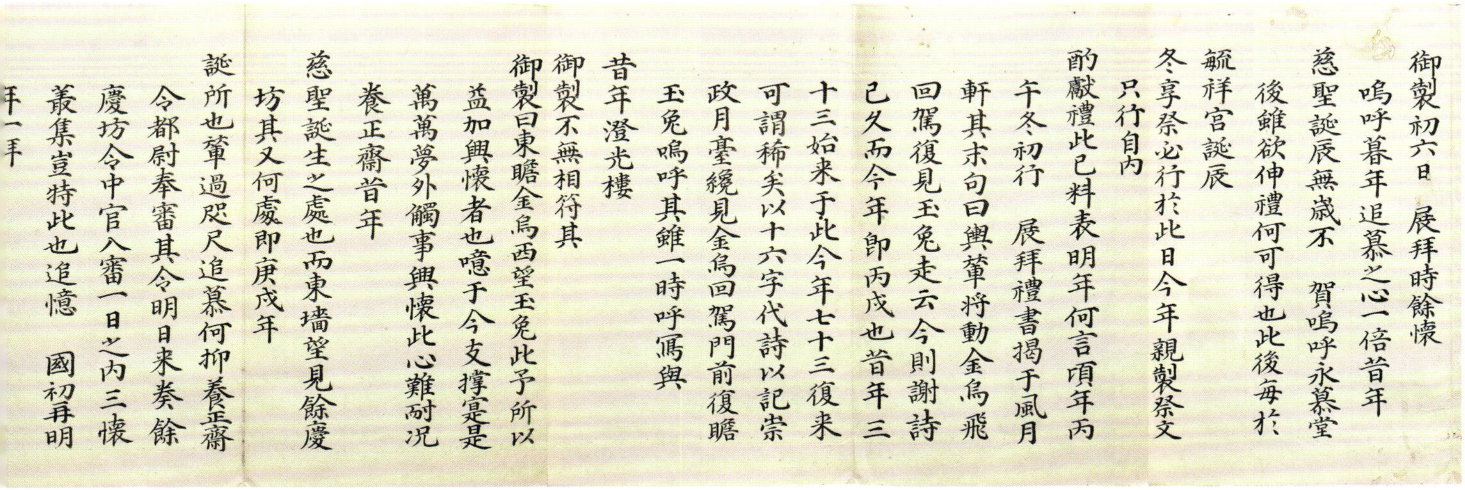

御製初六日 展拜時餘懷
嗚呼暮年追慕之心一倍昔年
慈聖誕辰無歲不 賀嗚呼永慕堂
後雖欲伸禮何可得也此後每於
毓祥宮誕辰
冬享祭必行於此日今年親製祭文
只行自內
酌獻禮此已料表明年何言頃年丙
午冬初行 展拜禮書揭于風月
軒其末句曰興輦將動金烏飛
回駕復見玉兎走云今則謝詩
己久而今年卽丙戌也昔年三
十三始来于此今年七十三復来
可謂稀矣以十六字代詩以記崇
政月臺纔見金烏回駕門前復瞻
玉兎嗚呼其雖一時呼寫與
昔年澄光樓
御製不無相符其
御製曰東瞻金烏西望玉兎此予所以
益加興懷者也噫于今支撑寔是
萬萬夢外觸事興懷此心難耐況
養正齋昔年
慈聖誕生之處也而東墻望見餘慶
坊其又何處卽庚戌年
誕所也輦過咫尺追慕何抑養正齋
令都尉奉審其令明日来奏餘
慶坊令中官入審一日之內三懷
義集宣特此也追憶 國初拜明
年一手

30

어제 육아

御製蓼莪

1773년(영조 49)
1첩, 필사본, 32.0×18.0㎝
K4-3789

영조가 1773년 윤삼월 10일에 『시경詩經』 「육아蓼莪」를 읊으며, 숙빈 최씨를 추모하는 마음으로 지은 시이다. 「육아」는 부모에게 효를 다할 수 없는 슬픔을 노래한 시로, 영조는 팔순의 나이에도 「육아」를 외우며 부모를 뜻대로 봉양할 수 없음을 슬퍼했다. 한 달 전인 3월 9일은 숙빈의 기일이었는데, 윤삼월 9일을 맞아 같은 3월이라는 점에서 다시금 생모를 그리워하는 마음이 북받쳤다. 영조는 밤을 지새운 뒤, 멀리 소령원昭寧園이 있는 서교西郊를 바라보며 어머니를 추억했다.

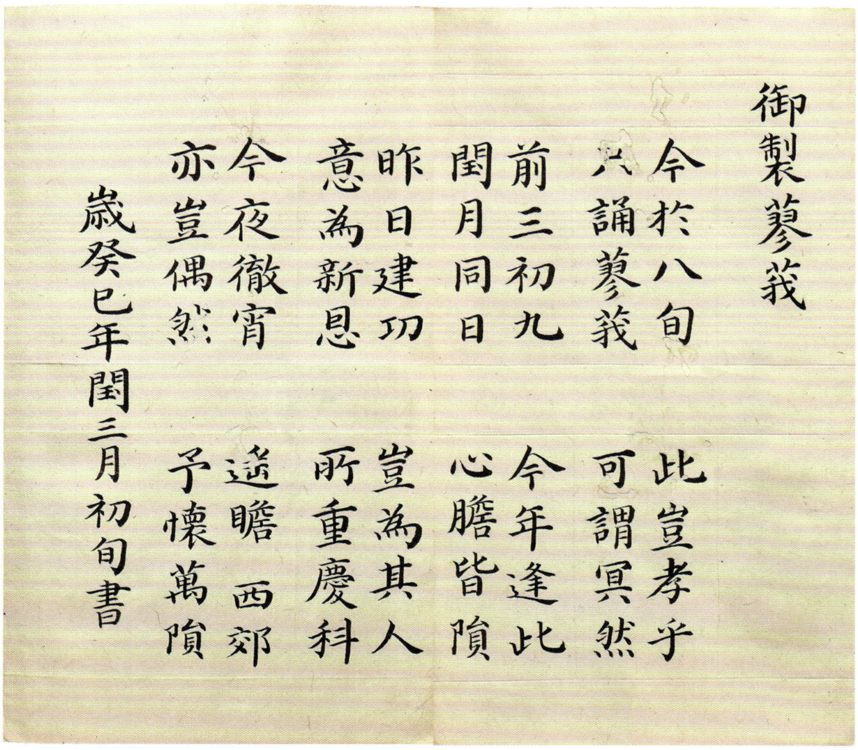
御製蓼莪

今於八旬 此豈孝乎
只誦蓼莪 可謂冥然
前三初九 今年逢此
閏月同日 心膽皆隕
昨日建㓛 豈為其人
意為新恩 所重慶科
今夜徹宵 遙瞻西郊
亦豈偶然 予懷萬隕

歲癸巳年閏三月初旬書

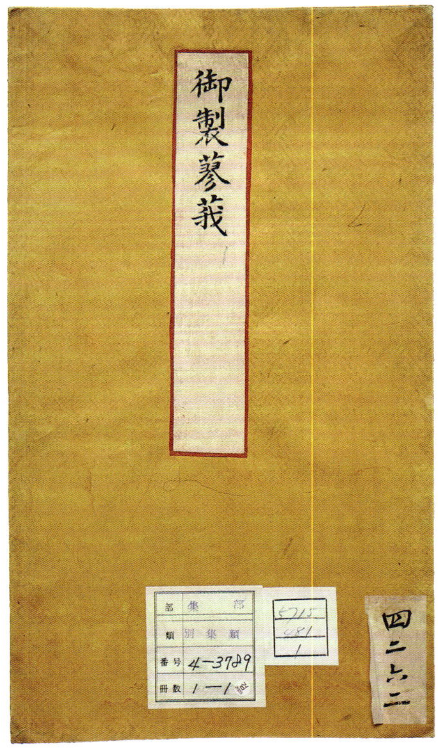

영조, 『시경』「육아」를 읊다

蓼蓼者莪　길고 큰 아름다운 쑥[莪]이라 여겼더니
匪莪伊蒿　아름다운 쑥이 아니라 나쁜 쑥[蒿]이구나
哀哀父母　슬프고 슬프다 부모여
生我劬勞　나를 낳으시느라 애쓰고 힘드셨구나 (1장)

父兮生我　아버지 나를 낳으시고
母兮鞠我　어머니 나를 기르시니
拊我育我　나를 다독이시고 나를 키우시며
長我育我　나를 자라게 하고 나를 기르셨네 (4장)

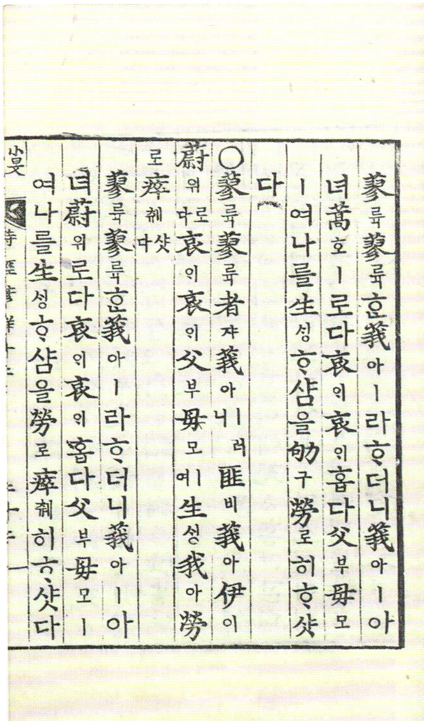

『시경 언해』, 1820년(순조 20), K1-37

『시경』「육아」는 부모에게 효를 다할 수 없는 슬픔을 노래한 시이다. 영조는 어머니 숙빈 최씨를 그리워하며 「육아」를 외웠고, 효를 다하지 못함을 슬퍼하며 눈물을 흘렸다. 숙빈을 위한 궁원제를 선포하는 과정에서, 「육아」는 영조의 효를 드러내고 신하들을 설득하는 중요한 상징이 되었다.

1744년영조 20에 '육상'을 새로운 묘호廟號로 정하면서, 영조는 숙빈이 사망한 지 "25년이 지난 뒤의 마음으로 25년 동안 길러 준 은혜를 회상하며 「육아」를 3번 반복하여 읽으니, 그리움이 배로 심하다." 라고 술회했다. 1753년영조 29 육상묘를 육상궁으로 승격시키는 과정에서, 영조는 비판적인 신하들을 명류名流로 지목하고 "명류들은 어찌 모두 아비도 없고 어미도 없는 사람이겠는가?"라고 질책했다. 날선 비판에 이어 목메인 울음을 삼키며 「육아」를 읊었다. 결국 궁원제를 시행하고 육상궁에 시책諡冊과 시인諡印을 올리고 난 후, 영조는 "내가 육순이 되어서야 고생하여 키워주신 「육아」의 은혜를 갚았다."고 선언했다.

이후에도 영조는 「육아」와 관련된 많은 어제 시문을 남겼다. 1773년영조 49 숙빈의 기일을 추모하며 「어제육아御製蓼莪」를 지었고, 이어 「어제독육아御製讀蓼莪」, 「어제송육아御製誦蓼莪」, 「어제속육아御製續蓼莪」 등 20여 편의 어제를 남겼다. 영조는 거듭 「육아」를 읽고 외우며 그 감회를 어제 시문으로 완성했다.

영조는 「육아」 뿐만 아니라 「비풍匪風」, 「하천下泉」 등 효·제·충을 중시하는 『시경』의 작품들을 암송하고 어제 시문을 창작했다. 『시경』의 화자와 자신을 동일시하면서, 효·제·충의 내면화를 강조했다. 이러한 이념은 다시 『시경』 독서를 매개로 신하들과 공유되었고, 정치적으로 영조의 주장을 관철시키는 중요한 화두가 되었다.

紅六花紋段長一尺寸五分廣二寸 每緝纓子次紅

真絲一两 金錢紙一張 硼砂一戔 粧飾赤貼二

目二 排目五 甘佐非四十八箇 荷古乙希二 龜頭一

小頭釘一百四十箇所入 豆錫一斤四两 含錫五两 補

紅氈一斤

朱盝一 長廣尺數及所入雜物與寶盝同

護匣一駄 體制長廣一從寶盝容入具鎖鑰紫的鹿皮匙家纓子具

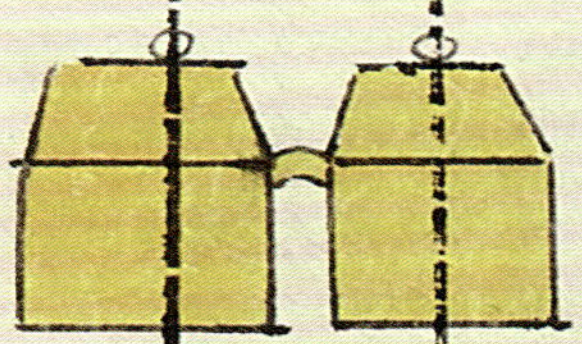

所入

II

저경궁과 대빈궁, 궁원제의 명암

영조의 궁원제 선포는 원종의 사친인 인빈 김씨와 경종의 사친인 희빈 장씨의 의례와 직결되는 문제였다. 사친 후궁이라는 동일한 위상에도 불구하고 인빈과 희빈에 대한 영조의 상반된 입장은 궁원제의 명암으로 대비된다. 인빈은 인조반정 이후 즉위한 모든 왕들의 혈연적 조상으로, 인빈에게 궁원제를 적용하는 것은 사친 후궁의 궁원제가 정당성을 확보하는 토대가 되었다. 반면, 희빈은 궁원제의 대상으로 논의조차 되지 못할 정도로 철저히 소외되었다.

선조의 후궁이자 정원군定遠君의 생모였던 인빈은 인조반정 이후 인조의 생부인 정원군이 원종元宗으로 추숭되면서 왕의 사친이 되었다. 인빈의 제사는 국가의 경제적 지원을 토대로, 봉사자인 넷째 아들 의창군義昌君, 1589~1645과 그 자손들이 주관했다. 그러나 인빈의 봉사손이 역모에 연루되자, 영조는 봉사손을 교체하는 대신 궁원제를 통해 국가 제사로 편입시켰다. 1755년영조 31 6월 2일, 영조는 "조상을 받드는 도리에 있어 어찌 추숭追崇과 승통承統이 다르겠는가?"라고 주장하며, 추숭왕의 사친도 궁원제의 대상임을 천명했다. 이에 인빈에게 '경혜敬惠'라는 시호를 올리면서, 저경궁儲慶宮을 원종의 사저인 송현궁松峴宮에 조성하고 순강원順康園을 소령원과 동일한 격식으로 정비했다.

반면, 경종의 생모인 희빈은 끝내 궁원제의 대상이 되지 못했다. 희빈은 인현왕후를 시해한 혐의로 사사되면서, 작호를 박탈당하고 '장씨'로 불렸다. 경종이 즉위한 후 '옥산부대빈玉山府大嬪'이라는 칭호를 정하고 사당인 대빈묘大嬪廟를 새로 건립하는 사친 추보追報가 진행되었다. 그러나 영조 즉위 후, 희빈을 쫓겨난 어머니인 출모出母로 규정하며 대빈 추숭을 취소해야 한다는 주장이 제기되었다. 영조는 추숭이 지나치지는 않았다는 입장에서 대빈묘를 인정했지만, 궁원제의 대상에서 제외하여 시호와 궁호宮號·원호園號를 정하지 않았다. 이로 인해 대빈궁은 궁원제에 따른 '궁호'가 아니라, '대빈'이라는 칭호에 존귀함을 표시하는 '궁'을 덧붙인 명칭에 불과했다. 궁원제에서 제외된 대빈궁은 국가 사전祀典 내에서 의례적 위상을 확보하지 못한 채 돌출적인 존재로 남게 되었다. 국가 의례의 차등적 원칙이 의미를 상실한 일제강점기에 이르러서야 대빈궁의 의례적 차별은 해소되었다.

인빈 김씨(仁嬪金氏, 1555~1613): 선조의 후궁, 원종의 어머니

연도	생애와 주요 사건
1555년(명종 10)	출생. 수원 김씨. 부父 김한우金漢佑, 모母 전주 이씨
1568년(선조 1)	14세, 인순왕후의 추천으로 선조의 후궁이 됨
1573년(선조 6)	19세, 종4품 숙원淑媛이 됨
1577년(선조 10)	23세, 첫째 아들 의안군義安君 출산, 정3품 소용이 됨
1578년(선조 11)	24세, 둘째 아들 신성군信城君 출산, 종1품 귀인이 됨
1580년(선조 13)	26세, 셋째 아들 정원군定遠君, 후일 원종 출산
1582년(선조 15)	28세, 첫째 딸 정신옹주貞愼翁主 출산
1584년(선조 17)	30세, 둘째 딸 정혜옹주貞惠翁主 출산
1587년(선조 20)	33세, 셋째 딸 정숙옹주貞淑翁主 출산
1589년(선조 22)	35세, 넷째 아들 의창군義昌君 출산
1590년(선조 23)	36세, 넷째 딸 정안옹주貞安翁主 출산
1593년(선조 26)	39세, 다섯째 딸 정휘옹주貞徽翁主 출산
1595년(선조 28)	41세, 첫 손자 인조仁祖 탄생
1604년(선조 37)	50세, 정1품 인빈이 됨
1613년(광해군 5)	59세, 인빈 김씨 사망
1632년(인조 10)	정원군이 원종元宗으로 추존되면서 왕의 사친私親으로서 대우
1636년(영조 14)	신도비 건립
1755년(영조 31)	시호: 경혜敬惠, 궁호宮號: 저경궁儲慶宮, 원호園號: 순강원順康園
1908년(융희 2)	저경궁을 육상궁 경내로 옮김

저경궁 전경

저경궁 현판

저경궁 감실

저경궁 신주

01

광해상등록

光海喪謄錄

1641년(인조 19)~1736년(영조 12)
1책, 필사본, 40.7×26.8㎝
K2-2923

1641년부터 1736년까지 광해군의 상례 및 후궁, 대원군, 부원군 등의 의례 관련 내용을 예조에서 정리하여 편찬한 등록이다. 표제는 '광해상등록'이지만 광해군의 상례에 관한 기사는 일부이고 폐위된 연산군과 노산군, 왕의 생부인 대원군, 왕의 장인인 부원군 등의 제사와 묘소 관리에 관한 내용이 포함되어 있다. 후궁인 인빈 김씨, 희빈 장씨, 숙빈 최씨 등의 의례도 수록되었는데, 궁원제 적용 이전의 형식에 해당한다. 다양한 왕실 구성원들에 대한 의례를 확인할 수 있는 중요한 자료이다.

인빈의 사당과 묘소는 저경궁·순강원으로 승격되기 전까지 일반 후궁의 위상에 따랐다. 1613년광해군 5 10월 29일 인빈이 사망한 이래로 아들 정원군과 손자 능양군綾陽君, 인조이 인빈의 제사를 모셨다. 인조반정 이후 정원군은 원종으로 추숭되었고 인빈은 왕의 생모가 되었다. 인빈의 제사는 넷째 아들인 의창군이 주관하되, 관청에서 제물과 수묘인을 지원하도록 하였다. 이에 따라 예조에서 관리하는 인빈 제사의 물품, 사당의 이건, 신주 이안移安 의례 등이 이 책에 기록되어 있다. 이러한 규정은 사친 후궁 의례의 전례前例로서, 중요한 검토의 대상이 되었다.

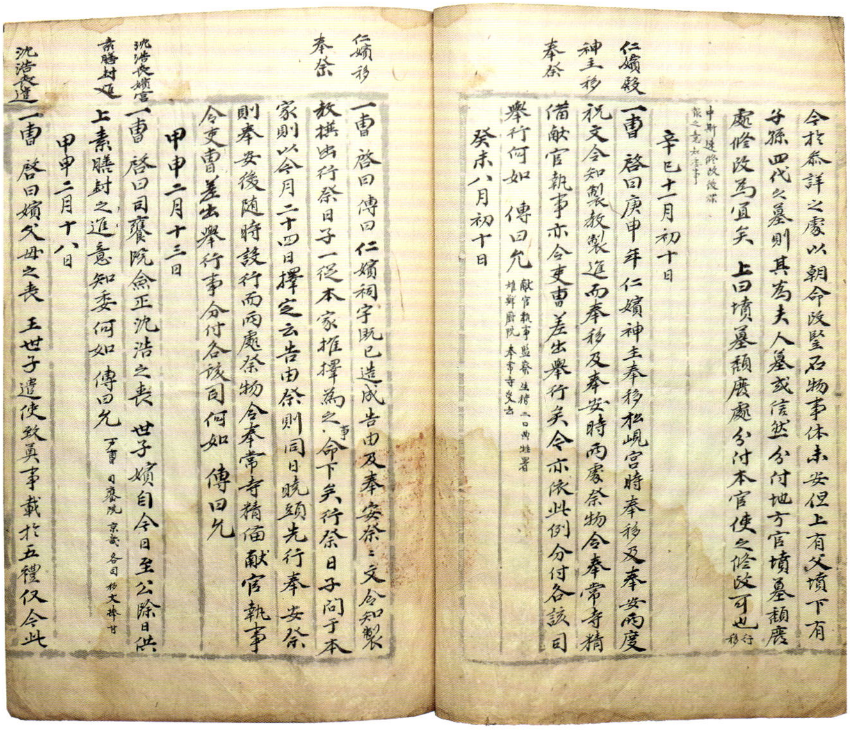

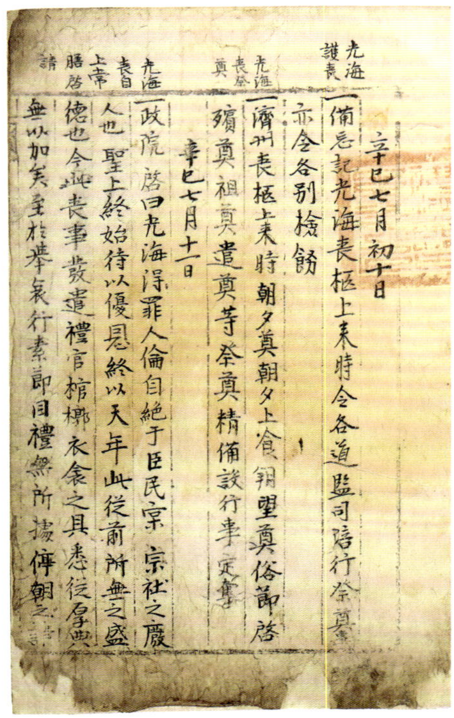

02

맹자언해

孟子諺解

1693년(숙종 19)
7책, 활자본, 32.7×21.2㎝
K1-168

『맹자孟子』를 한글로 풀이한 책으로, 1693년에 원종元宗의 어필을 주조한 금속활자로 간행되었다. 이러한 원종자元宗字 『맹자언해』의 간행에는 왕실의 권위와 계통을 강조했던 숙종의 의지가 반영되어 있다. 숙종의 어제어필 발문跋文에 따르면, 원종은 혼란한 광해군 시절 동안 오직 경전에 마음을 두고 『맹자』와 『맹자정음孟子正音』을 필사했다. 숙종은 원종의 글씨를 "기세가 힘차고 굳세어 날아 움직이는 듯하다."라고 평했다. 이에 책을 온전히 보존하기 위해, 사자관寫字官에게 모사摹寫하게 하고 부족한 글자는 숙종 자신이 보충하여 금속활자를 제작하였다. 이렇게 원종어필 맹자진서자孟子眞書字 5,594자, 언서자諺書字 4,605자가 원종자로 주조되었으나 1857년철종 8 화재로 소실되었다.

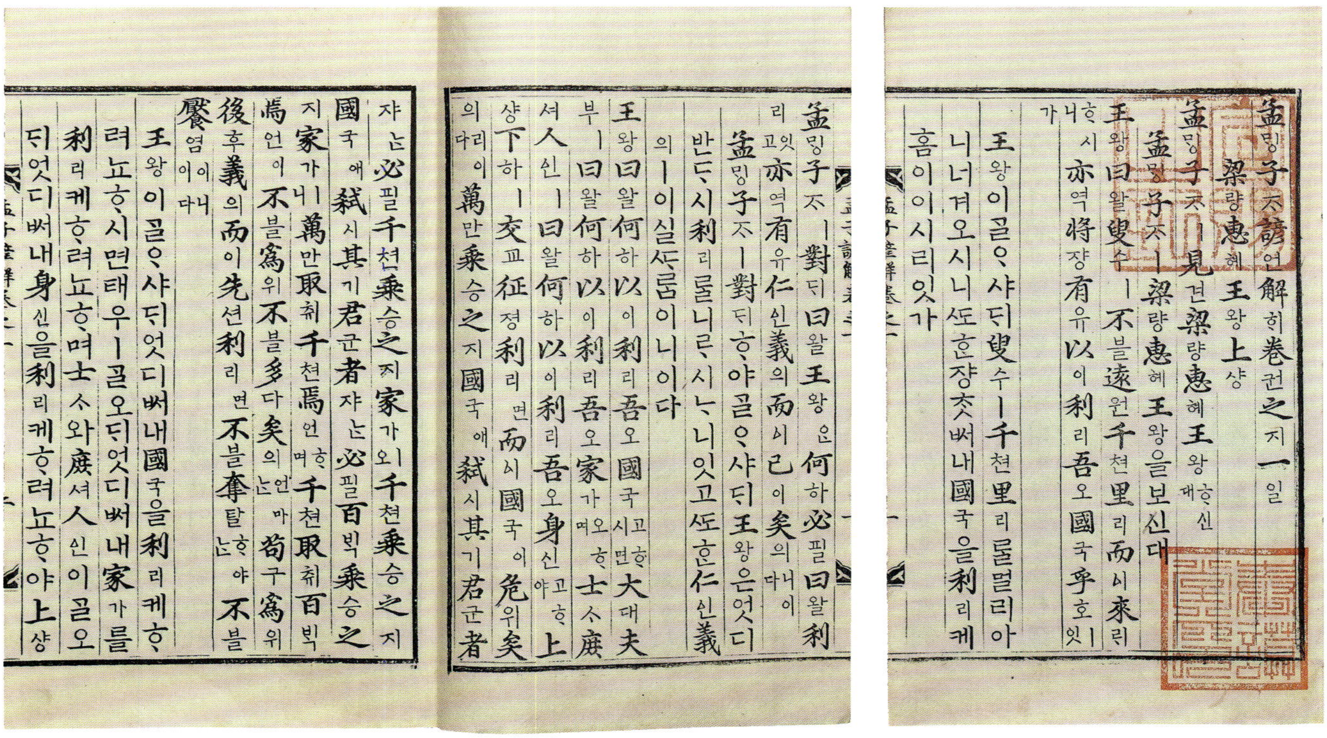

여천군驪川君 역모 사건, 천서天書인가? 인서人書인가?

인조반정 이후 인조의 생부 정원군定遠君은 정원대원군으로 승격되었고, 1632년인조 10에 원종으로 추숭되었다. 이에 원종의 생모인 인빈의 제사는 인빈의 넷째 아들 의창군義昌君, 1589~1645과 그 자손에게 계승되었다. 그런데 숙종 대 환국의 격변 속에서 봉사자인 복창군福昌君, 1642~1680, 숭선군崇善君, 1639~1690 등이 역모에 연루되고, 파양罷養과 계후繼後가 거듭되었다. 이에 따라 인빈묘는 여러 차례 이건되는 불안정한 처지에 놓였다.

영조는 즉위 후 사친 후궁 의례의 기준이 되는 인빈묘仁嬪廟에 관심을 두었으며, 인빈을 예우하여 독립된 사당인 별묘別廟를 세우고 봉사자의 관직 세습을 규정했다. 별묘가 완공된 해인 1748년영조 24 11월에 발생한 투서 사건은 인빈묘에 중대한 변화를 불러왔다. 11월 9일에 인빈의 봉사자인 여천군 이증李增, ?~1752은 눈물을 흘리며 투서 사건을 영조에게 아뢰었다. 여천군은 동지제사를 지낸 후 신주 곁에서 붉은 글씨로 쓰인 익명서를 발견했는데, "열면 만인이 화합하고 기뻐하나, 열지 않으면 한 사람만 스스로 편안하다."는 내용을 보고 놀라 태워버렸다. 또한 며칠 후 외손 권혜權嵆가 전한 익명서에는 "아! 나의 신神이 누구를 의지해야 하는가? 아! 누구를 의지해야 하는가? 이 말을 '증增'에게 물어서 삼가 하늘에 바치라."는 내용이 적혀 있었다.

영조는 "여천군의 조상이 한 것으로 말을 만들었으니 그 뜻이 음험하고 흉악하다."고 비판하면서 범인을 색출하도록 명했다. 영조는 8촌간인 여천군을 총애했던 만큼, 승지와 사관에게 절대 말을 전파해서는 안 된다고 경계시켰다. 친국 과정에서 제기된 "천서天書인가? 인서人書인가?"라는 질문에는 투서에 대한 상반되는 입장이 드러난다. 하늘이 훈계한 '천서'라면 천리와 조상의 뜻을 따라야 한다는 당위가 성립된다. 반면, 흉악한 의도로 사람이 만들어낸 '인서'라면 역모를 도모한 대역죄로 다스려야 하는 것이다.

결국 사건은 여천군을 옹립하려는 권혜와 권집權緝의 역모로 처리되었다. 여천군은 1749년영조 25 10월 8일 제주로 유배되어 1752년영조 28에 사망했다. 여천군의 동생 여선군驪善君 이학李壆, ?~1755이 임시로 인빈의 제사를 지냈으나, 1755년영조 31 6월 2일 을해옥사에 연루되어 처형당했다. 여선군이 사망한 당일, 영조는 봉사자를 새로 정하는 대신 궁원제의 시행을 선언했다. 그보다 앞서 송현궁을 수리했고 여천군 사후에 새로운 봉사자를 정하지 않았던 것은 영조의 결단이 선행되었음을 보여준다.

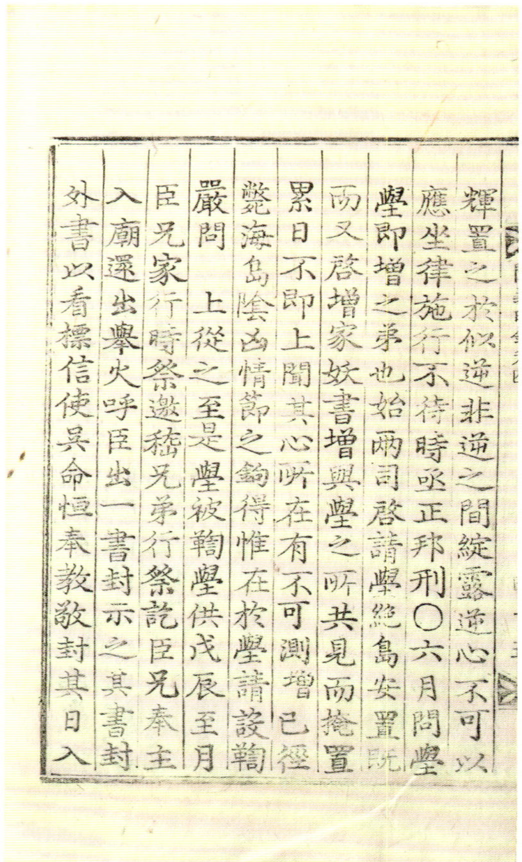
粹置之於似逆非逆之間綻露逆心不可以
應坐律施行不待時亟正邦刑〇六月問學
壆即增之弟也始兩司啓請壆絶島安置旣
而又啓增家妖書增與壆之所共見而掩置
累日不即上聞其心所在有不可測增已經
斃海島陰凶情節之鉤得惟在於壆請設鞫
嚴問 上從之至是壆被鞫壆供戊辰至月
臣兄家行時祭邀穡兄弟行祭訖臣兄奉主
入廟還出擧火呼臣出一書封示之其書封
外書以看標信使吳命恒奉教敬封其日入

『천의소감(闡義昭鑑)』, 1755년(영조 31), K2-297

03

경혜인빈 김씨 시책

敬惠仁嬪金氏諡冊

1755년(영조 31)
10첩, 목제·금속제, (1첩) 25.0×16.8㎝, (전체 길이) 183.0㎝, 서울특별시 유형문화유산
서울공예박물관

1755년 6월 22일 인빈 김씨에게 '경혜敬惠'를 시호로 올리기 위해 제작된 시책이다. 옻칠한 6개의 죽간으로 1첩帖을 만들고, 총 10첩을 둥근 고리로 엮은 죽책竹冊의 형태이다. 각 첩의 위아래는 붉은 천으로 감싼 후 금도금한 변철邊鐵을 둘렀고, 글자에는 금가루를 아교에 갠 금니金泥를 채워 장식했다.

1755년 6월 2일에 영조는 인빈의 시호를 '경혜'로 정하고, 궁원제에 따라 인빈의 사당과 묘소를 저경궁·순강원으로 승격시켰다. 육상궁의 의례와 같이 상시봉원도감上諡封園都監을 설치하고 6월 22일에 시책과 시인을 올리는 상시책인의를 거행했다. 이때 사용된 시책으로, 시책문은 이천보李天輔, 1698~1761가 짓고, 신만申晩, 1703~1765이 글씨를 썼다. 시책문에서는 인빈의 단정한 행실과 온순한 성품, 그리고 자손의 번성과 인조의 즉위로 이어진 음덕陰德을 칭송했다. 새로 마련된 궁원제에 따라 제사를 지냄으로써 마음에 유감이 없게 되었음을 강조했다.

04

인빈 김씨 시호망단자

仁嬪金氏謚號望單子

1755년(영조 31)
1장, 필사, 36.2×75.4㎝
RD00517

1755년 인빈 김씨의 시호를 '경혜敬惠'로 정하는 과정에서 제작된 망단자이다. 1755년 6월 2일 영조는 인빈에게 궁원제를 적용할 것을 선포했다. 당일 시호와 궁호宮號·원호園號를 정했는데, 육상궁의 전례에 따라 2품 이상의 회의를 거쳤다. 시호 망단자는 '경혜敬惠·단순端順·정순貞純'의 삼망三望을 적어 올린 것으로, 영조는 첫 번째인 '경혜'에 낙점하였다. 말미에는 승정원에서 '계啓' 자 도장을 찍었다. 1755년 6월 2일, "교명敎命을 받들어 공순히 따르라."라고 적었다. 또한 담당 승지인 남태회南泰會, 1706~1770가 자신의 관직과 성을 적고 수결하였다.

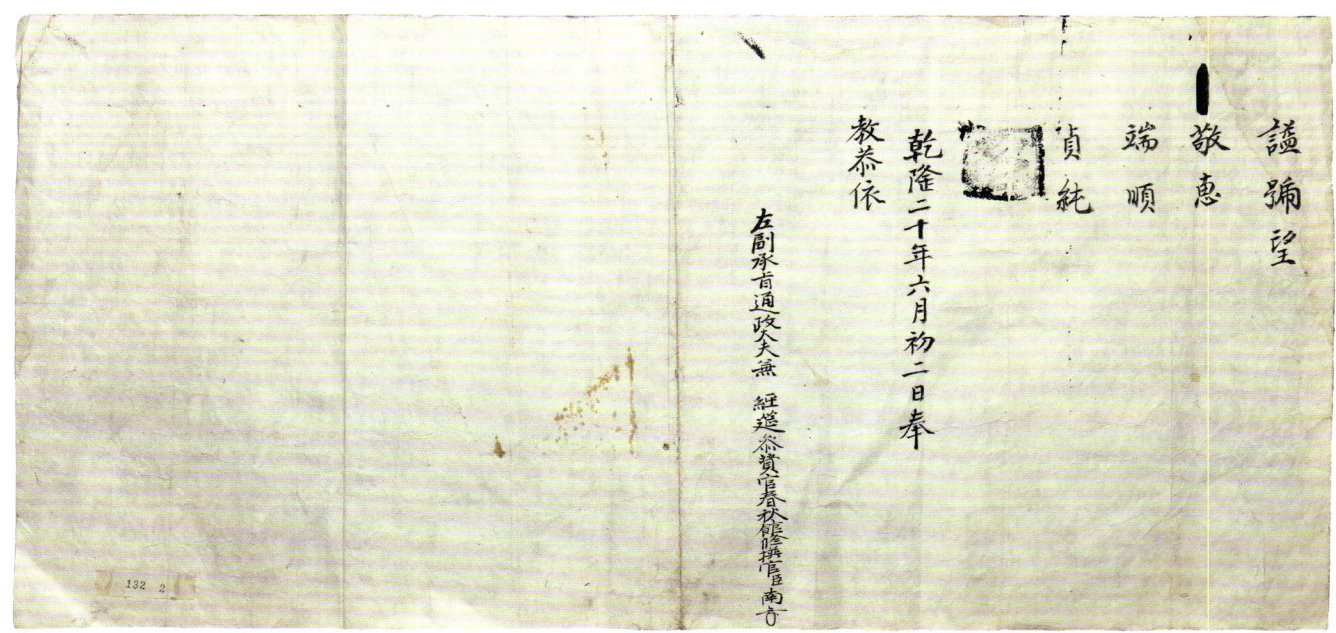
謚號望
敬惠
端順
貞純
乾隆二十年六月初二日奉
教恭依
左副承旨通政大夫兼經筵參贊官春秋館修撰官臣南

05

인빈 김씨 궁호원호망단자

仁嬪金氏宮號園號望單子

1755년(영조 31)
1장, 필사, 36.4×75.0㎝
RD00602

1755년 6월 2일 궁원제 시행에 따라 인빈 김씨의 궁호와 원호를 정하기 위해 제작된 망단자이다. 궁호는 '계경啓慶 · 계상啓祥 · 저경儲慶', 원호는 '순창順昌 · 유녕裕寧 · 순강順康'이 각각 삼망三望으로 제시되었다. 영조는 궁호를 '저경', 원호를 '순강'으로 낙점하였다.

宮號望
啓慶
啓祥
儲慶
園號望
順昌
裕寧
順康

06

저경궁 순강원 식례

儲慶宮順康園式例

1756년(영조 32)
1책, 활자본, 35.2×22.4㎝
K2-2484

1756년 7월 저경궁·순강원의 제도와 의례를 정리하여 활자로 간행한 규정집이다. 1756년 정본『육상궁 소령원 식례』의 간행과 더불어 동일한 체제로 편찬되었다. 7월 3일에 교서관에서 실록자實錄字로 인쇄를 시작하여, 7월 10일에 간행이 완료되었다. 숙빈 최씨와 같이 인빈 김씨의 호칭으로 '선비先妣'를 사용하되, 영조의 자칭은 '증손曾孫'으로 표기했다.

권두에는 1756년 6월 18일 영조가 찬술한「어제 저경궁 궁원식례 소서御製儲慶宮宮園式例小敍」가 수록되어 있다. 영조는 궁원제의 적용이 늦어졌지만, 다행히 백 년 만에 송현궁을 저경궁으로 삼고『궁원식례』를 봉안하게 되었음을 밝혔다. 이어「저경궁식례」 29조,「순강원식례」 21조를 비롯하여,「저경궁순강원대소제향축식儲慶宮順康園大小祭享祝式」,「궁원제의宮園祭儀」,「저경궁의儲慶宮儀」,「순강원의물順康園儀物」,「저경궁 순강원 대소제향 진설도식儲慶宮順康園大小祭享陳設圖式」이 차례로 수록되었다. 마지막으로 교정에 참여한 이철보李喆輔, 1691~1775 등 5명의 명단이 실려 있다.

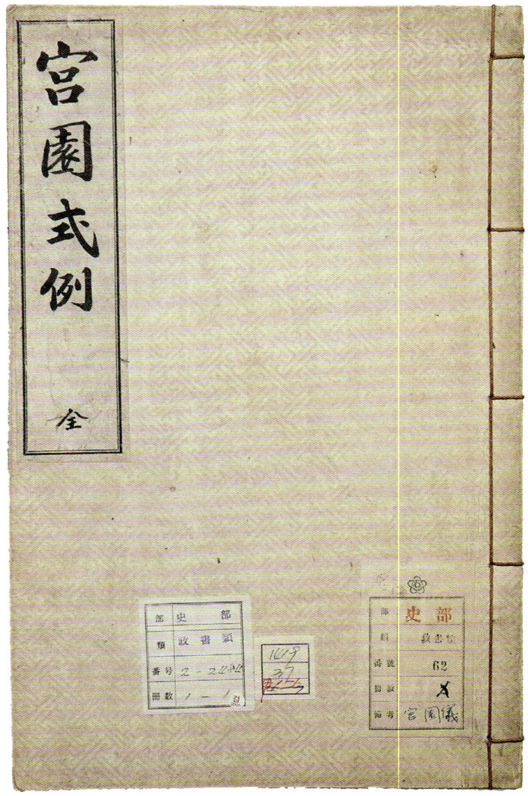

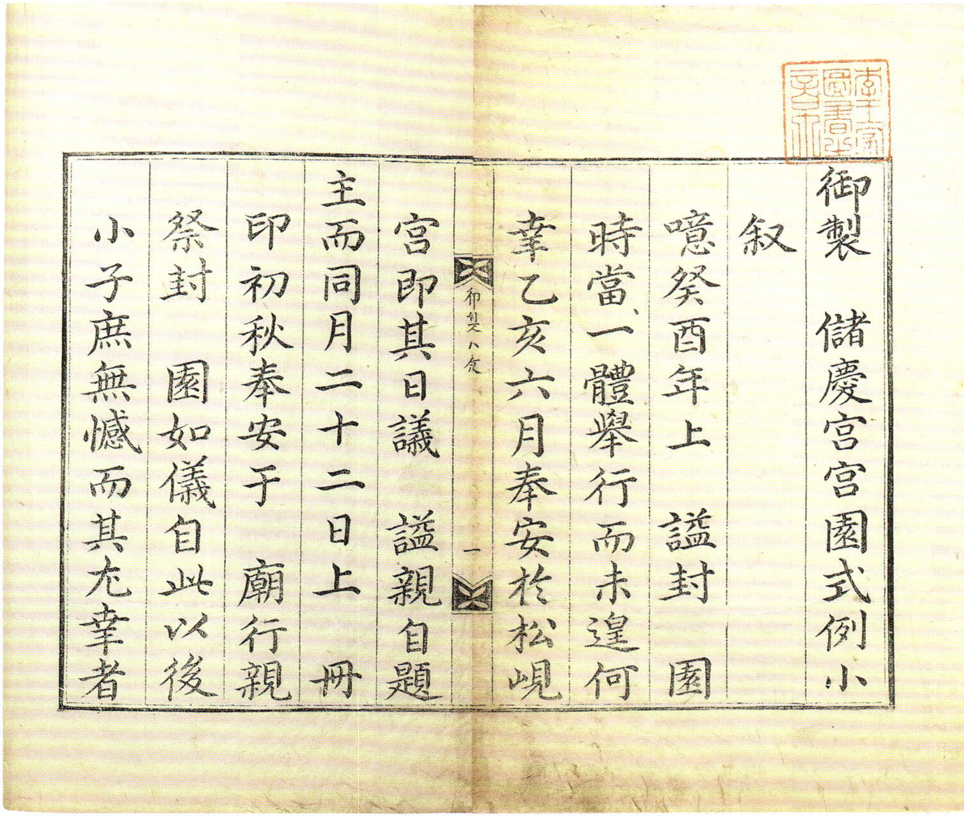
御製 儲慶宮宮園式例小

叙

噫癸酉年上 諡封 園
時當一體舉行而未遑何
幸乙亥六月奉安於松峴
宮卽其日議 諡親自題
主而同月二十二日上 冊
印初秋奉安于 廟行親
祭封 園如儀自此以後
小子庶無憾而其尤幸者

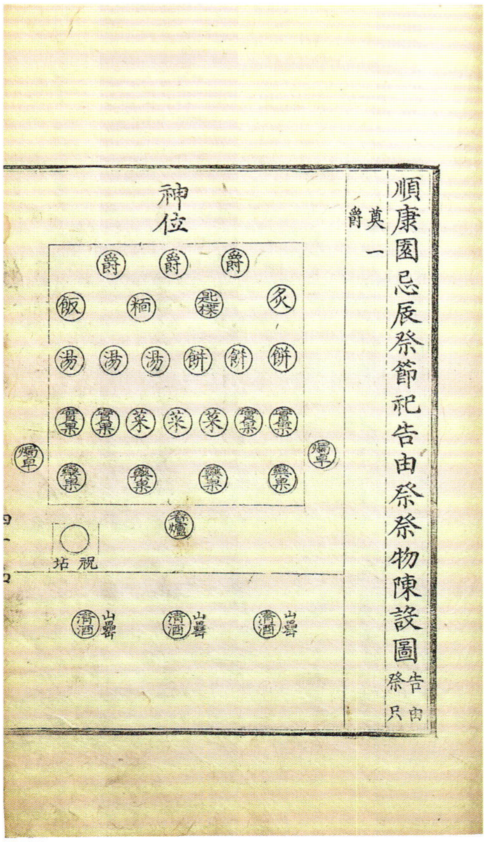

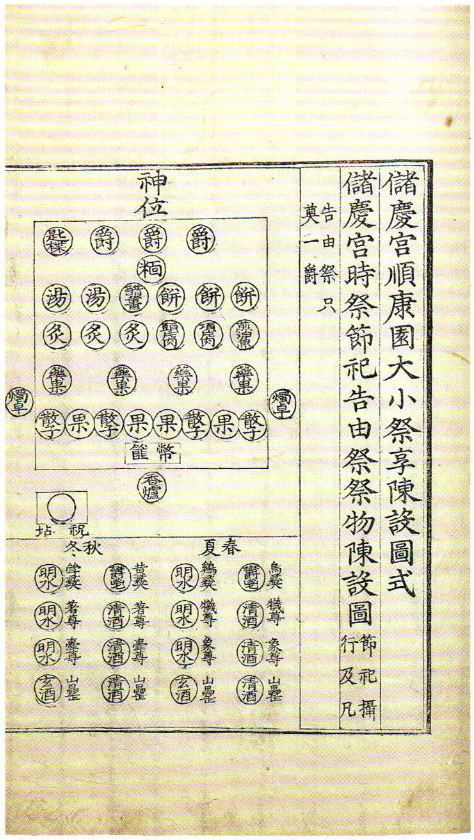

07

원종대왕 팔고조도

元宗大王八高祖圖

1756년(영조 32)
1첩, 필사본, 43.5×30.5㎝
K2-1099

1756년 1월에 수정된 원종과 인조의 팔고조도이다. 1755년영조 31 6월 '경혜敬惠'를 인빈 김씨의 시호로 올리면서, 이를 반영한 원종·인조·효종·현종의 『팔고조도』K2-1100가 제작되었다. 7월 2일에는 육상궁의 전례와 같이 첩으로 장황한 팔고조를 세장細仗과 고취鼓吹를 갖추어 저경궁에 봉안토록 하였다. 그런데 1755년 12월 숙빈 최씨에게 '선비先妣'의 호칭을 사용하면서 팔고조도의 수정이 논의되었고, '탄생모' 호칭을 삭제하는 것으로 결정되었다. 이에 따라 영조뿐 아니라 원종·인조의 팔고조도를 다시 제작했고, 1756년 1월에 수정본을 육상궁과 저경궁에 각각 봉안했다. 이때 제작된 원종의 팔고조도에서 인빈은 '탄생모'를 삭제한 '경혜인빈 김씨敬惠仁嬪金氏'로 기재되었다. 인빈의 계보가 불분명하여 고조부모 등의 성씨와 이름이 일부 누락되어 있다.

이후 1776년영조 52 1월 15일에 '유덕裕德'을 시호로 가상加上하면서, '경혜유덕인빈 김씨敬惠裕德仁嬪金氏'로 수정된 원종의 『팔고조도』K2-1068가 제작되었다. 『승정원일기』에 따르면, 같은 해 2월 13일에 의장과 고취를 갖추어 저경궁에 팔고조도를 봉안했음을 확인할 수 있다.

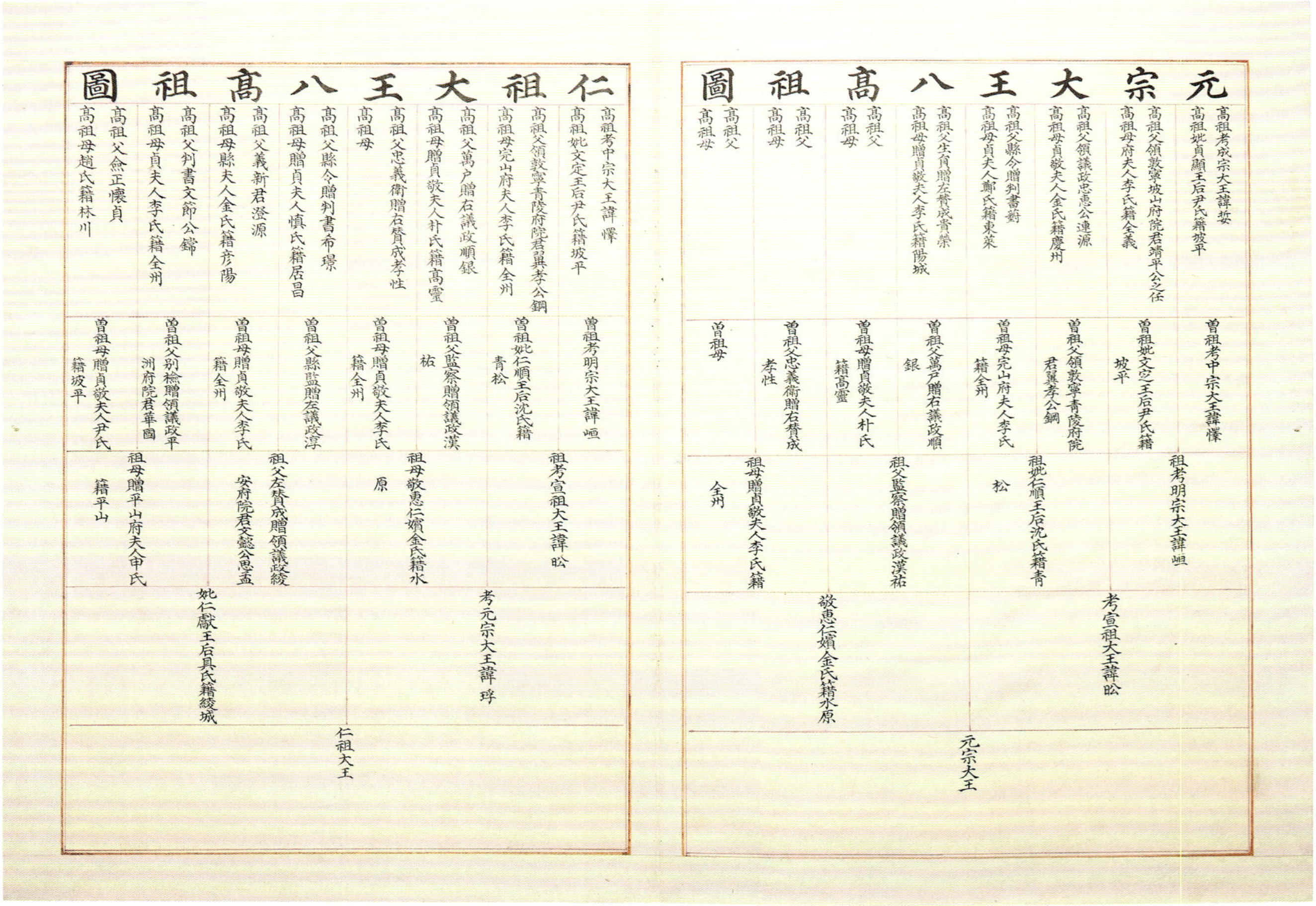

08

저경궁 제문

儲慶宮祭文

1772년(영조 48)
1장, 필사, 56.0×82.0㎝
RD02335

1772년 6월 28일 영조가 저경궁에 올린 제문이다. 영조는 제문에서 인빈 김씨를 '선비先妣'로, 자신을 '증손曾孫'으로 칭했다. 저경궁으로 승격된 지 18년이 되었다고 회상하면서, 어진御眞을 모시는 남전南殿, 즉 영희전永禧殿에 전알한 뒤 저경궁에 전배함을 밝혔다. 『영조실록』에 따르면, 1772년 6월 16일 중수영건청重修營建廳을 설치하여 영희전의 중수를 진행했고, 6월 28일 어진을 다시 모시면서 영조가 친히 환안제還安祭를 지냈다. 이어 저경궁에 나아가 동구洞口 안의 백성들에게 쌀을 내려주었는데, 이때 저경궁에 올린 제문으로 추정된다.

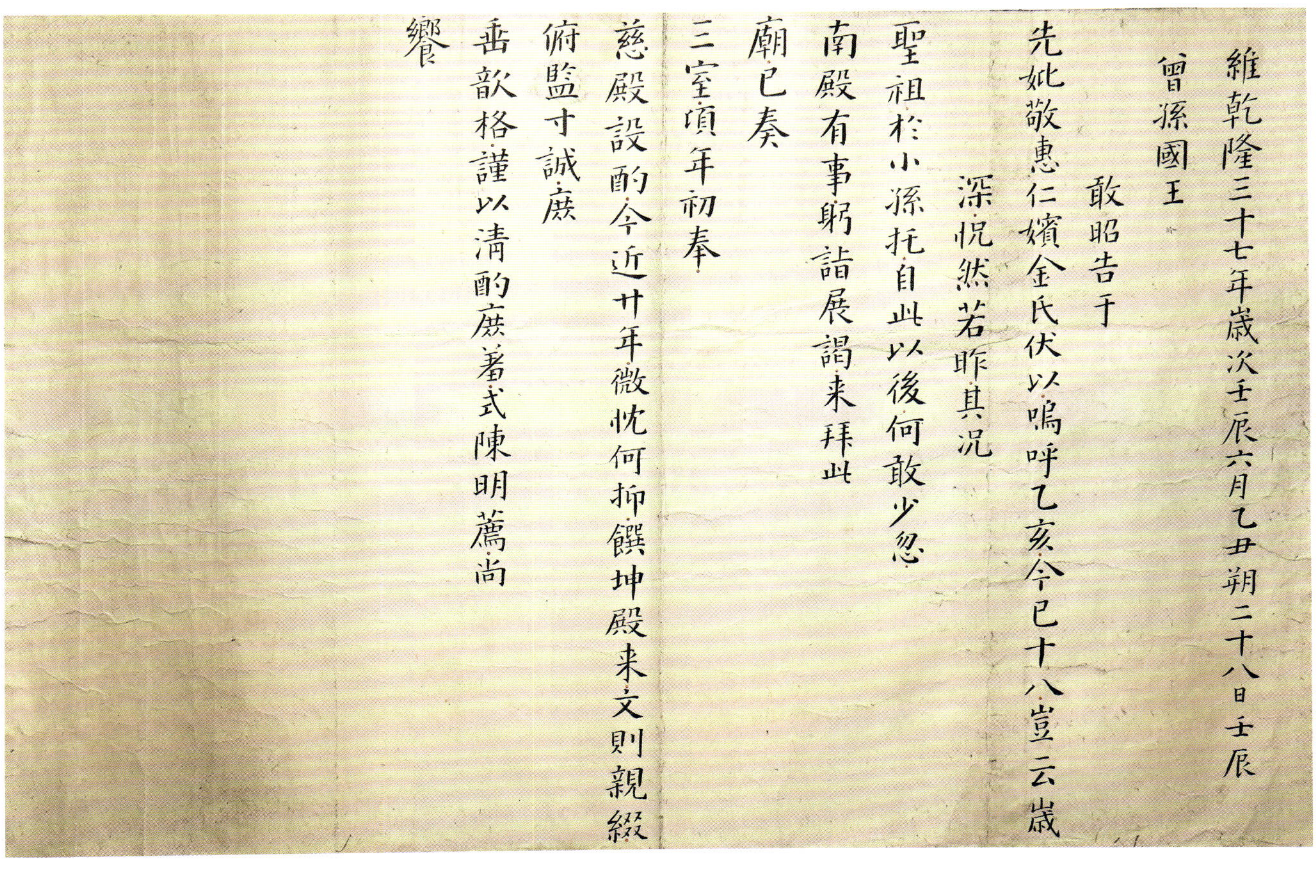

維乾隆三十七年歲次壬辰六月乙丑朔二十八日壬辰
曾孫國王
敢昭告于
先妣敬惠仁嬪金氏伏以嗚呼乙亥今已十八豈云歲
深怳然若昨其況
聖祖於小孫托自此以後何敢少忽
南殿有事躬詣展謁来拜此
廟已奏
三室頃年初奉
慈殿設酌今近廿年微忱何抑饌坤殿来文則親綴
俯監寸誠庶
垂歆格謹以清酌庶羞式陳明薦尚
饗

09

어제 저경궁

御製儲慶宮

1775년(영조 51)
1첩, 필사본, 30.9×17.6㎝
K4-4274

영조가 저경궁을 매개로 인조와 효종을 추모한 어제어필 시이다. '여든둘, 가히 성대하다고 이를 만하다[八十二可謂盛].'라는 시구에 근거하여, 영조가 82세이던 1775년에 지은 것으로 추정된다. 저경궁은 본래 원종의 잠저潛邸인 송현궁이며, 1755년영조 31에 자신이 인빈의 사당인 저경궁으로 삼았음을 밝혔다. 잠저인 저경궁, 어의궁於義宮, 창의궁彰義宮이 모두 장동壯洞에 있음을 강조하고, 이어 자신의 옛집과 육오당六吾堂에 대해 회고했다. 잠저를 중심으로 인조와 효종에 대한 각별한 추모의 마음을 드러내고 있다.

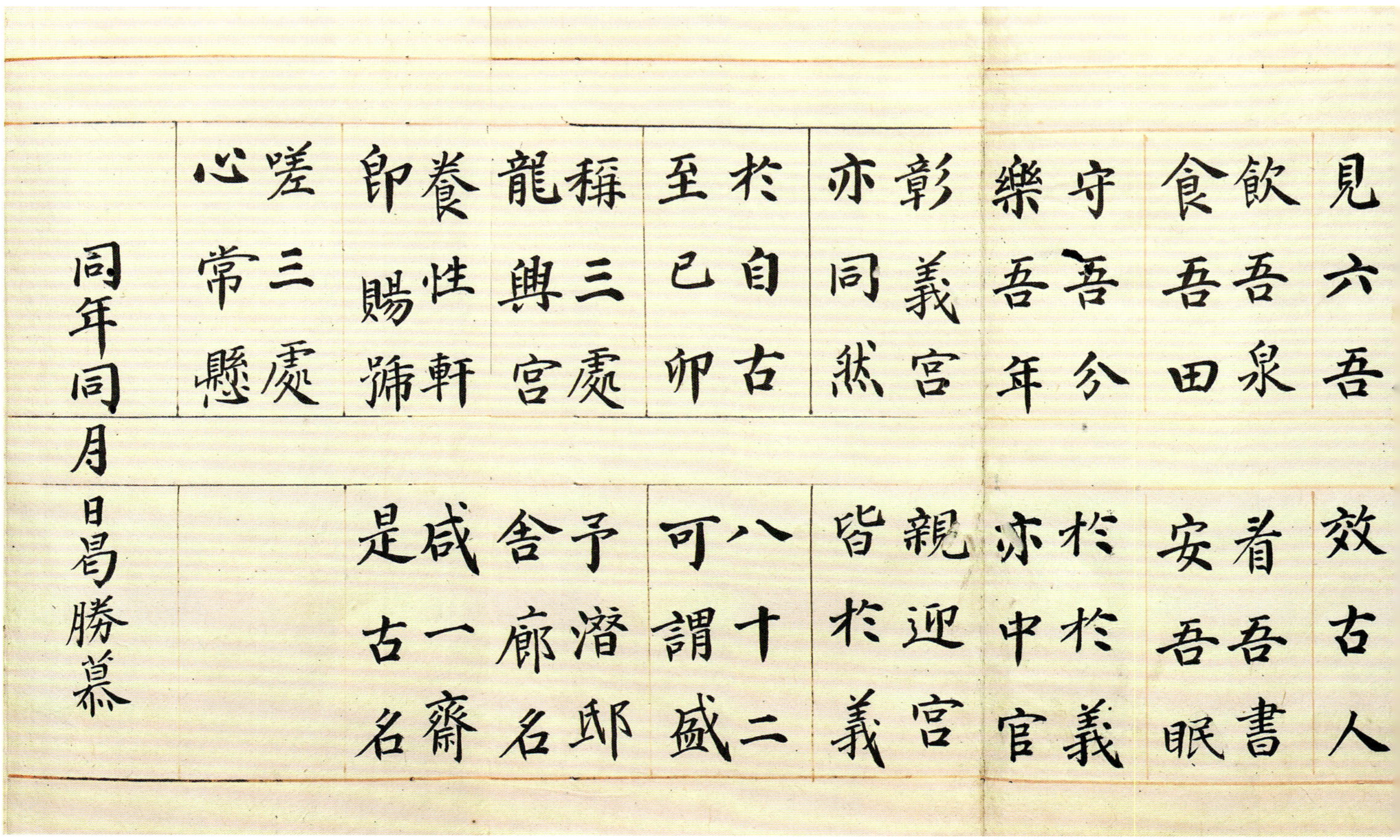
見六吾效古人
飲吾泉着吾書
食吾田安吾眠
守吾分於於義
樂吾年亦中官
彰義宮親迎宮
亦同然皆於義
於自古八十二
至己卯可謂盛
稱三處予潛邸
龍興宮舍廊名
養性軒咸一齋
印賜牓是古名
嗟三處
心常懸
同年同月日書勝慕

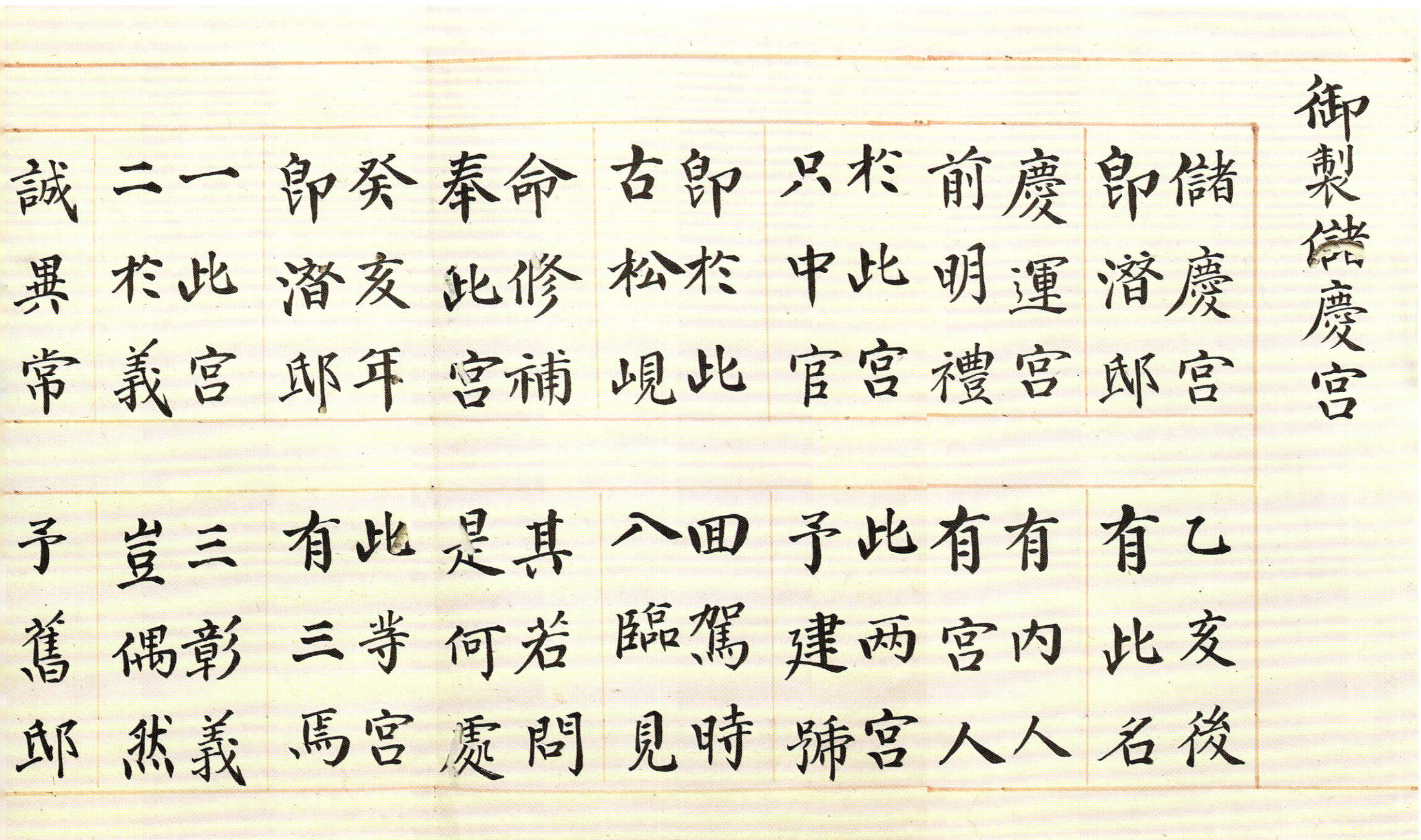
御製儲慶宮

儲慶宮
卽潛邸
慶運宮
前明禮
於此宮
只中官
卽於此
古松峴
命修補
奉此宮
癸亥年
卽潛邸
一此宮
二於義
誠異常

乙亥後
有此名
有內人
有宮人
此兩宮
予建歸
田駕時
入臨見
其若問
是何處
此等宮
有三焉
三彰義
豈偶然
予舊邸

10

송현고궁기 현판

松峴故宮記懸板

1755년(영조 31)
목제, 39.2×104.0㎝
국립고궁박물관

1755년 영조가 저경궁을 조성하고 시책과 시인을 올린 내용을 새긴 어제御製 현판이다. 영조는 송현궁이 원종의 옛집임을 강조하면서, 1752년영조 28 송현궁을 중수했고 1755년 인빈의 신주를 봉안하여 저경궁으로 삼았음을 밝혔다. 시호를 올리고 궁원으로 승격시켜 예를 다한 것이 인빈 사망 후 143년 만이고, 시책과 시인을 올린 날 인원왕후가 친히 저경궁에서 다례를 행했음을 강조했다. 이러한 내력을 재실의 정청正廳에 기록해 두기 위해 현판이 제작되었고, 예문관 제학 조명리趙明履, 1697~1756가 왕명을 받들어 글씨를 썼다. 『승정원일기』에 따르면, 상시책인의를 거행한 1755년 6월 22일에 영조가 저경궁에 거둥하여 「송현고궁기」를 읽었으므로 이 무렵 현판이 완성된 것으로 보인다.

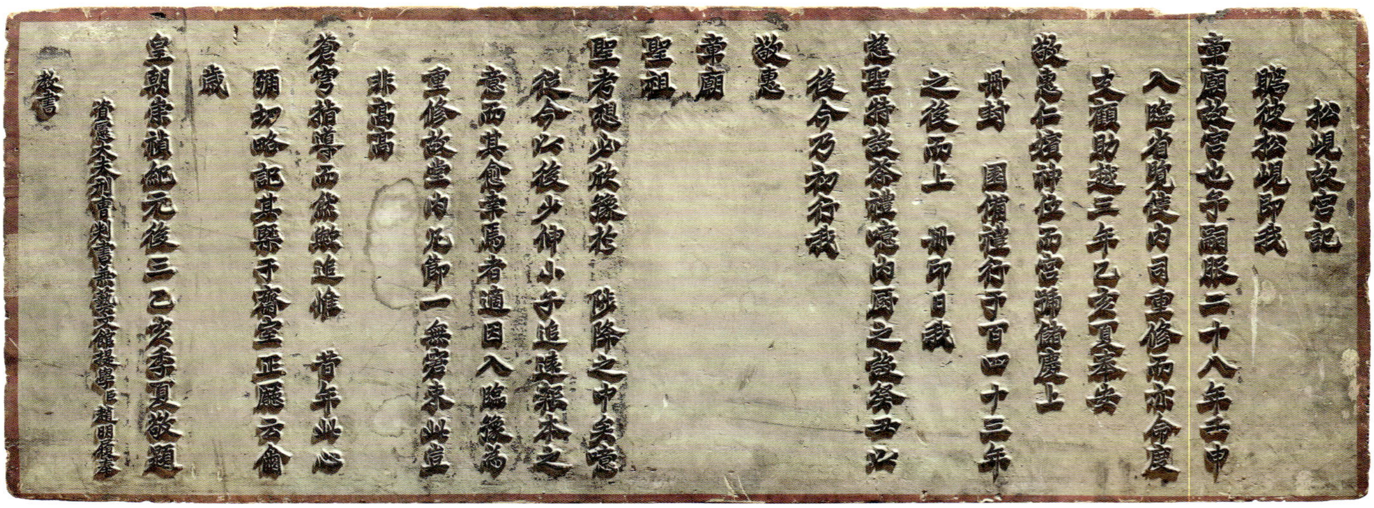

11

육궁고사

六宮故事

18세기
1책, 필사본, 23.9×22.0㎝
K2-4381

육궁六宮에 관한 전교傳敎, 기문記文, 시詩 등을 정리한 책이다. 육궁은 수진궁壽進宮, 명례궁明禮宮, 용동궁龍洞宮, 저경궁, 본궁本宮, 龍興舊邸, 어의궁於義宮이며, 각 궁의 이름 아래 관련 기록을 행초서로 적어 놓았다. 수진궁은 예종의 둘째 아들 제안대군齊安大君, 1466~1525의 집으로, 이후 어려서 죽은 왕자, 공주 등의 제사 공간으로 사용하였다. 명례궁은 덕종의 맏아들 월산대군月山大君, 1454~1488의 사저로, 선조가 임진왜란 뒤 환도하여 머물렀던 곳이다. 용동궁은 명종의 아들 순회세자順懷世子, 1551~1563가 살았던 집으로 알려져 있다. 본궁은 효종의 잠저이고, 어의궁은 인조의 잠저이자 효종이 태어난 궁이다. 수진궁, 명례궁, 용동궁, 어의궁은 사궁四宮으로 불리며 왕실의 내탕금을 관리했다. 육궁 모두 왕의 사저 혹은 왕실 구성원과 관련된 공간으로서 의미가 있다.

저경궁에 관한 항목은 「장묘고궁章廟故宮」, 「제동헌題東軒」, 「저경궁추기儲慶宮追記」, 「송현고궁기松峴故宮記」, 「저경궁향화청기회儲慶宮香火廳記懷」 등으로, 저경궁에 걸려있던 영조의 어제·어필 현판을 기록한 것이다. 「장묘고궁」에는 '임신초추壬申初秋'라고 적혀있는데, 영조가 장묘 즉 원종의 옛집인 송현궁을 중수하도록 명한 1752년영조 28 7월 26일에 쓴 것이다. 「제동헌」은 1759년영조 35 6월에 영조가 지은 사언시四言詩이다. 「저경궁추기」는 저경궁을 중수하며 원종의 책을 어의본궁에 봉안한 일 등에 대한 감회를 1767년영조 43에 적은 것이다. 「송현고궁기」는 1755년영조 31 송현궁에 인빈의 신주를 봉안하면서 궁호를 '저경'으로 정한 내력을 기록한 것이다. 「저경궁향화청기회」는 1761년영조 37 춘분에 저경궁에서 처음으로 춘향제를 친행하며 느낀 감회를 기록한 것이다.

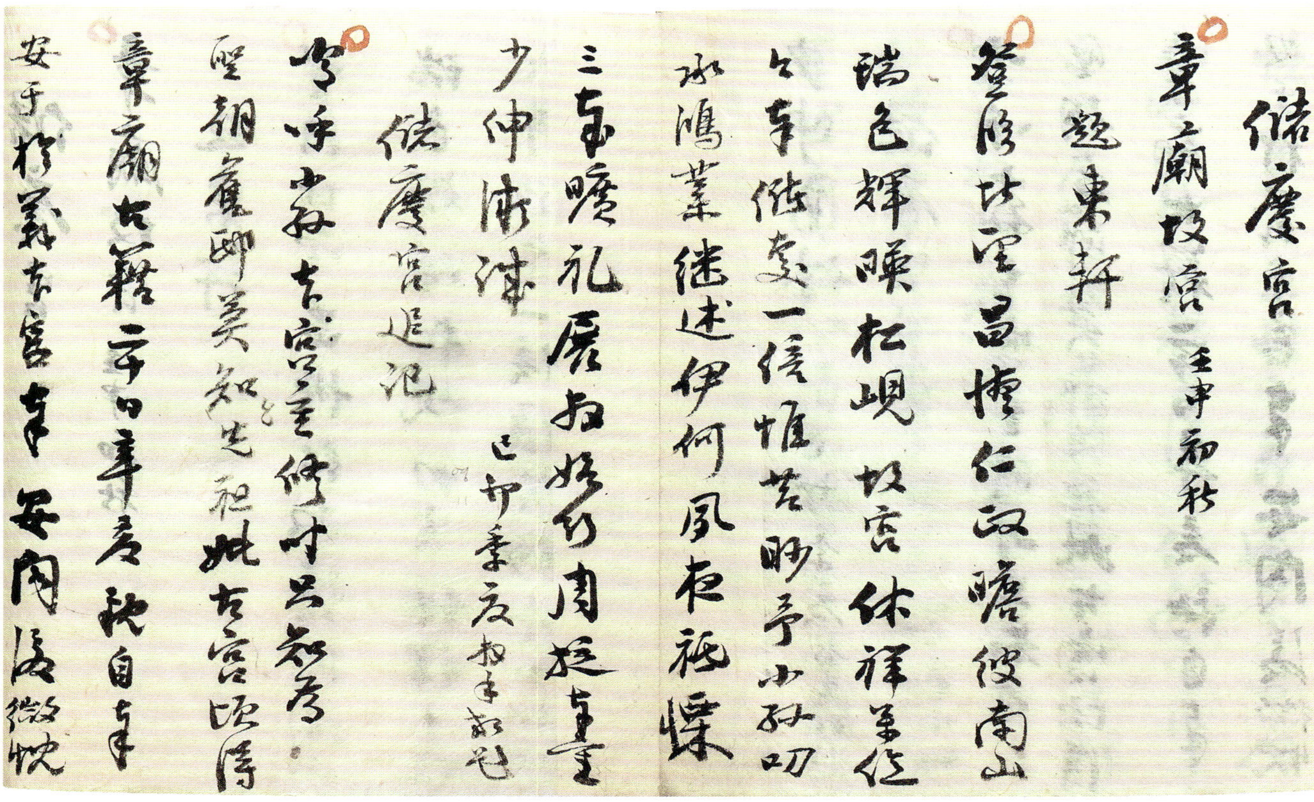

희빈 장씨(禧嬪張氏, 1659~1701): 숙종의 후궁, 경종의 어머니

연도	생애와 주요 사건
1659년(현종 즉위)	출생. 인동 장씨. 부父 장형張炯, 모母 파평 윤씨
1680년(숙종 6)	22세, 숙종과 만남, 장씨 내쫓김
1686년(숙종 12)	28세, 장씨 재입궁, 종4품 숙원으로 책봉
1688년(숙종 14)	30세, 정2품 소의昭儀로 책봉, 왕자 이윤李昀, 후일 경종 출산
1689년(숙종 15)	31세, 정1품 희빈禧嬪이 됨, 기사환국己巳換局, 인현황후 폐위 후 왕비가 됨, 종묘사직에 고함
1690년(숙종 16)	32세, 왕비 장씨의 정식 책봉례 거행
1694년(숙종 20)	36세, 갑술환국甲戌換局, 인현왕후 복위와 왕비 장씨 폐위
1701년(숙종 27)	43세, 희빈 장씨 사사
1702년(숙종 28)	양주 인장리仁章里에 장사 지냄
1719년(숙종 45)	광주 진해촌眞海村, 현재 경기도 광주시 오포읍 문형리으로 천장
1722년(경종 2)	'옥산부대빈玉山府大嬪'으로 추존, 묘호廟號: 대빈궁大嬪宮
1908년(융희 2)	대빈궁을 육상궁 경내로 옮김
1960년대	대빈묘를 광주에서 서오릉 경내로 이장

대빈궁 전경

대빈궁 감실

대빈궁 신주함

대빈궁 신주

12

책례도감청의궤

冊禮都監廳儀軌

1690년(숙종 16)
1책, 필사본, 44.0×33.7㎝, 보물
K2-2721

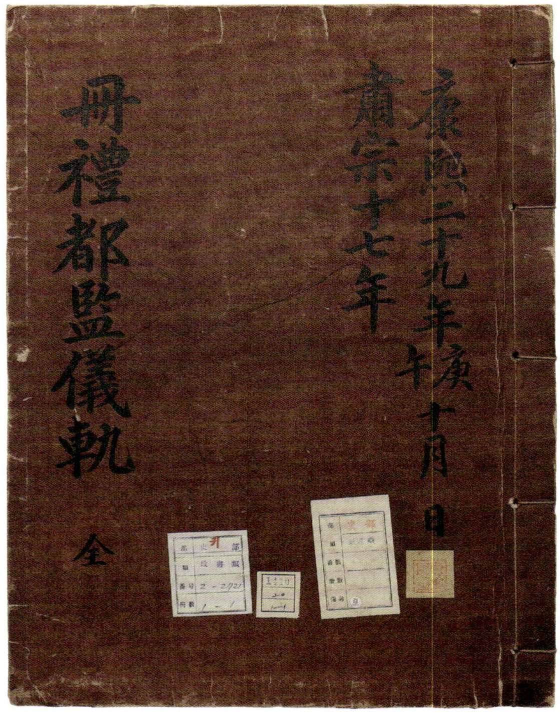

1689년숙종 15 숙종의 후궁인 희빈 장씨를 왕비로 책봉한 의식과 절차를 기록한 의궤이다. 기사환국으로 인현왕후가 폐출된 후, 희빈이 왕비로 책봉되었다. 당시 장렬왕후의 국상 중이었으므로, 책봉 의식은 상을 마친 후인 1690년 10월 22일에 거행되었다. 의궤에는 목록을 시작으로, 희빈을 왕비로 삼을 것을 명하는 1689년 5월 6일 숙종의 하교下敎가 실려 있다. 이어 「책례도감도청의궤」에는 책례와 습의習儀의 일시 · 장소 및 도감 관원들의 명단을 먼저 기록했다. 장렬왕후 국상 후인 1690년 6월부터 본격적인 책봉 준비가 진행되면서, 6월 28일에 도감의 인력 운용 및 물자 조달 등에 관한 기본 원칙인 도감사목都監事目이 마련되었다. 또한 「계사啓辭」·「예관禮關」·「의주儀注」에는 의례 진행과 관련된 논의와 문서 및 의절을 기록했고, 「이문」·「품목」·「감결」 등에는 관련 공문서를 분류하여 정리했으며, 의궤 편찬과 포상 내역 등을 첨부했다. 다음으로 책례 거행에 필요한 의물儀物을 제작하는 1방~3방의 의궤를 수록하는 등 일반적인 의궤의 형식을 따랐다.

숙종은 인현왕후를 폐출하고 희빈을 왕비로 책봉함으로써 세자의 적자嫡子 지위를 확립하고 정통성을 강화하고자 하였다. 그러나 1694년숙종 20 갑술환국으로 인현왕후가 복위하면서, 왕비 장씨는 다시 '희빈'으로 강등되었다. 이때 숙종은 후궁을 중전으로 책봉할 수 없다는 규정을 선포했다. 따라서 희빈은 조선시대 왕비의 자리에 올랐던 마지막 후궁이 되었고, 이 의궤는 후궁이 왕비로 책봉되는 절차를 기록한 유일한 자료가 되었다.

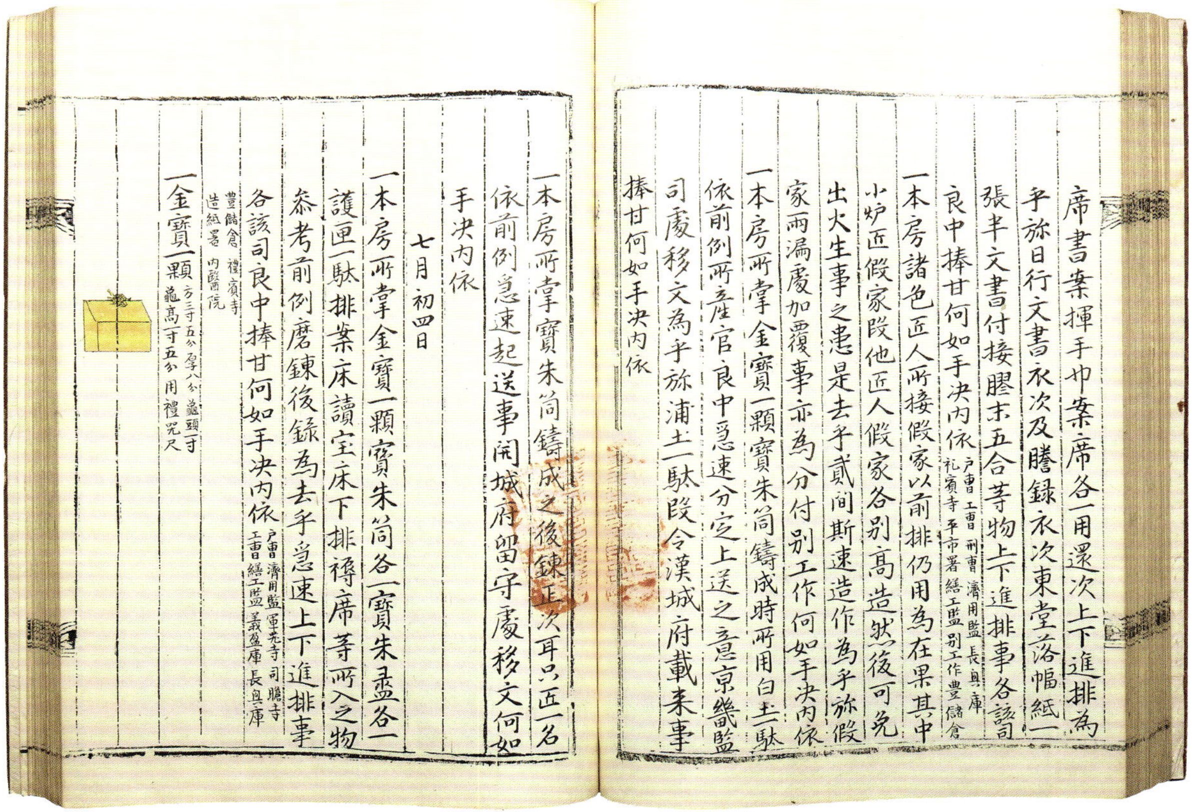
席書案揮手巾案席各一用還次上下進排為
乎旀日行文書衣次及謄録衣次東堂落幅紙一
張半文書付接腰末五合等物上下進排事各該司
良中捧甘何如手決內依 戶曹 工曹 刑曹 濟用監 長興庫 禮賓寺 平市署 繕工監 别工作 豊儲倉
一本房諸色匠人所接假家以前排仍用為在果其中
小炉匠假家段他匠人假家各别高造然後可免
出火生事之患是去乎貳間斯速造作為乎旀假
家雨漏處加覆事亦為分付别工作何如手決內依
一本房所掌金寶一顆寶朱筒鑄成時所用白土一駄
依前例所產官良中急速分定上送之意京畿監
司處移文為乎旀浦土一駄段令漢城府載來事
捧甘何如手決內依
一本房所掌寶朱筒鑄成之後鍊正次耳只匠一名
依前例急速起送事開城府留守處移文何如
手決內依
七月初四日
一本房所掌金寶一顆寶朱筒各一寶朱盝各一
護匣一駄排案床讀宝床下排褥席等所入之物
叅考前例磨鍊後録為去乎急速上下進排事
各該司良中捧甘何如手決內依 戶曹 濟用監 軍資寺 司贍寺 工曹 繕工監 義盈庫 長興庫
豊儲倉 禮賓寺 造紙署 內醫院
一金寶一顆 方三寸五分 厚八分 盝頭一寸 龜高一寸五分 用禮器尺

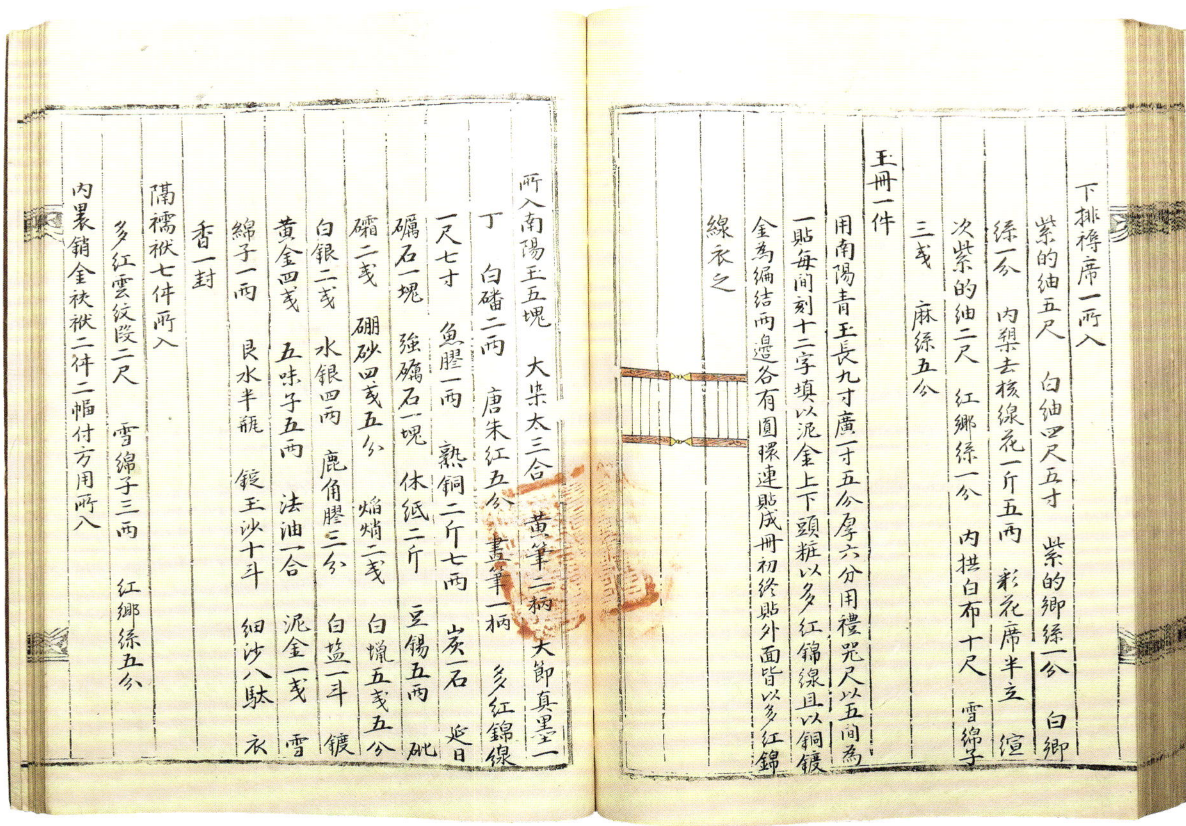
下排褥席一所入
紫的紬五尺 白紬四尺五寸 紫的鄉絲一分 白鄉
絲一分 內槊去核綿花一斤五兩 彩花席半立 縇
次紫的紬二尺 紅鄉絲一分 內拱白布十尺 雪綿子
三戋 麻絲五分
玉冊一件
用南陽青玉長九寸廣一寸五分厚六分用禮器尺以五間為
一貼每間刻十二字塡以泥金上下頭粧以銅鍍
金為編結兩邊各有圓環連貼成冊初終貼外面皆以多紅錦
線衣之
所入南陽玉五塊 大朱太三合 黃筆二柄 大節真墨一
丁 白礬二兩 唐朱紅五分 畫筆一柄 多紅錦線
一尺七寸 魚膠一兩 熟銅二斤七兩 炭一石 延日
礪石一塊 強礪石一塊 休紙二斤 豆錫五兩 砒
礵二戋 硼砂四戋五分 焰焇二戋 白蠟五戋五分
白銀二戋 水銀四兩 鹿角膠三分 白鹽一斗 鍍
黃金四戋 五味子五兩 法油一合 泥金一戋 雪
綿子一兩 良水半瓶 錠玉沙十斗 細沙八駄 衣
香一封
隔襦袱七件所入
多紅雲紋段二尺 雪綿子三兩 紅鄉絲五分
內裹銷金袱袱二件二幅付方用所入

13

당대선원록

當代璿源錄

1713년(숙종 39)
1책, 필사본, 54.0×39.0㎝
K2-957

1713년 종부시宗簿寺에서 숙종 자녀의 출생, 혼인, 봉작, 사망 등을 기록한 왕실 보첩이다. 숙종은 '현의광륜예성영렬주상전하顯義光倫睿聖英烈主上殿下'로 기재되었는데, 1713년 3월 9일 즉위 40년을 기념하여 신하들이 올린 존호에 따른 것이다. 이어서 왕위 계승자인 왕세자 윤昀을 기록하여 종통을 명확히 하였다. 이후에는 출생 순으로, 인경왕후 소생인 1녀와 2녀, 희빈 장씨 소생인 2남 성수盛壽, 숙빈 최씨 소생인 3남 영수永壽, 4남 연잉군延礽君 금昑, 5남, 그리고 명빈 박씨 소생인 6남 연령군延齡君 훤昍을 기록했다. 각 자녀의 생년과 생모, 사망 여부를 밝혔고, 혼인한 왕세자, 연잉군, 연령군의 경우 처와 처부妻父를 함께 기록했다.

당시 왕세자인 경종은 '희빈 장씨 탄생'으로 기재되어 있다. 1701년숙종 27 희빈이 인현왕후 저주 혐의로 사사된 후, '희빈'이라는 작호가 삭탈되어 '장씨'로 불렸다. 그럼에도 『당대선원록』에서 '희빈'이라는 작호가 그대로 사용된 것은 숙종이 '희빈'의 작호를 인정한 증거로 간주되면서 경종 대 사친 추보의 정당성을 뒷받침하는 근거가 되었다.

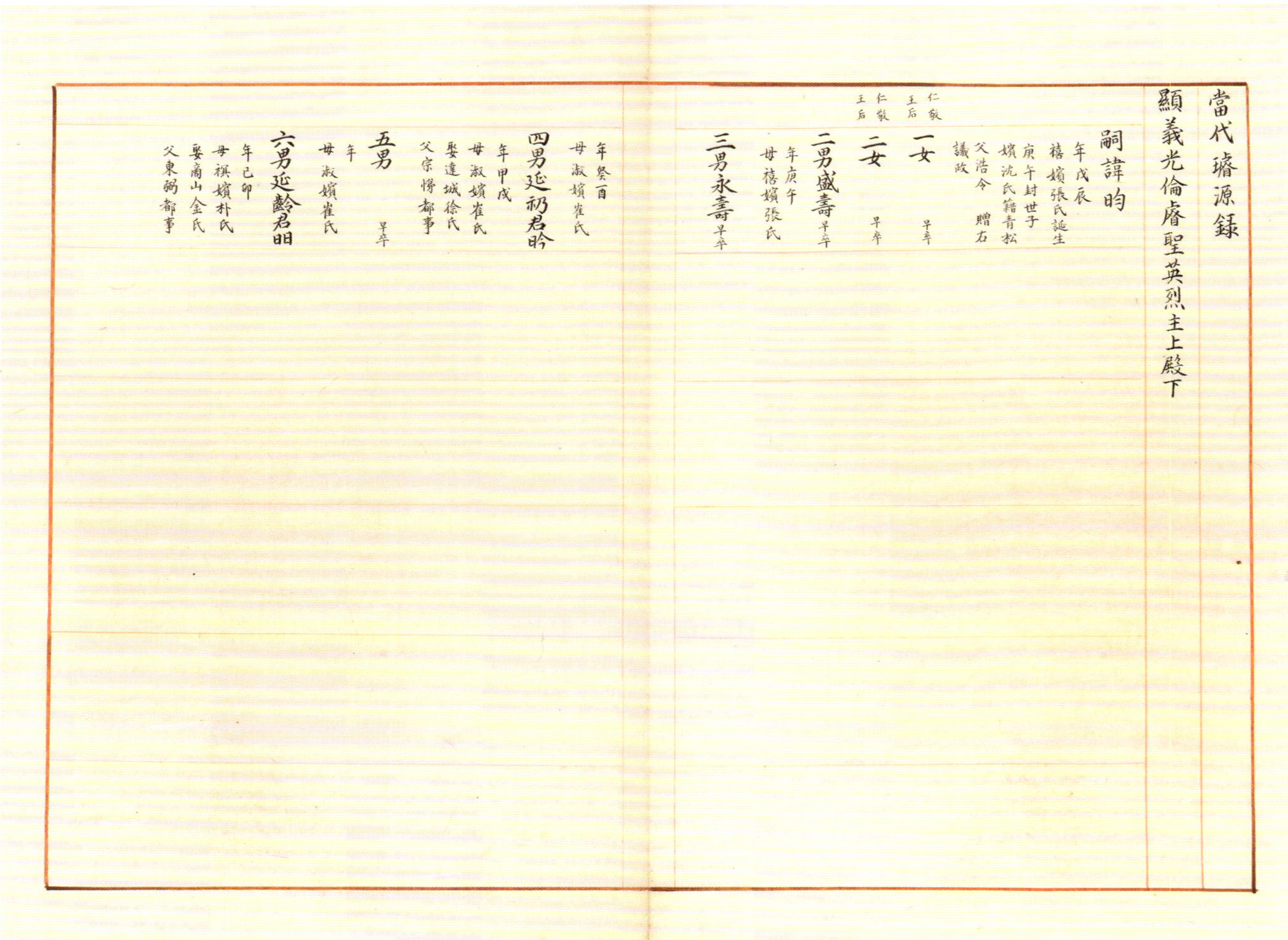

14

장희빈 상장등록

張禧嬪喪葬謄錄

1723년(경종 3)
1책, 필사본, 39.5×26.0㎝
K2-3006

희빈 장씨의 상장喪葬, 천장遷葬, 추보追報 의례와 관련된 문서를 예조에서 날짜순으로 정리한 등록이다. 내용은 크게 세 부분으로 구성되어 있다. 첫 번째는 1701년숙종 27 9월 28일부터 1704년숙종 30 8월 19일까지의 기록으로, 「상장등록」에 해당한다. 희빈의 자진自盡을 명하는 비망기로 시작해서, 10월 10일 자진 후 상례 진행 과정을 기록했다. 묘소 택지를 위한 산론山論과 세자 · 세자빈의 거애의擧哀儀, 성복의成服儀 등의 의주가 수록되어 있다. 두 번째는 「인장리천장등록仁章里遷葬謄錄」으로, 1717년숙종 43 12월 19일부터 1719년숙종 45 6월 19일까지의 기록이다. 양주 인장리에 마련된 장씨의 묘소에 하자가 많다는 강릉 유생 함일해咸一海의 주장에 따라, 광주廣州 진해촌鎭海村으로 천장하는 절차가 수록되어 있다. 세 번째는 「추보등록追報謄錄」으로, 1722년경종 2 1월 12일부터 1723년 6월 10일까지의 기록이다. 1722년 10월 9일 마련된 추보절목에 따라 '옥산부대빈장씨玉山府大嬪張氏'라는 칭호로 신주를 다시 쓰고, 새로 건립한 사당에 봉안했다. 경종이 1723년 6월 9일 대빈의 사당에 친림하여 전배례展拜禮를 행하는 것으로 추보 절차가 마무리되었다.

숙종 대 환국의 흐름 속에서 희빈은 세자의 생모지만 죄인으로 사망했다. 이러한 위상은 그녀의 사후 상례와 추보 의례에서 중요한 변수가 되었다. 상례에서 '희빈'이라는 작호 대신 '장씨'라는 호칭이 사용되었고, 세자의 의례는 매우 제한적이었다. 그럼에도 희빈의 묘소는 세자의 안위와 직결되는 문제로 인식되었으므로, 국가 차원에서 천장을 진행했다. 경종 즉위 후 사친 추보는 숙종의 뜻을 따르는 계지술사繼志述事에 어긋난다는 비판을 받았지만, 생모의 은혜에 보답한다는 차원에서 대빈궁 건립으로 완성되었다.

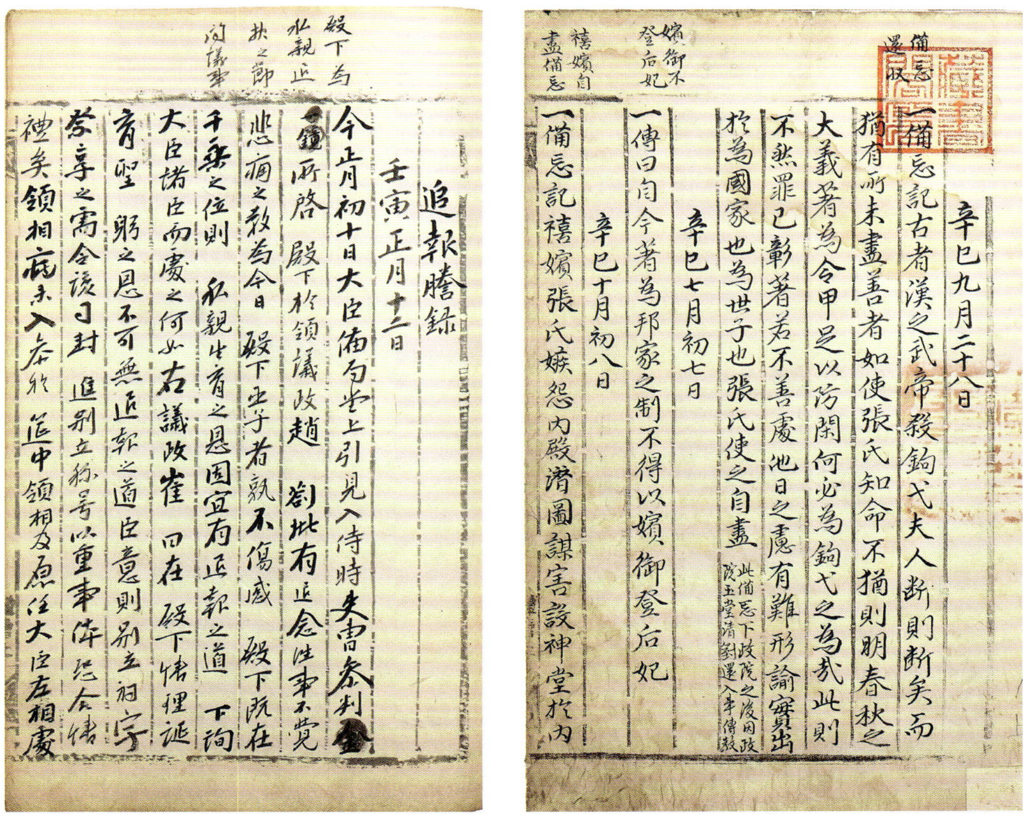

장희빈의 눈물, 단비로 내리다

경종 즉위 직후, 유학幼學 조중우趙重遇, ?~1720는 사친私親인 장희빈을 예우해야 한다는 상소를 올렸다. 그러나 경종은 숙종이 승하한 지 한 달 만에 이러한 화제를 올리는 것이 무엄하다고 지적하면서 조중우를 유배 보내는 것으로 상황을 마무리하려 하였다. 그러나 노론의 주장에 따라 조중우는 선왕의 뜻을 거스른 대역죄로 처벌당했다. 이후 성균관 장의掌議 윤지술尹志述, 1697~1721은 권당捲堂을 주도하며, 1701년숙종 27 숙종이 '장씨'를 사사했으므로 경종이 사친을 돌볼 수 없는 것은 명백한 의리라고 주장했다. 이에 분노한 경종은 사친을 모욕한 죄를 물어 윤지술에게 유배형을 내렸다. 그러나 노론 대신들이 반대하고 성균관 유생들이 권당을 거듭하자 유배의 명령을 거둘 수밖에 없었다.

1721년경종 1 12월 신축옥사로 소론이 집권하면서, 12월 17일에 윤지술은 사사되었고 조중우는 신원되었다. 다음 해인 1722년경종 2 1월부터 사친 추보追報에 대한 논의가 본격화되었다. 1월 10일에 김일경金一鏡, 1662~1724은 경종이 천승千乘의 지위에 올랐으므로, 낳아 기른 사친의 은혜에 대해 마땅히 보답하는 도리가 있어야 한다고 주장했다. 그러나 노론의 반대 상소가 올라오자 경종은 일단 추보 논의를 중지하도록 명령했다. 1722년 3월부터 목호룡睦虎龍, 1684~1724의 고변을 계기로 임인옥사가 진행되면서, 노론 4대신이 사사되고 추보에 반대한 노론 세력이 대거 숙청당했다.

이후 홍문관 부제학 이명언李明彦, 1674~1728은 은혜와 의리를 병행하기 위해 사친의 추보가 필요하다고 주장하면서 '대빈大嬪'이라는 새로운 칭호를 제안했다. 희빈은 자진 이후 '희빈'의 작호를 박탈당하고 '장씨'로 호칭되었던 만큼, 칭호를 정하는 것은 어렵고도 중요한 문제였다. '희빈'이란 옛 작호를 그대로 쓰는 것은 숙종의 처분을 거스르는 혐의가 있고, 칭호를 세우지 않는다면 서인庶人으로 간주하는 셈이었기 때문이다. '대빈'은 '대원군'의 예와 같이 '빈'자 위에 특별히 '대大'자를 더한 칭호로서, 송나라 영종英宗의 사친 복왕濮王을 '복국태왕濮國太王'으로 칭한 정자程子의 논의와 선조 대 덕흥대원군 추숭 시 퇴계 이황의 주장이 근거로 제시되었다. 이에 따라 새로운 칭호인 '대빈' 앞에 본관을 붙여서 '옥산부대빈玉山府大嬪'이라는 이름이 탄생했다.

또한 새로운 사당의 건립이 진행되어 1723년경종 3 6월에 대빈묘大嬪廟가 완공되었다. 경종이 거둥하는 전배례는 홍만조洪萬朝, 1645~1725의 상소를 계기로 시행될 수 있었다. 당시 여름 가뭄이 심각한 상황에서 홍만조는 가뭄의 원인을 사친에 대한 비례非禮에서 찾았다. 경종이 즉위 후 한번도 생모의 사당에 거둥하지 않는 것에 대해 "인심人心을 저버리면 천의天意에 부합될 수 없는 법이니, 오늘의 재앙은 진실로 이상할 것이 없습니다."라고 지적했다. 6월 9일에 경종은 처음으로 대빈묘에 전배례를 행할 수 있었다.

아들을 만나는 기쁨의 눈물이 단비로 내린 것일까? 전배례에 맞춰 충분한 비가 내렸고, 이러한 단비는 전배례와 사친 추보의 정당성을 효과적으로 각인시켰을 것이다. 그러나 노론이자 인현왕후의 오빠인 민진원閔鎭遠, 1664~1736은 전배례 시행에 대해 비판적인 시각을 드러냈다. 경종은 사당 건립 후에도 전배례를 행할 의사가 없었으나 홍만조의 상소로 인해 전배례를 행했음에도, 결국 비는 오지 않았다고 기록했다. 그러나 당시 충분한 비가 내렸다는 점에서, 민진원의 비판은 노론의 부정적인 시선을 보여주는 것이라고 할 수 있다.

15

열성팔고조도

列聖八高祖圖

1735년(영조 11)
1첩, 필사본, 40.0×27.3㎝
K2-1066

영조와 선왕 20인에 대한 팔고조도 24종을 묶은 첩이다. 경종의 팔고조도는 인현왕후를 어머니로 하는 1종과 희빈 장씨를 어머니로 하는 1종, 총 2종으로 제작되었다. 인현왕후는 돌아가신 적통 부모를 의미하는 '고비考妣'의 기준에 따라 '비妣'라고 칭해졌지만, 희빈은 '탄생모'로 구분하여 '탄생모 옥산부대빈장씨誕生母玉山府大嬪張氏'로 기재되었다.

경종 대 사친 추보를 위해 '빈嬪'자 위에 특별히 하나의 '대大'자를 더한 대빈大嬪의 칭호를 창안했고, 대빈 앞에 희빈의 본관을 붙여서 '옥산부대빈장씨'라는 명호를 정했다. 영조 즉위 후 경종의 사친 추보를 취소해야 한다는 비판이 제기되었으나, 영조는 "추숭이 지나침에 이르지는 않았다."라고 선언했다. 이에 대빈 칭호가 그대로 유지되어 경종의 팔고조도에 반영되었다.

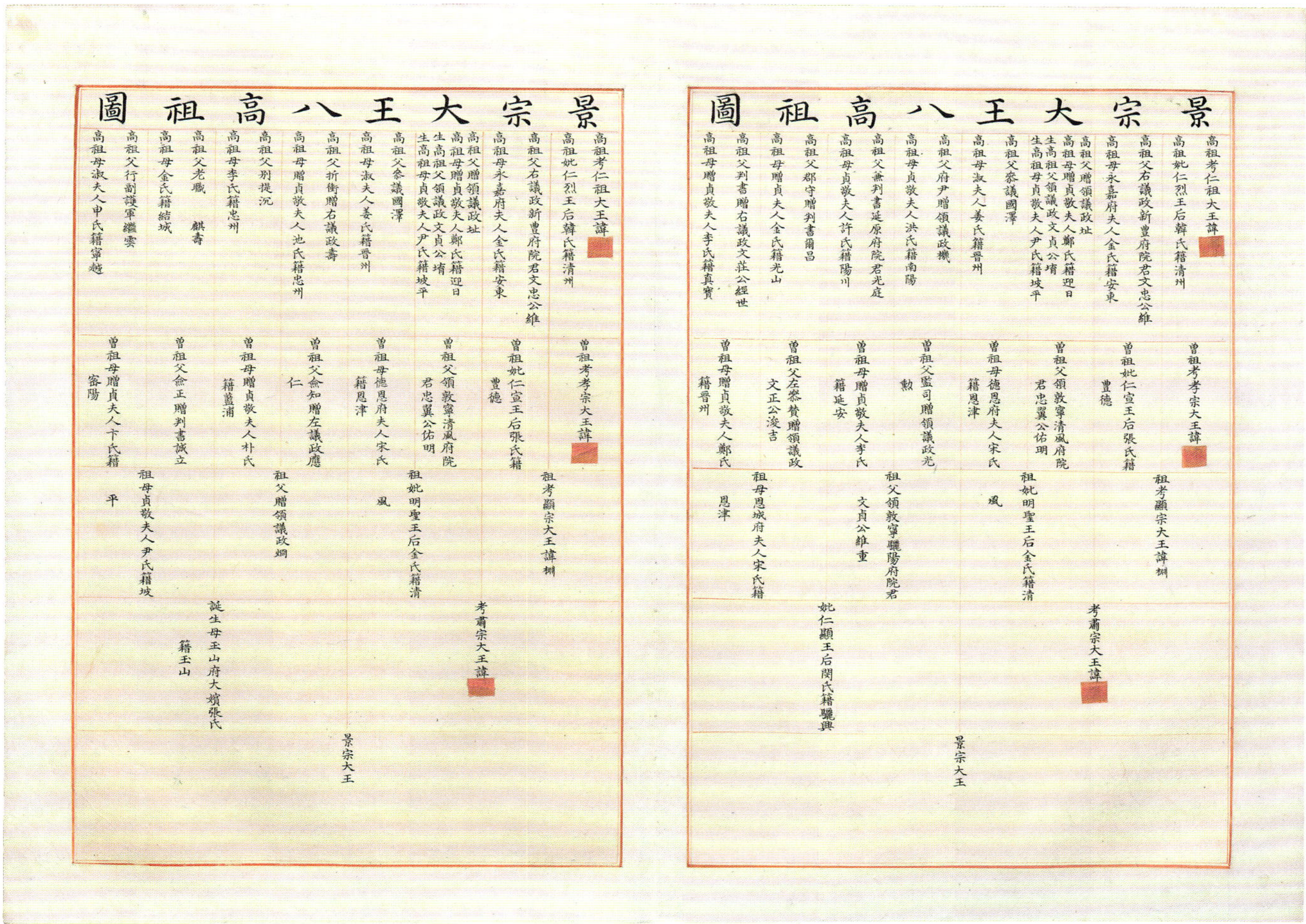

16

제물등록

祭物謄錄

1797년(정조 21)
2책, 필사본, 35.0×23.0㎝
K2-2556

정조 대 국가 제사 및 봉상시奉常寺에서 지원하는 각종 제사에 필요한 물품을 기록한 등록이다. 1책에는 종묘, 영녕전, 경모궁, 영희전, 능 및 사친 후궁의 궁원, 세자의 묘묘廟墓 등에서 거행하는 제사를 수록했다. 그 외 덕흥대원군, 대빈, 왕비부모, 광해군, 원빈元嬪 등의 제사에 필요한 제수의 종류와 수량이 기록되어 있다. 2책에는 사직, 대보단, 문묘 등의 국가 제사를 전반적으로 정리했다. 『국조오례의』 등과 비교하여 폐지되거나 복원된 제사가 표기되어 있어, 조선 후기 국가 제사의 변화 양상을 확인할 수 있다.

희빈 장씨의 제사는 대빈방大嬪房과 대빈묘大嬪墓로 기록되어 있다. '대빈방'은 궁방으로서의 성격을 보여주는 명칭으로, 육상궁·저경궁 등과 구분되어 덕흥대원군 다음에 수록되어 있다. 대빈방의 사중삭제四仲朔祭, 대빈묘의 기신제忌晨祭와 사명일제四名日祭에 필요한 재료 및 제물의 수량이 기재되었다. 『정조실록』에 따르면, 1791년정조 15에 대빈의 제사는 저경궁보다 낮추는 수준으로 정비되었고, 백폐白幣와 울창주鬱鬯酒가 없는 방식으로 차등화되었다. 내시가 거행하는 대빈의 제사에는 헌관이 담당하는 제사와 같이 폐백과 울창주를 사용할 수 없다는 주장에 따른 것이었다.

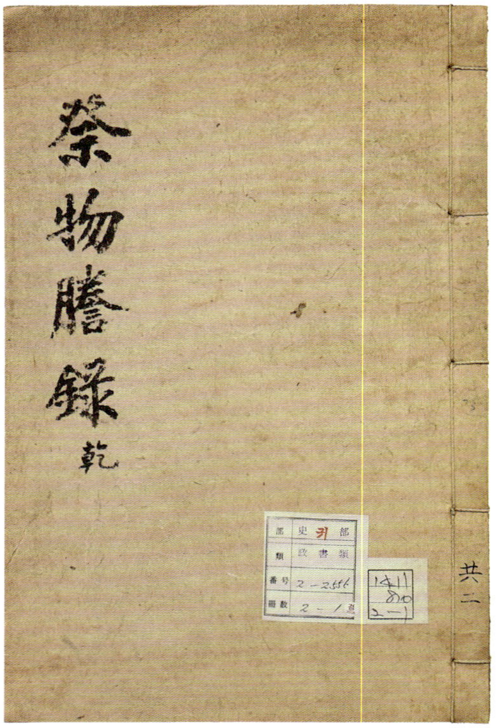

『제물등록』 시제(時祭)의 횟수와 제품(祭品)

구분	중박계	소박계	산자	다식	병	탕	적	편육	전유어	세면	초강	실과	청주	울창주	초	백폐	총
대빈방(4회)		1	2		2	2	1	1		1	1	3	1		2		17
저경궁(2회)		1	2		1	2	1	1	1	1	1	3	1	1	3	1	20
연호궁(4회)		1	2		3	2	1	2	1	1	1	3	1	1	3	1	23
의소묘 문희묘(4회)		3	3		3	2	3	2	1	1	1	4	1	1	3	1	29
육상궁(4회)	3		4	4	3	2	3	2	1	1	1	4	1	1	3	1	34

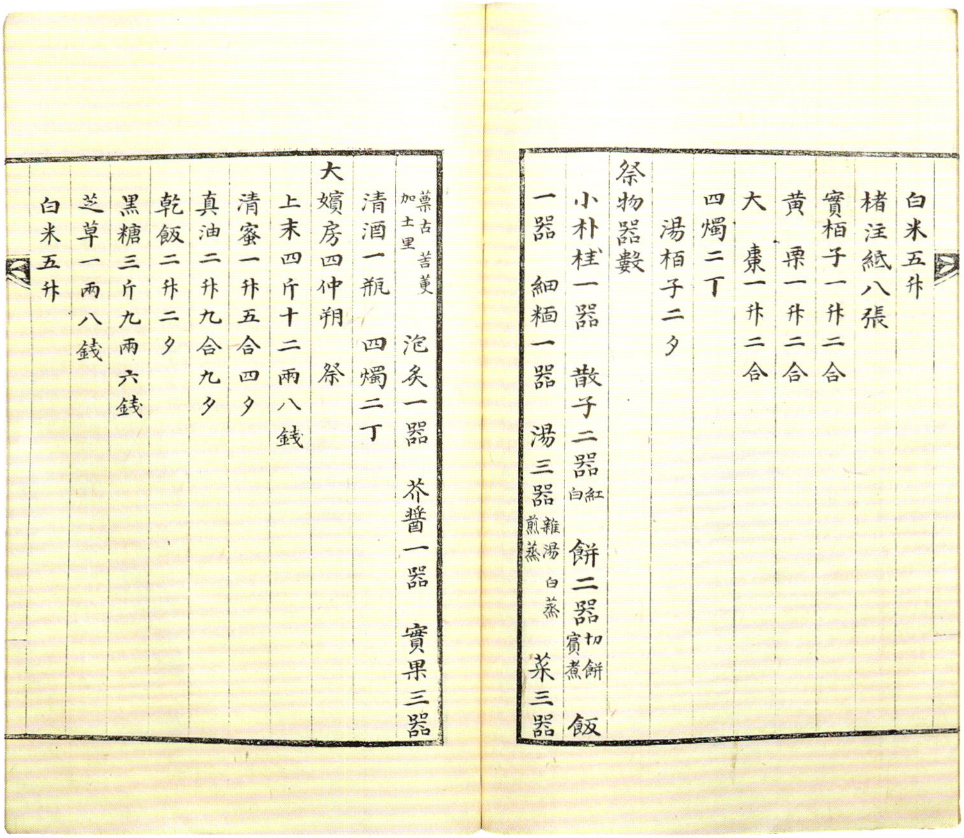
白米五升
楮注紙八張
實栢子一升二合
黄 栗一升二合
大 棗一升二合
四燭二丁
湯栢子二夕
祭物器數
小朴桂一器 散子二器(紅白) 餠二器(切餠 實煮) 飯
一器 細糆一器 湯三器(雜湯 白蒸 煎蒸) 菜三器
(藁古 苦蕒 加土里) 沱炙一器 芥醬一器 實果三器
清酒一瓶 四燭二丁
大嬪房四仲朔 祭
上末四斤十二兩八錢
清蜜一升五合四夕
真油二升九合九夕
乾飯二升二夕
黒糖三斤九兩六錢
芝草一兩八錢
白米五升

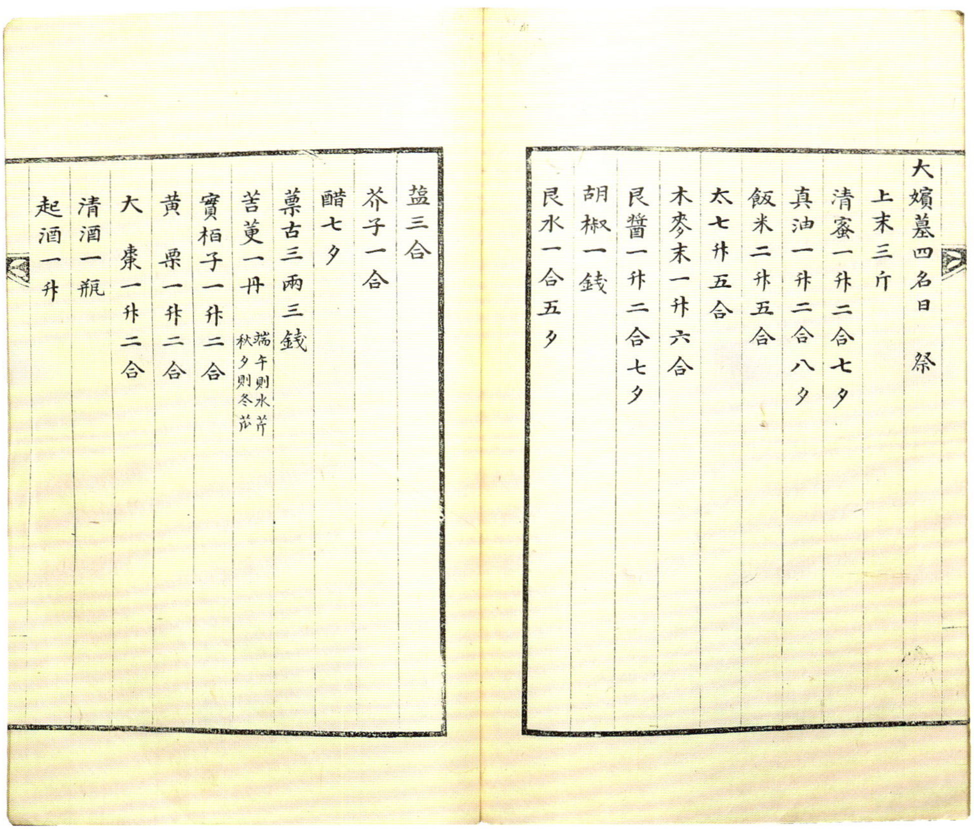
大嬪墓四名日 祭
上末三斤
清蜜一升二合七夕
真油一升二合八夕
飯米二升五合
太七升五合
木麥末一升六合
艮醬一升二合七夕
胡椒一錢
艮水一合五夕
塩三合
芥子一合
醋七夕
藁古三兩三錢
苦蕒一丹(端午則水芹 秋夕則冬節)
實栢子一升二合
黄 栗一升二合
大 棗一升二合
清酒一瓶
起酒一升

17

태상지
太常志

1873년(고종 10) 중간重刊
3책, 필사본, 26.9×23.5㎝
K2-2043

1766년영조 42 봉상시奉常寺의 조직과 업무 등을 정리하여 편찬한 『태상지』를 1873년에 중간한 것이다. 권수에는 봉상시 관아의 평면도인 태상관해전도太常官廨全圖 외에 종묘대향진설도宗廟大享陳設圖 등 28개의 진설도와 70종에 이르는 제기도祭器圖를 수록했다. 1권에는 봉상시의 연혁과 제도, 2권에는 영녕전, 대보단, 사직, 능, 영희전, 선원전, 경모궁, 현릉원의 각종 제사를 정리하였다. 3권에는 묘廟, 궁宮, 원園, 묘墓, 궁방宮房의 제사, 4권에는 문묘, 관왕묘 등의 제사를 수록했다. 5권에는 유과油果, 술 등의 제사 음식과 그 조리법, 6권에는 제복祭服, 제품祭品, 천신薦新 등을 기록하였다.

『태상지』의 중간은 1871년고종 8 신미이정辛未釐正의 결과를 반영한 것이다. 고종은 세자와 세손의 의례가 사친 후궁보다 미비함을 비판하면서, 묘墓를 원園으로 승격시켜 새로운 묘원廟園 제도를 확립했다. 이에 세자의 묘廟가 궁宮 앞에 수록되었고, 묘의 제사 음식은 육상궁 · 경우궁과 통일되었다.

『태상지』에서 대빈궁은 궁의 범주에 포함되어 저경궁-육상궁-경우궁 다음에 수록되었고, 경종의 사친인 희빈 장씨의 사당으로 명시되었다. 영조 대 편찬된 『태상지』에서 대빈궁이 덕흥대원군, 광해군 등과 함께 분류된 것과는 중요한 차이점이다. 이러한 변화는 정조 대 이후 국가에서 대빈궁의 제사를 담당하여 타 궁방과의 차이가 부각되었기 때문이다. 이에 왕의 사친이라는 위상에 주목하여 궁원제의 궁과 함께 분류된 것으로 보인다. 그러나 대빈의 제사 음식은 정조 대 마련된 규정을 그대로 따랐으므로, 궁원의 제도와는 차이를 보인다. 여전히 울창주와 폐백이 제외되었고, 소박계가 그대로 사용되었다. 한편 세자 · 세자빈의 묘墓가 원으로 승격되면서, 대빈묘는 『태상지』에서 유일한 묘로 분류되었다.

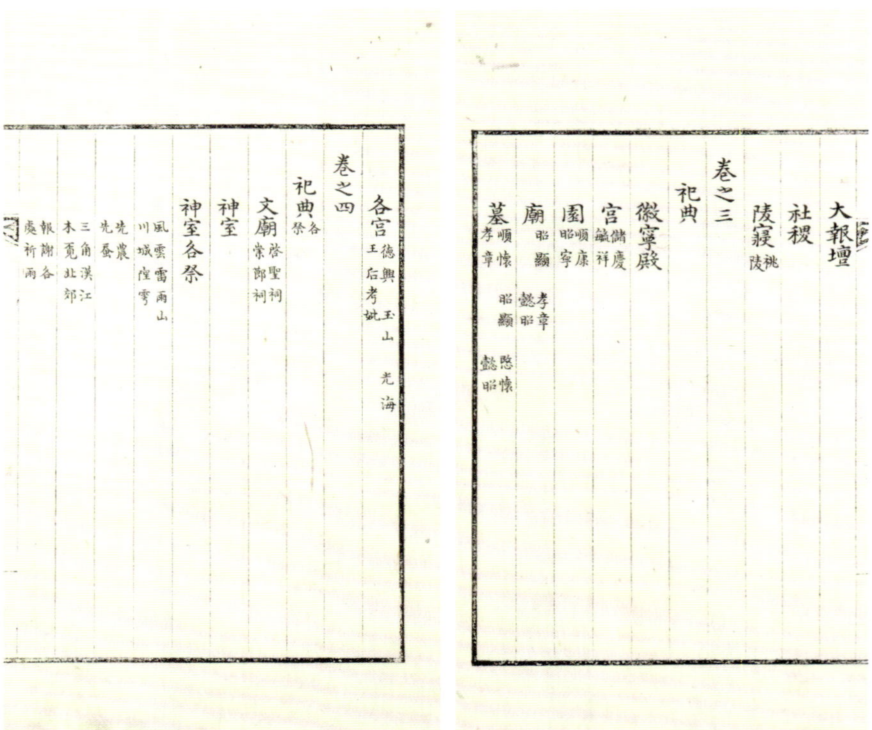

『태상지』, 1766년(영조 42),
서울대학교 규장각한국학연구원

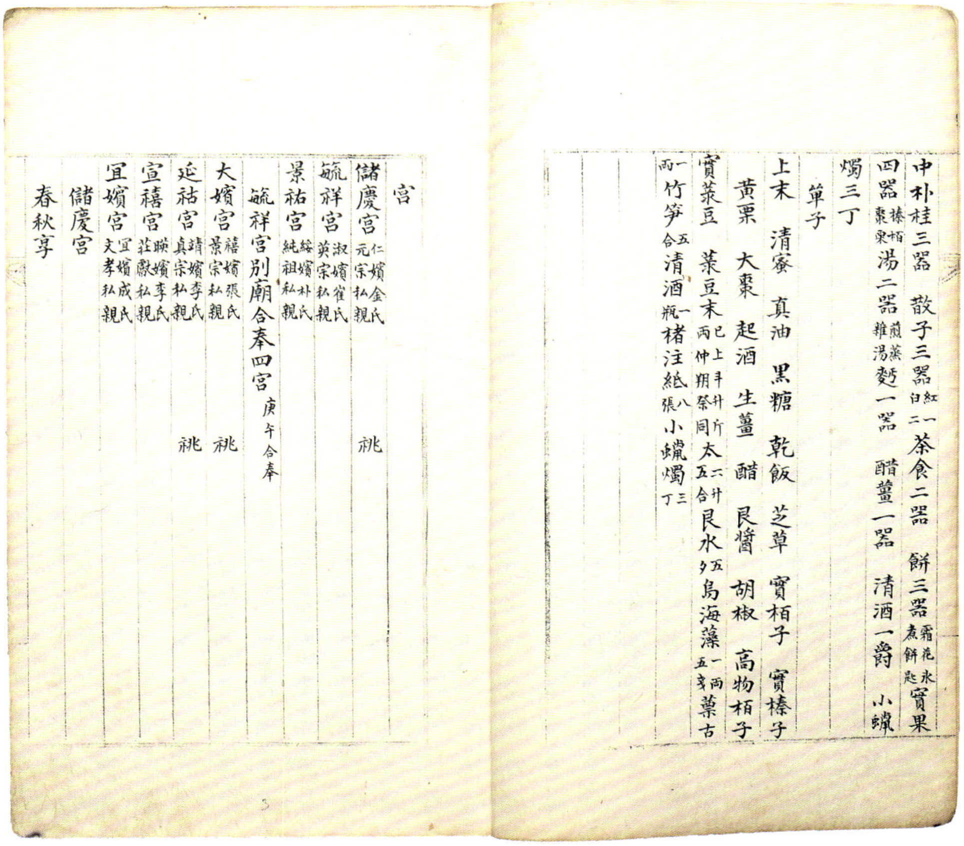

中朴桂三器　散子三器紅一白二　茶食二器　餠三器霜花氷煮餠起　實果
四器榛栢棗栗　湯二器煎蒸雜湯　麪一器　醋薑一器　清酒一爵　小蠟
燭三丁
單子
上末　清蜜　眞油　黑糖　乾飯　芝草　實栢子　實榛子
黃栗　大棗　起酒　生薑　醋　艮醬　胡椒　高物栢子
實菉豆　菉豆末已上斗升斤兩仲朔祭同　太二升五合　艮水五夕　烏海藻一兩五戔　藁古
一兩　竹笋五合　清酒一瓶　楮注紙八張　小蠟燭三丁
宮
儲慶宮仁嬪金氏元宗私親　祧
毓祥宮淑嬪崔氏英宗私親
景祐宮綏嬪朴氏純祖私親
毓祥宮別廟合奉四宮庚午合奉
大嬪宮禧嬪張氏景宗私親　祧
延祜宮靖嬪李氏眞宗私親　祧
宣禧宮暎嬪李氏莊獻私親
宜嬪宮宜嬪成氏文孝私親
儲慶宮
春秋享

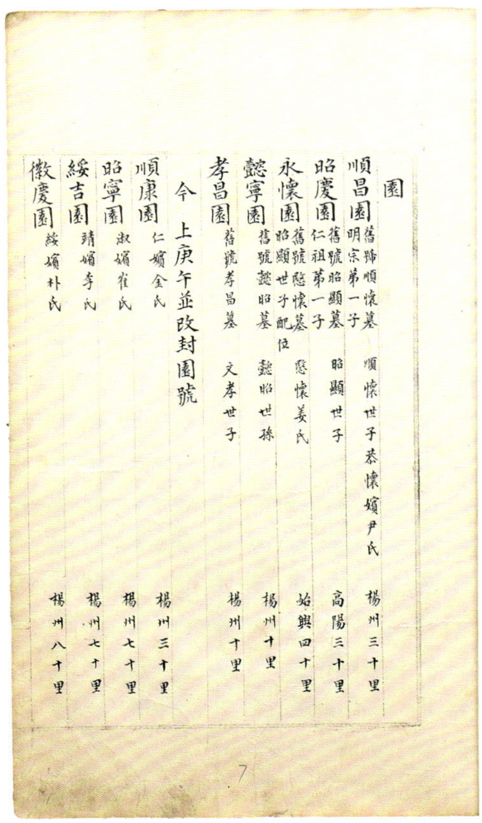

園
順昌園舊號順懷墓明宗第一子　順懷世子恭懷嬪尹氏　楊州三十里
昭慶園舊號昭顯墓仁祖第一子　昭顯世子　高陽三十里
永懷園舊號愍懷墓昭顯世子配位　愍懷姜氏　始興四十里
懿寧園舊號懿昭墓　懿昭世孫　楊州十里
孝昌園舊號孝昌墓　文孝世子　楊州十里
今　上庚午並改封園號
順康園仁嬪金氏　楊州三十里
昭寧園淑嬪崔氏　楊州七十里
綏吉園靖嬪李氏　楊州七十里
徽慶園綏嬪朴氏　楊州八十里

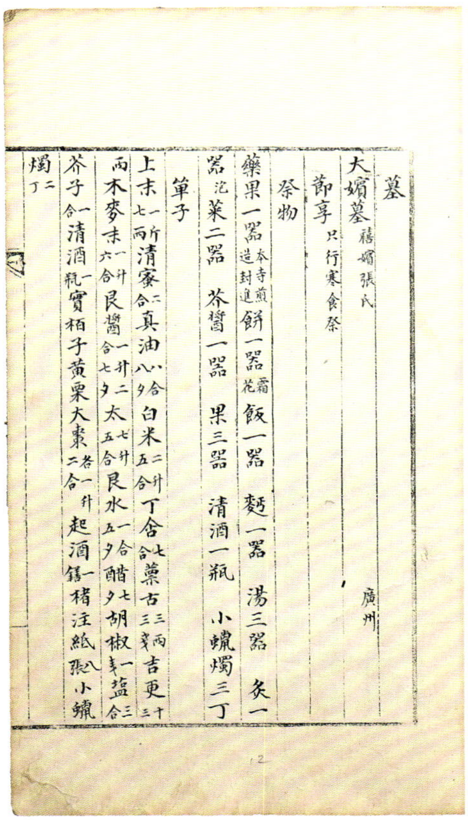

墓
大嬪墓禧嬪張氏　廣州
節享只行寒食祭
祭物
藥果一器本寺煎造封進　餠一器霜花　飯一器　麪一器　湯三器　炙一
器沉菜二器　芥醬一器　果三器　清酒一瓶　小蠟燭三丁
單子
上末一斤七兩　清蜜二合　眞油八合八夕　白米二升五合　丁香七合　藁古三兩三戔　吉更三十三
兩　木麥末一升六合　艮醬一升二合七夕　太七升五合　艮水一合五夕　醋七夕　胡椒一戔　塩三合
芥子一合　清酒一瓶　實栢子　黃栗　大棗各一升二合　起酒一鐥　楮注紙八張　小蠟
燭二丁

嬪姓李氏其先咸陽人辛巳入
更封昭媛乙巳贈封靖嬪女官
女王子甲辰礽封敬義君乙巳
和順翁主嬪在宮中疾篤出于
二十八辛丑十一月十六日卒
于楊州高嶺洞瓮場里坤向原
丙乙巳明燈後墻如禮爲實郎
皇明崇禎紀元後九十八年八

III

연호궁과 선희궁, 정조의 의도된 선택

임오화변으로 인한 사도세자의 비극적인 죽음 이후, 영조는 세손인 정조를 효장세자의 후사로 삼았다. 이후 세손이 즉위하면 종통의 확립을 위해 효장세자를 국왕으로 추숭하고, 왕의 생모인 정빈 이씨에게 궁원제를 적용하도록 하였다. 한편, 임오화변때 아들인 사도세자의 죄를 고변한 영빈 이씨에게는 나라를 지킨 공덕을 현양하여 '의열義烈'이라는 시호를 내려주었고, 정빈과 같이 궁원제로 예우하라는 전교를 남겼다.

1776년정조 즉위 정조는 효장세자를 진종眞宗으로 추숭했고, 사도세자를 위해 '장헌莊獻'이란 시호를 올렸다. 사도세자는 정조의 사친으로서 궁원제의 대상이 되었다. 이에 사도세자의 수은묘垂恩廟·수은묘垂恩墓는 경모궁·현륭원으로 승격되었다. 정조는 『궁원의宮園儀』의 편찬을 통해 기존의 궁원과 차별화된 제도를 정비했다. 사친 후궁과 달리 대리청정을 수행한 세자의 신분임을 강조하면서, 정제正祭인 종묘를 기준으로 의례와 제도를 정비했다. 종묘 제사보다 등급을 낮추었지만, 춘하추동과 납일의 오향五享을 원칙으로 희생犧牲과 음악을 갖춘 제사를 규정했다.

정조는 경모궁·현륭원을 정점으로 하는 차등적 궁원제를 정비하면서, 영조의 유교遺敎에 어긋나는 세 가지 선택을 감행했다. 첫째, 추숭왕의 사친인 정빈의 연호궁에 육상궁보다 격을 낮춘 의례를 시행했다. 이러한 조치는 저경궁 성립 과정에서 추숭왕의 사친에게도 동일한 제도를 적용한다는 영조의 결정에 어긋나는 것이었다. 둘째, 세자의 사친인 영빈에게는 궁원제를 시행하지 않았다. 영조는 이미 의열궁義烈宮·의열원義烈園이라는 칭호를 사용했고, 세손의 즉위 후 궁원의 제도를 완비하도록 전교했다. 그럼에도 정조는 '왕의 사친'만을 궁원제의 대상으로 삼는 원칙을 고수하였다. 셋째, 정조는 '의열'을 대신하는 새로운 궁호·묘호로서 '선희宣禧'를 정했다. '의열'은 임오화변 시 영빈의 공덕을 현양하는 시호였지만, 동시에 사도세자의 비참한 죽음과 불충을 상징했다. '의열'이라는 칭호를 불편해했던 정조는 영조가 그토록 강조했던 '의열'을 '선희'로 변경했다.

영빈은 1899년광무 3 사도세자가 장종莊宗으로 추숭되면서 온전한 궁원제의 대상이 되었다. 고종은 선희궁에서 시책과 시인을 갖추어 '소유昭裕'를 시호로 올리는 상시책인의를 거행하고, '수경綏慶'을 원호로 정하여 정자각과 석물을 마련하게 하였다. 곧이어 고종이 자신의 4대조를 황제로 추존하면서, 장종은 장조의황제莊祖懿皇帝가 되었다. 이에 영빈은 황제의 생모이자, 고종을 포함한 5대 황제의 조상이라는 위상을 갖게 되었다.

정빈 이씨(靖嬪李氏, 1694~1721): 영조의 후궁, 진종의 어머니

연도	생애와 주요 사건
1694년(숙종 20)	출생. 함양 이씨. 부父 이후철李後哲, 모母 김해 김씨
1701년(숙종 27)	8세, 입궁
1717년(숙종 43)	24세, 첫째 딸 향염香艶 출산
1719년(숙종 45)	26세, 첫 아들 이행李緈, 효장세자, 후일 진종 출산
1720년(숙종 46)	27세, 둘째 딸 향이香怡 출산
1721년(경종 1)	28세, 연잉군 왕세제 책봉 시 소훈昭訓으로 책봉
1721년(경종 1)	소훈 이씨 사망, 양주楊州 고령동高嶺洞 옹장리瓮場里에 장사
1724년(영조 즉위)	정4품 '소원昭媛'으로 추증
1725년(영조 1)	정1품 '정빈靖嬪'으로 추증
1778년(정조 2)	시호: 온희溫僖, 궁호宮號: 연호궁延祜宮, 원호園號: 수길원綏吉園으로 승격
1870년(고종 7)	연호궁을 육상궁 경내로 옮김

연호궁 전경

연호궁 감실

연호궁 신주함

01

소훈 이씨 교지
昭訓李氏敎旨

1721년(경종 1)
1장, 필사, 127.3×89.7㎝
RD00118

1721년 10월 3일에 궁녀 이씨를 소훈昭訓으로 삼는다는 교지이다. 소훈은 내명부 소속 종5품 궁녀직으로, 세자 후궁의 최하위 품계이다. 1721년 연잉군이 왕세제王世弟로 책봉되면서 이씨는 소훈의 직위에 올랐으나, 불과 1달 뒤인 11월 16일 장동壯洞의 사저 창의궁에서 사망했다. 정빈 이씨가 생존 시에 받았던 유일한 교지이다.

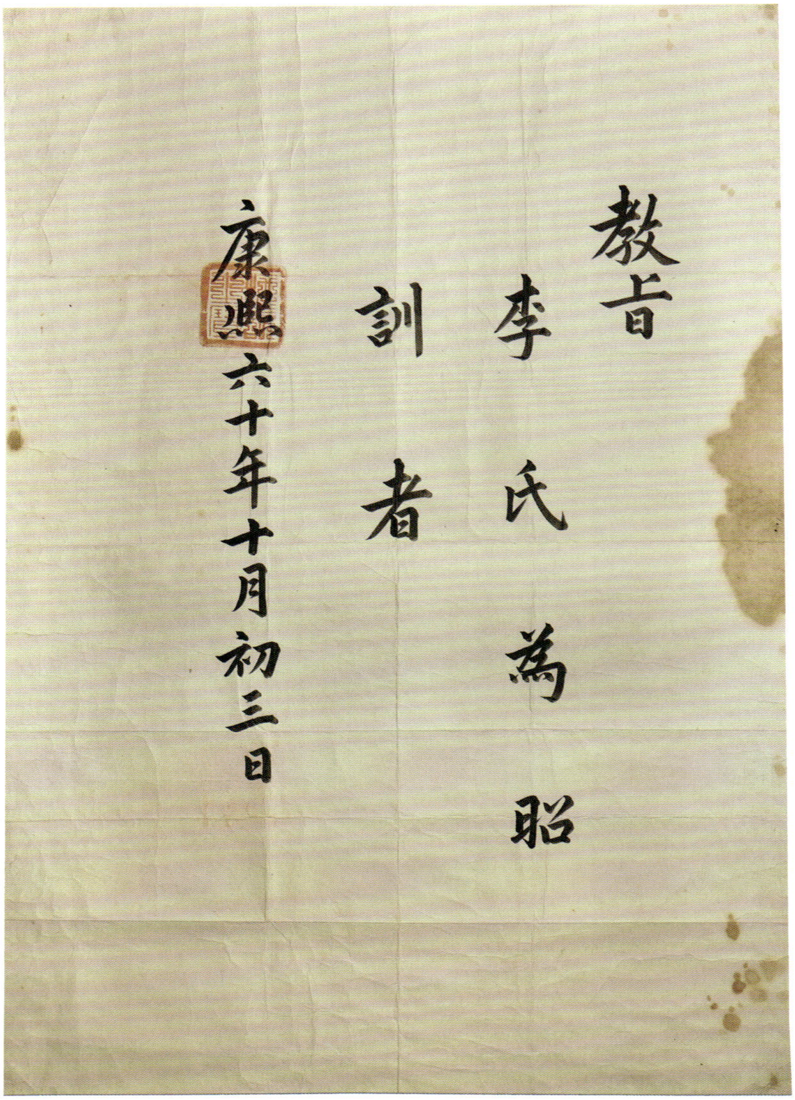
敎旨
李氏爲昭
訓者
康熙六十年十月初三日

02

소훈 이씨 제문

昭訓李氏祭文

(한문) 1721년(경종 1)
1장, 필사, 31.0×170.0㎝
RD02784

(한글) 1721년(경종 1)
1장, 필사, 28.0×150.0㎝
RD02786

1721년 11월 19일에 왕세제인 영조가 소훈 이씨를 위해 친히 지은 제문이다. 정빈은 1721년 11월 16일, 요양을 위해 장동의 사저로 거처를 옮긴 당일 저녁에, 28세의 나이로 갑자기 사망했다. 3일 뒤인 11월 19일에 영조는 비통한 심정으로 제문을 지었고 상궁을 대신 보내 제사를 올리게 하였다. 제문에서 정빈은 어릴 적부터 친구와 같은 사이로, 온순한 성품과 법도있는 행실을 갖춘 인물로 서술되었다. 후궁의 사망과 상례는 궐 밖에서 이루어졌으므로, 영조는 임종을 지키지도 염습에 참여하지도 못한 것에 대해 깊은 슬픔을 드러냈다. 젖먹이였던 효장세자와 화순옹주의 처지를 생각하며 오장이 찢어지는 아픔을 토로했다.

이 제문은 한문과 한글로 작성되었는데, 한글 제문은 한자음을 한글로 표기한 것이다. 한글 제문은 상례를 담당하는 여관들이 영조를 대신하여 정빈의 혼백 앞에서 제문을 읽을 때 사용된 것으로 보인다.

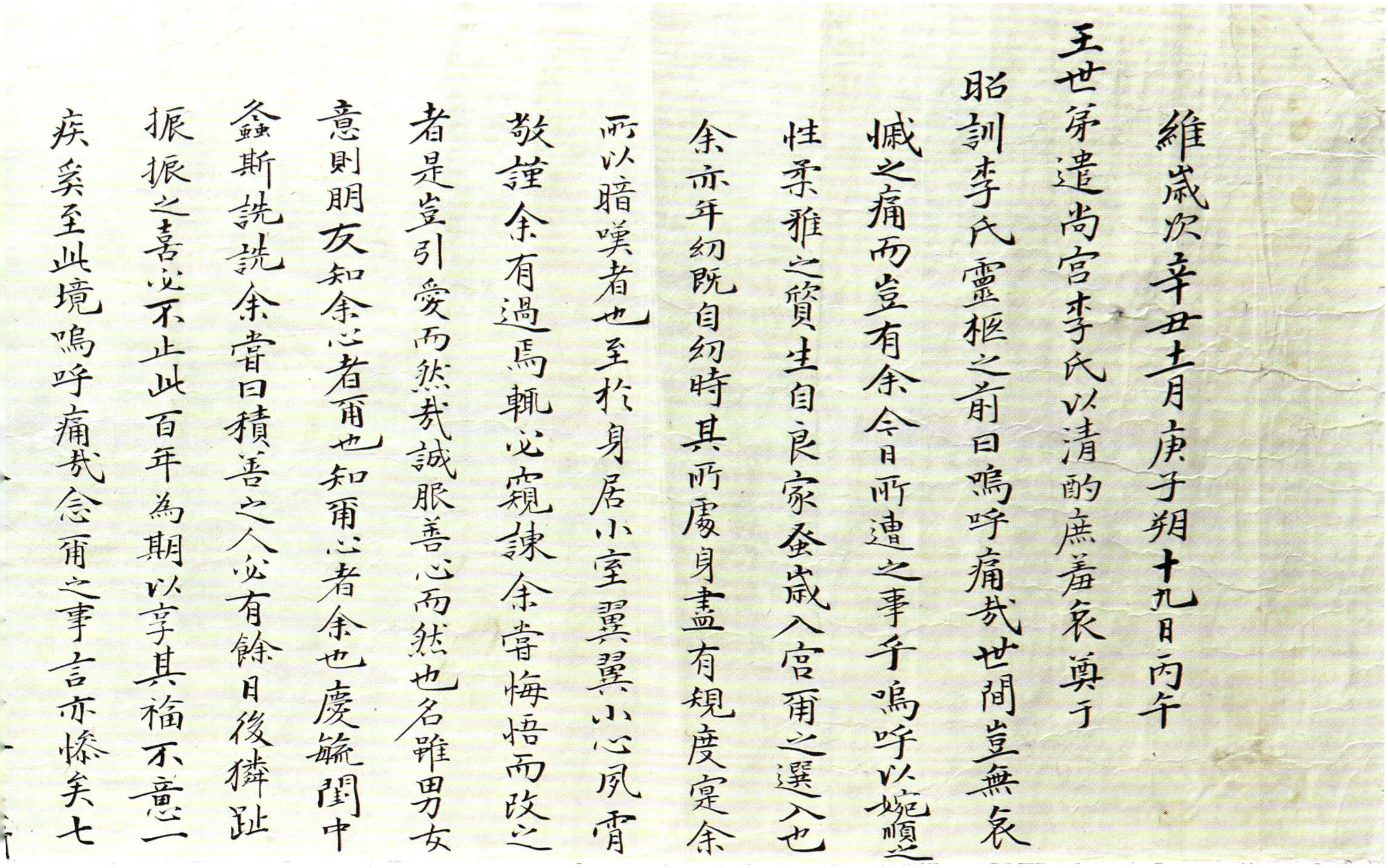
維歲次辛丑十一月庚子朔十九日丙午
王世弟遣尚宮李氏以清酌庶羞哀奠于
昭訓李氏靈柩之前曰嗚呼痛哉世間豈無哀
慽之痛而豈有余今日所遭之事乎嗚呼以婉嫕
性柔雅之質生自良家蚤歲入宮爾之選入也
余亦年幼既自幼時其所處身盡有規度定余
所以暗嘆者也至於身居小室翼翼小心夙宵
敬謹余有過焉輒必窺諫余嘗悔悟而改之
者是豈引愛而然哉誠服善心而然也名雖男女
意則朋友知余心者爾也知爾心者余也慶毓閨中
螽斯詵詵余嘗曰積善之人必有餘日後麟趾
振振之喜必不止此百年為期以享其福不意一
疾奚至此境嗚呼痛哉念爾之事言亦慘矣七

① 신축년 초하루의 간지가 무자戊子인 11월 19일 병오丙午에 왕세제가 상궁 이씨를 보내어 맑은 술과 여러 음식을 가지고 소훈 이씨의 영구靈柩 앞에 슬프게 제사를 지낸다. 오호라! 아프도다. 세상에 슬프고 쓰라린 아픔이 어찌 없겠냐마는, 내가 오늘날 만난 일 같은 것이 어찌 있으랴? 오호라! 그대는 온순한 성품과 부드럽고 바른 자질을 가지고 양가에서 태어나 이른 나이에 궁궐에 들어왔소. 그대가 선발되어 들어올 때 나 또한 나이가 어렸는데, 이미 어렸을 때부터 그대가 처신함에 있어 모두 규범과 법도가 있었으니 이것은 내가 넌지시 감탄했던 바라오. 그대가 나의 소실이 되어서는 조심조심하여 밤낮으로 공경하고 삼갔으며, 내게 과실이 있으면 그때마다 내 안색을 살피고서 충고했으니 내가 늘 뉘우치고 고친 것이 어찌 애정에 이끌리어 그런 것이었겠는가? 그 선한 마음에 정말 감복하여 그런 것이라오. 명분은 비록 남녀이지만 뜻으로는 벗이었으니, 내 마음을 아는 자가 그대이고 그대 마음을 아는 자가 나였소.

③

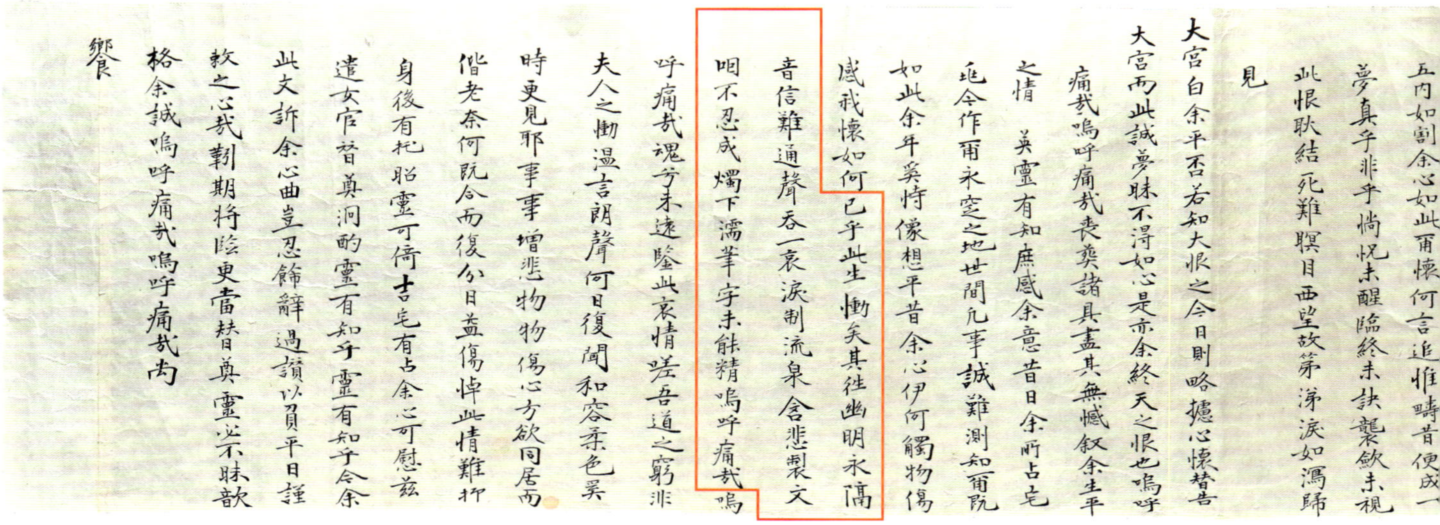

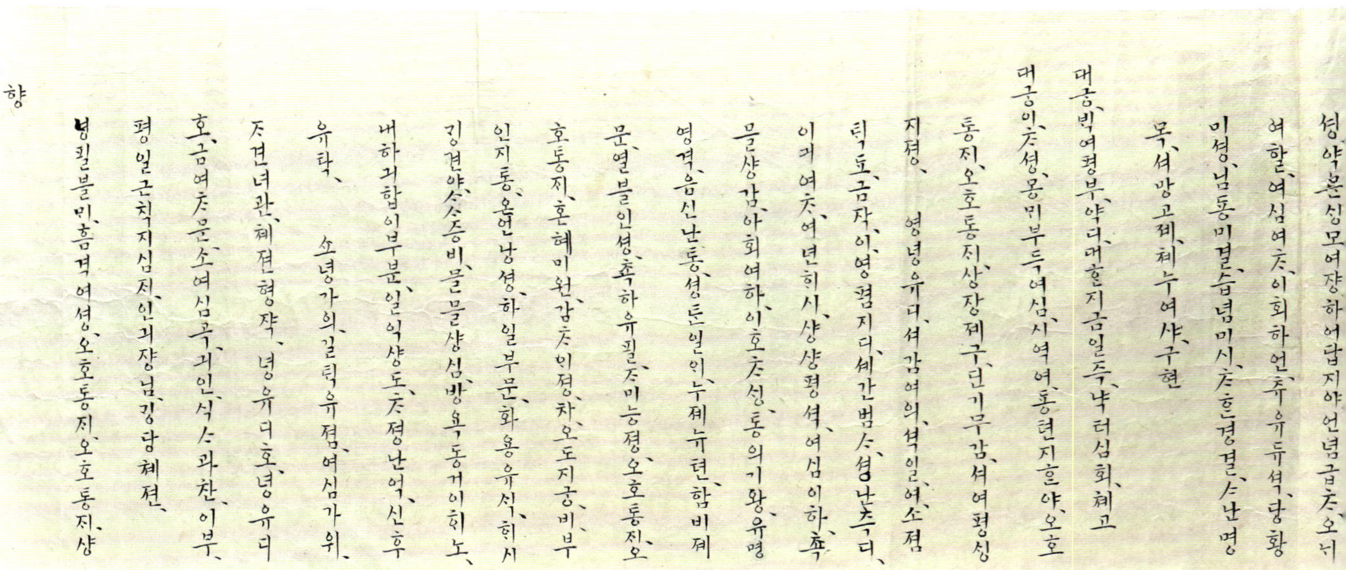

② 이것이 과연 운명인가, 운명이 아닌가? 운명이라 한다면, 방년 스물여덟이 어찌 청춘이 아니겠으며, 운명이 아니라고 한다면, 착한 이에게 복을 주고 나쁜 자에게 화를 내리는 이치는 과연 어디에 있는가? 비록 그 생각이 나에게 미치지 못한다 해도, 어찌 두 젖먹이에게 미치지 않을 수 있으랴. 만복이가 어미를 부르짖으면 비록 심장이 쇠나 돌로 되어 있다 해도 어찌 찢어지지 않겠는가?

③ 끝이구나! 이 삶이여. 비통하구나! 떠나감이여. 저승과 이승은 영원히 막혀 있어 소식도 통하기 어렵구려. 울음을 삼키며 애통해하자니 눈물은 흐르는 샘이 되었고, 슬픔을 머금고 제문을 짓자니 목이 메어 차마 짓지 못하겠소. 촛불 아래서 붓을 적시니 글자가 깔끔하지 못하오. 아! 통탄스럽도다.

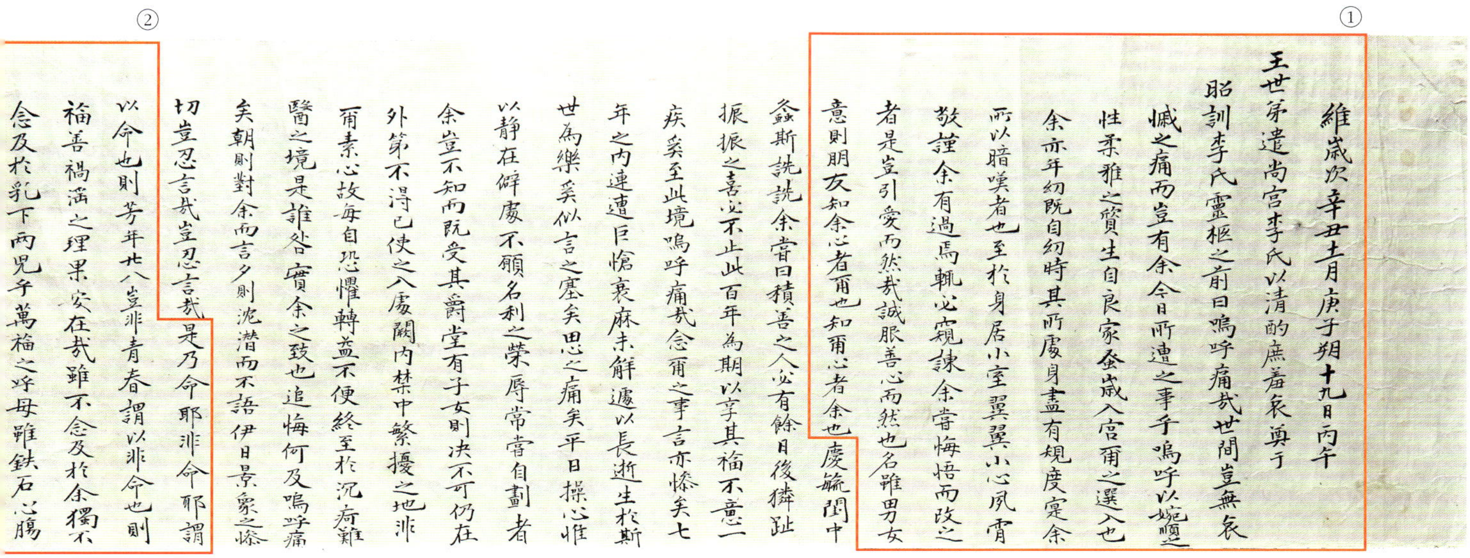

소훈 이씨 제문(한문)

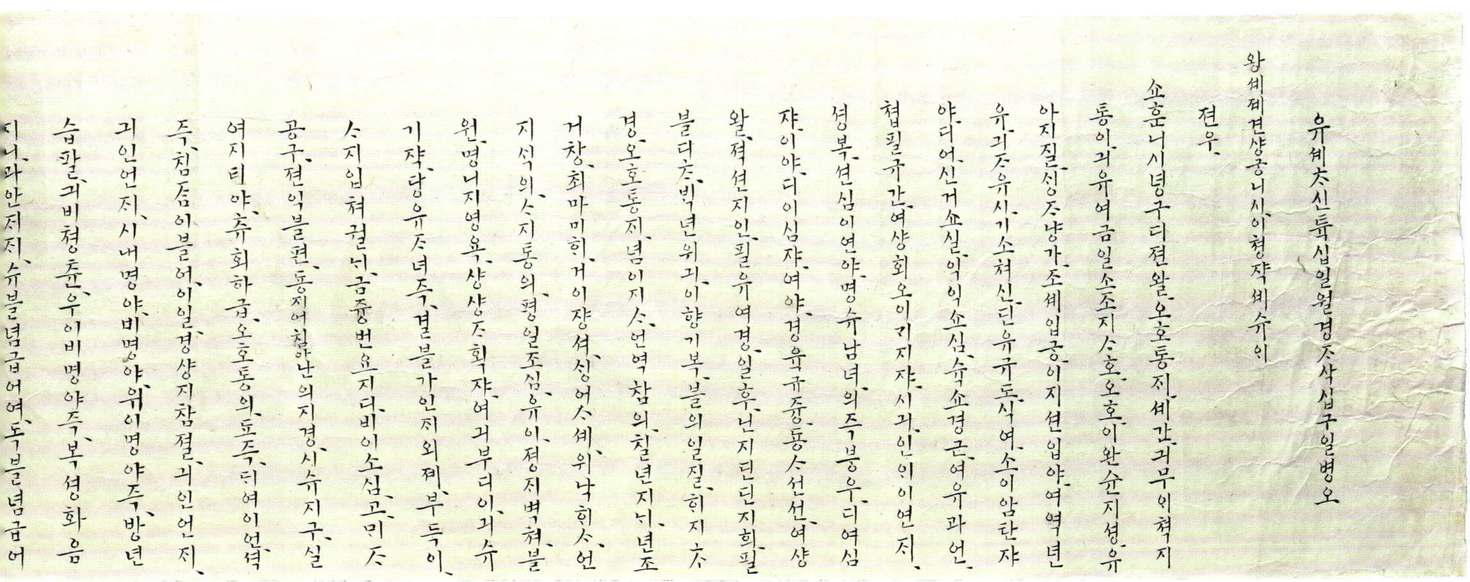

소훈 이씨 제문(한글)

03

정빈 이씨 추증교지

靖嬪李氏追贈敎旨

1725년(영조 1)
1장, 필사, 131.8×91.8㎝
RD00117

1725년 2월 27일 소원 이씨를 정1품 정빈으로 추증하는 교지이다. 영조 즉위 직후인 1724년 10월 16일 소훈 이씨는 왕의 후궁인 정4품의 소원昭媛으로 추증되었다. 다음 해 2월 25일 경의군敬義君이 왕세자로 책봉되면서, 왕세자를 낳은 소원 이씨가 정1품의 정빈으로 추증되었다.

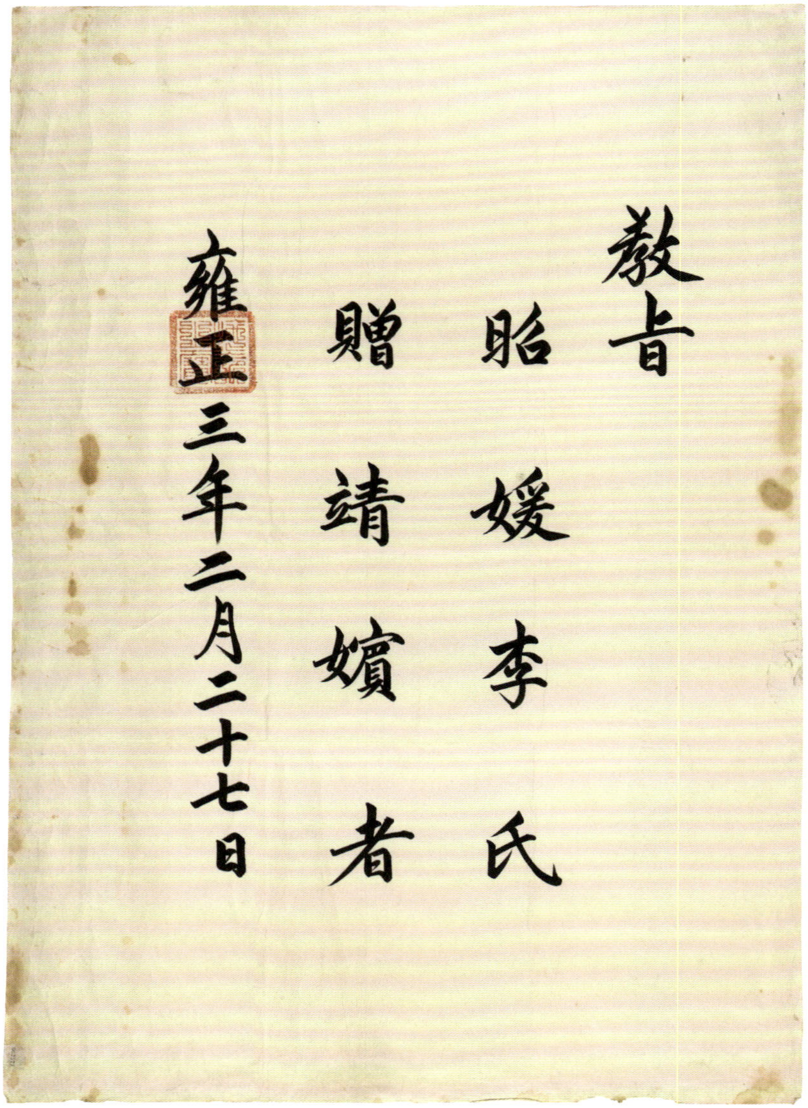

04

정빈방 인장

靖嬪房印章

1725년(영조 1) 이후
놋쇠, 7.7×7.8×6.5㎝
국립고궁박물관

정빈으로 추증된 1725년 2월 27일 이후, 정빈방에서 사용된 놋쇠 인장이다. 인면에 '정빈방靖嬪房' 세 글자가 전서로 새겨져 있다. 손잡이에 '연延'이라고 묵서된 종이가 붙어 있는데, 정빈의 사당이 연호궁으로 승격되면서 정빈방 인장이 연호궁에 보관되었던 것으로 추정된다.

05

정빈 이씨 묘비 탑본

靖嬪李氏墓碑搨本

1725년(영조 1)
2축, 탑본, (전면) 190.5×69.0㎝, (음기) 191.3×68.9㎝
K2-5278-1, 2

1725년 8월 7일에 건립된 정빈 이씨 묘비의 탑본이다. 전면에 '유명조선정빈함성이씨지묘有明朝鮮靖嬪含城李氏之墓'의 12자를 새겼고 상단에 '어필御筆'임을 기재하였다. 후면의 음기에는 정빈이 입궁하여 사망한 뒤 빈에 책봉되기까지의 이력을 간략하게 기술했는데, 역시 영조의 어필이다. 음기에 따르면 정빈의 소생은 1남 2녀로, 장남은 효장세자이고 장녀는 요절했으며 차녀는 화순옹주에 봉해졌다. 정빈은 1721년경종 1 11월 16일 사망했고 12월 14일 양주 고령동 옹장리 숙빈묘淑嬪墓의 앞쪽 산기슭에 안장되었다. 1725년 정빈으로 추증되면서 묘소의 정비가 이루어졌다.

수길원 원침 전경, 경기도 파주시 광탄면 ⓒ국가유산청 궁능유적본부

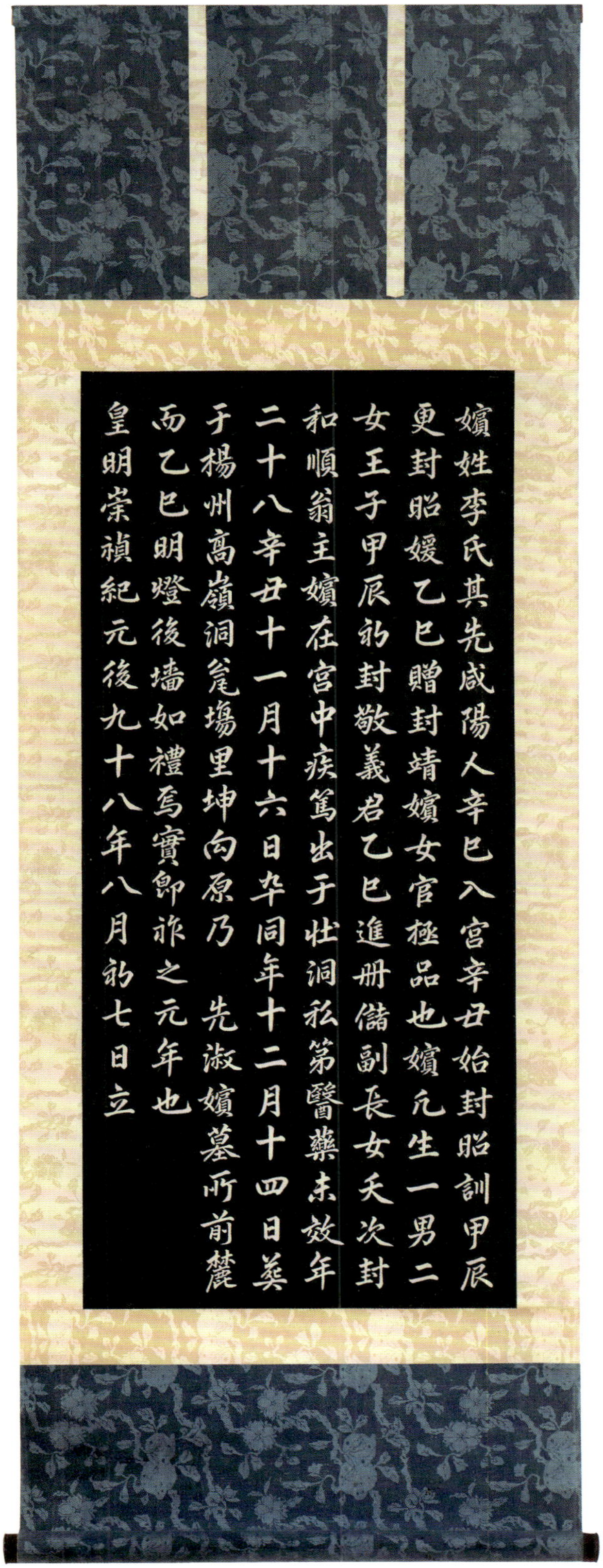
嬪姓李氏其先咸陽人辛巳入宮辛丑始封昭訓甲辰
更封昭媛乙巳贈封靖嬪女官極品也嬪允生一男二
女王子甲辰初封敬義君乙巳進冊儲副長女夭次封
和順翁主嬪在宮中疾篤出于壯洞私第醫藥未效年
二十八辛丑十一月十六日卒同年十二月十四日葬
于楊州高嶺洞龍塲里坤向原乃 先淑嬪墓所前麓
而乙巳明燈後墻如禮焉實即祚之元年也
皇明崇禎紀元後九十八年八月初七日立

음기

御筆
有明朝鮮靖嬪
含城李氏之墓

전면

11월 16일, 모자母子의 기일忌日

1728년영조 4 11월 16일 외아들 효장세자가 10세의 나이로 사망하자, 영조는 슬픔을 가누지 못했다. 7년 전인 1721년경종 1 같은 날 효장세자의 생모 정빈 이씨가 사망했음을 떠올리며 "마음에 더욱 애통한 일[尤哀痛于心者]"이라고 슬퍼했다. 정빈은 궁녀 출신으로 연잉군의 첩이 되어 1719년숙종 45에 효장세자를 낳았다. 1721년 영조가 왕세제로 책봉되면서, 10월 3일 종5품 소훈昭訓으로 봉해졌다. 다음 달인 11월 16일 요양을 위해 장동의 사저 창의궁으로 나갔고, 그날 저녁에 28세의 나이로 사망하였다.

정빈의 갑작스러운 죽음은 신임사화 시 목호룡의 고변을 통해 노론의 독살로 회자되었다. 그러나 영조는 「소훈이씨 제문」에서 정빈이 궐 안으로 거처를 옮긴 후 "늘 스스로 두려워하여 갈수록 불편해하다가 종내는 고질이 되어 낫기 어려운 지경에 이르렀다."며 자책했다. 12월 14일에 양주 고령동 옹장리 숙빈묘淑嬪墓 인근에 정빈을 장사지냈고, 그 신주를 반우하여 숙빈 최씨의 신주를 모신 창의궁에 함께 안치했다.

1725년영조 1 세자 책봉에 따라 정빈은 세자의 생모로서 정1품 정빈으로 추증되었고, 정빈의 사당이 숙빈묘淑嬪廟와 함께 건립되었다. 『신사우봉안시의新祠宇奉安時儀』에 따르면, 1726년영조 2 1월 16일에 숙빈과 정빈의 신주를 새로 지은 사당으로 옮겨 봉안하는 의식이 거행되었다. 정빈묘는 숙빈묘의 오른쪽에 위치했으며, 「사묘전배록」에 따르면 숙빈묘는 대묘大廟, 정빈묘는 소묘小廟로 구분되었다.

영조는 숙빈묘에 전배례를 행할 때, 효장세자를 데리고 가서 정빈묘에 전배하도록 하였다. 1726년 11월 6일 영조가 숙빈묘에 처음으로 전배례를 행할 때, 효장세자가 어가를 따라가 정빈묘에 의례를 행했다. 1728년 3월에 효장세자는 영조를 배종하여 정빈묘에 전배례를 행하면서, 지난해 관례와 가례를 치른 경사를 직접 고했다. 그러나 그것이 마지막이었다. 그해 11월 16일, 정빈의 기일에 효장세자도 사망했기 때문이다. 이후 효장세자의 여동생인 화순옹주和順翁主, 1725~1758와 부마인 월성위月城尉 김한신金漢藎, 1720~1758이 영조를 따라가 정빈묘에 예를 행한 기록이 남아 있다.

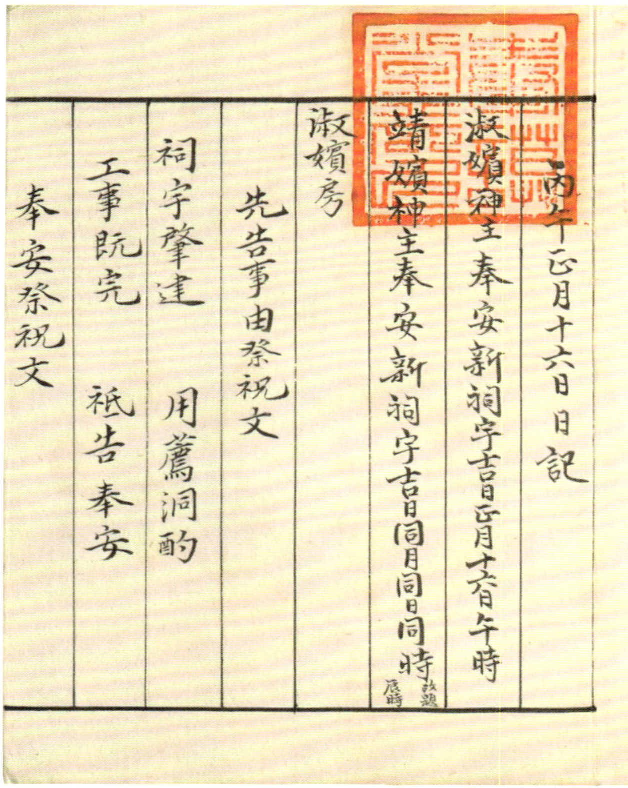
丙午正月十六日日記
淑嬪神主奉安新祠宇吉日正月十六日午時
靖嬪神主奉安新祠宇吉日同月同日同時 改題 辰時
淑嬪房
先告事由祭祝文
祠宇肇建 用薦泂酌
工事既完 祗告奉安
奉安祭祝文

『신사우봉안시의』, 1726년(영조 2), K2-2517

06

추숭도감의궤

追崇都監儀軌

1776년(정조 즉위)
1책, 필사본, 43.8×33.0㎝, 보물
K2-2850

1776년 효장세자를 진종眞宗으로 추숭하는 의식과 절차 등을 정리한 의궤이다. 정조는 즉위 후, 영조의 유교遺敎에 따라 1776년 3월 19일 효장세자를 진종으로, 세자빈 효순현빈을 효순왕후로 추숭했다. 능호陵號를 '영永', 전호殿號를 '연복延福'으로 의논하여 정했고, 추숭도감을 영조의 국장도감과 합설하였다. 효장세자가 진종으로 추숭됨에 따라, 정빈 이씨는 추숭왕의 생모로서 궁원제의 대상이 되었다.

추숭 의례는 1776년 8월 9일 영조의 졸곡卒哭 이후 본격적으로 진행되었다. 8월 10일에 신주를 조성하여 창의궁 함일재咸一齋에 봉안했고, 8월 12일 효장묘孝章廟에 친림하여 왕과 왕후로 추숭하는 옥책玉冊과 금보金寶를 올리고 신주를 쓰는 예를 행했다. 새로운 신주는 종묘에 부묘祔廟하기 전까지 연복전에 봉안되었고, 기존 신주는 8월 15일 영릉에 매안되었다.

의궤에는 목록을 시작으로, 도감 관원의 명단인 「좌목座目」과 정조의 전교인 「계사啓辭」가 수록되어 있다. 「계사」는 3월 10일 추숭의 이유를 밝히는 "나는 사도세자의 아들이다. 그러나 선대왕께서 종통을 중히 여겨 나에게 효장세자의 뒤를 잇도록 명하셨다."라는 정조의 선언을 시작으로 8월 11일까지의 전교를 기록했다. 이후 관청에서 주고받은 문서들이 「이문移文」·「내관來關」·「품목稟目」·「감결甘結」 등으로 정리되었고, 「의주儀註」에는 연복전친상책보의延福殿親上冊寶儀 등이 수록되었다. 논상論賞 및 의궤 편찬 기록에 이어 마지막으로 1방~3방과 별공작別工作 등이 첨부되어 있다.

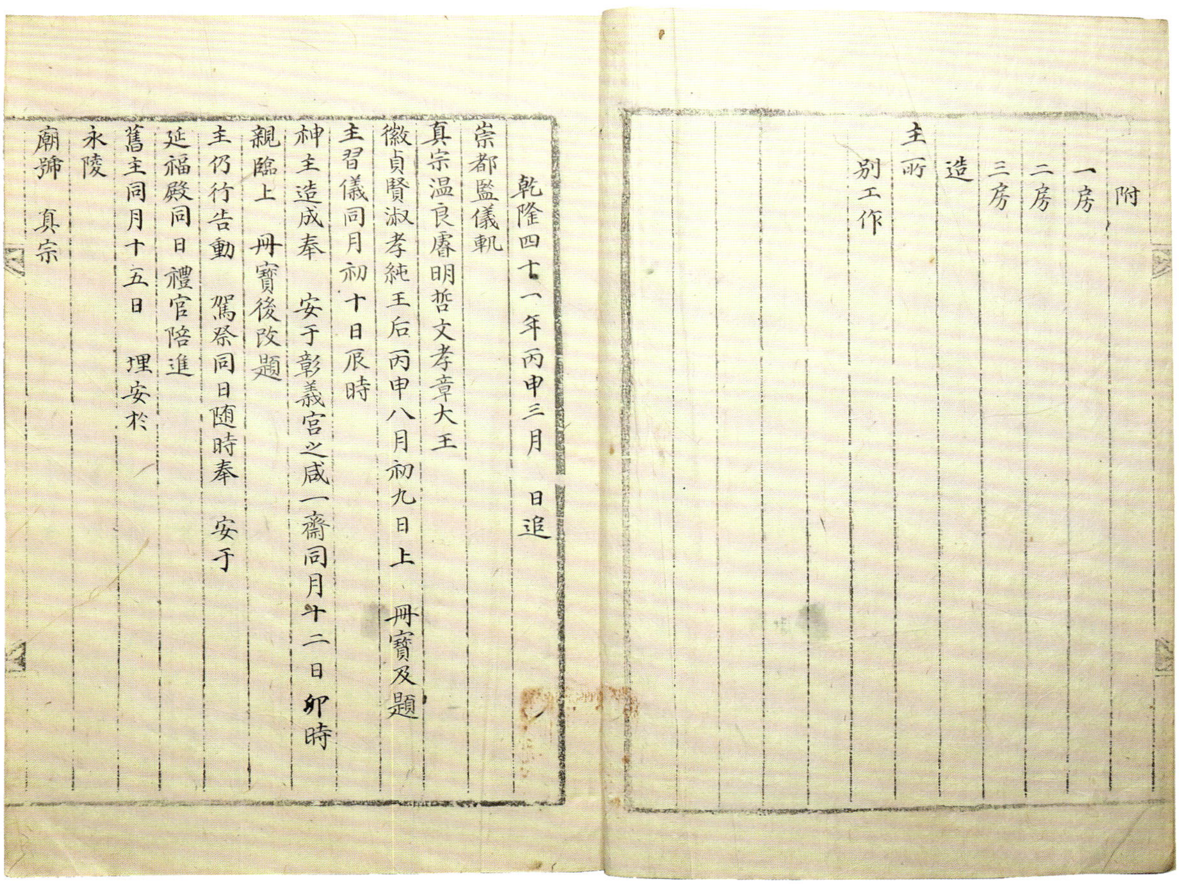
乾隆四十一年丙申三月 日追
崇都監儀軌
真宗温良睿明哲文孝章大王
徽貞賢淑孝純王后丙申八月初九日上 冊寶及題
主習儀同月初十日辰時
神主造成奉 安于彰義宮之咸一齋同月十二日卯時
親臨上 冊寶後改題
主仍行告動 駕祭同日隨時奉 安于
延福殿同日禮官陪進
舊主同月十五日 埋安於
永陵
廟號 真宗

附
一房
二房
三房
造
主所
別工作

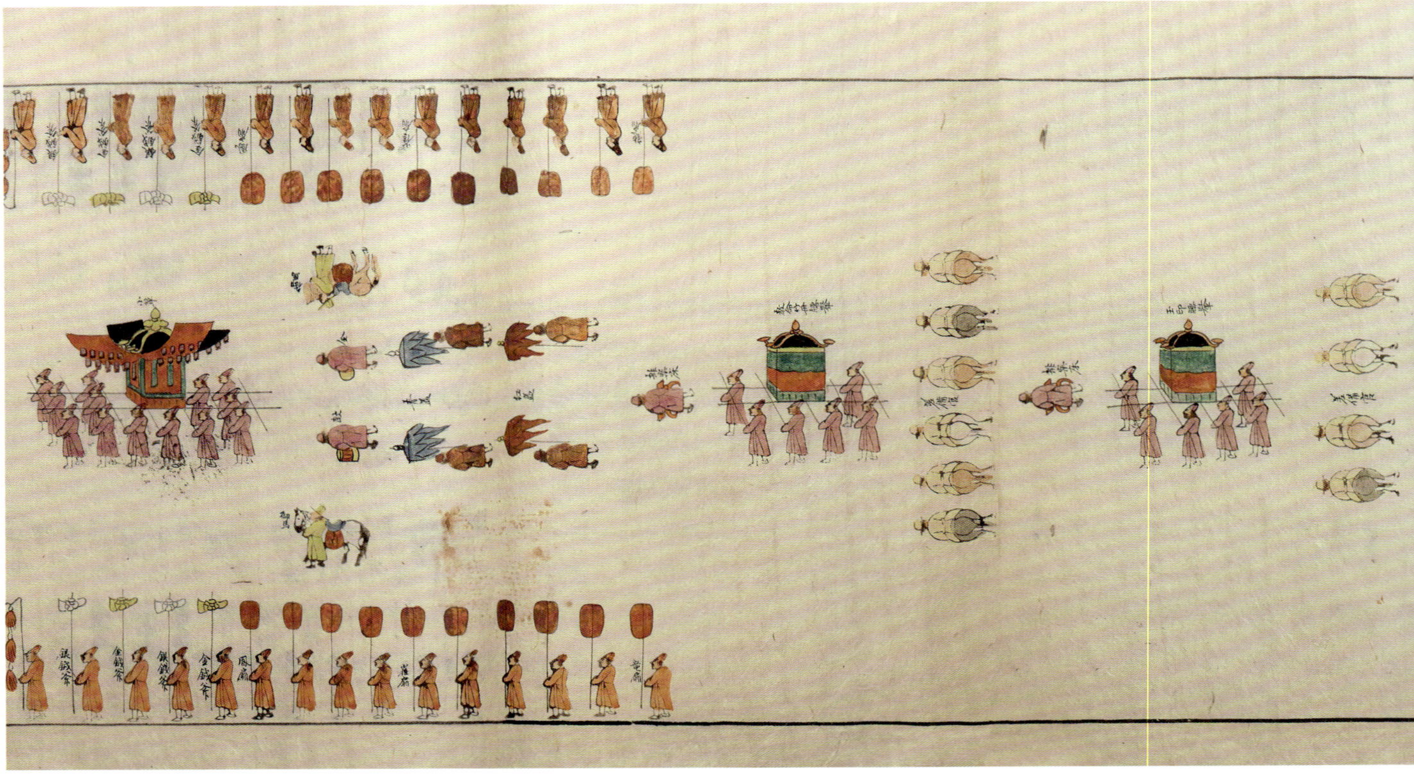

소연 교명 죽책 요여 옥인 요여

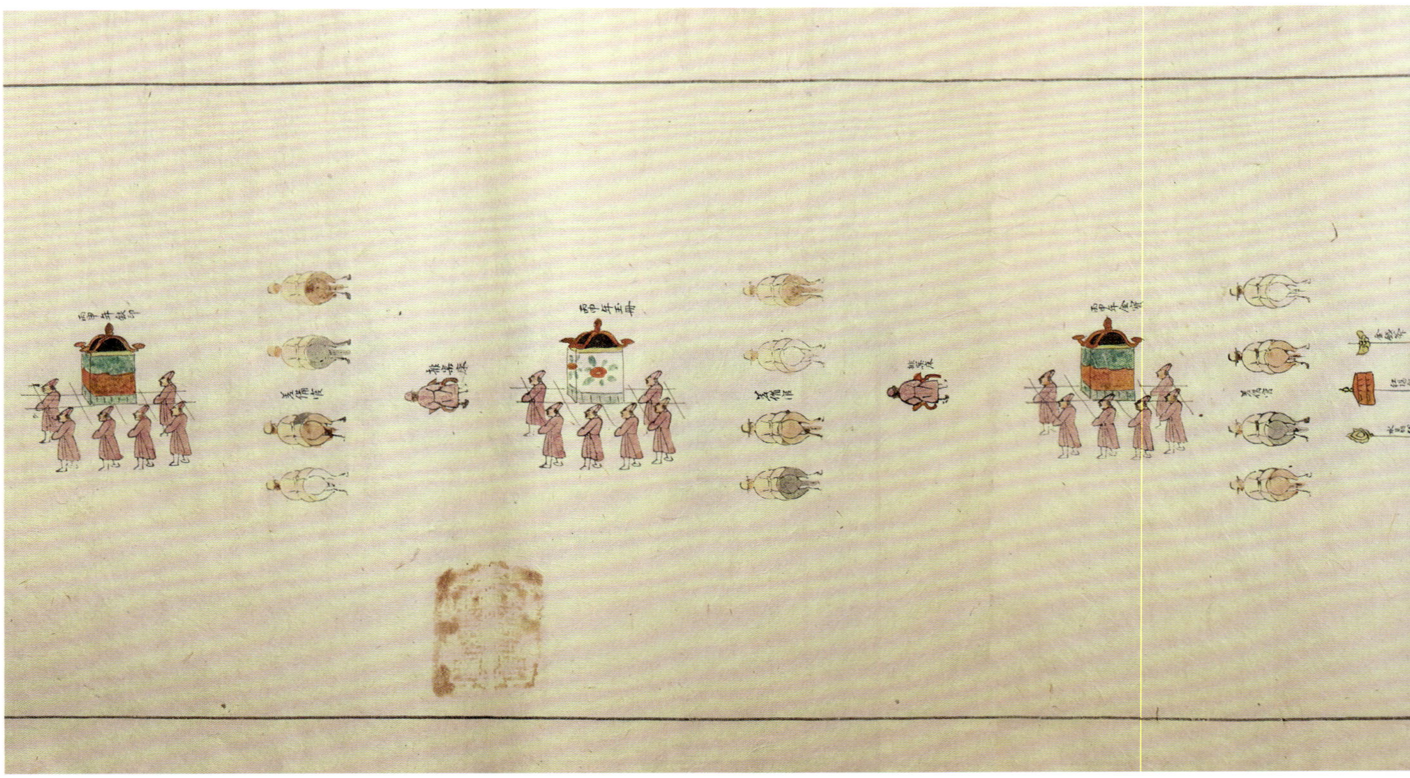

병신년 은인 병신년 옥책 병진년 금보

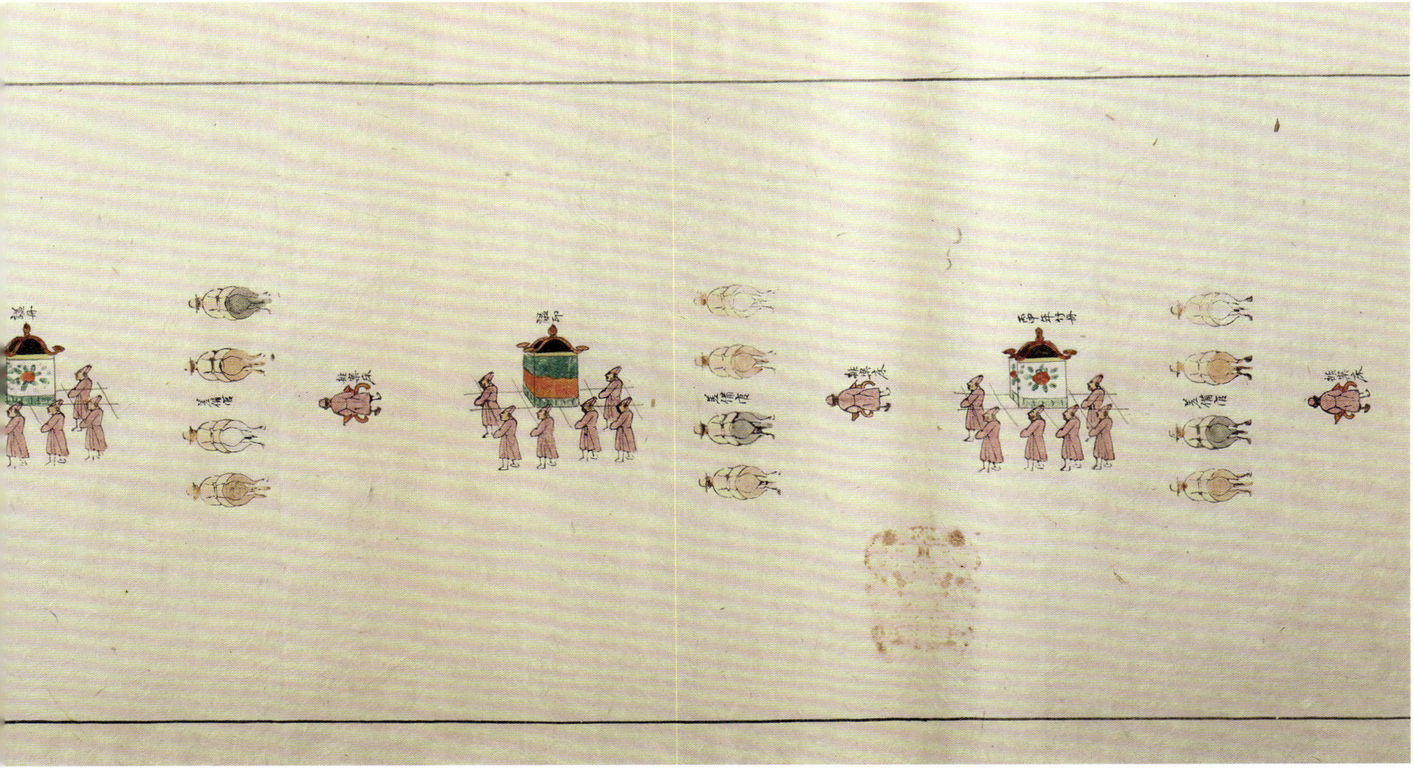

시책 시인 병신년 죽책

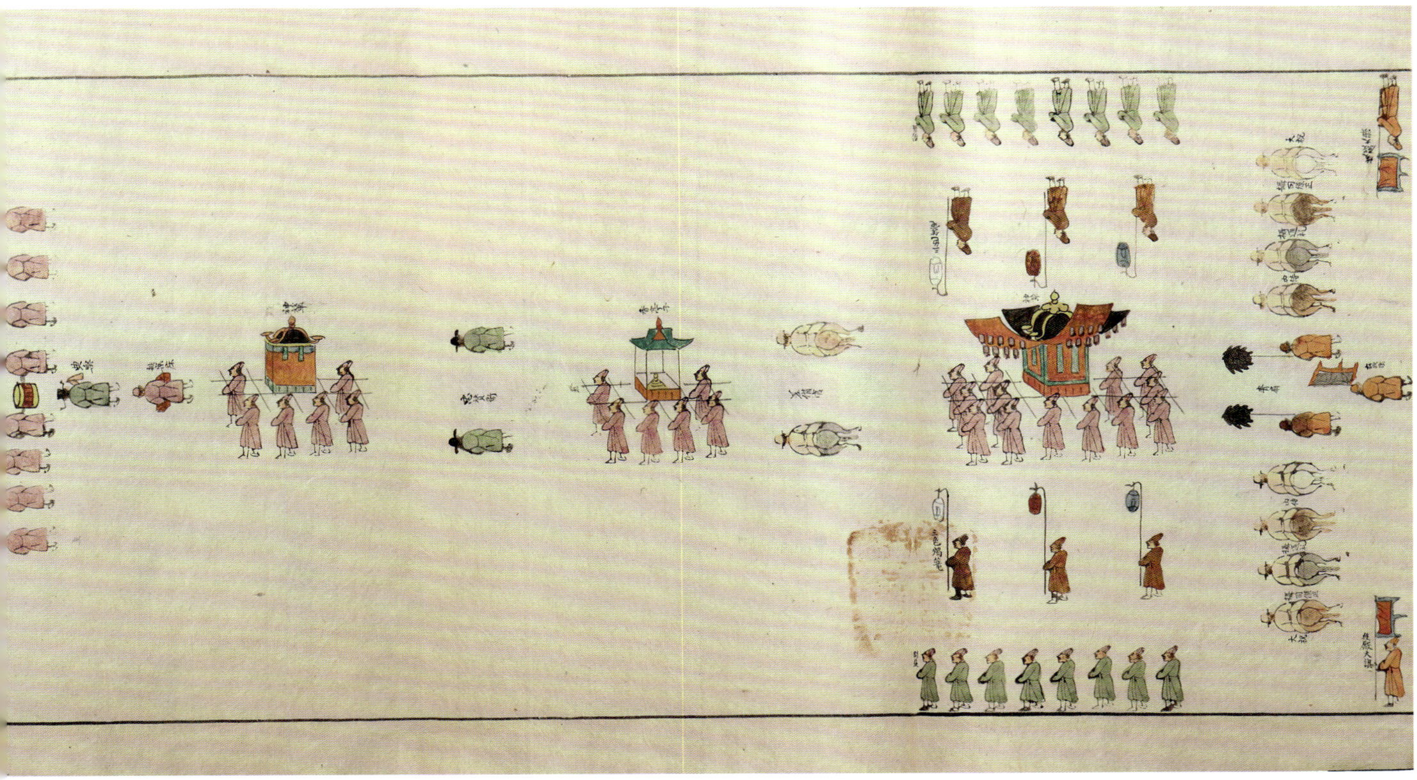

신여 향정자 신연

07

온희정빈 이씨 시책

溫僖靖嬪李氏諡冊

1778년(정조 2)
8첩, 목제·금속제, 24.8×141.0㎝
국립고궁박물관

1778년 6월 2일 정빈 이씨에게 '온희溫僖'를 시호로 올리기 위해 제작된 시책이다. 효장세자가 진종으로 추숭되면서, 왕의 생모인 정빈에게 궁원제가 적용되었다. 『정조실록』에 따르면, 1778년 3월 18일에 궁호를 연호延祜, 원호를 수길綏吉, 시호를 온희로 정했다. 3월 19일에 정조는 추숭왕의 사친이라는 점에서 제사 의절을 육상궁보다 낮추어 마련하도록 하였다. 또한 상시봉원도감을 부묘·존숭·책례·진호도감과 합설하면서, 연호궁·수길원의 정비는 1778년 5월 2일 거행된 영조·정성왕후와 진종·효순왕후의 부묘祔廟 및 이후 진행된 대비의 존숭 절차 등과 함께 진행되었다.

1778년 6월 2일 연호궁에서 상시책인의를 거행하면서 시호의 의미를 저술한 시책諡冊과 시호를 새긴 시인諡印을 올렸다. 정빈의 시책은 1첩당 6개의 죽간으로 구성된 총 8첩의 죽책竹冊으로 제작되었는데, 유언호兪彦鎬, 1730~1796가 찬술하고 김익金熤, 1723~1790이 글씨를 썼다. 진종의 추숭과 저경궁·육상궁의 전례에 근거하여 정빈에게 시호를 올린다는 내용을 담고 있다.

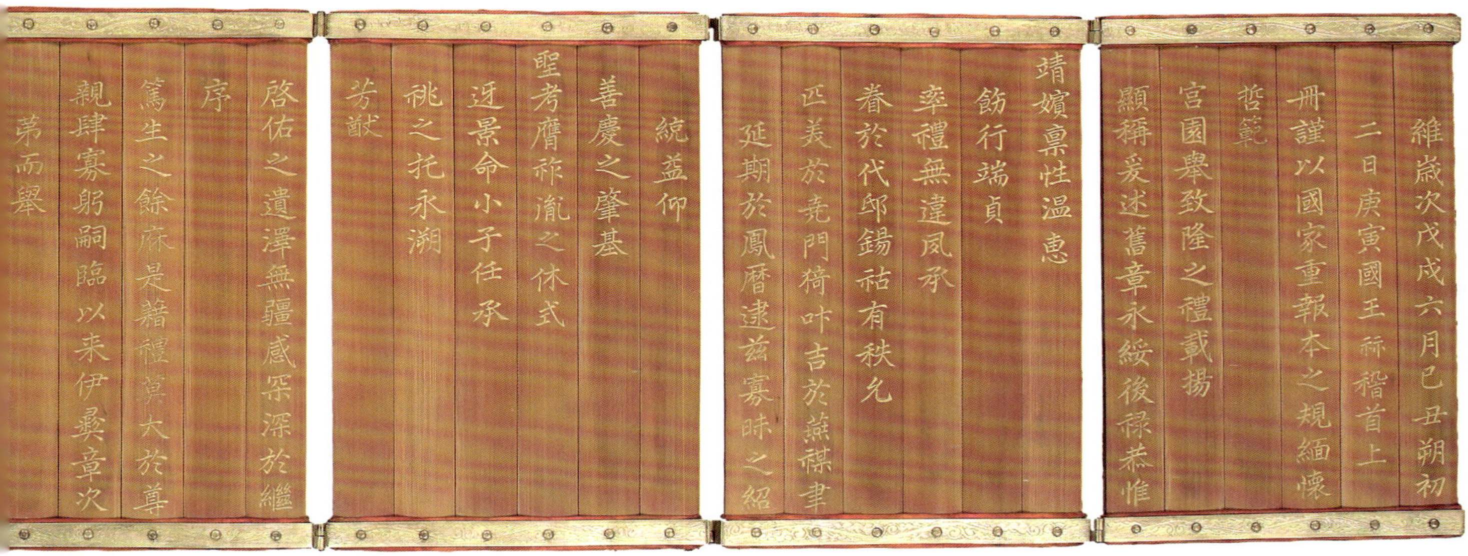

08

팔고조도

八高祖圖

1777년(정조 1)
1첩, 필사본, 47.0×31.8㎝
K2-1088

1777년에 제작된 진종의 팔고조도 2종과 정조의 팔고조도 1종이다. 진종의 팔고조도는 정성왕후를 어머니로 하는 1종과 정빈 이씨를 어머니로 하는 1종, 총 2종으로 제작되었다. 정성왕후는 사망한 적통의 어머니인 '비妣'로 칭해졌으며, 정빈은 "연호궁 온희정빈 이씨延祜宮溫僖靖嬪李氏"로 기재되었다. 정빈의 계보가 불분명하여 고조모의 성씨가 일부 누락되어 있다. 정조의 팔고조도는 진종과 효순왕후를 고비考妣로 하는 1종이 제작되었는데, 정성왕후가 '조비祖妣'로 기재되어 있다. 『승정원일기』에 따르면, 1777년 3월 18일에 정빈의 시호 등을 정했고, 다음 날인 3월 19일에는 진종과 정조의 팔고조도를 수정하도록 명했다. 3월 29일에 완성된 『팔고조도』는 어람을 거쳐 봉모당과 선원각 등에 봉안되었다.

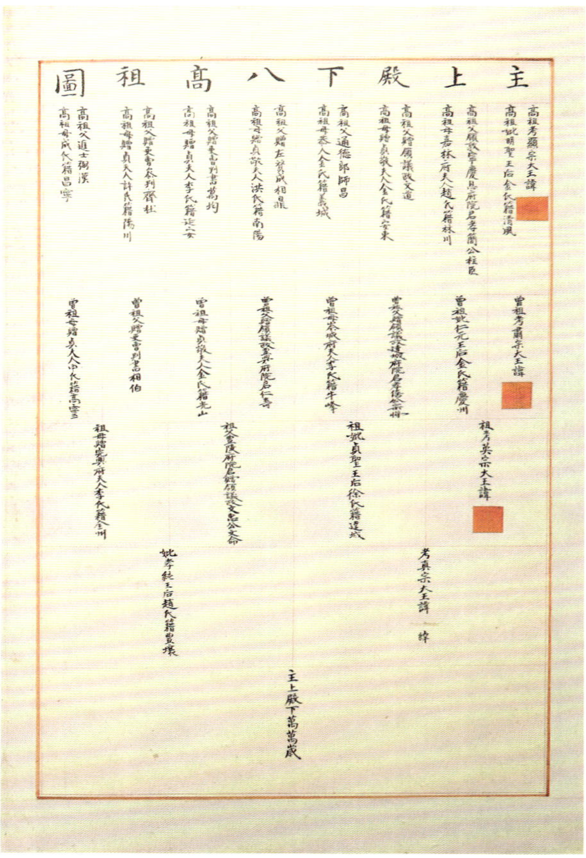

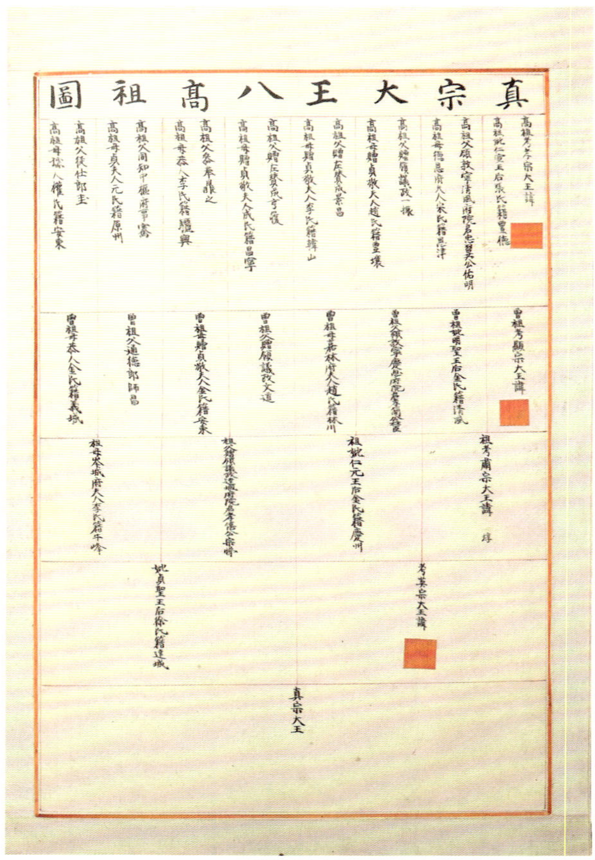

眞宗大王八高祖圖

高祖考孝宗大王諱

高祖妣仁宣王后張氏籍豊德

高祖父領敦寧淸風府院君忠翼公佑明

高祖母德恩府夫人宋氏籍恩津

高祖父贈領議政一振

高祖母贈貞敬夫人趙氏籍豊壤

高祖父贈左贊成景昌

高祖母贈貞敬夫人李氏籍韓山

高祖父贈吏曹叅判彦良

高祖母贈貞夫人李氏籍安山

高祖父守慶

高祖母

高祖父同知中樞府事命賓

高祖母

高祖父通政大夫甲生

高祖母

曾祖考顯宗大王諱

曾祖妣明聖王后金氏籍淸風

曾祖父領敦寧慶恩府院君孝簡公柱臣

曾祖母嘉林府夫人趙氏籍林川

曾祖父贈吏曹判書信瑄

曾祖母贈貞夫人金氏籍慶州

曾祖父副司果梅一

曾祖母李氏籍鐵城

祖考肅宗大王諱

祖妣仁元王后金氏籍慶州

祖父贈左贊成後哲

祖母贈貞敬夫人金氏籍金海

考英宗大王諱

延祜宮溫僖靖嬪李氏籍咸陽

眞宗大王

영빈 이씨(暎嬪李氏, 1696~1764): 영조의 후궁, 장조의 어머니

연도	생애와 주요 사건
1696년(숙종 22)	출생. 전의 이씨. 부父 이유번李櫶蕃, 모母 한양 김씨
1701년(숙종 27)	6세, 입궁
1726년(영조 2)	31세, 종2품 숙의로 책봉
1727년(영조 3)	32세, 첫째 화평옹주和平翁主 출산
1728년(영조 4)	33세, 둘째 옹주 출산, 종1품 귀인으로 책봉
1729년(영조 5)	34세, 셋째 옹주 출산
1730년(영조 6)	35세, 정1품 영빈暎嬪이 됨
1732년(영조 8)	37세, 넷째 옹주 출산
1733년(영조 9)	38세, 다섯째 옹주 화협옹주和協翁主 출산
1735년(영조 11)	40세, 첫째 아들 이선李愃, 사도세자, 후일 장조 출산
1738년(영조 14)	43세, 여섯째 화완옹주和緩翁主 출산
1752년(영조 28)	57세, 세손 정조 탄생
1762년(영조 38)	67세, 임오화변壬午禍變 발생
1764년(영조 40)	69세, 영빈 이씨 사망
1765년(영조 41)	시호: 의열義烈, 궁호: 의열궁義烈宮, 묘호: 의열묘義烈墓
1788년(정조 12)	궁호와 묘호를 '선희宣禧'로 바꿈
1899년(광무 3)	장헌세자莊獻世子를 장종莊宗에 이어 장조의황제로 추숭
1899년(광무 3)	시호 '소유昭裕' 추가, 원호 수경원綏慶園으로 승격
1908년(융희 2)	선희궁을 육상궁 경내로 옮김
1970년	수경원을 서오릉 경내로 이장

선희궁·경우궁 전경

선희궁 감실

선희궁 신주함

선희궁 신주

09

의열묘 소게 영조 어필 현판 등본

義烈廟所揭英祖御筆懸板騰本

1764년(영조 40) 이후
1장, 필사, 24.0×33.0㎝
RD04353

영빈 이씨의 사당인 의열묘에 걸려 있던 영조 어필 현판 2개의 내용을 옮겨 적은 문서이다. 1764년영조 40에 영조는 영빈을 위해 '수의보사守義保社'와 '의열묘義烈廟'를 직접 써서 현판으로 제작하였다. "내가 즉위한 지 40년째 되는 갑신년에 쓰다[予卽阼四十年歲甲申書]."라는 기록을 통해, 1764년에 쓴 글씨임을 알 수 있다. 또한 1764년에 찬술한 『어제 표의록御製表義錄』에도 "지금 영빈묘에 수의보사 4자를 써서 내린다[今於映嬪廟以守義保社四字書賜]."라고 하였으므로 이 시기에 2개의 현판이 제작된 것으로 추정된다.

'수의보사'는 의리를 지키고 사직을 보전한다는 뜻으로, 영빈이 사도세자를 고변하여 나라를 위한 대의를 지키고 사직을 보전했음을 강조한 것이다. '의열묘' 현판은 1765년영조 41 7월 11일 의열이라는 시호를 내리기에 앞서 이미 '의열'이 묘호廟號로 사용되었음을 보여준다. '의열묘' 현판은 현존하지 않지만, '수의보사' 현판은 국립고궁박물관에 소장되어 있다.

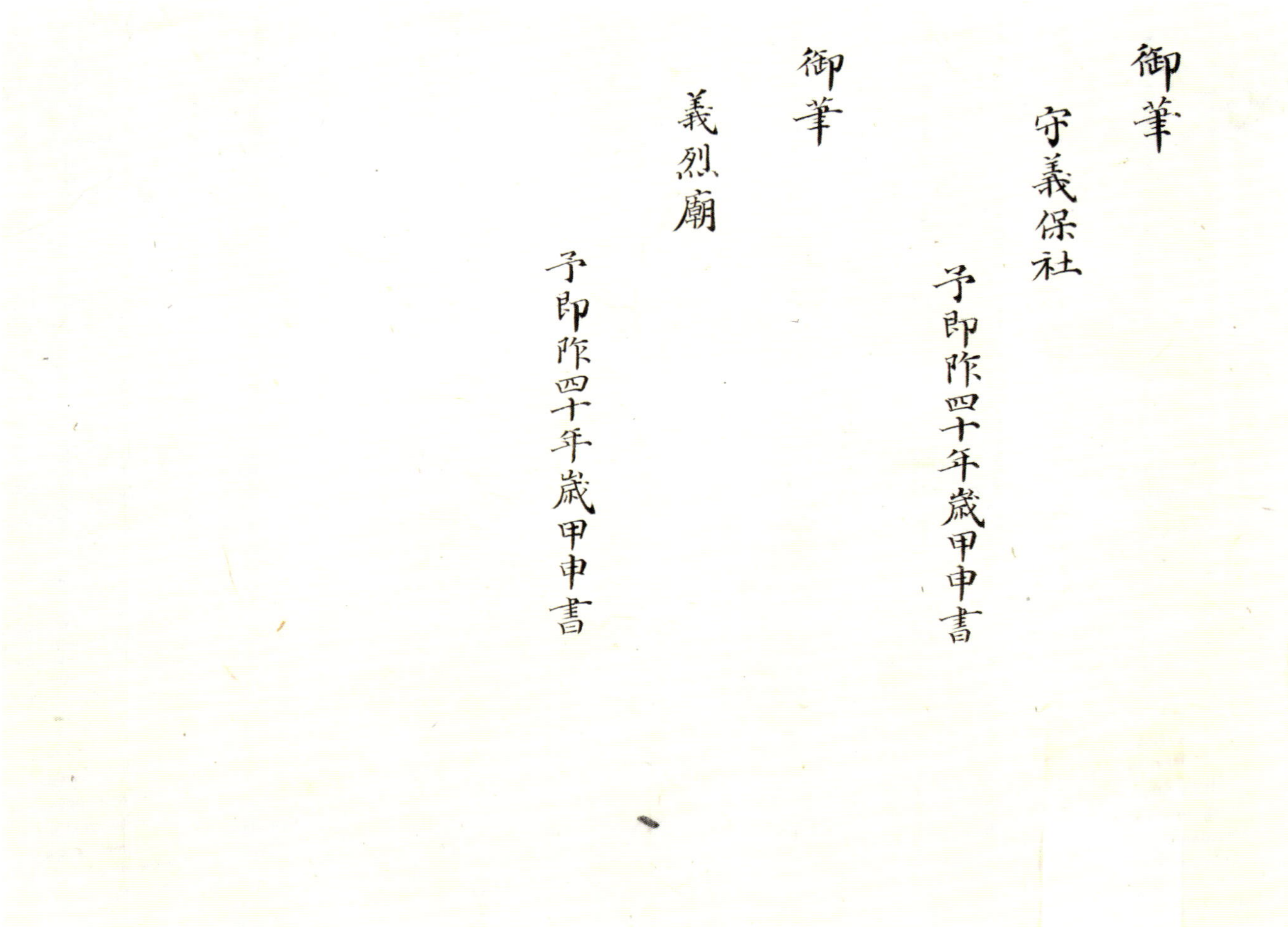
御筆
守義保社
予卽阼四十年歲甲申書
御筆
義烈廟
予卽阼四十年歲甲申書

10

어제 표의록

御製表義錄

1764년(영조 40)
1책, 목판본, 35.0×22.9㎝
K4-5253

사도세자를 고변한 영빈 이씨의 의열義烈을 현양하기 위해 지은 영조의 어제이다. 영빈은 임오화변으로 사도세자가 사망한 지 3년 만인 1764년 7월 26일, 경희궁 양덕당養德堂에서 세상을 떠났다. 영조는 후궁 상례의 원칙과 달리 궁궐 안에서 염습을 행했고, 친히 묘표墓表와 명정銘旌 등을 써주며 정성을 다했다. 또한 영빈의 '의열'을 표창하는 『어제 표의록』을 찬술했고, 이를 간행하여 사고史庫에 보관하도록 명했다. 『승정원일기』에 따르면, 영조는 9월 3일 희정당에서 자신이 지은 『표의록』을 불러 주어 쓰게 하고, 영의정 홍봉한洪鳳漢, 1713~1778과 편차인 조명정趙明鼎, 1709~1779에게 교정하게 하였다. 다음날 영조는 친히 제목인 '표의록表義錄'를 써서 내려주었다.

"나라를 위해 후세에게 써서 보여준다."라는 첫 문장은 영빈의 의열을 후세에 전하겠다는 영조의 의지를 드러낸다. 영조는 "임오년 윤5월 13일 아침에 눈물을 흘리며 내게 고한 일이 없었다면 나에게 오늘이 있겠는가?"라며 나라를 위한 의리를 우선하여 모자간의 은혜를 끊은 영빈의 공덕을 강조했다. 그럼에도 영빈이 사도세자의 삼년상 후 세상을 떠남으로써 의리와 은혜, 두 가지를 모두 온전히 했다고 평가했다. 영빈의 의열은 옛사람에게도 찾아볼 수 없는 것임을 강조하며, 영빈의 사당에 "수의보사守義保社" 네 글자를 써서 내렸음을 밝혔다. 이 책은 영빈의 사당과 묘소를 '의열'이라 칭하고, 다음 해 '의열'을 시호로 내리는 중요한 근거가 되었다.

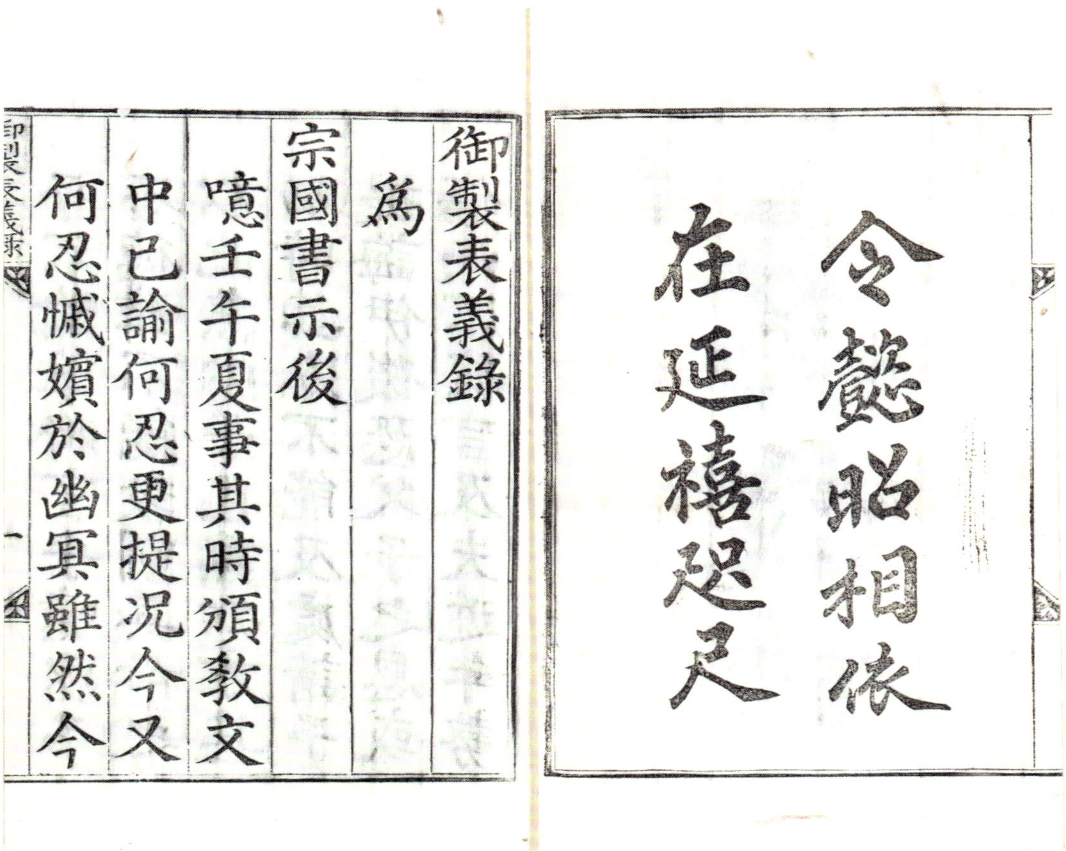
令懿昭相依
在延禧咫尺

御製表義錄
爲
宗國書示後
噫壬午夏事其時須教文
中已諭何忍更提況今又
何忍慽嬪於幽冥雖然今

御製表義錄

11

영빈 이씨 증시교지

暎賓李氏贈諡敎旨

1765년(영조 41)
1장, 필사, 60.6×109.5㎝
RD00113

1765년 7월 11일 영빈에게 의열義烈을 시호로 내린 교지이다. 1765년 7월 10일, 영조는 영빈의 첫 번째 기일인 소상小祥을 앞두고 『어제 표의록』에서 표창한 '의열'의 칭호를 영빈의 시호로 삼도록 명했다. 영조는 교서敎書와 제문祭文을 직접 지었고, 새로운 의절을 정비하여 의빈儀賓을 집사자로 정했다. 또한 혜빈과 세손이 참석함에 따라, 거둥 시 시위군과 전후 고취대의 배치 및 세손의 지영祗迎 절차 등을 자세히 규정했다. 7월 11일 아침에 영조는 의열궁에 나아가 시호를 내리는 의식에 참석했다. 이어서 세손이 제사를 친행했는데, 사가私家의 예에 따라 특별히 사배四拜가 허락되었다.

이러한 의례는 영빈을 예우한 것이지만, 궁원제와는 차이를 보인다. 시호 외에 별도의 궁호宮號를 정하지 않았고, 시책과 시인을 올리는 상시책인의上諡冊印儀를 거행하지 않았기 때문이다. 영빈의 증시교지는 신하에게 시호를 내리는 교지의 형식을 그대로 따랐다.

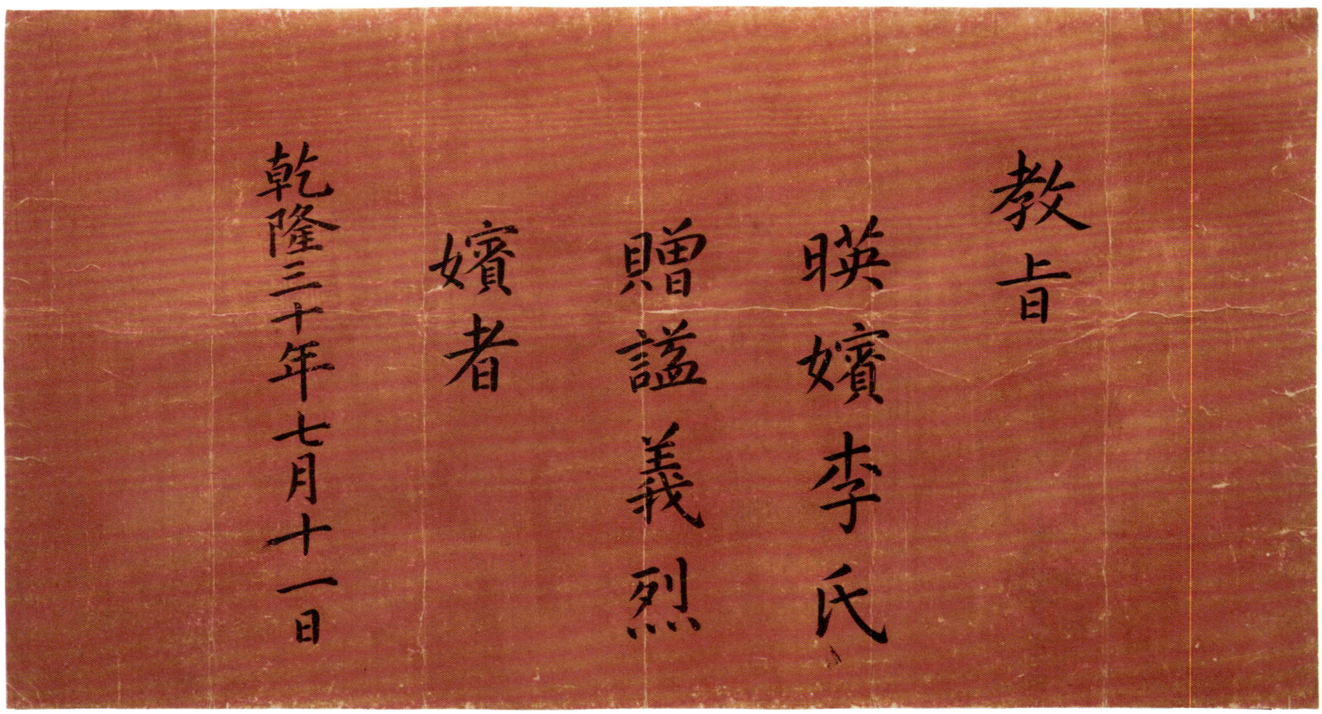

12

의열궁 거둥시 전교

義烈宮擧動時傳敎

1766년(영조 42)
1책, 필사본, 35.3×25.7㎝
K2-2899

1766년 7월 26일 영조가 의열궁에 친림하여 내린 전교를 기록한 책이다. 이날은 영빈의 두 번째 기일로, 신주를 사당에 봉안하는 입묘入廟 의식이 거행되었다. 세손인 정조는 영조를 수가隨駕하여 곡하고 재배再拜했다. 영조는 이미 영빈의 사당과 묘소를 궁과 원으로 정했으므로, 세손이 즉위하면 각종 의물儀物을 갖추고 수봉관守奉官 등의 차출도 정한 대로 거행할 것을 명했다. 마지막으로 자신의 전교를 별도로 작성하여 의궤儀軌의 예에 따라 예조에 보관하도록 지시하였다.

이 전교는 영빈에게 궁원제를 적용하는 중요한 근거가 되었다. 이에 1776년정조 즉위 3월 21일, 홍국영洪國榮, 1748~1781은 영조의 전교에 따라 원으로 봉하는 절차를 진행할 것을 아뢰었다. 그러나 정조는 영조의 삼년상을 마치고 종묘에 부묘祔廟한 이후에 시행하도록 명했다. 1778년정조 2 1월 30일에, 김종수金鍾秀, 1728~1799는 영빈을 위한 궁원제를 반대하면서, 왕의 사친에게만 적용되는 궁원제의 원칙을 강조했다. 영조의 전교를 어기기 어려운 문제를 인정하면서도, "만세토록 지키려고 정한 제도를 신중히 지켜야 하며, 일시적으로 내리신 하교 때문에 이미 정한 제도를 바꾸어서는 안 된다."라고 주장했다. 영조의 전교는 '말년의 하교'로 폄하되면서, 궁원제의 원칙이 강조되었다. 정조는 이러한 주장에 따라 상시책인의를 거행하지 않았고, 원의 위상에 맞는 정자각과 석물 등을 설치하지 않았다. 이후 의열궁과 의열묘는 궁원제에 미치지 못한 경계적 위상을 유지할 수밖에 없었다.

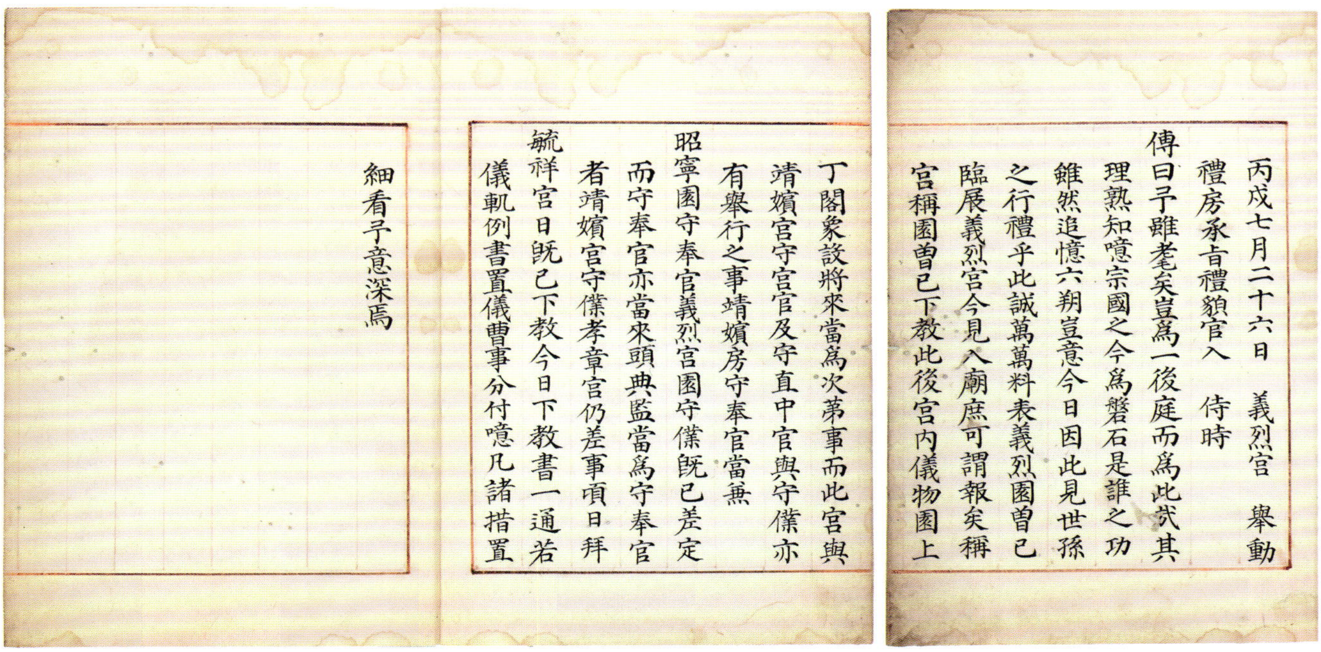
丙戌七月二十六日 義烈宮 擧動
禮房承旨禮貌官入 侍時
傳曰予雖耄矣豈爲一後庭而爲此哉其
理熟知噫宗國之今爲磐石是誰之功
雖然追憶六朔豈意今日因此見世孫
之行禮乎此誠萬萬料表義烈園曾已
臨展義烈宮今見入廟庶可謂報矣稱
宮稱園曾已下敎此後宮內儀物園上
丁閣象設將來當爲次第事而此宮與
靖嬪宮守宮官及守直中官與守僕亦
有擧行之事靖嬪房守奉官當兼
昭寧園守奉官義烈宮園守僕旣已差定
而守奉官亦當來頭典監當爲守奉官
者靖嬪宮守僕孝章宮仍差事頃日拜
毓祥宮日旣已下敎今日下敎書一通若
儀軌例書置儀曹事分付噫凡諸措置
細看予意深焉

영빈 이씨 신주의 비밀

신주는 망자의 혼령이 깃드는 나무패이다. 보통의 나무패는 망자의 이름을 쓰는 제주題主를 통해 신주로 거듭난다. 제주는 시신을 매장하여 혼령이 육체와 분리되는 시점에 행해졌다. 방황하는 혼령이 자신의 이름이 적힌 나무패에 머물게 되면서 신주가 완성되었다. 신주를 모시고 돌아오면 신주를 대상으로 우제虞祭, 졸곡卒哭 등의 상례 절차가 진행되었다. 상례가 마무리되면, 신주는 사당에 안치되었다. 이후 추증追贈 등에 따라 망자의 지위가 변경되면, 신주를 다시 쓰는 개제改題가 시행되었다.

칠궁의 신주는 종묘의 신주와 달리 사대부의 신주 형태로 제작되었는데, 구체적인 제주의 형식은 매우 다양하다. 칠궁 신주의 제주 형식은 '시호+작호+성씨+신주'를 기본으로 하되, 궁의 성립 과정과 개제 여부에 따라 차이를 보인다. 특히, 영빈 이씨의 신주는 유일하게 '증시贈諡' 2글자가 추가되고 '신주神主' 2글자가 생략된 '증시의열영빈이씨贈諡義烈暎嬪李氏'로 제주되어 있다.

이러한 영빈 신주의 특징은 어떻게 설명할 수 있을까? 영빈은 임오화변으로 사도세자가 사망한 지 3년 만인 1764년영조 40 7월 26일에 경희궁 양덕당養德堂에서 세상을 떠났다. 영조는 영빈을 예우하여 궁에서 염습을 마친 후 장동의 영빈방暎嬪房에 빈소를 마련하게 하였고, 8월 30일에는 빈소에 친림하여 관 위에 '상上'자를 썼다. 또한 9월 3일에는 『어제 표의록』를 저술하여 임오화변 시 아들의 죄상을 고변했던 영빈의 충심을 '의열'로 현창했다. 이에 '수의보사守義保社' 4글자를 어필로 내려주었고, '의열'을 묘호廟號·묘호墓號로 정했다. 9월 27일 양주 대야동에 장사지냈는데, 영조는 묘지명을 직접 지었고 묘표墓表와 광중명정壙中銘旌 및 신주의 글씨를 친히 써 주었다. 장서각에 소장된 「영빈 이씨 제주 원문暎嬪李氏題主原文」에 따르면, 영빈의 신주는 전면에 '영빈전의이씨신주暎嬪全義李氏神主'라고 제주되었다.

1765년영조 41 7월 11일에는 영빈의 첫 번째 기일을 앞두고 '의열'을 시호로 정했다. 영조는 시호를 내려주는 '사시賜諡'를 기준으로, 세손이 사시제賜諡祭를 친행하게 하였다. 또한 시책과 시인을 올리는 상시책인의와 달리 시호를 내리는 교서敎書와 교지敎旨가 사용되었다. 이후 시호에 따라 영빈의 신주는 '증시의열영빈이씨'로 개제되었는데, '신주' 2글자가 생략된 형식은 '관직명+시호+이름'을 쓰는 종묘 공신당의 위판 서식과 유사하다. 이는 영조가 종묘사직을 지킨 영빈의 공적을 공신과 동등하게 간주한 결과로 추정된다. 영조는 영빈의 의열을 '종사宗嗣를 위한 것'으로 간주하면서 세손에게 "너의 조모가 백세에 의리를 세웠으니, 일거에 종사가 다시 존재하고 의리가 크게 밝혀졌다."라고 강조했다. 이러한 영조의 인식이 영빈의 신주 서식에 반영된 것으로 볼 수 있다.

영빈 이씨 신주

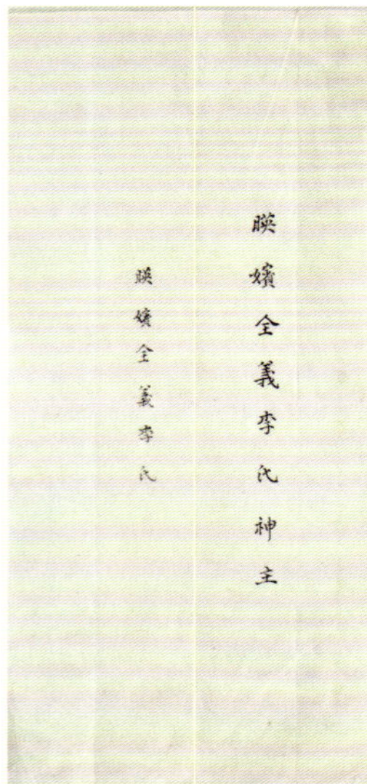
暎嬪全義李氏神主
暎嬪全義李氏

「영빈 이씨 제주 원문」, RD02470

13

국조휘감

國朝彙鑑

19세기
5책, 필사본, 25.0×17.5㎝
K2-33

태조부터 순조까지, 각 왕대의 기본 사항과 주요 정치적 사건을 기록한 편년체 역사서이다. 1848년헌종 14에 편찬된 26책의 『국조보감國朝寶鑑』을 저본으로 삼아, 중요한 내용을 발췌하여 간략하게 정리했다. 제5책 '정종조正宗朝'의 정유년 2월조에는 정빈의 사당과 묘소를 연호궁과 수길원으로 봉한 사실을 기록했다. 또한 궁원제는 왕의 사친을 위한 제도로, 세자의 생모인 영빈은 대상에서 제외되었음을 밝혔다.

2월에 정빈의 묘소를 수길원으로, 사당을 연호궁으로 봉했고, 제례는 저경궁의 예에 따랐다. 앞서 정빈과 영빈의 원園을 봉하는 논의가 있었는데, 조정에서 궁원의 예는 선대왕先大王, 영조이 정한 규정으로, 오직 선왕의 사친私親에게만 적용된다고 의견을 모았다. 이번에 정빈의 원을 봉하는 일은 마땅히 시행해야 할 전례에 부합하지만, 영빈의 경우는 규정에 부합하지 않으므로, 그 논의에 따라 시행하지 않았다.

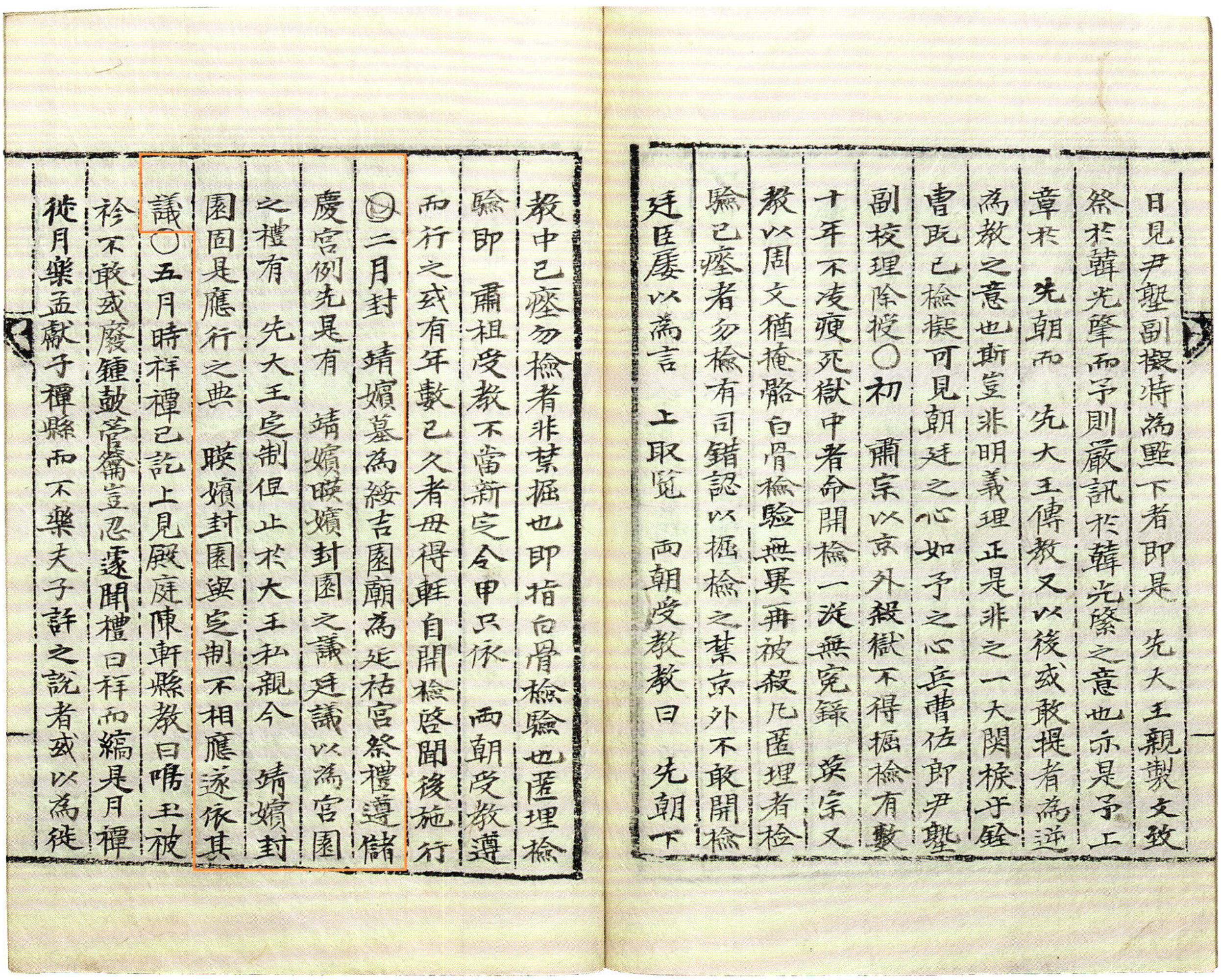
日見尹塾副擬將爲塈下者即是 先大王親製文致
祭於韓光肇而予則嚴訊於韓光隊之意也亦是予上
章於 先朝而 先大王傳教又以後或敢提者爲逆
爲教之意也斯豈非明義理正是非之一大関棙乎銓
曺旣已檢擬可見朝廷之心如予之心兵曹佐郎尹塾
副校理除授○初 肅宗以京外殺獄不得掘檢有數
十年不凌殯死獄中者命開檢一從無寃錄 英宗又
敎以周文猶掩骼白骨檢驗無異再被殺凡匿埋者檢
驗已瘞者勿檢有司錯認以掘檢之禁京外不敢開檢
廷臣屢以爲言 上取覽 兩朝受教教曰 先朝下
教中已瘞勿檢者非禁掘也即指白骨檢驗也匿埋檢
驗即 肅祖受教不當新定令甲只依 兩朝受教遵
而行之式有年數已久者毋得輒自開檢啓聞後施行
○二月封 靖嬪墓爲綏吉園廟爲延祜宮祭禮遵儲
慶宮例先是有 靖嬪暎嬪封園之議廷議以爲宮園
之禮有 先大王定制但止於大王私親今 靖嬪封
園固是應行之典 暎嬪封園與定制不相應遂依其
議○五月時祥禫已訖上見殿庭陳軒縣教曰暘王被
袗不敢或廢鍾鼓筦籥豈忍遽聞禮曰祥而縞是月禫
徙月樂孟獻子禫縣而不樂夫子許之說者或以爲徙

14

선희궁 궁묘호 망단자

宣禧宮宮墓號望單子

1788년(정조 12)
1장, 필사, 40.8×72.7㎝
K2-1837

1788년 12월 26일 의열궁·의열묘의 칭호를 새로 정하기 위해 작성된 망단자望單子이다. '선희宣禧', '현희顯禧', '창희彰禧'가 삼망三望으로 올랐으며, 낙점의 의미로 '선희' 위에 동그라미가 표시되어 있다. 『정조실록』에 따르면, 12월 26일 금성위 박명원은 시호 '의열'이 사당과 묘소에 통칭되는 문제를 지적하면서 각각의 칭호가 있어야 한다는 상소를 올렸다. 정조는 임오화변과 관련된 '의열'의 시호를 불편하게 여겼던 만큼, 칭호의 변경에 동의했다. 단, 박명원의 주장과는 달리 새로운 칭호인 '선희'를 궁호와 묘호로 함께 사용하도록 하였다.

망단자는 개별 문서로서, 영조의 『어제 공묵합입시시면유御製恭默閤入侍時面諭』K2-1837에 끼워져 있다. 이 책은 영빈의 장례 전날인 1764년영조 40 9월 26일, 영조가 공묵합恭默閤에서 세손과 신하들에게 임오의리壬午義理를 훈유한 내용을 기록한 것이다. 사도세자의 죽음은 종사宗社와 대의大義를 위해 불가피한 선택이었으며, 임오화변 당시 영빈이 나라를 위한 의리를 밝힘으로써 사직을 보존할 수 있었다고 강조했다. 아울러 세손에게 조모의 의리를 마음에 깊이 새기도록 당부했다. 『승정원일기』에 따르면, 영조는 이 하교 내용을 대신들에게 교정하도록 한 후 2건을 정서하여 보관토록 하였다. 의열을 강조한 영조의 전교와 이후 '의열'을 '선희'로 개정한 망단자의 관계는 정조의 의도적 선택과 관련하여 주목할 만하다.

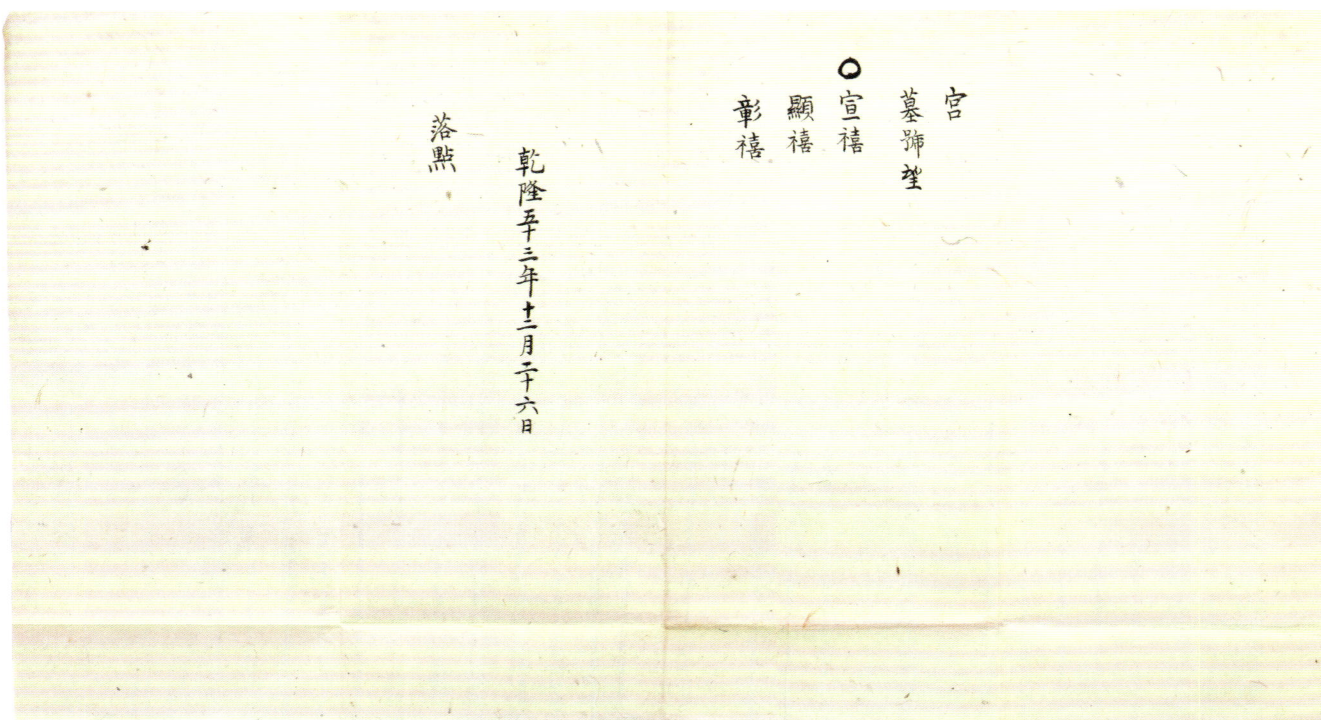
宮
墓號望
○宣禧
顯禧
彰禧
乾隆五十三年十二月二十六日
落點

15

선희궁 인장

宣禧宮印章

1788년(정조 12) 이후
놋쇠, 9.0×9.0×12.3㎝
국립고궁박물관

1788년 12월 26일 궁호가 '의열'에서 '선희'로 변경된 이후, 선희궁에서 사용된 놋쇠 인장이다. 인장의 손잡이는 목에 방울을 단 동물 사자 혹은 해태로 추정이 정면을 바라보며 앞다리를 세우고 앉아 있는 모습이고 인면에 '선희궁宣禧宮' 세 글자가 전서篆書로 새겨져 있다.

16

선희궁 동지제 친행의

宣禧宮冬至祭親行儀

1794년(정조 18)
1첩, 필사, 38.2×18.3㎝
K2-2456

왕이 선희궁의 동지제를 친행할 때의 절차를 기록한 첩이다. 『정조실록』에 따르면, 1794년 11월 29일에 정조가 선희궁에서 처음으로 동지제를 친행했다. 정조는 영빈 이씨의 탄생 100주년이 되는 1795년 정조 19을 맞이하기에 앞서 "어버이의 마음을 나의 마음으로 삼는 도리로 볼 때, 새해에 버금가는 동지를 맞아 예의상 마땅히 친향해야겠다."라는 입장을 밝혔다. 이 첩은 정조의 동지제 친행을 위해 제작된 것으로 추정된다.

동지제는 춘분·하지·추분·동지에 지내는 『궁원식례』의 사시제를 따른 것이다. 동지제 전날 선희궁을 청소하는 일부터 왕을 비롯한 참례자의 자리를 정하고 음식과 폐백 등을 진설하는 절차를 수록했다. 이어서 왕을 대차大次에서 모셔 와 삼헌三獻, 음복飮福, 망료望燎 등을 행하는 과정이 자세히 기록되어 있다.

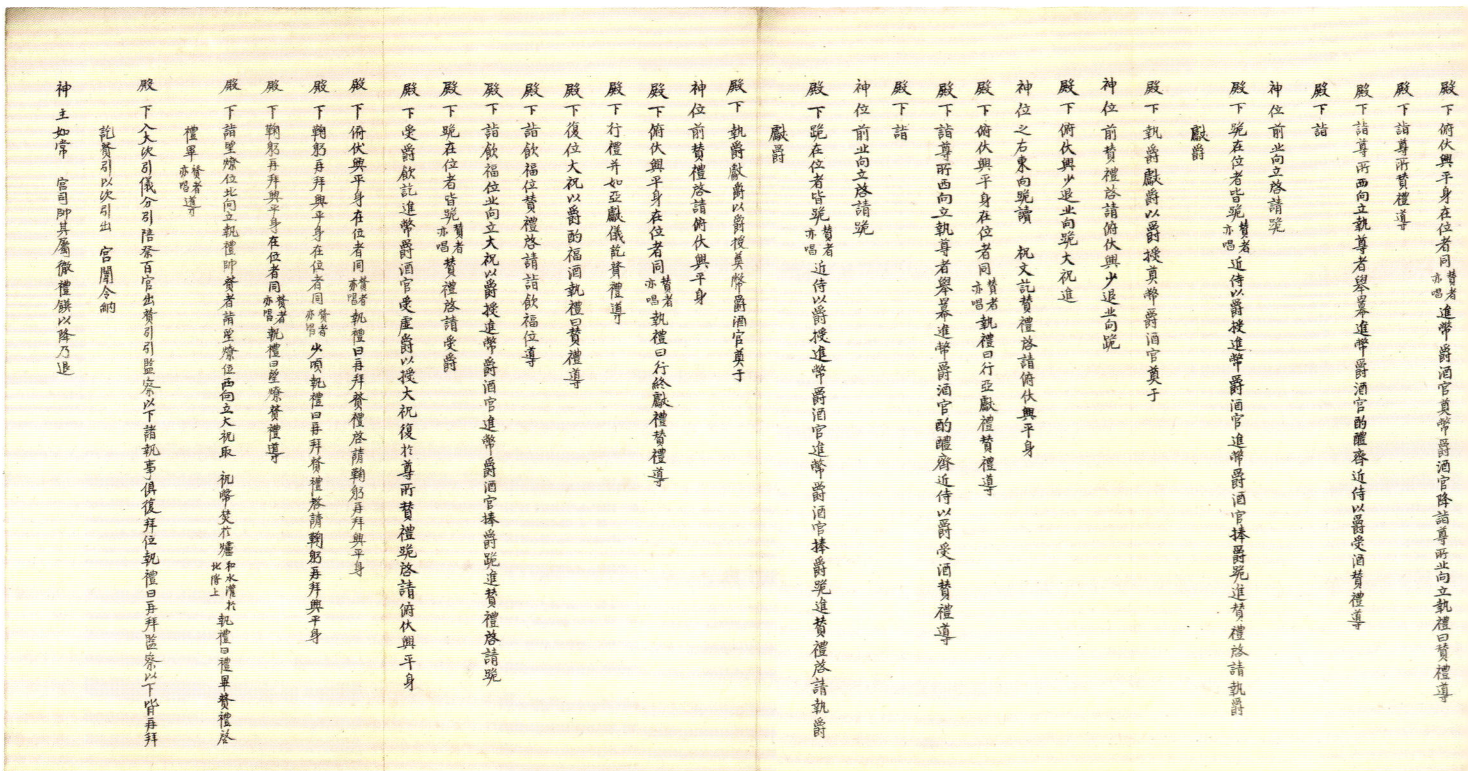

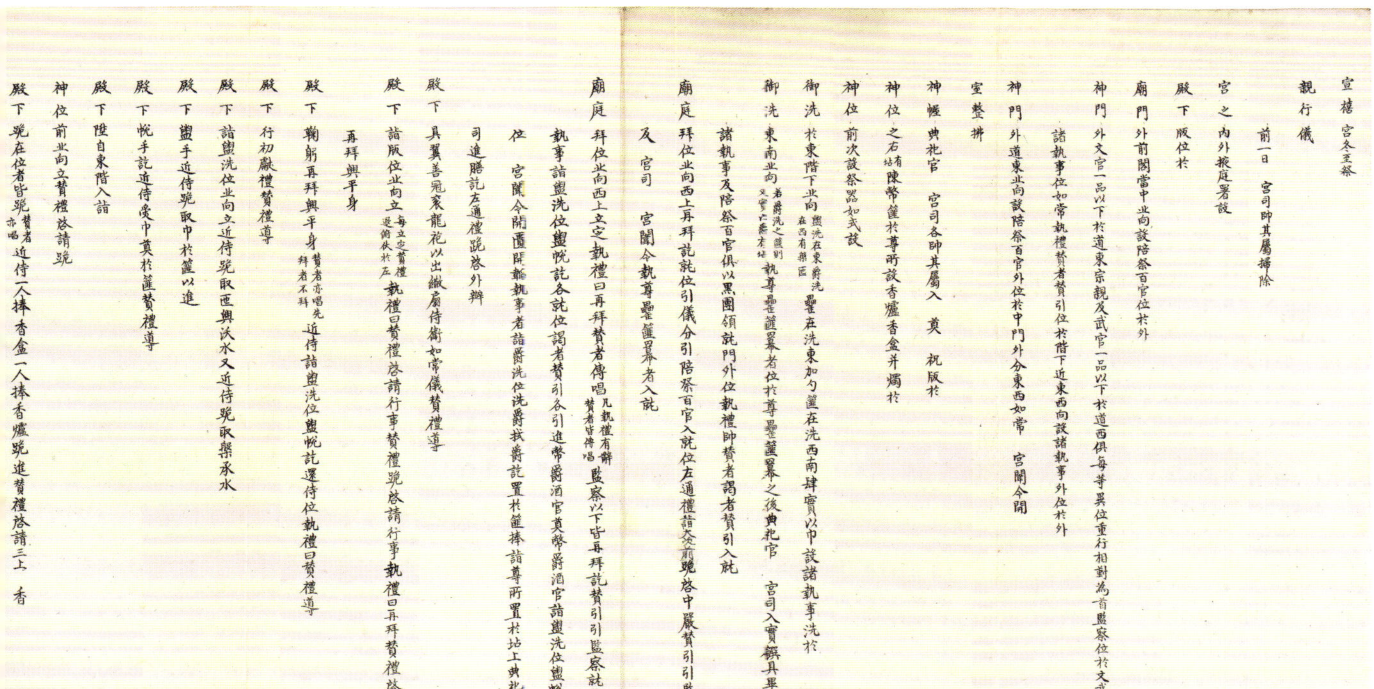
宣禧宮冬至祭
親行儀
前一日 宮司帥其屬掃除
宮之內外掖庭署設
殿下版位於
廟門外前閤當中北向設陪祭百官位於外
神門外文官一品以下於道東宗親及武官一品以下於道西俱每等異位重行相對為首監察位於文武班末設
諸執事位如常執禮贊者贊引位於階下近東西向設諸執事外位於外
神門外道東北向設陪祭百官外位於中門外分東西如常 宮闈令開
室整拂
神幄典祀官 宮司各帥其屬入 奠 祝版於
神位之右(有坫)陳幣篚於尊所設香爐香盒并燭於
神位前次設祭器如式設
御洗於東階下北向(盥洗在東爵洗在西有篚匜) 罍在洗東加勺篚在洗西南肆實以巾設諸執事洗於
御洗東南北向(若爵洗之篚則又實以爵坫) 執尊罍篚冪者位於尊罍篚冪之後典祀官 宮司入實饌具畢前三刻
諸執事及陪祭百官俱以黑團領就門外位執禮帥贊者謁者贊引入就
廟庭拜位北向西上再拜訖就位引儀分引陪祭百官入就位左通禮詣大次前跪啓中嚴贊引引監察大祝
及 宮司 宮闈令執尊罍篚冪者入就
廟庭拜位北向西上立定執禮曰再拜贊者傳唱(凡執禮有辭贊者皆傳唱) 監察以下皆再拜訖贊引引監察就位引諸
執事詣盥洗位盥帨訖各就位謁者贊引各引進幣爵酒官奠幣爵酒官詣盥洗位盥帨訖各就
位 宮闈令開匱贊引引執事者詣爵洗位洗爵拭爵訖置於篚捧詣尊所置於坫上典祀官 宮
司進膳訖左通禮跪啓外辦
殿下具翼善冠袞龍袍以出繖扇侍衛如常儀贊禮導
殿下詣版位北向立(每立定贊禮退俯伏於左) 執禮曰贊禮啓請行事贊禮跪啓請行事執禮曰再拜贊禮啓請鞠躬
再拜興平身
殿下鞠躬再拜興平身(贊者亦唱先拜者不拜) 近侍詣盥洗位盥帨訖還侍位執禮曰贊禮導
殿下行初獻禮贊禮導
殿下詣盥洗位北向立近侍跪取匜興沃水又近侍跪取槃承水
殿下盥手近侍跪取巾於篚以進
殿下帨手訖近侍受巾奠於篚贊禮導
殿下陞自東階入詣
神位前北向立贊禮啓請跪
殿下跪在位者皆跪(贊者亦唱) 近侍一人捧香盒一人捧香爐跪進贊禮啓請三上 香

17

추존시의궤

追尊時儀軌

1899년(광무 3)
1책, 필사본, 43.8×31.5㎝, 보물
K2-2854

1899년 11월 태조고황제太祖高皇帝와 장조의황제莊祖懿皇帝, 정조선황제正祖宣皇帝, 순조숙황제純祖肅皇帝, 문조익황제文祖翼皇帝 및 황후들의 추존 의식과 절차를 기록한 의궤이다. 고종은 1899년 11월 1일 태조를 황제로 추존하여 하늘에 함께 제사 지내고, 4대조인 익종-순조-정종-장종을 황제로 추존할 것을 선포했다. 대한제국 성립 후 3년 만에 거행하는 것은 그만큼 중대하고 공경스러운 일이기 때문이라고 밝혔다.

의궤의 첫머리에는 책보조성소冊寶造成所에서 마련한 각 황제·황후의 옥책玉冊 1건과 옥보玉寶 1과 및 태조를 환구단圜丘壇에 모실 때의 신위판神位版 등의 내역이 수록되었다. 1899년 11월 1일 태복사太僕司 회동을 시작으로, 5일에 존호를 의정했고 16일에 책보冊寶를 대내에 내입內入했다. 17일에 고종이 친히 종묘에 책보를 올렸고, 20일에는 태조를 환구단에 배향하는 의례가 진행되었다. 11건의 책보를 종묘로 옮기는 60면의 반차도와 태조 신위를 환구단으로 옮기는 31면의 반차도가 수록되어 있다. 황제례에 따라 황개黃蓋, 황양산黃陽繖 등의 황색 의장과 황색으로 장식한 가마가 사용되었다. 근대식으로 개편된 군인들이 시위반열에 배치되어 기존의 반차도와는 차별화된 양상을 보여준다.

황제 추존에 앞서 고종은 1899년 7월 27일에 사도세자를 장종으로 추숭할 것을 선포했고, 10월 22일에는 친히 새로 조성한 신주를 종묘에 부묘祔廟했다. 부묘 후 열흘 만에 황제 추존이 결정된 것은, 장종 추숭이 황제 추존을 염두에 둔 사전 조치였음을 시사한다. 고종은 익종의 후사로 즉위했으므로, 정통을 기준으로 한다면 진종이 고조부에 해당된다. 그럼에도 굳이 사도세자를 장종으로 추숭하여 황제로 추존한 것은 고종의 계보와 관련이 있다. 흥선대원군의 아버지인 남연군南延君, 1788~1836은 사도세자의 셋째 아들 은신군恩信君, 1755~1771의 후사가 되면서, 자신을 사도세자의 후손으로 인식했다. 이러한 맥락에서 진종이 아닌 장종이 황제로 추존되었고, 영빈 이씨는 고종을 포함한 5대 황제의 조상이라는 위상을 갖게 되었다.

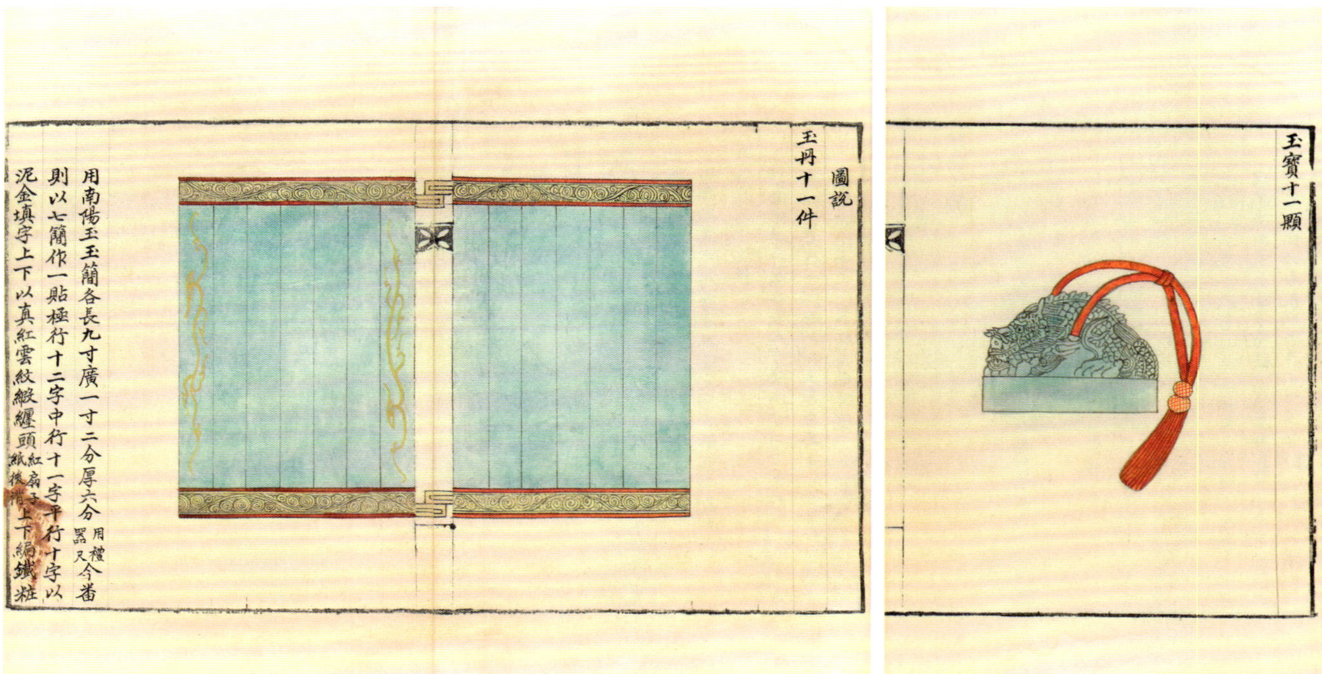

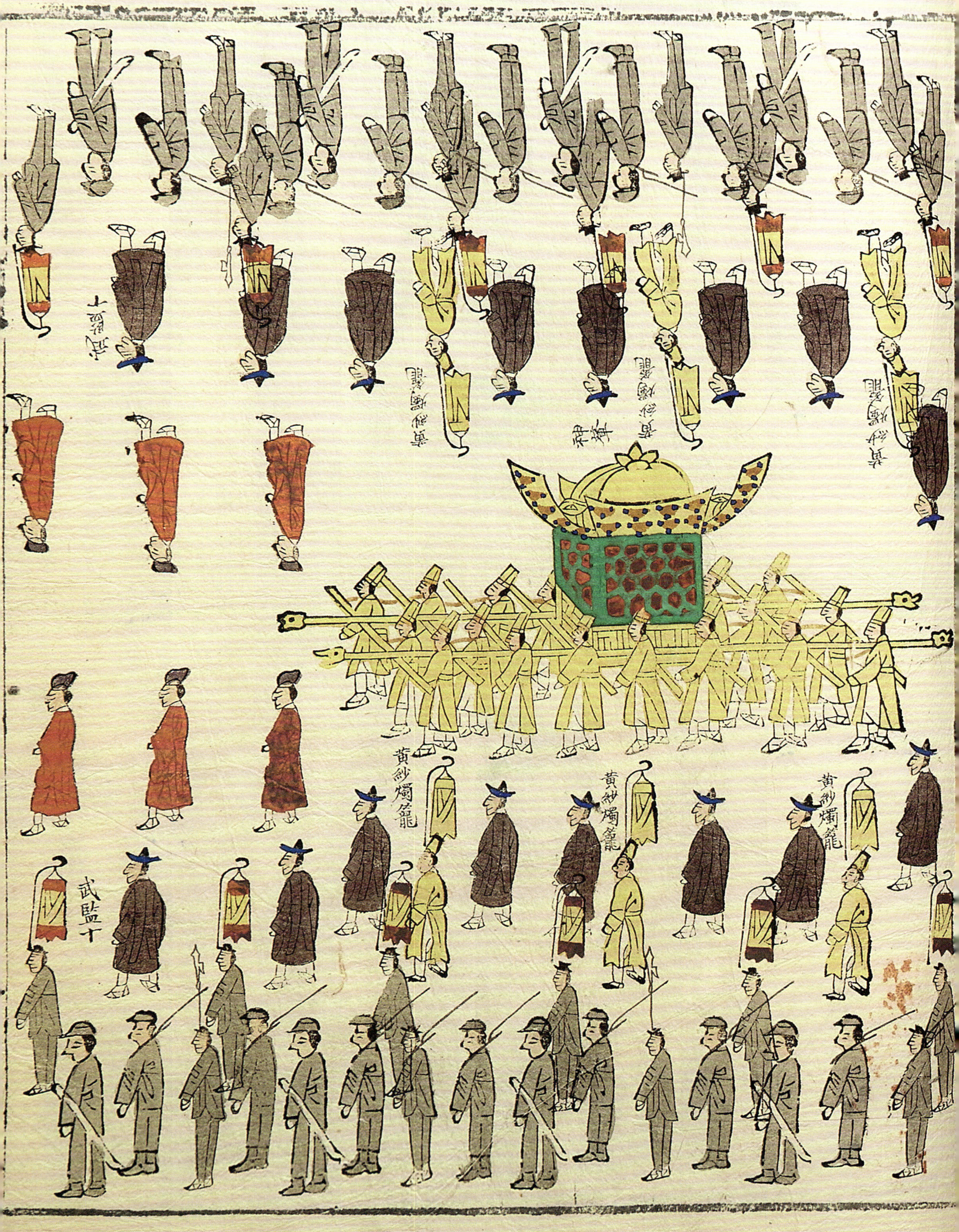
武監十
黃紗燭籠
神輦
黃紗燭籠
黃紗燭籠
黃紗燭籠
黃紗燭籠
黃紗燭籠
武監十

18

소유영빈 이씨 시책

昭裕暎嬪李氏諡冊

1899년(광무 3)
8첩, 목제 · 금속제, 25.2×141.8㎝
국립고궁박물관

1899년 11월 4일, 영빈 이씨에게 '소유昭裕'를 시호로 올리기 위해 제작된 시책이다. 옻칠한 죽간 6개를 하나의 첩帖으로 만들고, 총 8첩을 둥근 고리로 엮은 죽책竹冊의 형태이다. 각 첩의 위아래는 붉은 천으로 감싼 후 금도금한 변철邊鐵을 둘렀고, 글자에는 금가루를 아교에 갠 금니金泥를 채워 장식했다.

1899년 7월 27일에 장종莊宗 추숭이 결정되면서 왕의 생모가 된 영빈에게 궁원제가 적용되었다. 고종은 영조의 유교遺敎와 장종 추숭을 근거로 상시봉원도감上諡封園都監을 장종추숭도감과 합설하고, 소령원과 휘경원의 규례대로 원소에 정자각과 석물 등을 갖추는 공역을 시작하도록 명했다. 8월 10일에는 '소유'를 시호로, '수경綏慶'을 원호園號로 정했으며 궁호宮號는 '선희'를 그대로 사용하였다. '소유'의 '소昭'는 밝은 덕으로 공적을 이루는 것[明德有功], '유裕'는 배우기에 힘써 묻기를 좋아하는 것[强學好問]을 의미한다.

시책문은 김학진金鶴鎭, 1838~1917이 찬술했고 이호익李鎬翼이 글씨를 썼다. 시책문에서 영빈의 공덕은 은혜와 의리를 모두 온전히 하였다는 '은의양전恩義兩全'으로 명시되었다. 아들인 사도세자의 잘못을 고변하여 나라를 위한 의리를 지켰고, 아들의 삼년상을 마친 후 세상을 떠나 어머니의 은혜를 다했다는 의미이다.

19

소유영빈 이씨 시인

昭裕暎嬪李氏諡印

1899년(광무 3)
금속제, 9.7×9.7×7.6㎝
국립중앙박물관

1899년 11월 4일 영빈 이씨에게 '소유昭裕'를 시호로 올리기 위해 제작된 시인이다. '소유영빈지인昭裕暎嬪之印'을 전서로 새긴 은인銀印으로, 『고종실록』에 따르면 궁내부 특진관 심상훈沈相薰, 1854~1907이 글씨를 썼다.

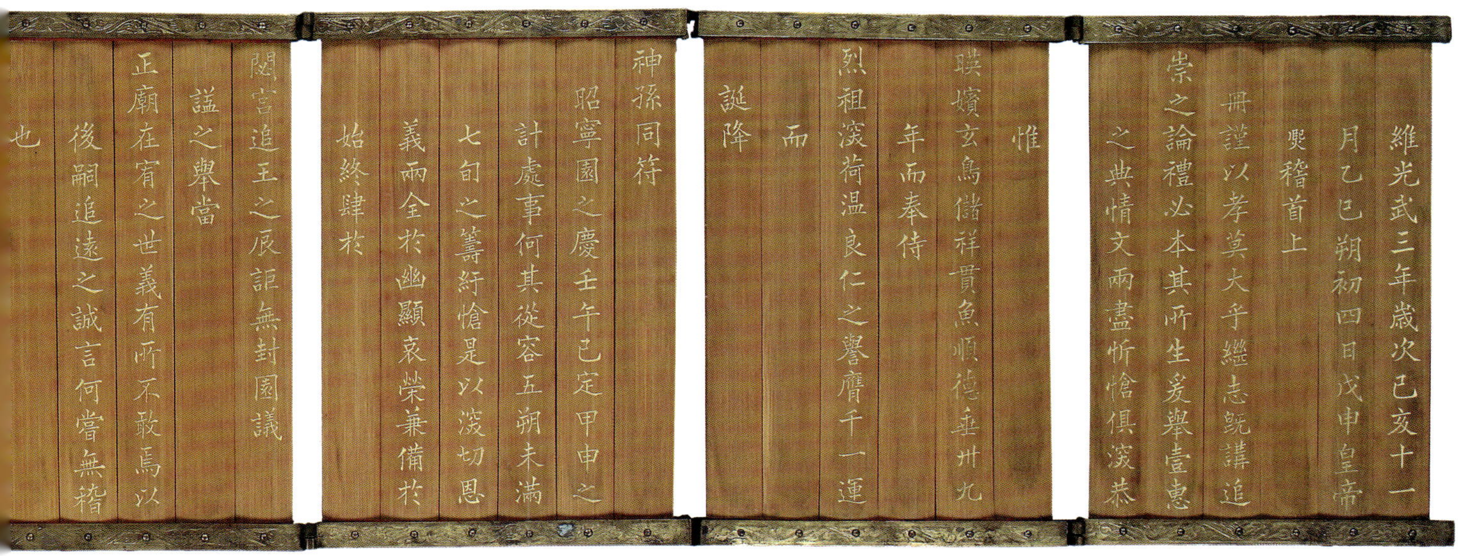

20

선희궁 중삭준축책

宣禧宮仲朔準祝冊

1899년(광무 3) 이후
1책, 필사본, 27.8×22.5㎝
K2-5045

1899년 이후 선희궁 제사의 축문을 수록한 책이다. 제사의 대상인 영빈 이씨의 시호가 '의열소유義烈昭裕'로 되어 있어, '소유'를 시호로 가상加上한 1899년 11월 4일 이후의 축문으로 보인다. 대한제국의 연호인 광무光武가 사용되었고, '황제근견皇帝謹遣'이라 하여 황제가 신하를 보내 제사 지내는 섭제攝祭의 축문으로 제작되었다. 광곽 상단에 '중삭대제中朔大祭', '명절名節'을 기재하여 축문의 용도를 구분하였다. 중삭은 4계절의 가운데 달인 2월·5월·8월·11월로서, 궁의 사시제는 맹삭孟朔 즉 4계절의 첫 번째 달인 1월·4월·7월·10월에 지내는 종묘의 사시제와 구분되었다. 『궁원식례』에 따르면 궁의 중삭제는 춘분·하지·추분·동지에, 속절제는 정조·한식·단오·추석 등의 명절에 거행되었다.

표지 이면에 '각궁各宮', '간지干支', '태황제휘 권근전선속 황제휘太皇帝諱倦勤傳禪屬皇帝諱'라는 첨지를 붙였는데, 1907년 7월 고종의 강제 퇴위 이후 축문에 추가되는 내용을 표시한 것이다. 제사의 대상인 궁의 이름과 날짜의 간지를 적은 다음, 태황제가 선위하여 황제인 순종이 제사를 올린다는 점을 명시하였다.

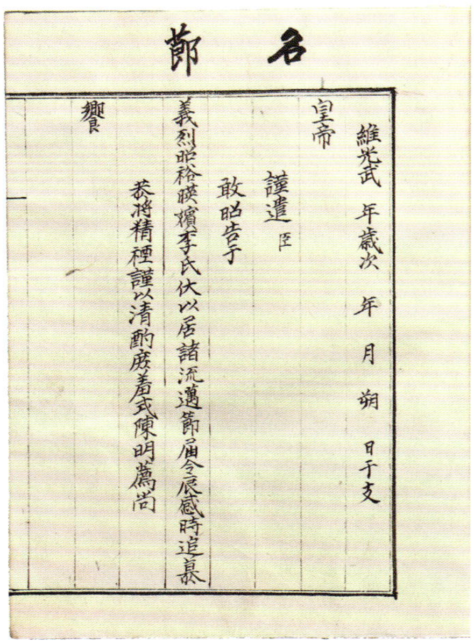
名節
維光武 年歲次 年 月 朔 日干支
皇帝
謹遣 臣
敢昭告于
義烈昭裕暎嬪李氏伏以居諸流邁節届令辰感時追慕
恭將精禋謹以清酌庶羞式陳明薦尚
饗

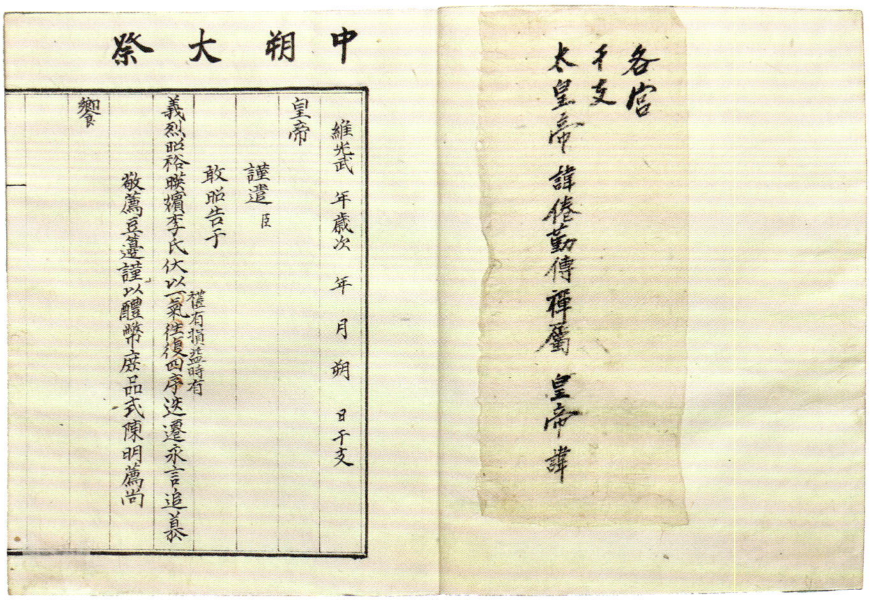
中朔大祭
維光武 年歲次 年 月 朔 日干支
皇帝
謹遣 臣
敢昭告于
義烈昭裕暎嬪李氏伏以一氣往復四序迭遷永言追慕
禮有損益時有
敬薦豆籩謹以醴幣庶品式陳明薦尚
饗

各宮
干支
太皇帝 諱倦勤傳禪屬 皇帝 諱

21

오성어진 봉안 고유문

五聖御眞奉安告由文

1899년(광무 3)
1장, 필사, 24.0×14.0㎝
RD02845

1899년 9월 27일 경모궁 망묘루望廟樓의 오성五聖 어진을 선희궁 평락정平樂亭으로 이안하며 거행한 고유제告由祭의 축문이다. 홍문관 시독侍讀 이찬의李燦儀, 1860~1911가 찬술했으며 여러 차례 내용을 추가하고 수정한 초본에 해당한다.

'오성'은 사도세자의 혈통을 계승한 정조, 순조, 익종, 헌종, 철종을 지칭한다. 1899년 7월 27일 사도세자가 장종으로 추숭되면서, 경모궁의 신주는 종묘에 부묘되었다. 이에 경모궁 망묘루에 봉안된 다섯 국왕의 어진을 선희궁으로 옮기도록 명했다. 『승정원일기』에 따르면, 7월 18일에 고종은 "육상궁 냉천정冷泉亭과 경우궁 성일헌誠一軒의 전례가 있으니, 지금 선희궁에 이봉한다면 진실로 신령의 이치와 인간의 정리에 들어맞을 것이다."라고 선언했다. 이러한 결정은 선희궁을 육상궁과 경우궁에 준하는 지위로 규정하여, 사도세자의 혈통과 그 어머니인 영빈의 위상을 높이고자 한 것이다.

7월 27일에 건물의 칭호를 평락정으로 정했고, 기존의 어필 현판을 그대로 사용하였다. 『홍재전서』에 정조가 14세에 지은 '평락정에 오르다[登平樂亭].'라는 시가 수록되어 있으므로, 평락정은 영조 대 존재하던 건물로서 고종 대에는 어필 현판만이 남아 있었던 것으로 보인다. 먼저 어진을 경모궁의 이안청에 봉안한 후 8월 10일에 망묘루를 철거했고, 8월 18일에 선희궁에서 이건을 시작하여 9월 20일에 준공했다. 9월 27일, 어진을 옮겨 모시는 의례가 거행되었는데, 고종은 면복冕服을 갖추어 입고서 어진을 공경히 보내고 맞이하는 절차를 친행했다.

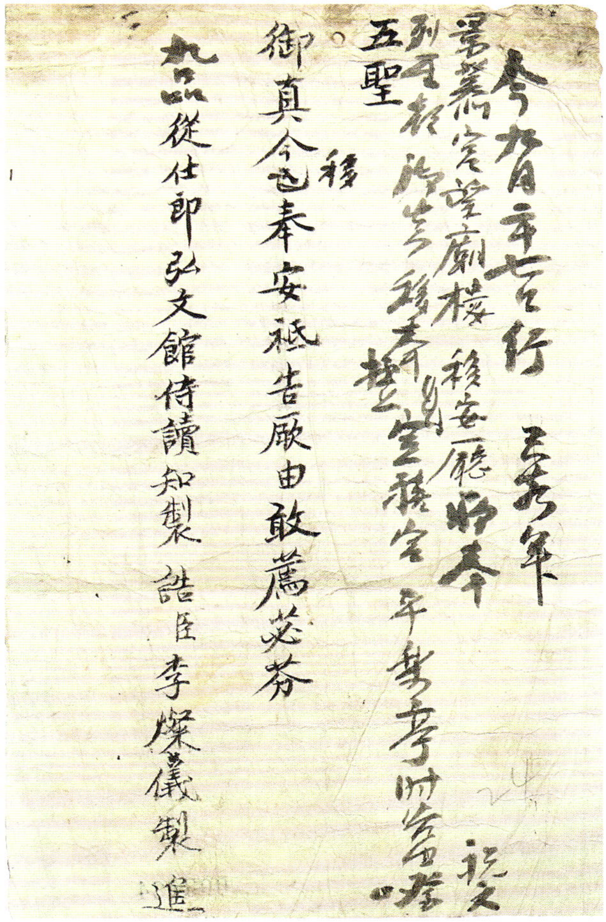
五聖
御真今已奉安祗告厥由敢薦苾芬
九品從仕郎弘文館侍讀知製誥臣李燦儀製進

평락정 현판, 국립고궁박물관

22

소유영빈 수경원비 탑본

昭裕暎嬪綏慶園碑搨本

1900년(광무 4)
1축, 탑본, (전면) 198.7×78.9㎝, (음기) 198.7×79.9㎝
K2-5279-1, 2

1900년에 건립된 수경원綏慶園 표석의 탑본이다. 전면에는 전서篆書로 '대한소유영빈수경원大韓昭裕暎嬪綏慶園'이라 새겼고, 후면의 음기에는 1899년광무 3 11월 시호를 '소유昭裕'로 정하고 수경원으로 봉했다는 간략한 내용을 해서楷書로 새겼는데, 모두 고종의 어제어필이다.

1899년 7월 영빈을 위한 상시봉원도감이 설치되고, 원소에 정자각과 석물 등을 갖추는 공역이 시작되었다. 『승정원일기』에 따르면, 8월 28일에 상시봉원도감에서 표석의 제술관과 서사관의 명단을 올렸는데, 음기 제술관으로 민영환閔泳煥, 1861~1905, 서사관으로 박기양朴箕陽, 1856~1932 등을 정했다. 그런데 9월 14일부터 추위로 공역이 중단되었다가 다음 해인 1900년 3월 12일에 재개되었다. 4월 18일과 22일에 고종이 전면과 음기의 초본을 어람했고, 6월 7일에 표석에 새기는 작업이 마무리되었다. 6월 16일로 표석의 건립이 결정되었으나 실제 건립은 8월 4일에 이루어졌다. 표석의 앞면과 음기가 고종의 어제어필로 변경되면서 건립이 연기된 것으로 추정된다.

수경원 표석이 어제어필로 제작된 것은 황제 추존에 따른 표석 개수 작업의 일환으로 볼 수 있다. 1899년 태조와 4대조의 황제 추존 이후에도 각 능陵의 표석은 개수되지 않았다. 이듬해인 1900년 5월 16일에 고종은 개수를 지시했고, 23일에는 친히 표석의 전면과 음기를 쓰겠다는 조령을 내렸다. 영빈의 표석 역시 어제어필로 제작된 것은 고종을 포함한 5대 황제의 조상으로서 영빈의 위상을 강조한 조치로 해석할 수 있다.

수경원 표석, 경기도 고양시 서오릉내 ⓒ국가유산청 궁능유적본부

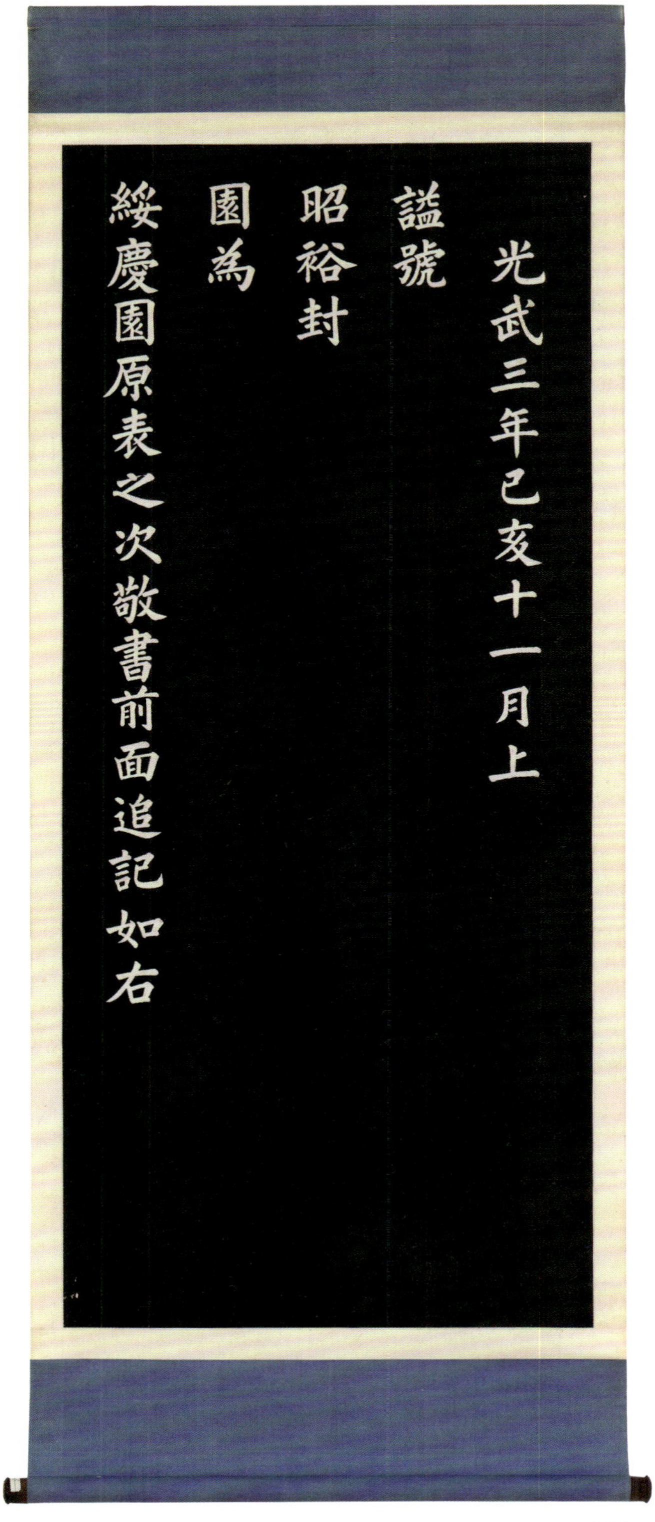

음기

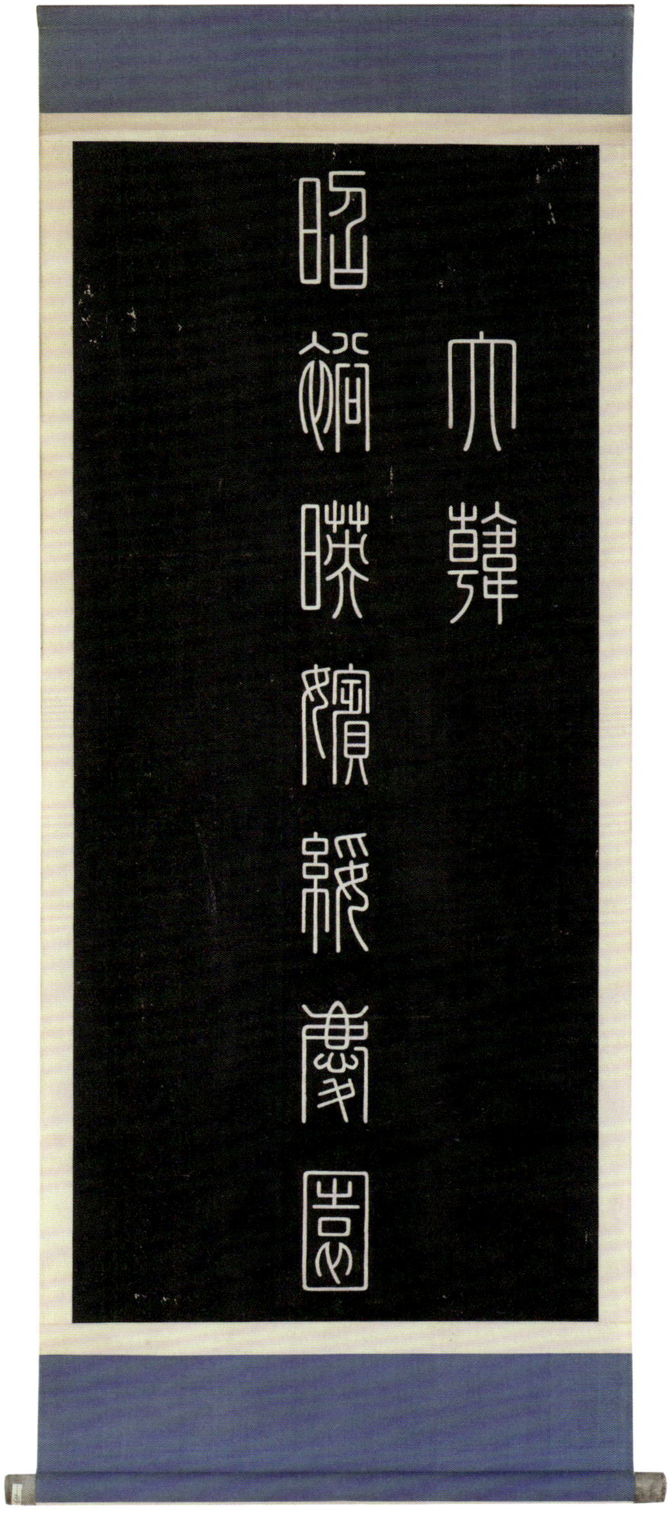

전면

IV

경우궁, 순조의 애도

1822년순조 22 12월 26일 늦은 밤 창덕궁 보경당에서 순조의 생모인 유빈 박씨가 사망했다. 가을부터 어지럼증과 구토 등의 풍담風痰 증세를 보이던 유빈은 지속적인 약물 사용으로 차도를 보이기도 했지만, 끝내 회복하지 못했다. 순조는 정성이 부족했다고 탄식하며, 애통한 마음으로 상례를 치렀다. 유빈은 아들의 재위 중 사망한 유일한 사친 후궁이었다. 순조는 종통을 이은 서자庶子로서, 예법을 준수하여 가장 가벼운 시마삼월복緦麻三月服을 입었다. 그러나 실제 상례 절차에서는 은혜와 인정이 우선시되면서, 후궁의 신분을 넘어서는 유례踰禮의 문제가 제기되었다.

순조는 신하들의 반대에 부딪힐 때마다, 생시의 예우에 따라 상례를 치러야 한다고 주장했다. 유빈은 양반 출신 간택후궁으로서, 궁인 출신 승은후궁과는 차별화된 위상을 지녔다. 정조는 후사를 두기 위해 양반의 딸을 후궁으로 삼았는데, 문효세자 사망 후 후궁 가례嘉禮 절차에 따라 유빈이 간택되었다. 1787년정조 11 2월 11일에 교명敎命을 내려 유빈으로 책봉했고, '가순嘉順'을 궁호로 정했다. 1790년정조 14 순조를 출산할 때는 후궁의 호산청보다 격을 높인 산실청이 설치되었다. 순조 즉위 후에는 왕을 낳고 기른 공덕과 순조의 효성을 근거로 유빈에 대한 예우가 더욱 강조되었다. 유빈은 '저하邸下'로 존칭되었고, 왕실 행사에서 하례를 받는 대상으로 규정되었다.

순조는 이러한 유빈의 위상을 근거로, 세자빈에 준하는 상례의 정당성을 강조했다. 이에 빈궁殯宮 · 장례葬禮 · 원소園所 3도감을 설치하고 궐내에 빈궁과 혼궁을 마련했으며, 우제와 졸곡제 등을 친행했다. 또한 묘묘廟墓에서 승격된 기존의 궁원과는 달리, 상례 절차를 통해 궁원이 성립되었다. 휘경원을 조성하여 장례를 치렀고, 삼년상 후 신주를 봉안하기 위해 경우궁을 건립했다. 따라서 '현목顯穆'을 시호로 올리는 상시책인의는 빈궁에서 미리 행해졌고, 경우궁에서는 신주와 시책 · 시인 등을 옮겨 모시는 입묘례入廟禮가 거행되었다.

이러한 상례를 통해 유빈의 차등적 위상은 더욱 공고해졌고, 후대에도 지속적으로 강조되었다. 철종 대에 휘경원은 두 차례나 이장移葬되었는데, 이는 왕위 계승의 정통성이 취약했던 철종이 자신의 정치적 입지를 강화하기 위한 조치로 해석된다. 대한제국 성립 이후에는 황제례를 적용하여, 유빈을 황제의 후궁인 '유비綏妃'로 존봉하였다.

유빈 박씨(綏嬪朴氏, 1770~1822): 정조의 후궁, 순조의 어머니

연도	생애와 주요 사건
1770년(영조 46)	출생. 반남潘南 박씨. 부父 박준원朴準源, 모母 원주 원씨
1787년(정조 11)	18세, 정조와 가례, 빈호嬪號: 유빈綏嬪, 궁호宮號: 가순궁嘉順宮
1790년(정조 14)	21세, 첫 아들 이홍李玜, 후일 순조 출산
1793년(정조 17)	24세, 첫째 딸 숙선옹주淑善翁主 출산
1800년(정조 24)	31세, 정조 승하, 순조 즉위
1809년(순조 9)	40세, 손자 이영李旲, 효명세자 탄생
1822년(순조 22)	53세, 유빈 박씨 사망, 시호: 현목顯穆, 원호園號: 휘경원徽慶園
1823년(순조 23)	양주 배봉산 장사
1824년(순조 24)	경우궁景祐宮을 계동桂洞에 세움
1855년(철종 6)	휘경원을 순강원順康園 근처로 천봉
1863년(철종 14)	양주 달마동達摩洞으로 휘경원 다시 천봉
1886년(고종 23)	경우궁을 옥인동玉仁洞으로 이건
1901년(광무 5)	유비綏妃로 추존
1908년(융희 2)	경우궁을 육상궁 경내로 옮김

경우궁 전경

경우궁 감실

경우궁 신주함

경우궁 신주

01

유빈 박씨 책봉교명

綏嬪朴氏冊封敎命

1787년(정조 11)
1축, 비단, 33.3×190.0㎝
국립중앙박물관

1787년 2월 11일 박준원朴準源의 딸을 유빈綏嬪으로 책봉하며 내린 교명敎命이다. 교명은 왕이 왕비, 왕세자, 왕세자빈 등을 책봉할 때 오색비단에 써서 내리는 훈유문訓諭文이다. 대제학 김종수金鍾秀, 1728~1799가 찬술했고, 예조판서 이명식李命植, 1720~1800이 전달하는 역할을 맡았다. 정순왕후가 친히 명문가의 후손을 후궁으로 간택했음을 밝히고, 부인으로서의 덕목들을 갖추어 자손을 많이 둘 것을 당부했다.

교명의 존재는 간택후궁인 유빈 박씨의 위상을 상징한다. 정조는 왕실의 후사를 잇기 위해 양반의 딸을 후궁으로 간택하면서 궁인 출신인 승은후궁과의 차별성을 강조했다. 이에 왕비의 가례嘉禮에서 격을 낮춘 후궁 가례를 제도화하였다. 유빈의 경우, 1787년 2월 8일에 삼간택을 마치고 납채納采를 행했으며, 11일에 납폐納幣 후 교명을 선포하고 '유빈'을 빈호嬪號로 정했다. 12일에는 유빈이 입궐하여 정조를 뵙는 조현례朝見禮와 동뢰의同牢儀를 치렀고, 다음날인 13일에 왕실 어른들을 뵙는 조현례가 시행되었다. 유빈은 양반 출신으로 가례를 치르고 후궁이 되어 왕자를 낳았다. 이러한 유빈의 위상은 아들 순조의 정치적 입지를 강화하는 배경이 되었다.

02

가순궁 인장

嘉順宮印章

1787년(정조 11) 이후
놋쇠, 9.1×9.1×12.2㎝
국립고궁박물관

가순궁에서 사용했던 놋쇠 인장이다. 가순궁은 1787년 유빈 박씨에게 내려진 궁호宮號로서, 유빈 본인이나 가순궁 궁방의 문서에 사용했던 것으로 추정된다. 인장의 손잡이는 목에 방울을 단 사자가 몸을 낮춘 자세로 고개를 들어 앞을 바라보고 앉아 있는 모습이며 인면印面에 '가순궁도서嘉順宮圖書'라는 글자가 전서篆書로 새겨져 있다.

王若曰予惟周立三夫人
九嬪之制以廣儲嗣
聖人之深意也今當
國勢孤弱之日斯禮
也尤不可以不講肆
慈聖親揀右族而婦爵特
冠後宮咨爾朴氏詩
禮之家貞順其性德

03

각전궁 동가 의절

各殿宮動駕儀節

1811년(순조 11)
1첩, 필사본, 32.8×19.8㎝
K2-2404

1811년에 홍의호洪義浩, 1758~1826가 왕명으로 왕대비전 등 각 전殿과 궁宮의 행차 시 의식 절차를 집성한 첩이다. 홍의호의 발문跋文에 따르면, 1811년 윤삼월 17일 순조는 경희궁으로 이어하는 길일을 정하도록 하교하면서 각 전과 궁의 행차 의절을 규식화하도록 명했다. 반차도식班次圖式을 첨부하고 첩으로 장황하여 올린 후, 사고史庫에 봉안하도록 하였다. 왕명에 따라 승정원 도승지 홍의호가 4월에 편찬을 마쳤다.

동가 의절은 왕대비전, 중궁전, 혜경궁, 가순궁, 원자궁, 경수궁慶壽宮의 순으로 수록되었는데, 각각 「의주儀註」, 「의장儀仗」, 「고취鼓吹」, 「연여식輦輿式」, 「내시위각차비內侍衛各差備」, 「외시위반차外侍衛班次」, 「절목節目」, 「반차도식班次圖式」의 순서로 기재되었다. 가순궁은 혜경궁 다음으로 원자궁에 앞서 배치되었다. 정조의 후궁인 화빈 윤씨의 경수궁이 가장 마지막에 수록된 것과 비교하면, 순조의 생모라는 가순궁의 위상이 중시된 것으로 보인다. 가순궁의 의장은 왕대비전·중궁전 보다 낮추어 혜경궁과 동일하게 정비되었다. 의장군儀仗軍은 10명을 줄여 45명으로, 봉선鳳扇은 1쌍을 줄여 3쌍을 갖추었으며, 홍양산紅陽傘 대신 청양산靑陽傘을 사용했다. 가순궁의 의주로는 '가례시 예궐의嘉禮時詣闕儀'와 '이어경희궁시 출궁의移御慶

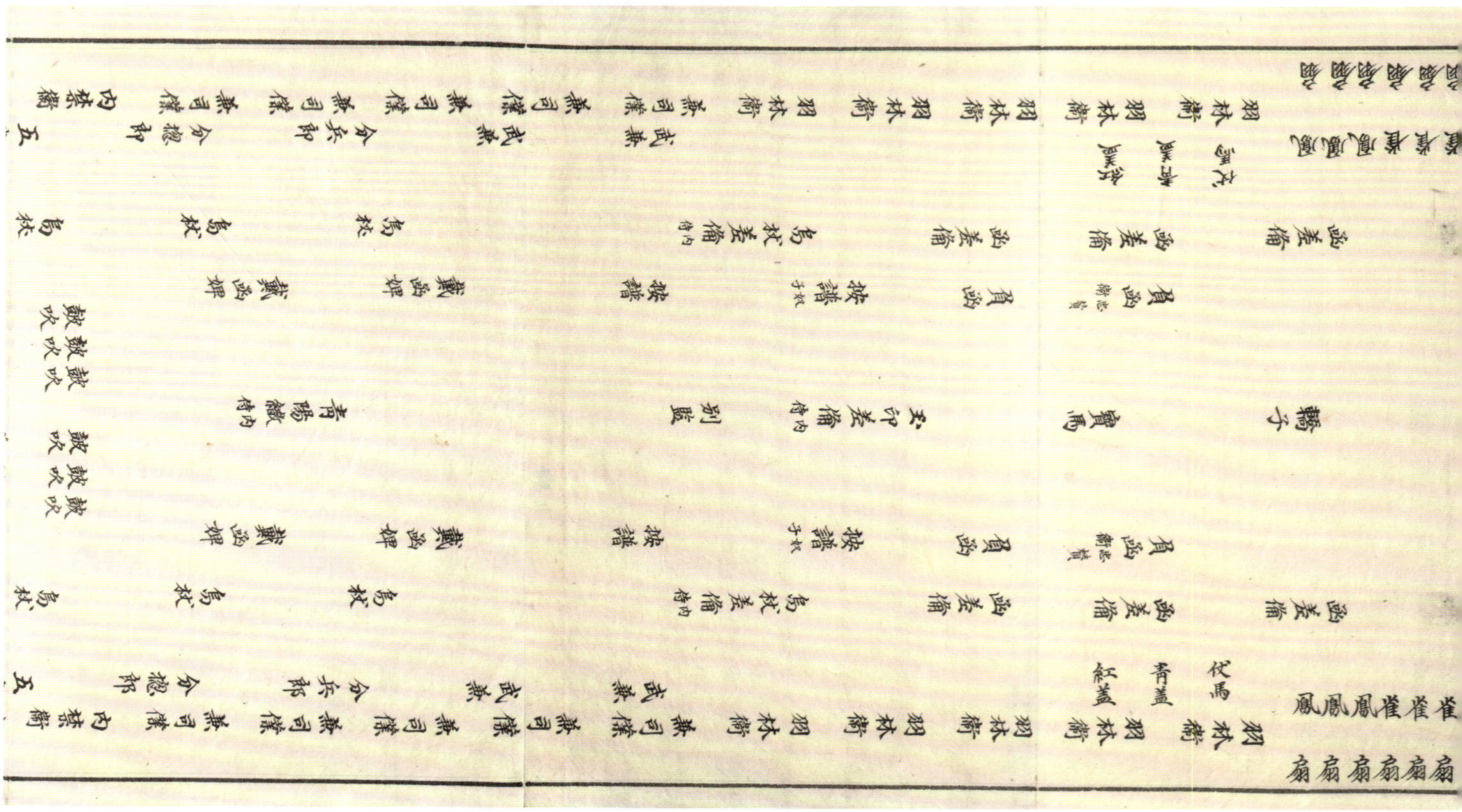

熙宮時出宮儀'가 수록되었다.

순조 즉위 이후, 왕을 낳고 키운 공덕과 순조의 효성을 근거로 유빈 박씨에 대한 예우가 강조되었다. 『순조실록』에 따르면, 1800년순조 즉위 유빈에게 올리는 지방의 방물方物을 정했고, 1809년순조 9 원자 탄생 시에는 진하 의례를 정비했다. 이에 유빈을 저하邸下로 칭하면서 치사致詞 · 전문箋文 · 표리表裏를 올렸고, 유빈의 연여와 의장 규정이 마련되었다. 이러한 의절을 제도화하여 편찬함으로써, 왕의 생모인 유빈의 의례적 위상을 확고히 하였다.

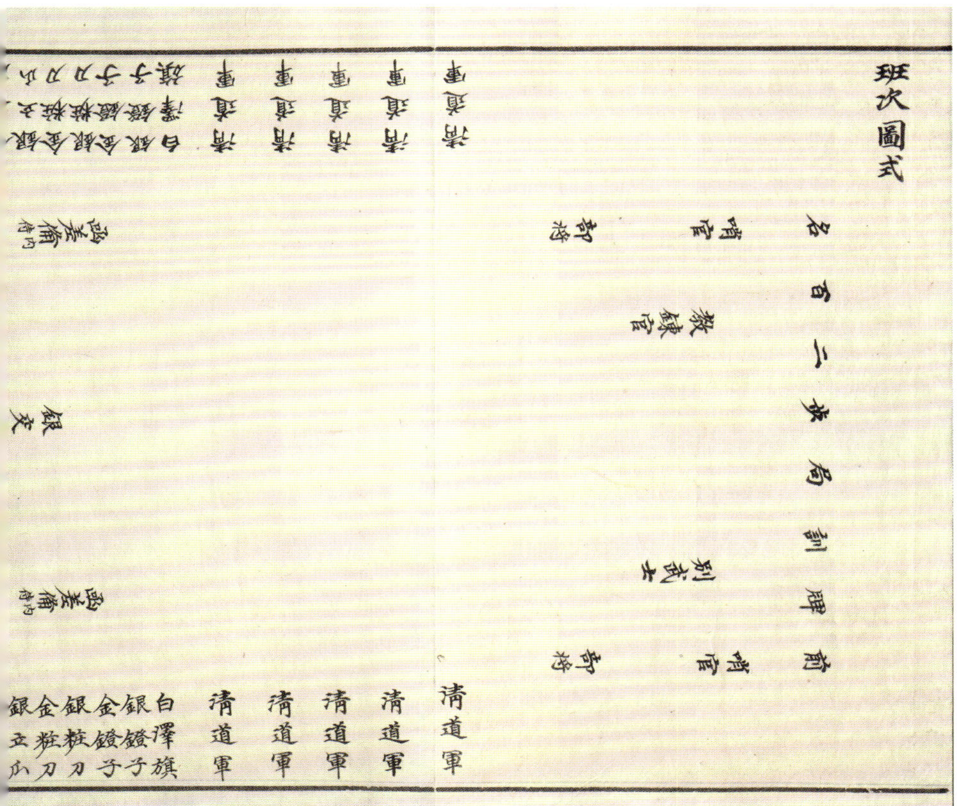

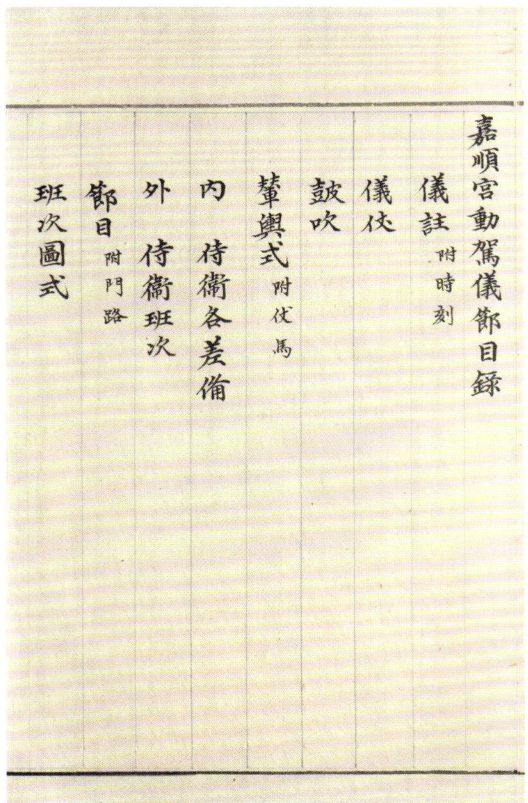

嘉順宮動駕儀節目錄
儀註 附時刻
儀仗
鼓吹
輦輿式 附仗馬
內 侍衛各差備
外 侍衛班次
節目 附門路
班次圖式

04

현목유빈 박씨 시책문

顯穆綏嬪朴氏諡冊文

(한문) 1823년(순조 23), 1첩, 필사본, 19.1×16.5㎝, K2-3067
(한글) 1823년(순조 23), 1첩, 필사본, 18.9×16.0㎝, K2-3068

1823년 2월 20일 유빈 박씨의 빈궁殯宮에 현목顯穆을 시호로 올리기 위해 작성된 시책문의 필사본이다. 1822년순조 22 12월 29일에 시호를 '현목'으로 정했는데, '현'은 '행실이 안팎으로 드러남[行見中外]', '목'은 '덕을 펼치고 의로움을 지킴[布德執義]'이라는 뜻이다. 시책문은 호조판서 심상규沈象奎, 1766~1838가 찬술했고 박종훈朴宗薰, 1773~1841이 글씨를 썼으며, 10첩의 죽책으로 제작되었다.

시책문의 필사본은 한문과 한글로 작성되었다. 필사본의 각 면은 죽책 시책과 동일한 6행 12자의 형태로 붉은 인찰선을 그었다. 먼저 한자본을 만들고 붉은색 온점으로 구두점을 찍은 다음, 이와 동일한 형태로 한글본을 만들었다. 한글본은 낭독용 대본으로, 검정 빗점의 구두점을 추가하여 끊어 읽는 글자의 간격을 좁혔다. 이 필사본은 상시책인의에서 시책을 읽는 여관에게 연습용으로 지급되었다. 여관은 한자본으로 한자를 눈에 익히는 한편, 한글본으로 한자의 음가를 외우고 정확한 끊어 읽기를 연습하게 했다. 상례는 고인을 아직 살아있는 듯 여기는 '상생象生'의 의미가 강조되었으므로, 남성 관리들은 유빈의 시신을 모신 빈궁 안에 출입할 수 없었다. 따라서 여관들의 의례 수행을 위해 시책문의 필사본이 제작되었던 것이다.

또한 한글 필사본을 통해 '수빈'이 아닌 '유빈'의 작호를 확인할 수 있다. '綏'자는 '수' 혹은 '유'로 읽히는데, 한글 필사본에서 '綏嬪'은 '유빈'으로 표기되어 있다. 당시의 공식적인 작호가 '유빈'이었음을 보여주는 중요한 자료이다.

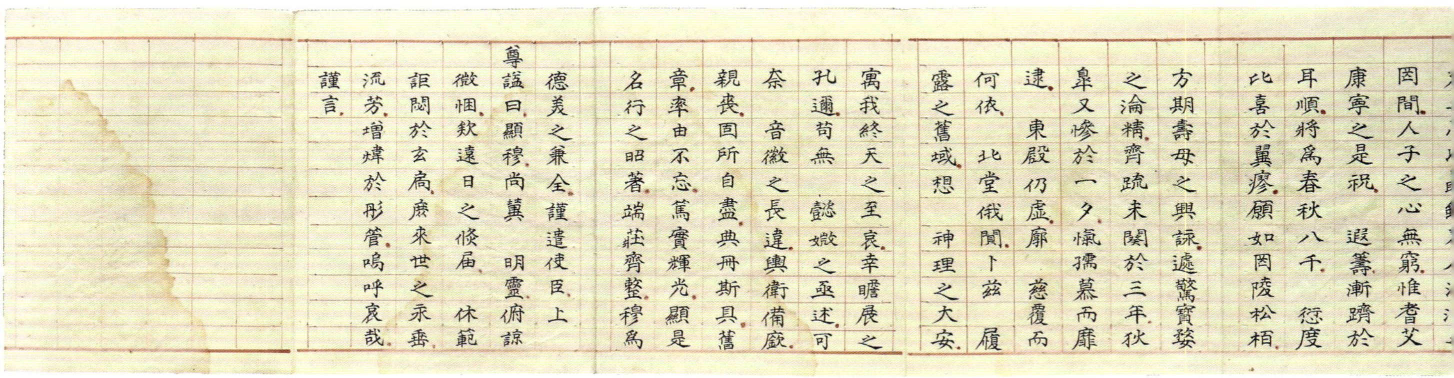

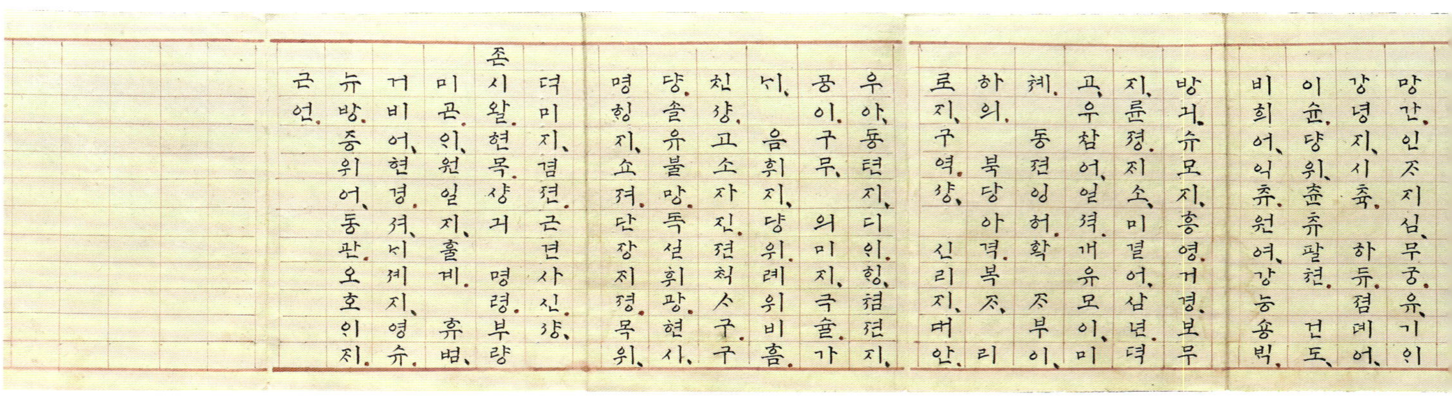

현목유빈 박씨 시책
1823년(순조 23), 고려대학교박물관

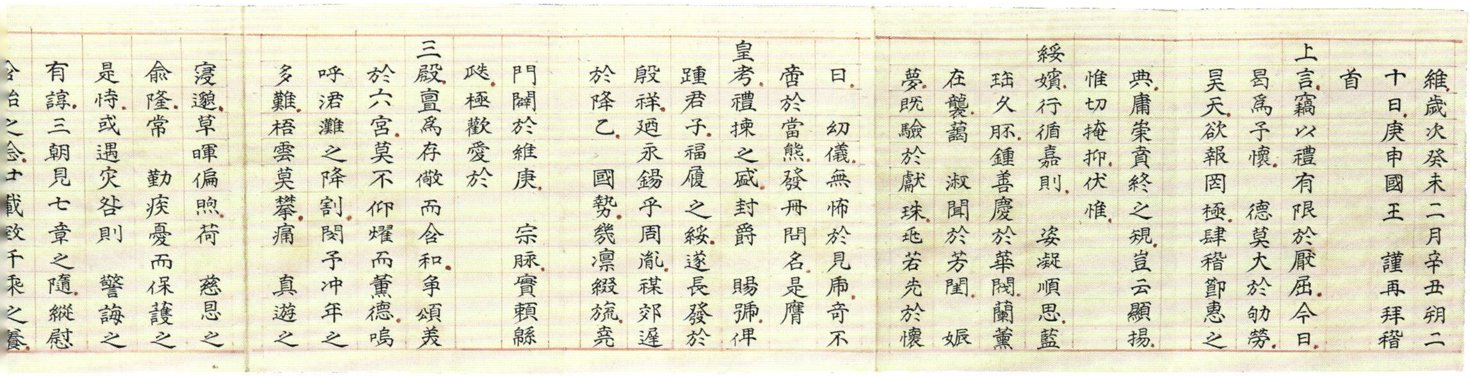

維歲次癸未二月辛丑朔二
十日庚申國王 謹再拜稽
首
上言竊以禮有限於厭屈今日
曷爲予懷 德莫大於劬勞
昊天欲報罔極肆稽節惠之
典庸寔賁終之規豈云顯揚
惟切掩抑伏惟
綏嬪行循嘉則 姿凝順思藍
珤久服鍾善慶於華閥蘭薰
在襲藹 淑聞於芳闈 娠
夢旣驗於獻珠兆若先於懷
日 幼儀無怖於見帍奇不
啻於當熊發冊問名是膺
皇考禮揀之盛封爵 賜號俾
踵君子福履之綏遂長發於
殷祥迺永錫予周胤祺郊遲
於降乙 國勢幾凜綴旒堯
門闢於維庚 宗祧實賴緜
瓞極歡愛於
三殿亶爲存徹而合和爭頌美
於六宮莫不仰燿而薰德嗚
呼涒灘之降割閔予冲年之
多難梧雲莫攀痛 真遊之
寢遞草暉偏照荷 慈恩之
兪隆常 勤疾憂而保護之
是恃或遇灾咎則 警誨之
有諄三朝見七章之隨縱慰
合台之念十載致千乘之養

한문

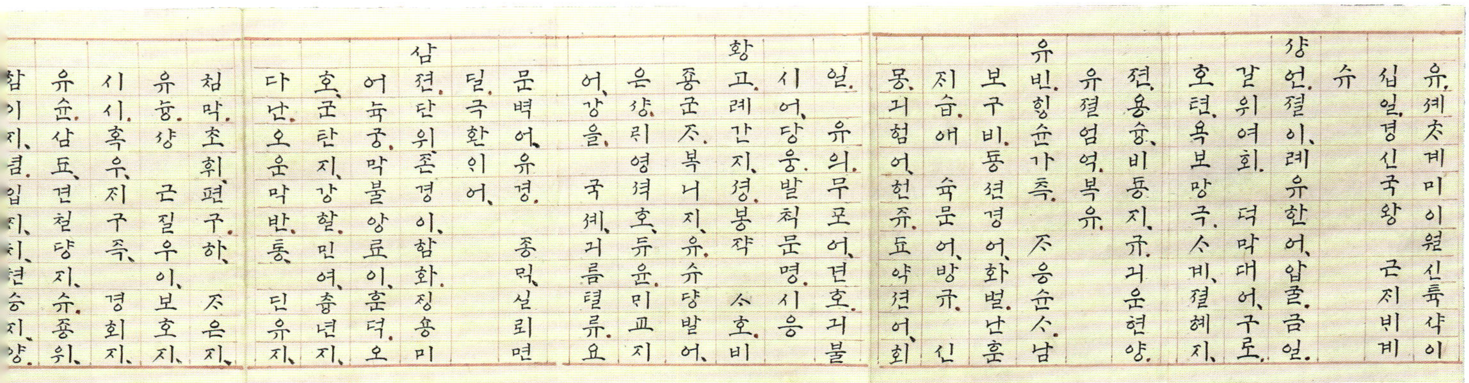

유셰ᄎᆞ계미이월신튝샥이
십일경신국왕 근지비계
슈
샹언졀이례유한어압굴금일
갈위여회 덕막대어구로
호텬욕보망극ᄉᆞ계졀혜지
뎐용숑비동지규괴운현양
유졀엄억복유
유빈힝슌가측 ᄌᆞ응슌ᄉᆞ남
보구비동션경어화벌난훈
지습애 슉문어방규 신
몽괴험어헌쥬됴약션어회
일 유의무포어견호괴불
시어당웅발칙문명시응
황고례간지셩봉작 ᄉᆞ호비
죵군ᄌᆞ복니지유슈당발어
은샹리영셕호듀윤미교지
어강을 국셰괴름뎔류요
문벽어유경 종믁실리면
딜극환이어
삼뎐단위존경이함화징용미
어뉵궁막불앙료이훈덕오
호군탄지강할민여츙년지
다난오운막반통 딘유지
침막초휘편구하 ᄌᆞ은지
유늉샹 근질우이보호지
시시혹우지구족 경회지
유슌삼됴견칠댱지슈죵위
참이지큼입지치현승지양

한글

05

가순궁 상례등록

嘉順宮喪禮謄錄

1825년(순조 25)
1책, 필사본, 41.2×27.0㎝
K2-2911

1822년순조 22 12월 26일 유빈 박씨의 사망부터 1825년 2월 5일 경우궁 입묘入廟 후 포상까지의 상례 절차를 기록한 등록이다. 유빈이 53세의 나이로 창덕궁 보경당에서 졸서卒逝하자, 순조는 빈궁殯宮·장례葬禮·원소園所 3도감을 설치하고 빈궁을 창경궁 환경전으로 정했다. 순조는 예의 원칙에 따라 가장 가벼운 시마삼월복緦麻三月服을 입었지만, 그 외의 의절은 효와 인정을 근거로 후궁의 신분을 넘어서는 형식으로 진행되었다.

12월 29일 유빈의 시호는 '현목顯穆', 원호園號는 '휘경徽慶'으로 결정되었다. 1823년순조 23 2월 20일에는 빈궁에서 시호를 올리는 상시책인의가 거행되었다. 2월 26일 양주 배봉산拜峯山에 조성된 휘경원으로 발인하여, 27일에 장례를 치렀다. 당일 신주를 모시고 반우한 뒤, 혼궁인 창경궁 현사궁顯思宮에서 초우제初虞祭를 지냈다. 이후 세자빈의 예에 따라 오우제까지 총 5회의 우제가 거행되었다. 현사궁에서 졸곡, 연제, 상제, 담제가 시행되는 가운데, 사당의 건립이 진행되었다. 1824년순조 24 12월 1일에 궁호宮號를 '경우景祐'로 정했고, 이듬해 1825년 2월 4일 신주를 경우궁에 이안하는 입묘례入廟禮를 거행했다. 다음 날인 2월 5일에 입묘도감 도제조 이하를 포상하는 것으로 기록이 마무리되었다.

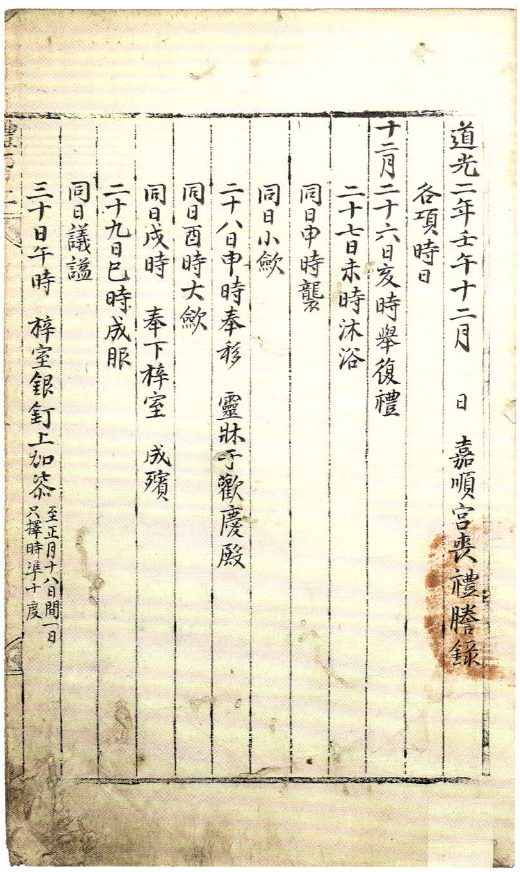
道光二年壬午十二月　日　嘉順宮喪禮謄錄
各項時日
十二月二十六日亥時擧復禮
二十七日未時沐浴
同日申時襲
同日小斂
二十八日申時奉移　靈牀于歡慶殿
同日酉時大斂
同日戌時　奉下梓室　成殯
二十九日巳時成服
同日議謚
三十日午時　梓室銀釘上加漆 至正月十八日間一日只擇時準十度

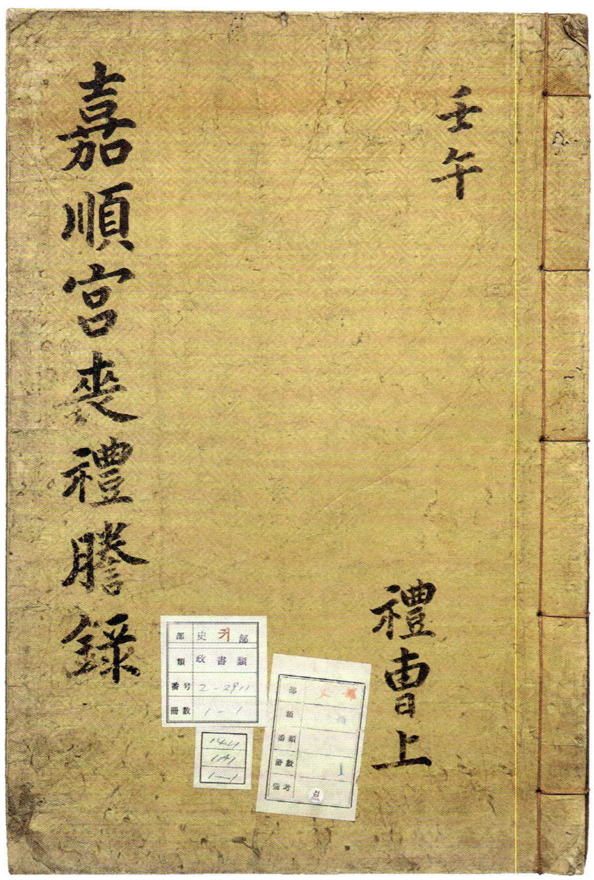

06

휘경원 원소도감의궤

徽慶園園所都監儀軌

1823년(순조 23)
1책, 필사본, 45.7×32.5㎝, 보물
K2-2398

1822년순조 22 12월 26일부터 1823년 3월 3일까지 양주楊州 배봉산拜峯山에 휘경원을 조성하는 과정을 기록한 의궤이다. 1822년 12월 28일 원소도감이 사옹원에서 회동한 후, 1823년 1월 8일부터 수원, 용인 등에 대한 간심看審을 시작했다. 1월 18일에 배봉진拜峯鎭과 공덕리孔德里를 재간심하여 22일 배봉진으로 원소를 정했다. 11월 26일부터 공역을 시작하여 2월 6일에 원상각園上閣을 지었다. 2월 7일에는 정자각의 입주立柱와 상량上樑을 진행했고, 13일에 금정기金井機를 놓고 광중壙中을 팠다. 2월 26일에 대여가 도착하자 정자각에 빈소를 차렸고, 27일에 유빈 박씨의 관인 재실梓室을 광중에 내린 후 길유궁吉帷宮에서 신주를 썼다. 신주를 모시고 반우返虞한 뒤, 원소에서는 지석誌石을 묻고 봉분을 조성하는 등의 후속 작업이 진행되었다. 3월 2일 원상각을 철거하고 3일에 안원전安園奠을 행한 후 복명하는 것으로 모든 절차가 마무리되었다.

의궤는 상하권으로 구성되었는데, 장서각에는 상권만 소장되어 있다. 상권에는 목록을 시작으로, 원소 조성의 주요 절차를 날짜별로 기록한「시일時日」, 도감 관원의 명단인「좌목座目」, 순조의 명령과 계문을 정리한「전교傳敎」, 그리고 포상 내역인「상전賞典」이 수록되었다. 이어「이문移文」·「내관來關」등으로 공문서를 정리했고, 정자각상량의丁字閣上樑儀 등을 기재한「의주儀註」와 도감의 경비 출납을 기록한「재용財用」을 수록했다. 마지막으로 의례 편찬 과정을 기록했는데, 의궤 5건을 제작하여 규장각, 춘추관, 예조, 정족산·오대산 사고에 보관하게 하였다.

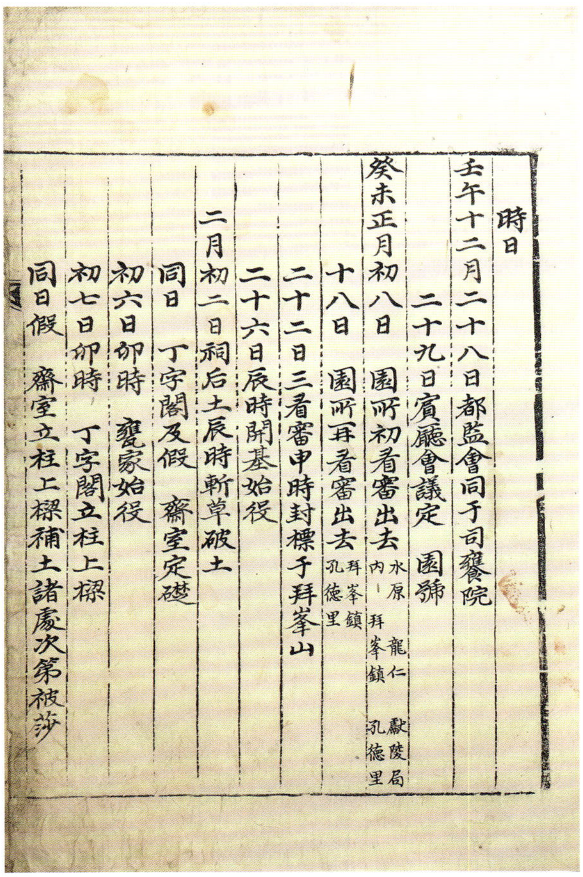

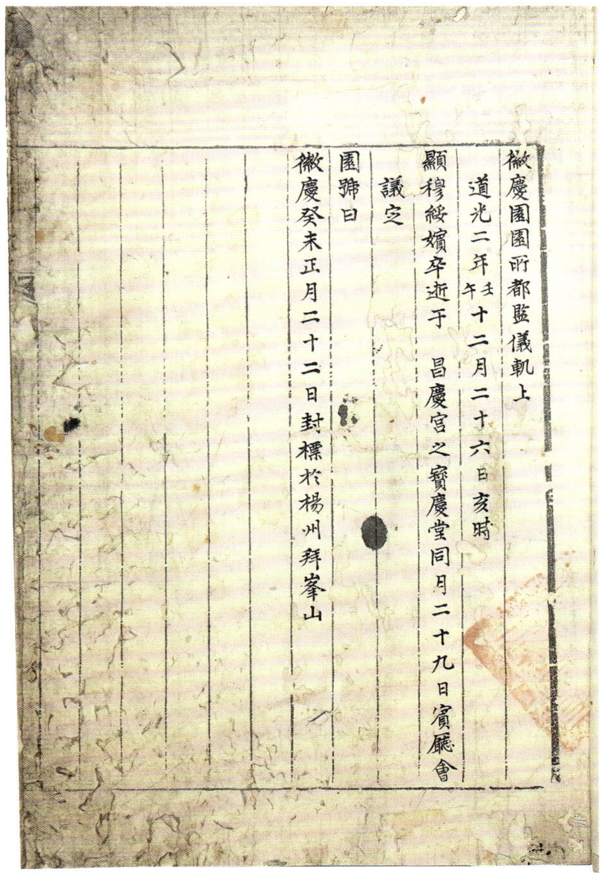

순조의 독설, "사람의 도리가 없구나"

1822년순조 22 12월 26일 유빈 박씨가 53세의 나이로 창덕궁 보경당에서 사망하자, 순조는 예법에 지나칠 정도로 애통해 했다[哀慟踰節]. 상례를 치르기 위해 빈궁殯宮을 창경궁 환경전歡慶殿으로 정하고, 빈궁·장례·원소 3도감을 설치했다. 빈궁은 왕과 왕비의 빈전殯殿보다 격을 낮추어, 세자와 세자빈의 시신을 장례 전까지 안치하는 공간이었다. 빈궁의 설치는 궐 밖에서 상례를 치르는 후궁의 경우와 달리, 세자빈의 위상에 따라 상례를 거행하겠다는 의지의 표명이었다.

순조의 결정에 대해, 교리 엄도嚴燾, 1776~1836와 부수찬 권돈인權敦仁, 1783~1859은 궁궐 안에 빈궁을 설치할 수 없다는 상소를 올렸다. 순조가 종묘를 계승하였으므로 사친의 상복을 낮추어야 하고, 상주가 될 수 없으므로 궐내에서 상례를 치를 수 없다고 주장했다. 순조는 "예는 인정에 의해 생기는 것[禮緣於情]"임을 강조하면서, 엄도와 권돈인을 "사람의 도리가 없다[無人理]."라고 질책하며 삼수와 갑산으로 유배를 명했다.

대사헌 권상신權常愼, 1759~1824은 순조가 '무인리無人理' 세 글자로 짐승을 꾸짖듯이 하였다고 비판했다. 순조의 명령은 사정私情이고 엄도 등의 주장이 정론正論이라 주장하면서, "전하께 죄를 지을지언정 감히 하늘에 계신 열성조의 신령께 죄를 지을 수 없다."고 역설했다. 권상신을 옹호하는 상소들이 이어졌는데, 순조는 도리어 이들을 '사람의 도리가 없는 무리[無人理之輩]'로 폄하하면서 유배형을 내렸다.

결국 순조는 사람의 도리를 지켜 효를 다하고자 하였다. 예법에 따라 가장 가벼운 시마삼월복緦麻三月服을 입었지만, 삼 년 동안 흰색 의관을 착용했고 혼궁 역시 창경궁에 설치하여 상례 절차를 친행했다. 순조는 "친상親喪에 대해 진실로 스스로 극진히 해야 하는 것은 상하가 똑같은 것이다."라고 주장하며, 예법에 어긋나지 않는 범위에서 어머니에 대한 효를 다하였다. 「순조대왕행장純祖大王行狀」에서 유빈의 상례는 분별의 의리와 효의 정성을 극진히 하여 둘 다 부족함이 없는 것으로 평가되었다.

다산茶山 정약용丁若鏞의 해법

다산 정약용은 유빈 상례의 논점을 정리한 「가순궁상례문답嘉順宮喪禮問答」을 저술했다. 그는 빈궁을 궁궐 안에 설치한 순조의 결정을 지지했다. 권돈인 등의 주장은 경전과 고사에 근거가 없음에도, 가벼이 말을 꺼내 순조의 마음을 놀라고 불안하게 만들었다고 비판했다. 다산은 유빈의 상례가 순조의 '친상'임을 강조하면서 궐내에서 거행하는 것이 마땅하다고 보았다. 다만, '전殿'의 칭호가 후궁의 신분에 맞지 않기 때문에 환경전에는 빈궁을 설치할 수 없다고 지적했다. 이에 대한 다산의 해법은 매우 간단했다. '환경전'의 편액을 '환경당歡慶堂'으로 바꾸는 조치만으로 문제가 해결된다고 주장했다.

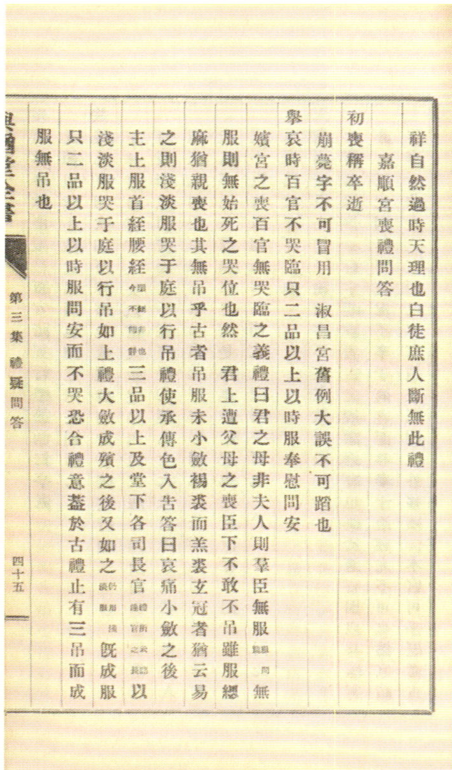
祥自然過時天理也白徒庶人斷無此禮
嘉順宮喪禮問答
初喪稱卒逝
崩薨字不可冒用 淑昌宮舊例大誤不可蹈也
擧哀時百官不哭臨只二品以上以時服奉慰問安
殯宮之喪百官無哭臨之義禮曰君之母非夫人則羣臣無服 [illegible] 無
服則無始死之哭位也然 君上遭父母之喪臣下不敢不吊雖服緦
麻猶親喪也其無吊乎古者吊服未小斂裼裘而羔裘玄冠者猶云易
之則淺淡服哭于庭以行吊禮使承傳色入告答曰哀痛小斂之後
主上服首絰腰絰 [illegible] 三品以上及堂下各司長官 [illegible] 以
淺淡服哭于庭以行吊如上禮大斂成殯之後又如之 [illegible] 既成服
只二品以上以時服問安而不哭恐合禮意蓋於古禮止有三吊而成
服無吊也

與猶堂全書 第三集 禮疑問答 四十五

『여유당전서(與猶堂全書)』「가순궁상례문답」, K4-6268

07

현목유빈 휘경원비 탑본

顯穆綏嬪徽慶園碑搨本

1824년(순조 24)
2축, 탑본, (전면) 245.3×94.6㎝, (음기) 244.0×94.2㎝
K2-5295-1, 2

1824년 휘경원에 건립된 표석의 탑본이다. 전면은 한용구韓用龜, 1747~1828가 전서로 '유명조선국 현목유빈휘경원有明朝鮮國 顯穆綏嬪徽慶園'이라고 썼다. 후면의 음기는 박윤수朴崙壽, 1753~1824가 찬술했고 임한호林漢浩, 1752~1827가 글씨를 썼는데, 유빈 박씨의 탄생부터 가례嘉禮, 순조의 출산 및 배봉산의 장례 등을 기록했다. 특히, 1787년정조 11 유빈의 가례를 "교명을 선포하여 유빈으로 삼고, 가순嘉順을 궁호宮號로 하사했다[宣敎命爲綏嬪 賜宮號嘉順]."라고 서술하여 양반가에서 간택한 후궁임을 강조했다.

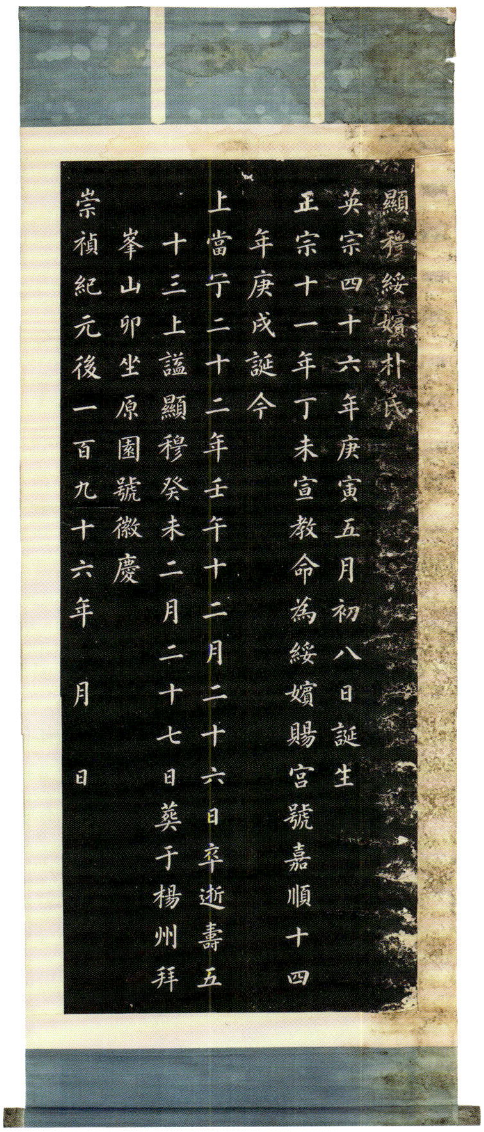

음기

전면

08

현사궁 별묘 영건도감의궤

顯思宮別廟營建都監儀軌

1824년(순조 24)
1책, 필사본, 45.6×31.8㎝, 보물
K2-3602

1824년 유빈 박씨의 사당인 경우궁을 짓고 신주를 봉안하는 과정을 기록한 의궤이다. 현사궁은 장례 후 유빈의 신주를 모신 혼궁魂宮으로, 유빈을 지칭하는 중의적 의미로도 사용되었다. 1824년 12월 1일 '경우景祐'를 궁호로 정하기 전까지, 유빈의 사당은 '별묘別廟'로 불렸다. 『순조실록』에 따르면, 1824년 1월 26일에 용호영龍虎營을 터로 정하고 27일에 영건도감 관원을 임명했다. 별묘는 같은 해 6월 8일에 완공되었다.

의궤의 「도설圖說」에는 경우궁의 배치도와 신주를 봉안하는 감실龕室, 제사 때 신주를 옮겨 모시는 신탑神榻의 그림과 해설이 실려 있다. 「좌목」은 영건도감에 배속된 관원들의 명단으로, 감동대신監董大臣에 김사목金思穆, 1740~1829, 제조에 호조판서 김이양金履陽, 1755~1845 등이 임명되었다. 「사목事目」에는 경우궁 조성과 관련된 도감의 임무 9조항이 기재되었고, 「승전承傳」에는 1824년 1월부터 6월까지의 왕명이 수록되었다. 「품목稟目」에는 도감의 급료 지급 내역을, 「재용財用」에는 경우궁의 조성 비용 총 6만 7,500냥, 쌀 200석, 포목 3동의 운용을 기록했다. 이어 「감결甘結」·「이문移文」·「내관來關」으로 관청에서 주고받은 공문서를 정리했다. 「실입實入」에는 경우궁의 부속 건물별로 소요된 물품의 전체 내역이 수록되어 있다. 마지막으로 포상 내역 및 의궤 편찬 과정을 첨부했다. 의궤는 5건을 제작하여, 규장각, 경우궁, 춘추관, 예조, 강화사고에 각 1건을 보관하게 하였다.

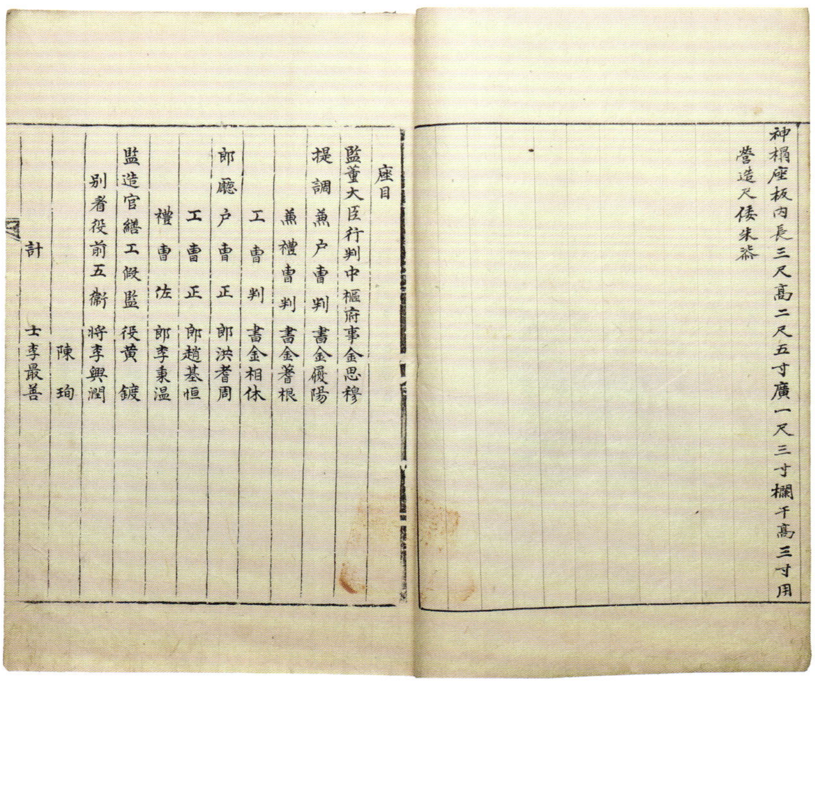

神榻座板內長三尺高二尺五寸廣一尺三寸欄干高三寸用
營造尺倭朱漆

座目
監董大臣行判中樞府事金思穆
提調兼戶曹判書金履陽
兼禮曹判書金著根
工曹判書金相休
郎廳戶曹正郎洪耆周
工曹正郎趙基恒
禮曹佐郎李東溫
監造官繕工假監役黃鍍
別看役前五衛將李興潤
陳珣
計士李最善

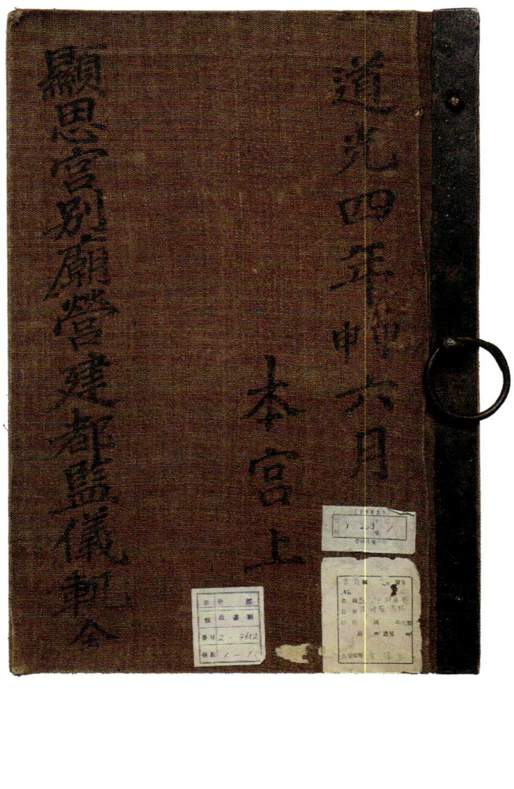

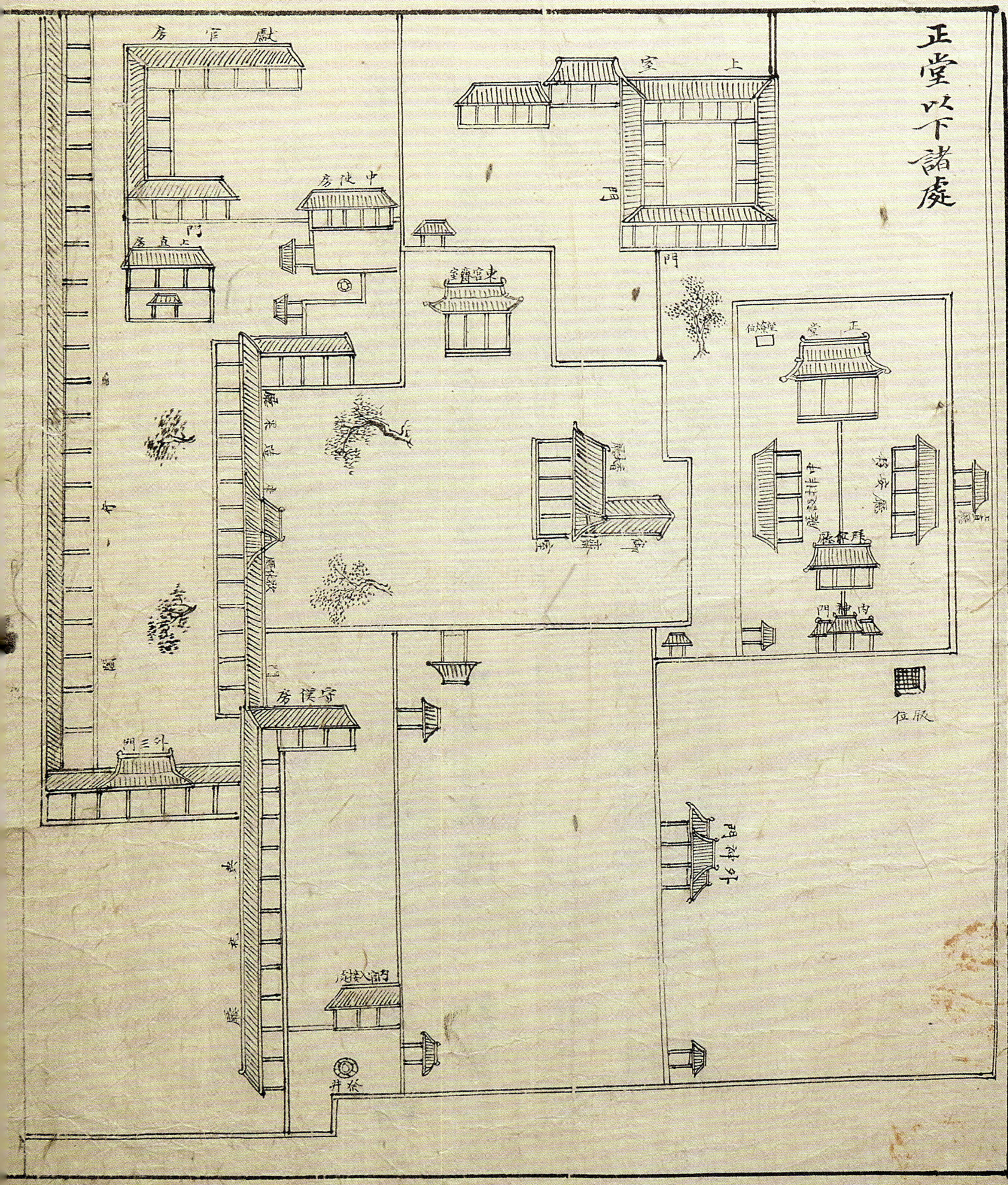
正堂以下諸處
獻官房
上室
中使房
上直房
門
中宮齋室
正堂
守僕房
外三門
外神門
內神門
版位

神榻

신탑

龕室

감실

09

경우궁도

景祐宮圖

1825년(순조 25)
1장, 종이에 채색, 222.3×452.8㎝
국립고궁박물관

1825년순조 25 경우궁 영역을 그린 건축도형이다. 「동궐도東闕圖」와 같은 평행 사선 구도로 399칸에 달하는 전각들을 일목요연하게 화면에 담았다. 도면 왼쪽 맨 아래의 외삼문外三門으로 들어가 외신문外神門을 통과하면, 신주를 봉안하는 정당正堂 영역인 내신문內神門에 이르게 된다. 이곳에는 남향한 정당을 중심으로 동쪽에 이안청移安廳, 서쪽에 중배설청中排設廳, 정면에는 배위청拜位廳이 배치되어 있다. 중대문中大門 영역에는 어재실御齋室, 동궁재실東宮齋室, 제기고祭器庫, 향대청香大廳 등이, 외삼문 영역에는 전사청典祀廳, 수복방守僕房, 제정祭井 등이 마련되어 있다.

정당 영역은 평행 사선 구도가 아닌 정면에서 바라본 모습으로 묘사되어, 중심이 되는 공간임을 강조했다. 이러한 표현 방식은 『현사궁 별묘 영건도감의궤顯思宮別廟營建都監儀軌』에 수록된 도설인 '정당이하제처正堂以下諸處'의 평면 배치도와 일치한다. 또한 이 의궤에서 '별묘전도別廟全圖'의 제작 사실을 확인할 수 있는데, 이 도형이 '별묘전도'로 추정된다.

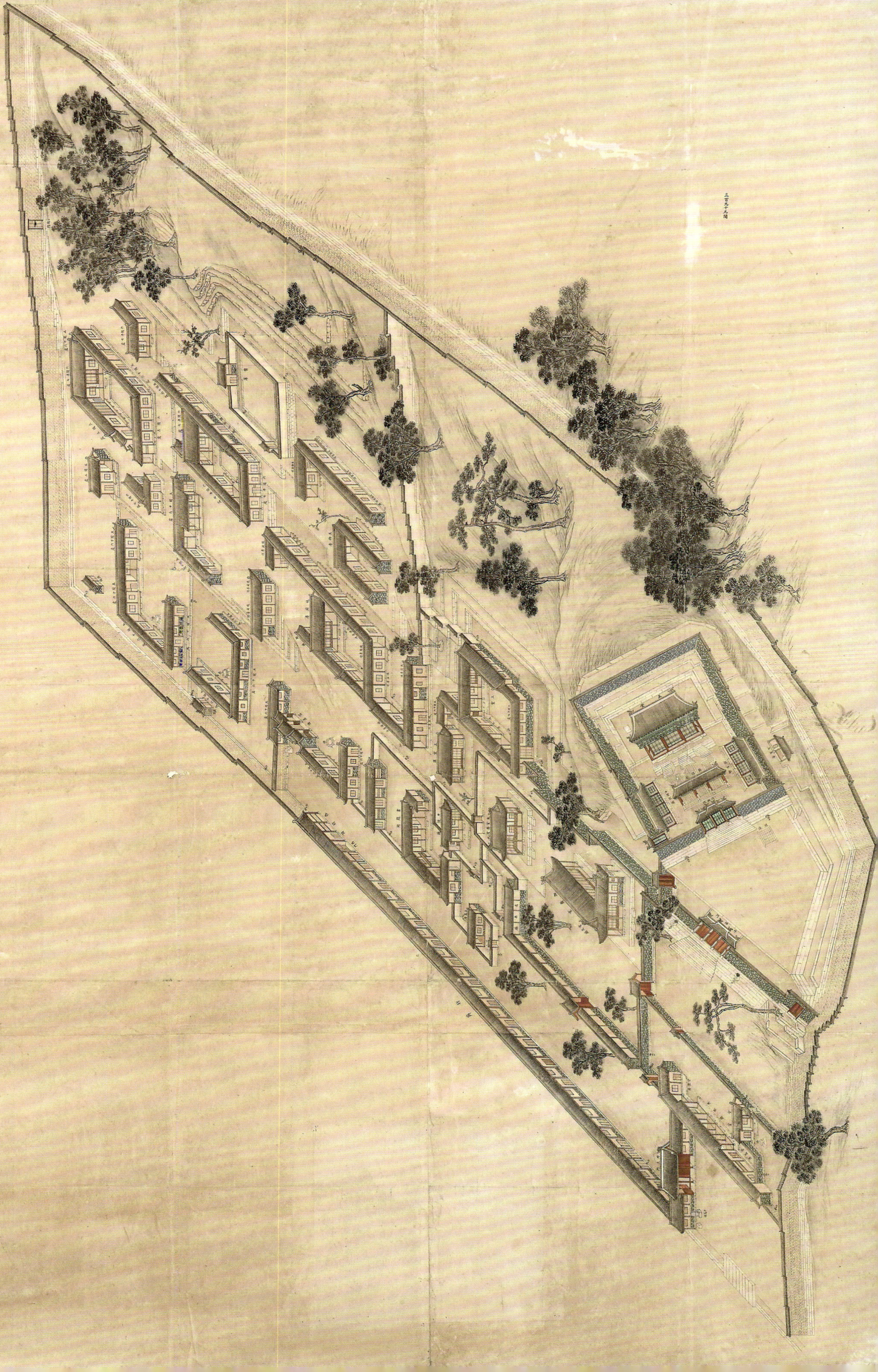
三百九十九間

10

어필 경우궁

御筆景祐宮

1825년(순조 25)
3장, 필사, 96.0×66.5㎝
RD04338

경우궁 현판을 제작하기 위해 쓴 순조의 어필이다. 『순조실록』에 따르면, 1824년순조 24 12월 1일에 유빈 사당의 궁호를 '경우景祐'로 정했다. 이후 경우궁의 현판이 어필로 제작되었는데, 어진 봉안처인 성일헌誠一軒, 재실齋室인 일심재一心齋의 현판 제작도 함께 진행되었다. 『현목유빈 입묘도감의궤』에 따르면 입묘도감 2방房에서 현판 제작을 담당했는데, 1825년 1월 25일에 어필을 받들어 모본을 만드는 작업이 이루어졌다. 또한 이 의궤에는 3개의 어필 현판을 제작할 때 사용된 물품 및 인출과 어람 과정 등이 구체적으로 기록되어 있다.

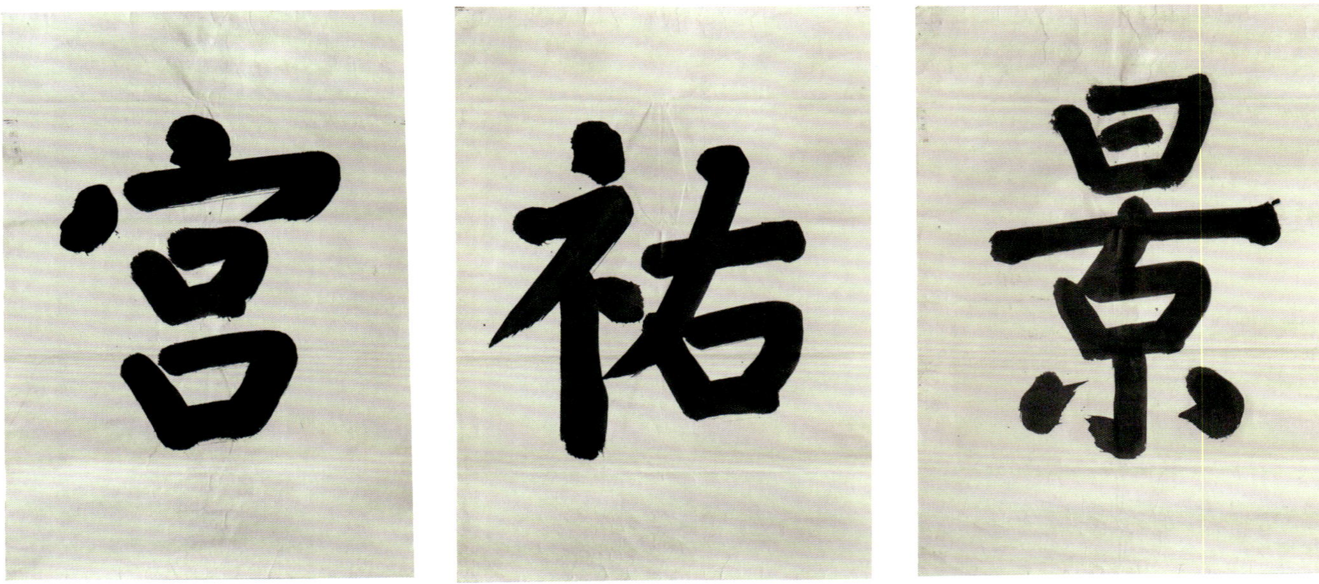

11

경우궁 현판 탑본
景祐宮懸板搨本

1825년(순조 25)
1장, 탑본, 66.0×184.0㎝
RD04266

순조의 어필 경우궁 현판의 탑본이다. 오른쪽 하단의 '을유정월삽십일乙酉正月三十日'이라는기록을 통해, 1825년 1월 30일에 제작된 탑본임을 알 수 있다. 1825년 2월 4일 유빈의 신주를 경우궁에 봉안하는 입묘의를 앞두고 현판이 완성되었음을 보여준다.

현판은 피나무를 재료로, 검은색 바탕에 금박을 붙인 금색 글씨로 제작되었다. 테두리에는 붉은색 바탕에 칠보 문양이 그려져 있다.

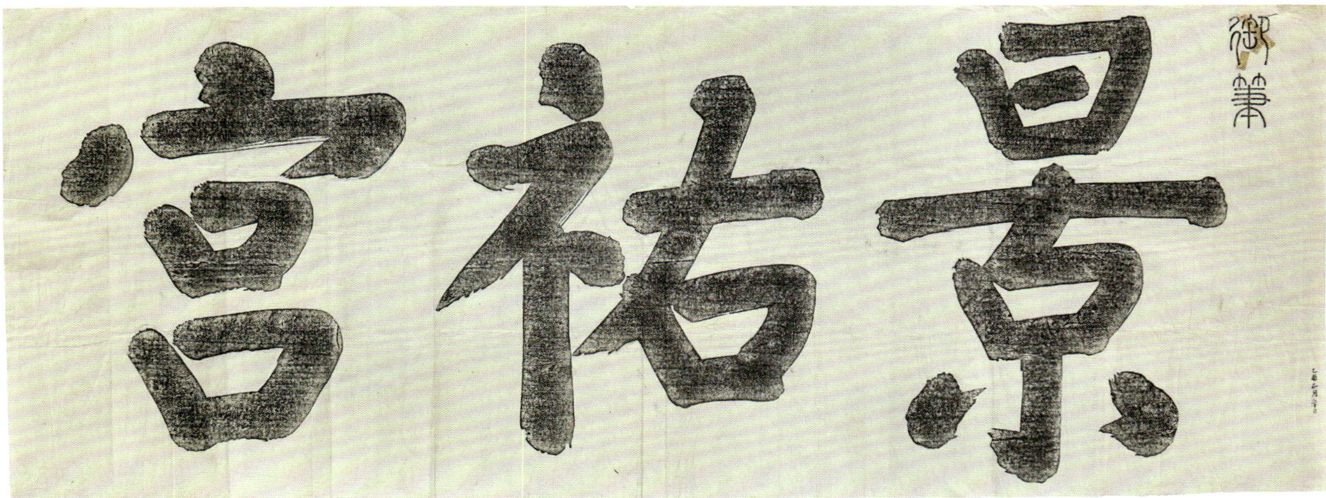

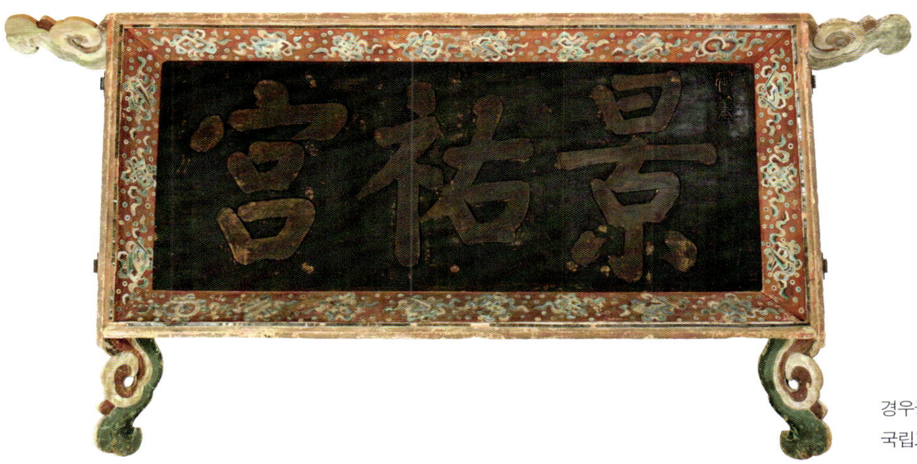

경우궁 현판
국립고궁박물관

12

현목유빈 입묘도감의궤

顯穆綏嬪入廟都監儀軌

1825년(순조 25)
1책, 필사본, 44.5×31.6㎝, 보물
K2-2214

1825년 유빈 박씨의 삼년상을 마치고 신주 등을 경우궁으로 모시는 과정을 기록한 의궤이다. 1825년 2월 4일 유빈의 담제禫祭를 지낸 후 경우궁으로의 입묘례가 거행되었다. 이에 앞서 1824년순조 24 12월 7일에는 경우궁 조성을 담당한 영건도감의 당상과 낭청이 입묘도감의 일을 그대로 수행토록 하였다. 12월 27일에는 입묘를 위한 절차로서 순조의 지송祗送과 배종陪從 의절을 마련했고, 예고제預告祭와 고동련제告動輦祭를 담제와 함께 거행토록 하였다. 입묘를 위한 습의는 1825년 1월 25일, 27일, 29일에 걸쳐 3차로 진행되었다. 2월 4일 순조가 현사궁에서 담제를 지낸 후, 유빈의 신주와 시책·시인 등을 경우궁으로 옮겨 모시는 입묘의가 거행되었다. 이어서 순조가 봉안제奉安祭를 친행하면서, 효명세자가 아헌례를 담당했다.

의궤는 진행 과정을 기록한 「거행일록擧行日錄」, 관원의 명단인 「좌목座目」, 왕의 전교인 「승전承傳」과 「의주儀注」 등으로 구성되었다. 「승전」에 따르면, 12월 10일 입묘도감사목入廟都監事目 11조를 마련하고 혜경궁을 경모궁에 모신 예에 따라 입묘례를 행하기로 하였다. 「의주」에는 입묘의入廟儀, 봉안제친행의奉安祭親行儀 등이 기재되었다. 또한 현사궁에서 경우궁으로 이동 행렬을 그린 반차도가 수록되어 있다.

경우궁은 칠궁 중 최초로 상례 절차에 따라 입묘의가 시행된 궁이었다. 기존의 궁들은 후궁의 사당으로 건립되었고, 궁원제에 따라 상시책인의가 거행되면서 궁으로 승격되었다. 반면, 경우궁은 궁의 제도에 따라 건립되었으며, 상시책인의가 아닌 입묘의가 거행된 공간이었다.

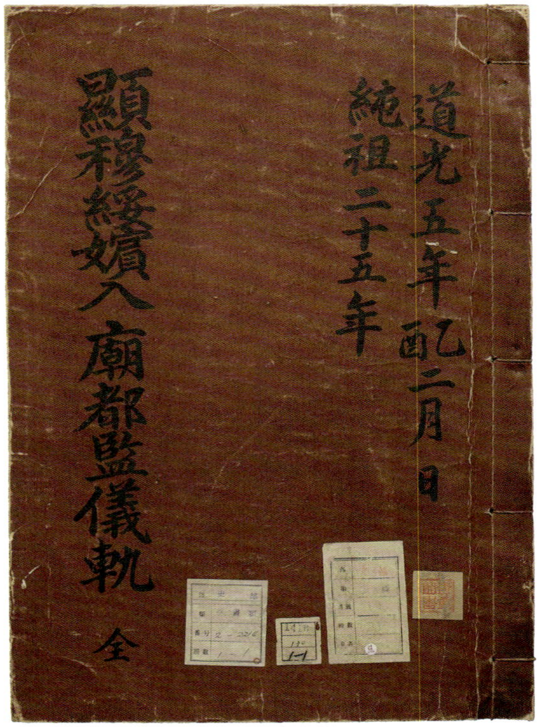

顯穆綏嬪入廟都監儀軌

道光五年乙酉二月 日都廳儀軌

擧行日錄

甲申十二月初九日都監堂郎 啓下自吏曹單付 啓下

初十日會同于典醫監

十六日都監堂郎進詣 景祐宮 顯思宮奉審 祭器及各樣諸具之仍用與新造別單書入

乙酉正月初六日各房始役一房司譯院二房工曹堂上大廳三房刑曹郎廳大廳

同日 景祐宮修理所始役

二十二日各房畢役

二十五日行初度習儀于議政府都提調以下及各差備官直詣

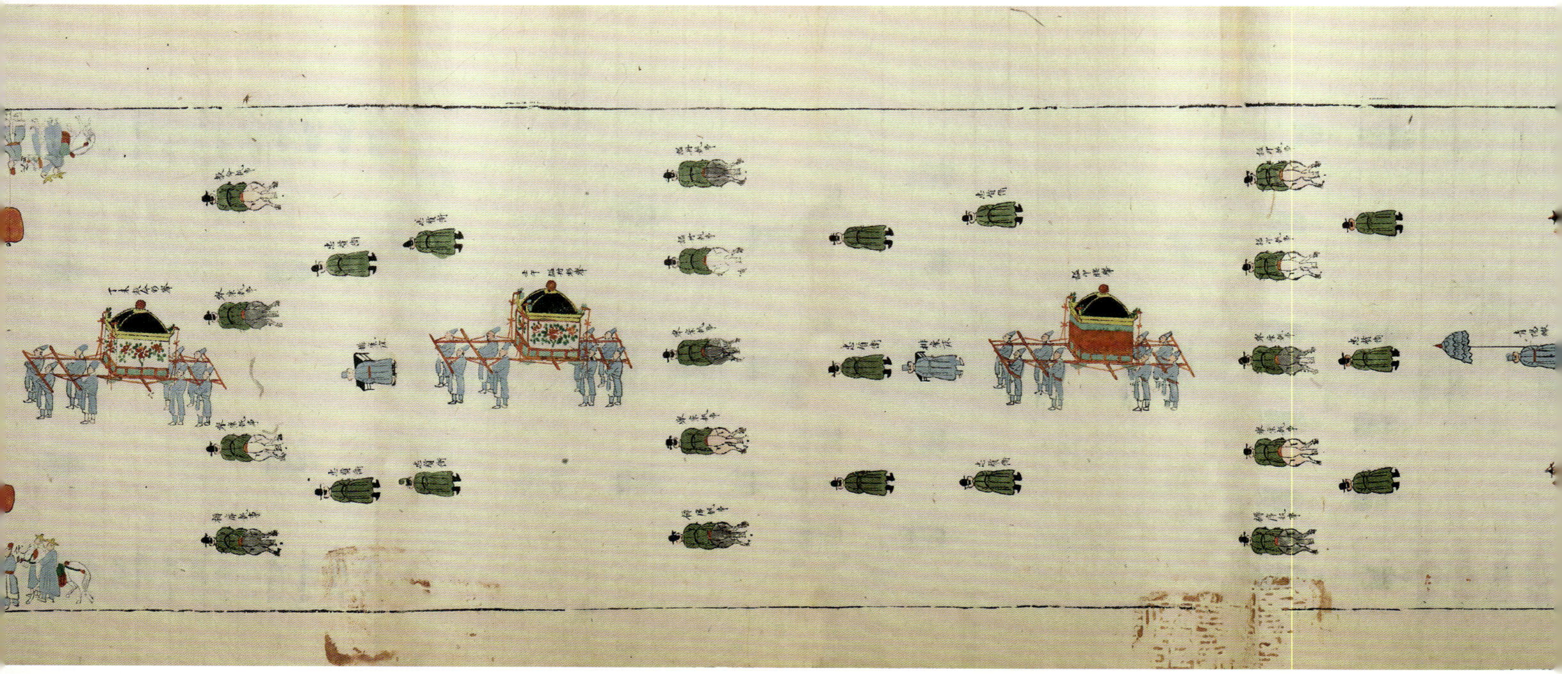

정미 교명 채여 임오 시책 채여 시인 요여

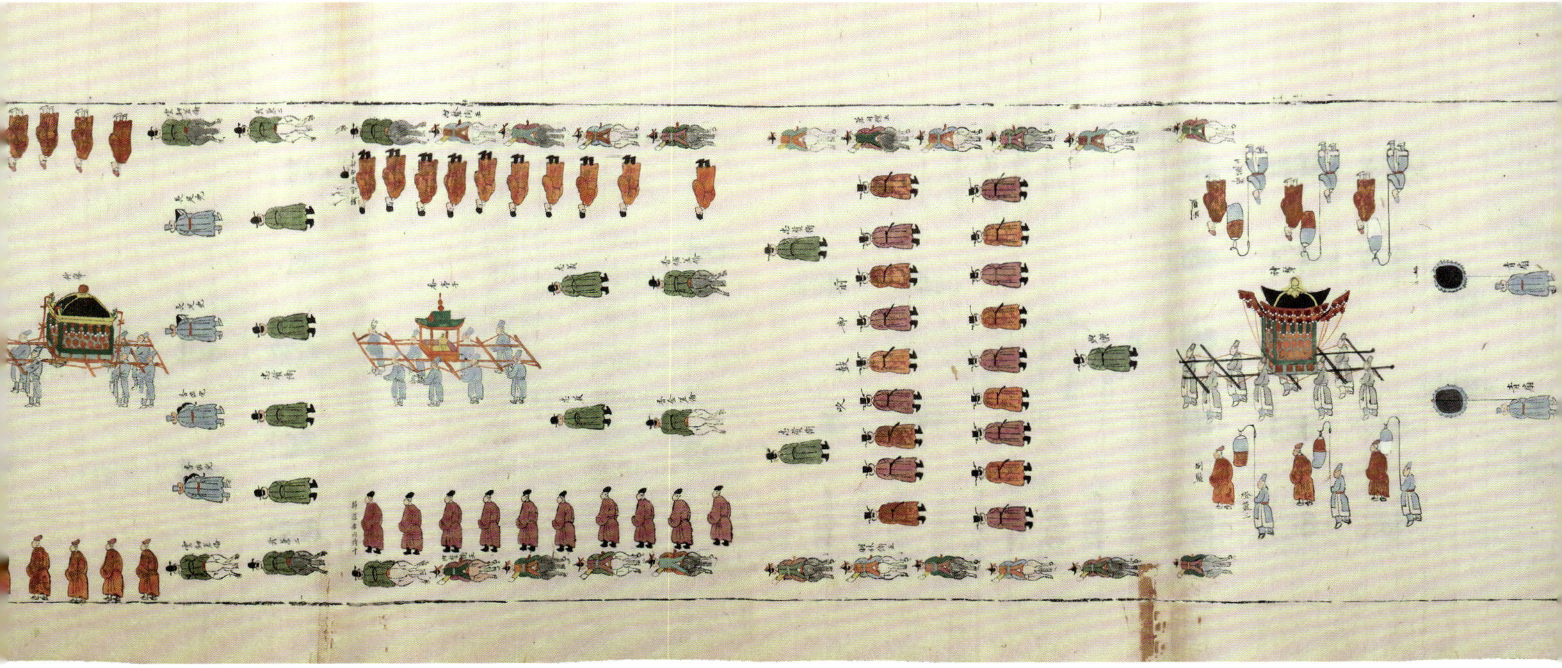

신여　　향정자　　신연

『현목유빈 입묘도감의궤』 반차도 부분

13

팔고조도

八高祖圖

1823년(순조 23)
1첩, 필사본, 47.0×31.5㎝
K2-1089

1823년에 제작된 정조의 팔고조도 2종과 순조의 팔고조도 2종이다. 정조의 팔고조도는 진종과 효순왕후를 고비考妣로 하는 1종과 장헌세자와 혜빈 홍씨를 고비로 하는 1종으로, 총 2종이 제작되었다. 순조의 '주상전하 팔고조도'는 정조와 효의왕후를 고비로 하는 1종과 유빈 박씨를 어머니로 하는 1종이 제작되었는데, 조고비祖考妣는 모두 진종과 효순왕후로 기록되었다. 유빈은 '현목유빈 박씨顯穆綏嬪朴氏'로 기재되어, 시호를 정한 1822년순조 22 12월 29일 이후에 제작되었음을 알 수 있다. 『승정원일기』에 따르면, 1823년 3월 10일에 유빈의 시호와 원호를 반영하여 『선원보략』 등의 수정이 시작되었으므로, 이 과정에서 팔고조도가 제작되었을 것으로 보인다.

主上殿下八高祖圖
高祖考肅宗大王諱
高祖妣仁元王后金氏籍慶州
高祖父郡守贈領議政達城府院君孝僖公宗悌
高祖母令城府夫人李氏籍牛峯
高祖父都事贈領議政豐興府院君仁壽
高祖母贈貞敬夫人金氏籍光山
高祖父贈吏曹判書相伯
高祖母贈貞夫人申氏籍高靈
高祖父贈吏曹判書弼履
高祖母贈貞夫人李氏籍全義
高祖父贈吏曹參判受基
高祖母貞夫人金氏籍安東
高祖父牧使贈領議政命龜
高祖母贈貞敬夫人李氏籍慶州
高祖父學生衡東
高祖母孺人張氏籍玉城
曾祖考英宗大王諱
曾祖妣貞聖王后徐氏籍達城
曾祖父豐陵府院君贈領議政文忠公文命
曾祖母贈完興府夫人李氏籍全州
曾祖父判官贈左贊成師錫
曾祖母贈貞敬夫人俞氏籍杞溪
曾祖父贈吏曹參判景游
曾祖母貞夫人尹氏籍海平
祖考眞宗大王諱
祖妣孝純王后趙氏籍豐壤
祖父判敦寧贈領議政忠獻公準源
祖母贈貞敬夫人元氏籍原州
考正宗大王諱
顯穆綏嬪朴氏籍潘南
主上殿下萬萬歲

14

문조예제 경우궁재숙련구 탑본

文祖睿製景祐宮齋宿聯句搨本

1827년(순조 27)
1첩, 탑본, 32.3×20.3㎝
K4-104

1827년 5월 27일 순조의 아들 효명세자孝明世子, 1809~1830가 경우궁에서 재숙齋宿하면서 신하들과 지은 연구시聯句詩를 새겨 탑본한 첩이다. 효명세자는 1827년 5월 28일에 순조를 대신하여 경우궁의 여름제사[夏享祭]를 지내기 위해, 하루 전인 27일부터 경우궁에 나아가 재계齋戒하며 머물렀다. 이때 효명세자가 먼저 "조용히 앉아 마음을 진실하고 깨끗이 하며, 재계하고 맑은 마음으로 예복을 단정히 갖춘다[靜坐心誠潔 齋明盛服端]."라는 5언구 1연의 예제睿題를 지었다. 이어 수행 신료인 조종영趙鍾永, 1771~1829 등 17인이 함께 연구시를 지었고, 효명세자의 명에 따라 박종훈朴宗薰, 1773~1841이 글씨를 썼다. 표제의 '문조예제文祖睿製'는 효명세자가 문조로 추존된 1899년광무 3 11월 이후에 개장된 것으로 보인다.

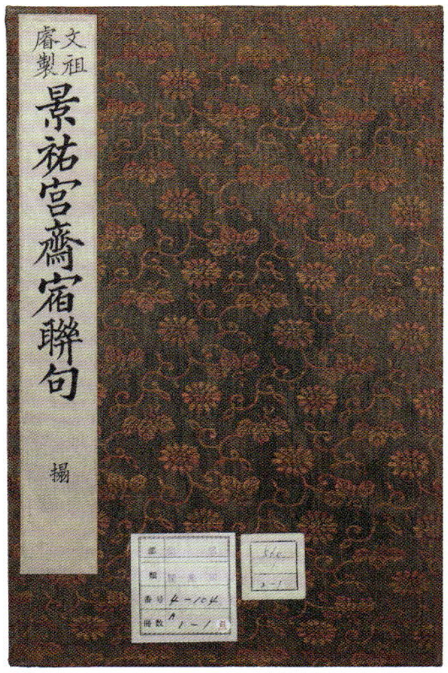

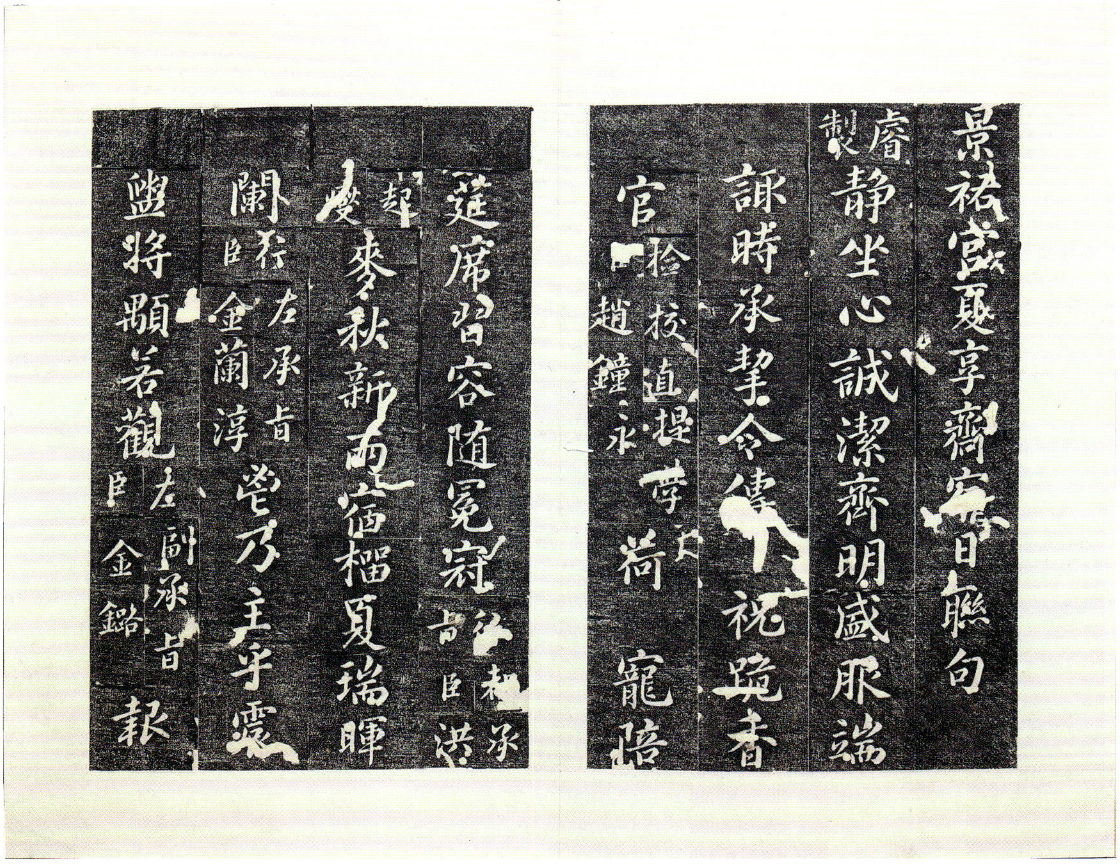

15

휘경원 지문 탑본

徽慶園誌文搨本

1855년(철종 6)
1첩, 탑본, 33.8×19.5㎝
K2-4020

1855년에 휘경원을 양주 순강원順康園 후강後岡으로 천봉遷奉하면서 찬술한 지문의 탑본이다. 1855년 1월 17일 순조 인릉仁陵의 천봉이 논의되면서, 익종의 수릉과 휘경원에 대해서도 "흡족하게 여기지 않는 외의外議가 있다."라는 문제가 제기되었다. 순원왕후의 자교慈敎와 철종의 성효聖孝를 근거로 인릉, 수릉, 휘경원의 천봉이 결정되었고, 4월 10일에 순강원 후강으로 새로운 원소가 정해졌다. 지문은 조두순趙斗淳, 1796~1870이 찬술하고 서염순徐念淳, 1800~1859이 글씨를 썼다. 6행 15자를 1장으로, 총 18장의 오석烏石에 지문을 새겼다. 채석과 운반 등의 편의를 위해 여러 장의 석재를 사용하는 순조 대 이후의 지석 제작 방식에 따른 것이다.

지문의 내용은 1822년순조 22 유빈 박씨의 사망과 영우원永祐園 옛터에 휘경원을 조성한 사실을 기록한 후, 1855년 순강원 후강으로 천봉하면서 새로 지문을 찬술하게 되었음을 밝혔다. 유빈의 장례 당시 김조순이 저술한 지문을 참고하여, 반남박씨의 가계와 유빈의 태몽, 유년 시절의 일화 등을 서술하고 유빈으로 책봉되어 순조를 낳고 효의왕후에게 예를 다하는 등의 덕성을 강조했다. 말미에 순조의 자손들에 대한 정보를 추가했고, 철종이 정성과 공경을 다해 천봉했음을 명시했다. 기존의 지석은 덮개돌 위에 '현목유빈휘경원구지석顯穆綏嬪徽慶園舊誌石' 열 글자를 대자로 새긴 후, 새로 조성한 지석과 함께 봉안하였다. 9년 후인 1863년철종 14에 휘경원이 달마동達摩洞으로 다시 천봉되면서, 이 두 지석도 새 원소로 옮겨 함께 봉안되었다.

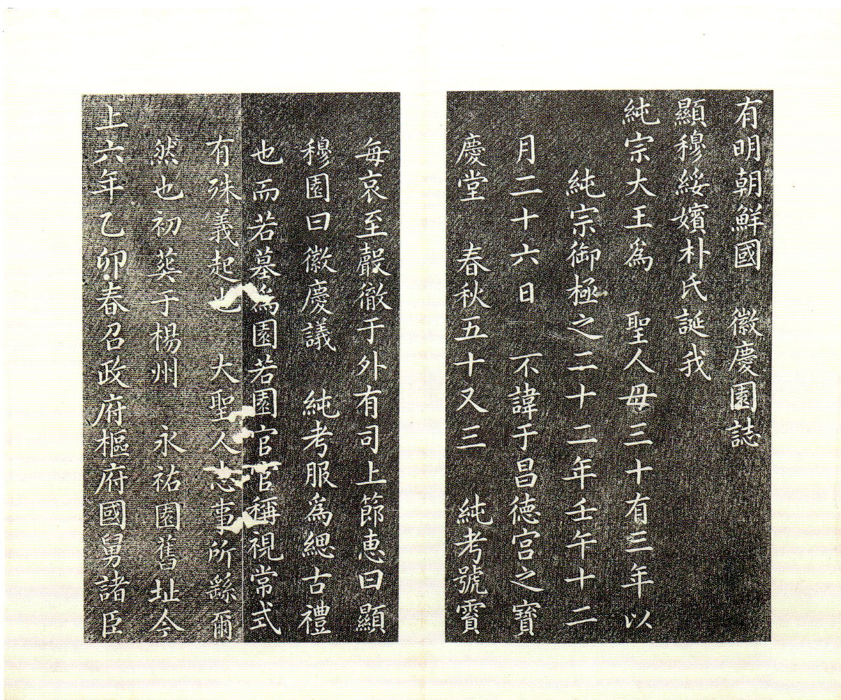
有明朝鮮國 徽慶園誌
顯穆綏嬪朴氏誕我
純宗大王爲 聖人母三十有三年以
純宗御極之二十二年壬午十二
月二十六日 不諱于昌德宮之寶
慶堂 春秋五十又三 純考號賓
每哀至轂徹于外有司上節惠曰顯
穆園曰徽慶議 純考服爲緦古禮
也而若墓爲園若園官官每視常式
有殊義起也 大聖人志事所繇爾
然也初葬于楊州 永祐園舊址今
上六年乙卯春召政府樞府國舅諸臣

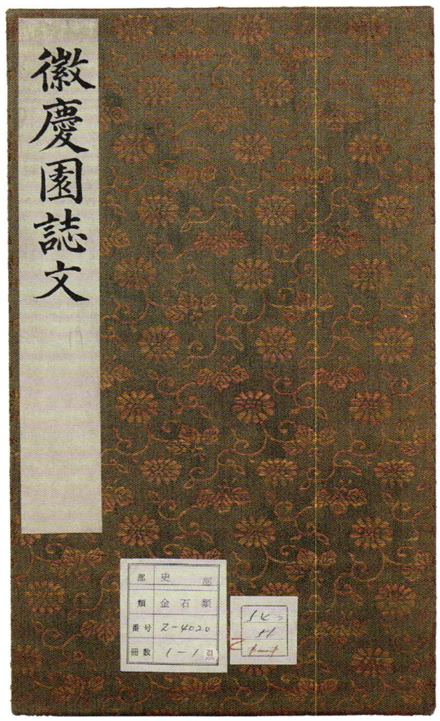

16

현목유빈 휘경원 천봉비 탑본
顯穆綏嬪徽慶園遷奉碑搨本

1863년(철종 14)
1축, 탑본, 232.8×95.2㎝
K2-5297

1863년 휘경원을 양주 순강원 후강에서 달마동達摩洞, 현 경기도 남양주시 진접읍으로 천봉하면서 세운 표석의 탑본이다. 천봉 시 기존 표석의 전면은 그대로 두고, 후면의 음기만 갈아내서 다시 새겼다. 대호군大護軍 신석우申錫愚, 1805~1865가 찬술했고 형조판서 조휘림趙徽林, 1808~1874이 글씨를 썼다. 음기에는 유빈 박씨의 생애와 상장례 및 철종 대 2번의 천원遷園 사실이 기록되어 있다. 1855년철종 6 10월 8일 양주의 순강원 후강으로 천봉했다가, 1863년 5월 8일 양주 달마동으로 천봉했음을 밝혔다.

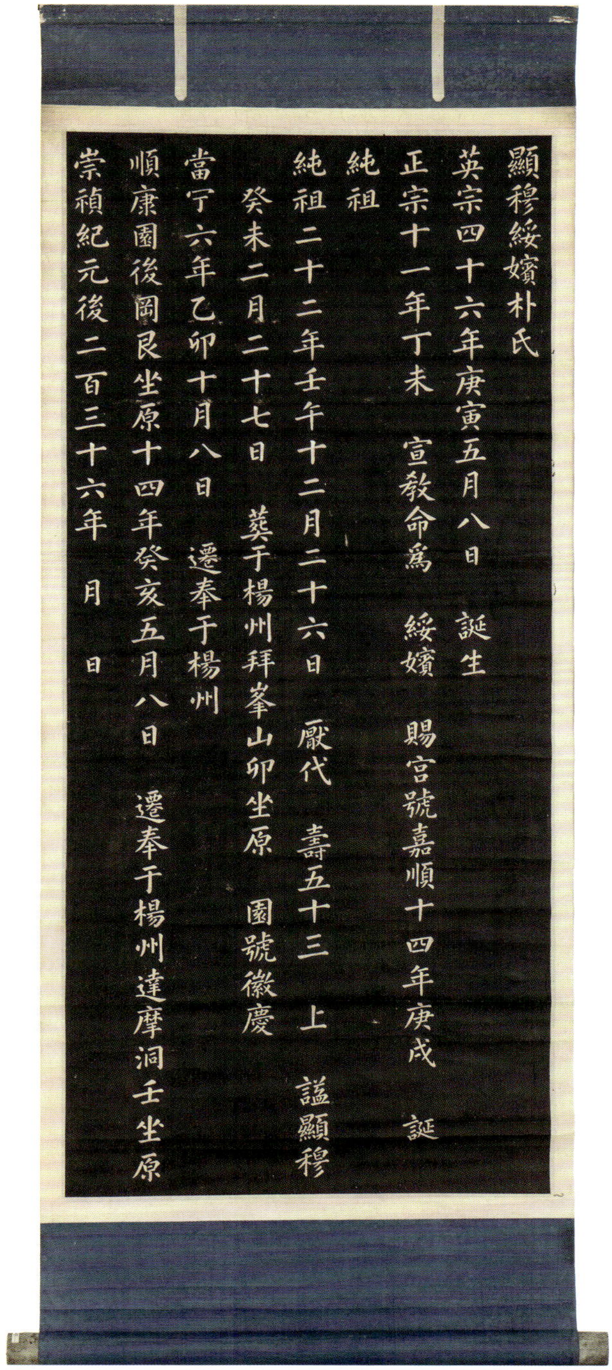
顯穆綏嬪朴氏
英宗四十六年庚寅五月八日 誕生
正宗十一年丁未 宣敎命爲 綏嬪 賜宮號嘉順十四年庚戌 誕
純祖
純祖二十二年壬午十二月二十六日 厭代 壽五十三 上 諡顯穆
癸未二月二十七日 葬于楊州拜峯山卯坐原 園號徽慶
當宁六年乙卯十月八日 遷奉于楊州
順康園後岡艮坐原十四年癸亥五月八日 遷奉于楊州達摩洞壬坐原
崇禎紀元後二百三十六年 月 日

휘경원 전경, 경기도 남양주시 진접읍 ⓒ국가유산청 궁능유적본부

17

휘경원 천봉원소도감의궤

徽慶園遷奉園所都監儀軌

1863년(철종 14)
4책, 필사본, 45.7×32.5㎝, 보물
K2-2400

1863년 2월 7일부터 5월 10일까지 휘경원을 양주 달마동達摩洞으로 천원遷園하는 과정을 기록한 의궤이다. 휘경원의 천봉 논의는 1863년 2월 7일 철종이 직접 9년 전 이장한 휘경원에 대해 여전히 풍수가들 사이에 논란이 있다는 문제를 제기하면서 시작되었다. 별다른 반대 없이 천원이 결정되자, 당일 천원도감과 원소도감이 설치되고 김좌근金佐根, 1797~1869이 도제조로 임명되었다. 철종의 주도로 새로운 원소가 양주 달마동으로 정해졌다. 철종은 인릉仁陵을 천봉할 때 자신이 직접 간심看審했던 달마동을 추천했고, 3월 4일에는 광릉光陵에 전알展謁한 후 직접 달마동에 나아가 새로운 원소로 확정했다. 신구 원소 간의 거리가 20리에 불과했으므로, 비각, 정자각, 재실, 석물 등을 옮겨 그대로 사용하도록 하였다. 철종은 부족한 비용을 내하전內下錢 5만 냥으로 충당하도록 명했다.

천봉의 행렬을 그린 반차도가 수록되어 있는데, 유빈의 관인 재실梓室을 안치한 견여肩轝와 신주 대신 지방을 모신 지방연紙牓輦 등을 확인할 수 있다. 이동 거리가 짧고 건릉健陵 천릉의 예에 따른다는 점에서 대여大轝보다 작은 견여를 사용했다. 천봉에 앞서 4월 25일에 기존 원소의 봉토를 덜어내기 시작했고, 29일에는 명정을 써서 임시 건물인 행실行室에 봉안했다. 5월 1일에 길유궁에서 지방을 썼고, 광중壙中에서 들어 올린 재실을 행실에 성빈했다. 5월 6일 발인하여 신원소의 정자각에 성빈했고 8일에 재실을 광중에 내린 후 정자각에서 우제를 지냈다. 봉토를 완성하고 석물의 배치를 마친 후, 5월 10일 안원전安園奠을 설행하고 복명함으로써 천원遷園이 마무리되었다.

철종 대 두 차례의 휘경원 천봉은 철종의 지극한 효성으로 인식되었다. 왕위 계승의 정통성이 취약했던 철종은 정치적 입지 강화를 위해 천봉을 포함한 왕실 행사에 주력했다. 특히 철종은 순조의 후사가 되어 조카 항렬인 헌종의 대통을 이어 즉위했던 만큼, 순조의 생모인 유빈에 대한 정성을 드러낼 필요가 있었을 것이다.

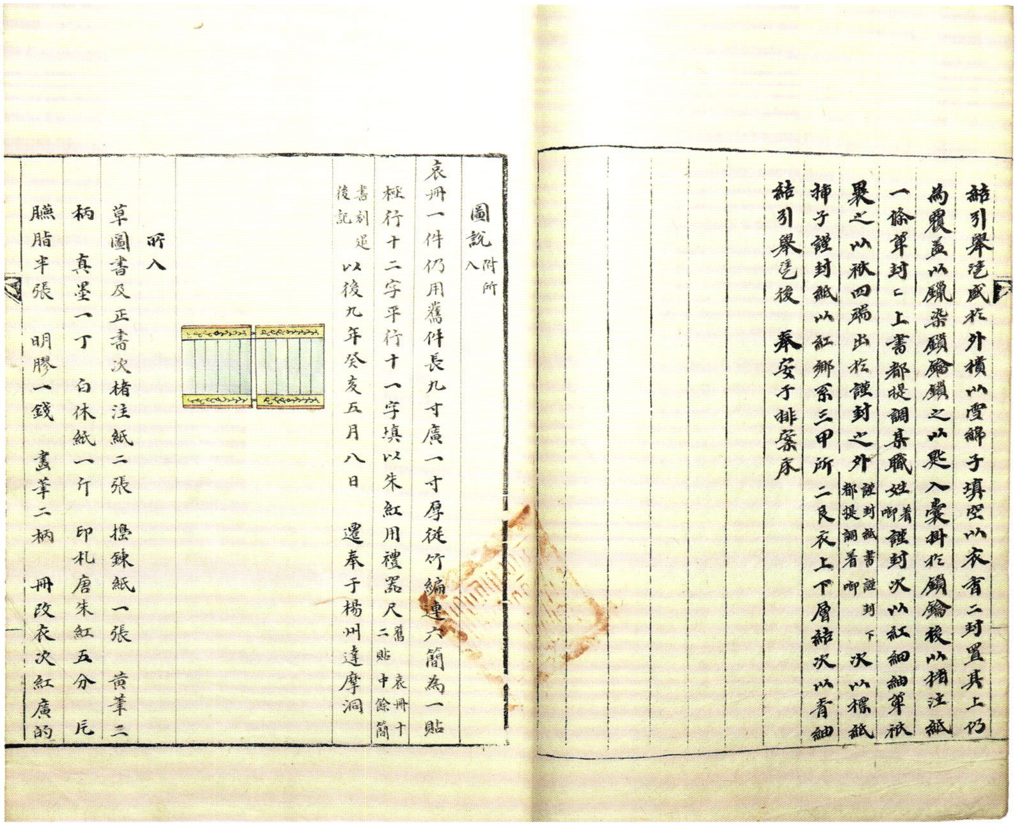

結引擧畢盛於外樻以雪綿子填空以衣首二封置其上仍
爲覆蓋以鑞粧鎖鑰鎖之以匙入囊掛於鎖鑰後以楮注紙
一條單封〻上書都提調某職姓啣着謹封次以紅細紬單袱
裹之以袱四端出於謹封之外 謹封紙書謹封下都提調着啣
捧子謹封紙以紅鄕絲三甲所二艮衣上下層結次以青紬
結引擧畢後 奉安于排案床

圖說 附所入
哀冊一件仍用舊件長九寸廣一寸厚從竹編連六簡爲一貼
樞行十二字平行十一字塡以朱紅用禮器尺 舊哀冊十二貼中餘簡
書刻追後記 以後九年癸亥五月八日 還奉于楊州達摩洞

所入
草圖書及正書次楮注紙二張 擣鍊紙一張 黃筆二
柄 眞墨一丁 白休紙一斤 印札唐朱紅五分 斤
臙脂半張 明膠一錢 畫筆二柄 冊改衣次紅廣的

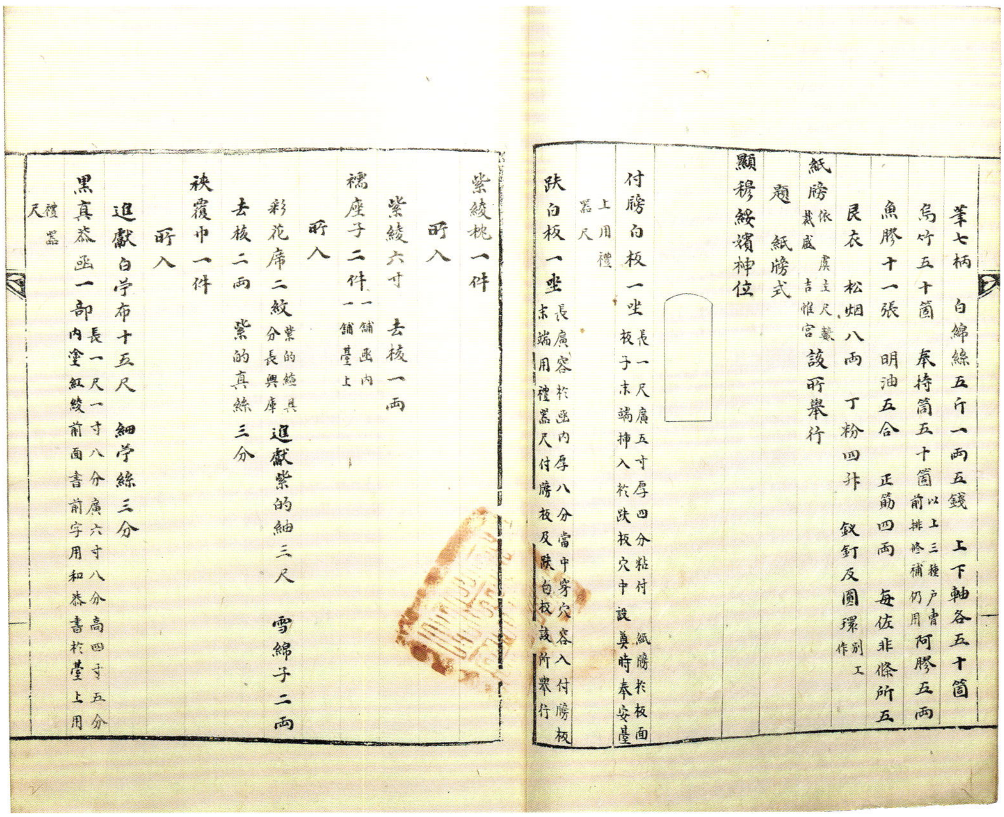

筆七柄 白綿絲五斤一兩五錢 上下軸各五十箇
烏竹五十箇 奉持筒五十箇 以上三種戶曹前排修補仍用 阿膠五兩
魚膠十一張 明油五合 正筋四兩 每佐非條所五
艮衣 松烟八兩 丁粉四升 釵釘及圓環 別工作
紙牓 依虞主尺數裁截 吉帷宮 該所擧行
題 紙牓式
顯穆綏嬪神位

付牓白板一坐 長一尺廣五寸厚四分粘付 紙牓於板面 板子末端揷入於趺板穴中 設奠時奉安臺上用禮器尺
趺白板一坐 長廣容於函內厚八分當中穿穴容入付牓板末端用禮器尺 付牓板及趺白板該所擧行

紫綾枕一件
所入
紫綾六寸 去核一兩
襦座子二件 一鋪函內 一鋪臺上
所入
彩花席二紋 紫的縇具分長興庫 進獻紫的紬三尺 雪綿子二兩
去核二兩 紫的眞絲三分
袱褁巾一件
所入
進獻白苧布十五尺 細苧絲三分
黑眞漆函一部 長一尺一寸八分廣六寸八分高四寸五分 內塗紅綾前面書前字用和漆書於臺上用 禮器尺

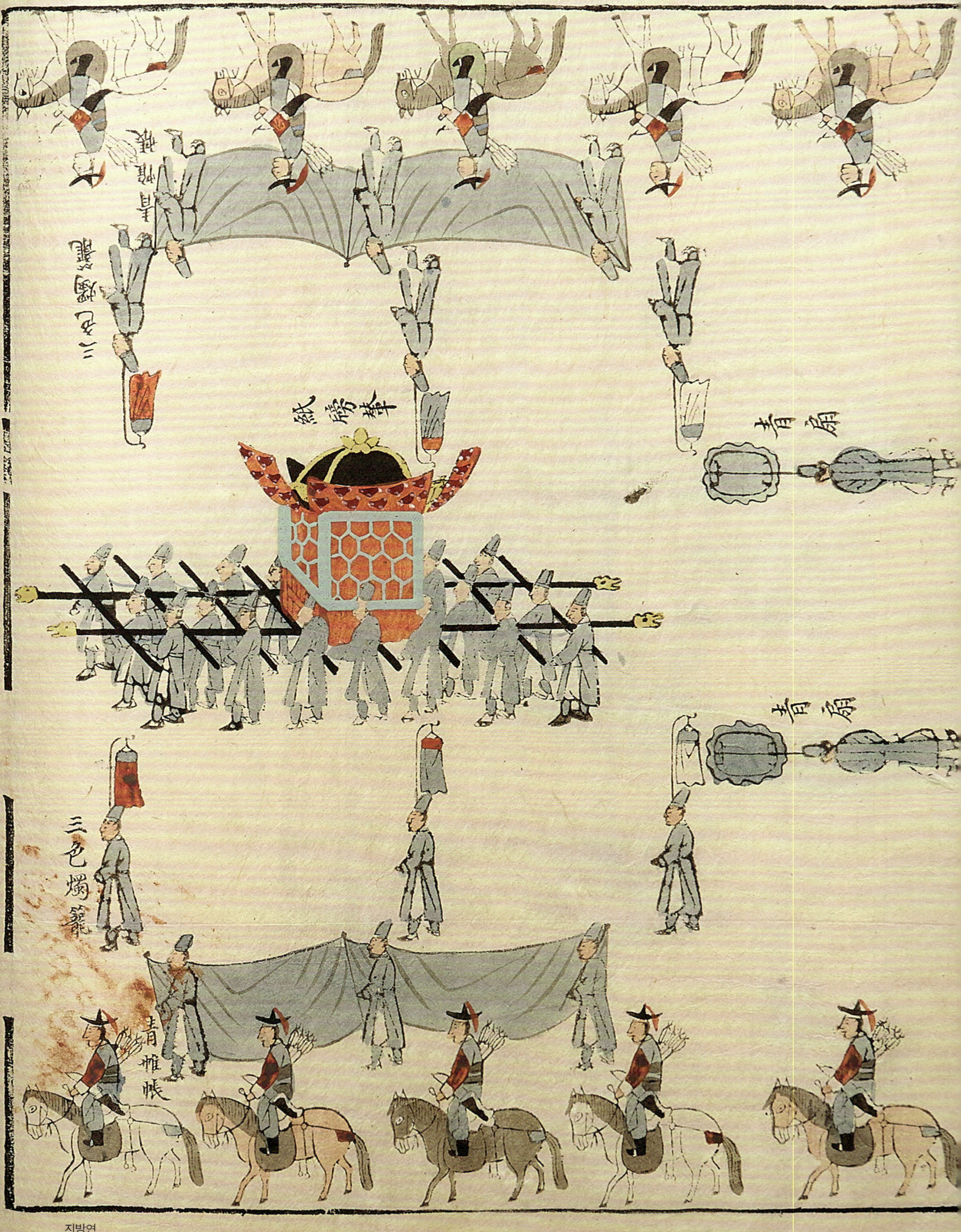

지방연

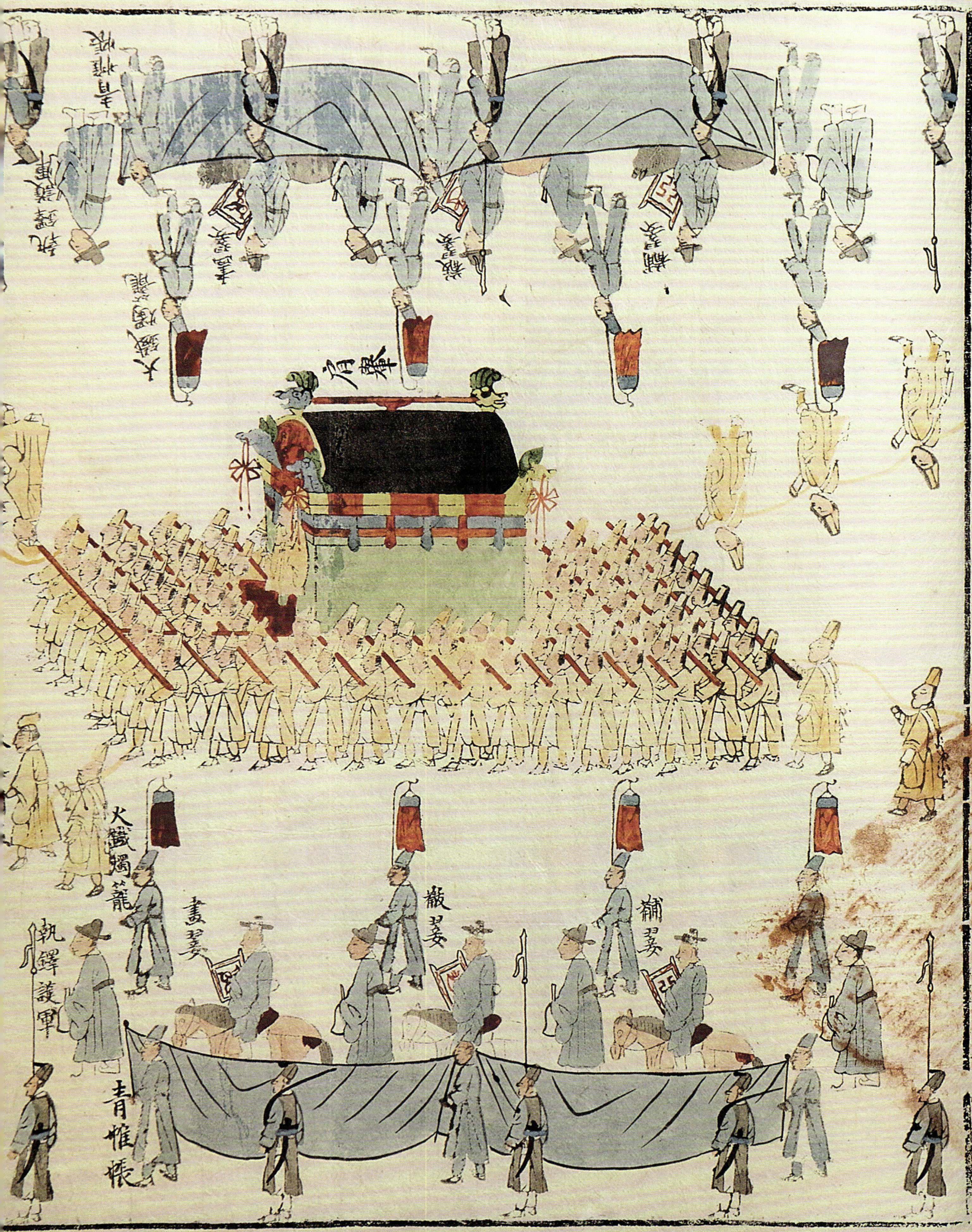

견여

18

경우궁 정유신조

경우궁뎡유신조

1897년(광무 1)
1첩, 필사본, 33.7×13.5㎝
K2-2412

1897년에 경우궁의 각종 제사 음식을 한글로 정리한 발기 자료이다. 표제의 '정유년에 새로 만듦[뎡유신조]'이라는 기록을 통해 작성 시기를 1897년으로 추정할 수 있다. 수록된 제사는 정조正朝를 비롯해 상원上元, 탄일, 기신, 상식, 동지, 한식, 단오, 추석, 삭망 등이다. 정조에는 22그릇, 상원에는 18그릇, 탄일에는 28그릇, 기신에는 32그릇, 상식에는 10그릇, 동지에는 13그릇, 한식 · 단오 · 추석 · 삭망에는 각각 4그릇을 올리도록 하였다. 음식의 높이는 정조와 상원은 5치, 탄일과 기신은 8치, 동지는 5치로 기록되었고, 다른 제사는 별도의 규정이 없다.

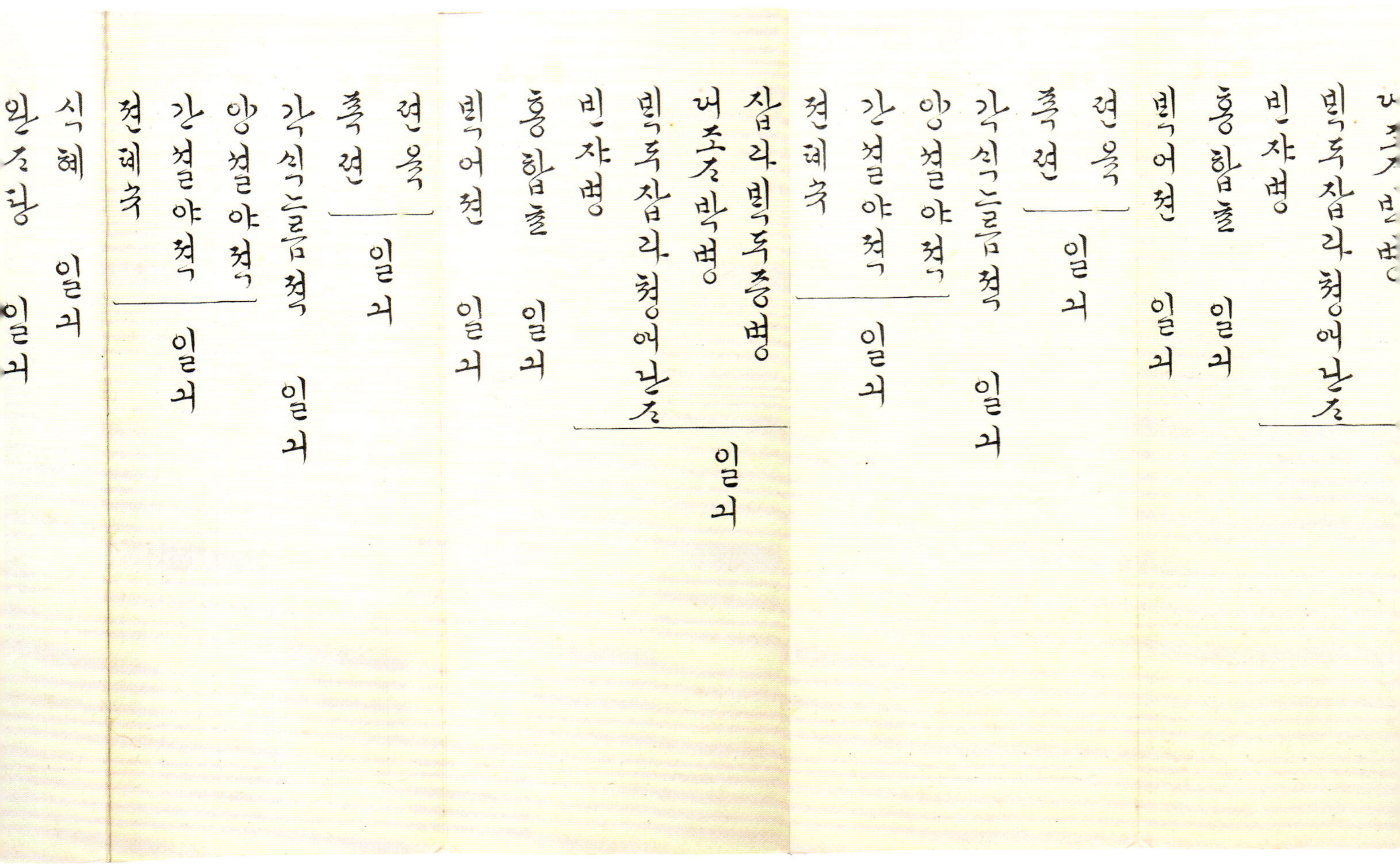

경우궁
뎡유 신조

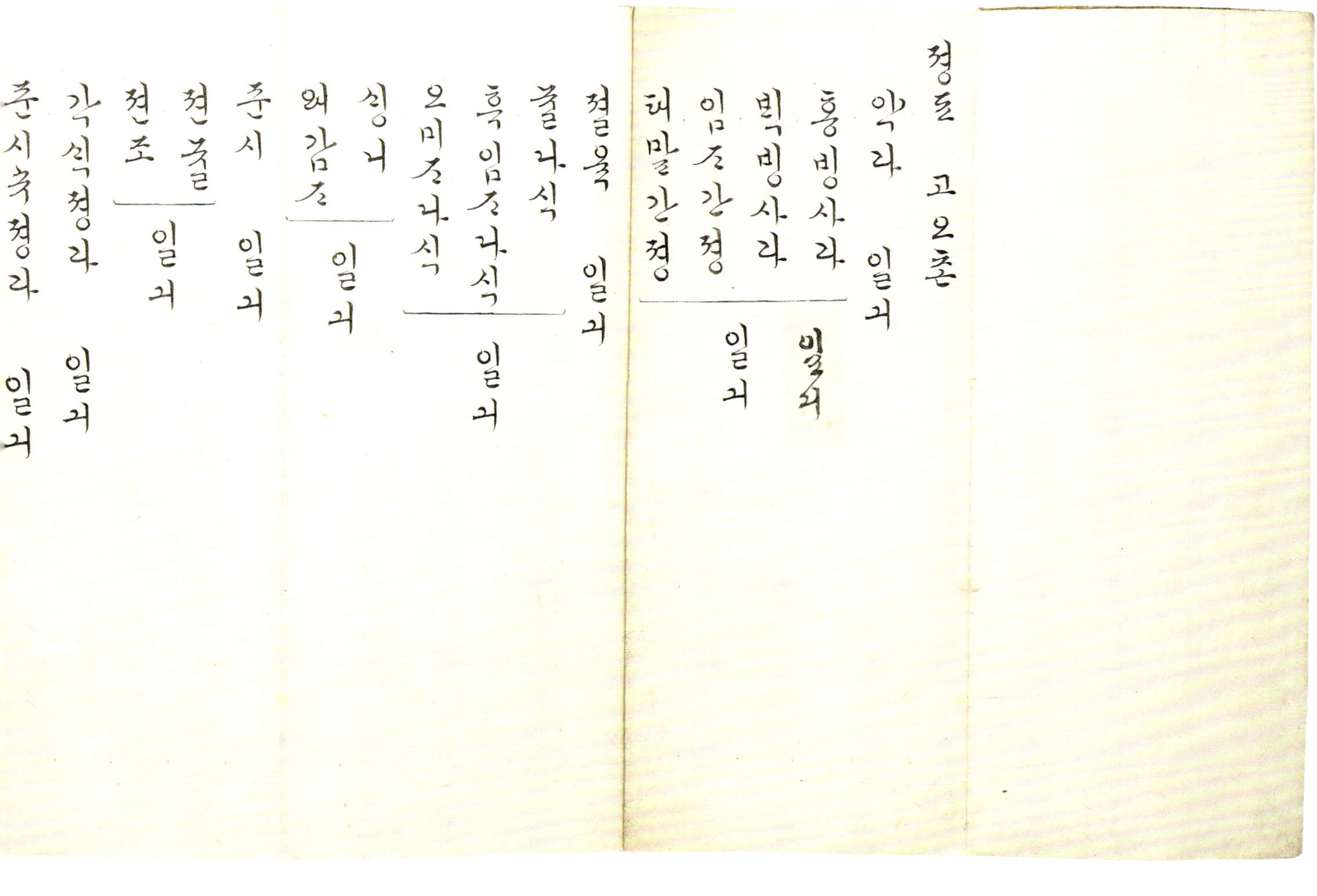
졍됴 고오존
약과 일긔
홍빙사과
빅빙사과 일긔
임ᄌᆞ강졍
태말강졍 일긔
졀육 일긔
쑬다식
흑임ᄌᆞ다식
오미ᄌᆞ다식 일긔
싱니
왜감ᄌᆞ 일긔
쥰시 일긔
쳔쑬
쳔조 일긔
각식졍과 일긔
쥰시슈졍과 일긔

19

현목유비지인첩

顯穆綏妃之印帖

1901년(광무 5)
1첩, 필사본, 28.0×16.2㎝
K2-4941

유빈의 은인銀印을 필사하고 유비의 금인金印을 답인하여 묶은 첩이다. 1면과 2면은 인장의 크기에 맞춰 한자와 한문으로 인문印文을 필사한 것이다. 한자는 '顯穆綏嬪之印', 한글은 '현목유빈지인'이라 쓰여 있으며 인면의 위아래를 구분하기 위해 위쪽에 '상上'을 표시하였다. 3면에는 '현목유비지인顯穆綏妃之印'이 답인되어 있는데, 1901년 황제국의 예에 따라 유빈을 유비로 승격시키면서 제작된 금인의 인본이다. 금인은 규장각직학사 정인승鄭寅昇, 1859~1938의 글씨로 제작되었다.

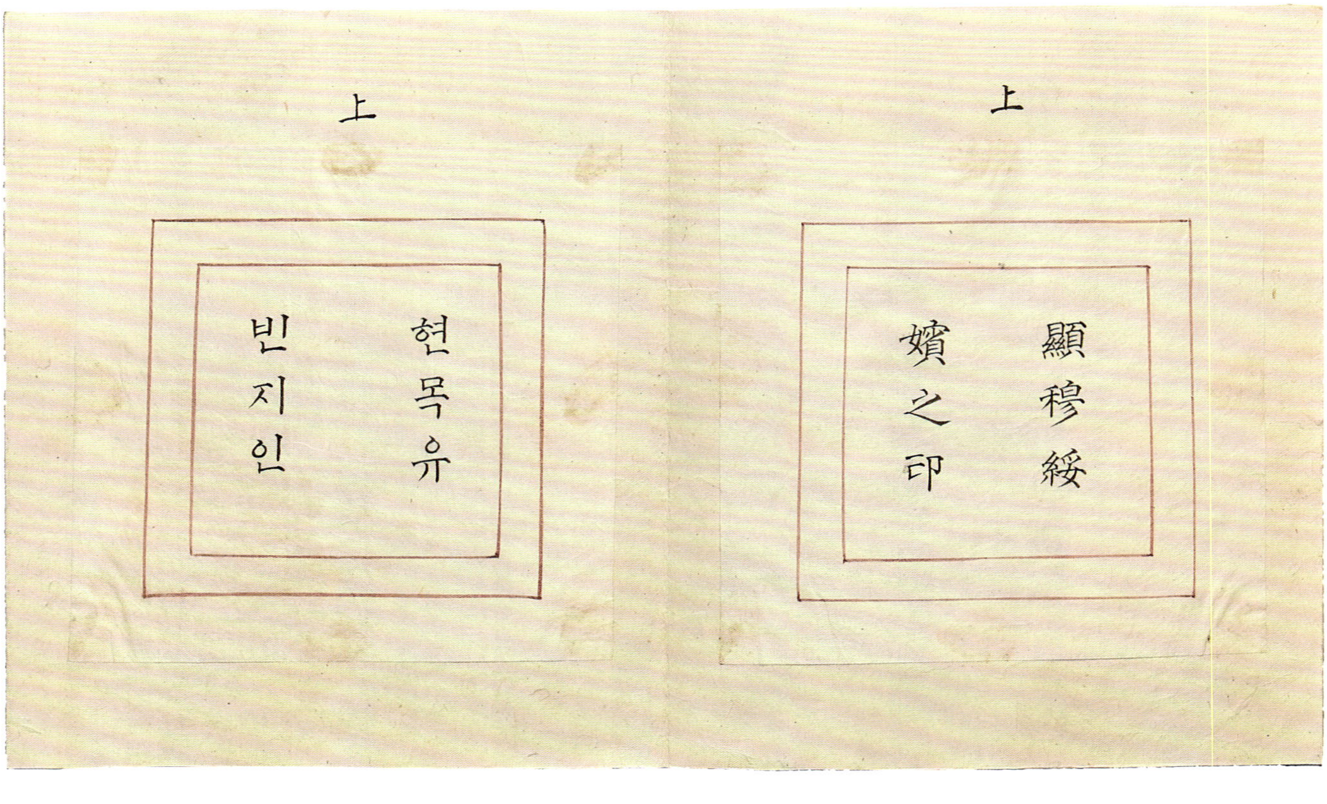

20

현목유비지인
顯穆綏妃之印

1901년(광무 5)
금속제, 10.3×10.3×7.5㎝
국립고궁박물관

1901년에 유빈 박씨를 유비綏妃로 승격시키면서 제작한 금인金印이다. 장방형의 인신印身에 거북 모양의 손잡이를 부착하였고, 붉은색 술이 달린 영자纓子를 거북의 배 아래로 가로질러 연결하였다. 인면印面에는 전서篆書로 '현목유비지인顯穆綏妃之印'이라고 새겼다. 『승정원일기』에 따르면, 1901년 7월 30일에 윤용선尹容善, 1829~1904은 정조가 선황제宣皇帝로 추존되었으므로 황제의 후궁을 '비妃'라고 칭하는 예를 적용하여 유빈을 유비로 승격시켜야 한다고 주장했다. 고종은 이에 따라 유비로 존봉尊封하는 제반 의절을 장례원掌禮院에서 택일하여 진행하게 하였다. 황제의 후궁이라는 위상에 따라 금인이 제작되었고, 8월 29일 경우궁에서 금인을 올리는 상인의上印儀가 거행되었다.

21

경우궁 전배의

경우궁젼ᄇᆡ의

19세기 이후
1장, 필사, 23.4×72.0㎝
RD00801

경우궁에서 행하는 전배의展拜儀의 절차를 기록한 홀기이다. 붉은색 계선 안에 해서체의 한글로 기록했으며, 읽기 쉽게 붉은색 표점을 찍어 활용도를 높였다. 전배례는 상궁이 왕과 왕비를 인도하여 두 번 절하고 내부를 봉심奉審하는 절차로 진행되었다. 왕비가 참여하는 전배의의 경우, 여관의 의식 진행을 위해 한글 홀기가 작성된 것으로 보인다.

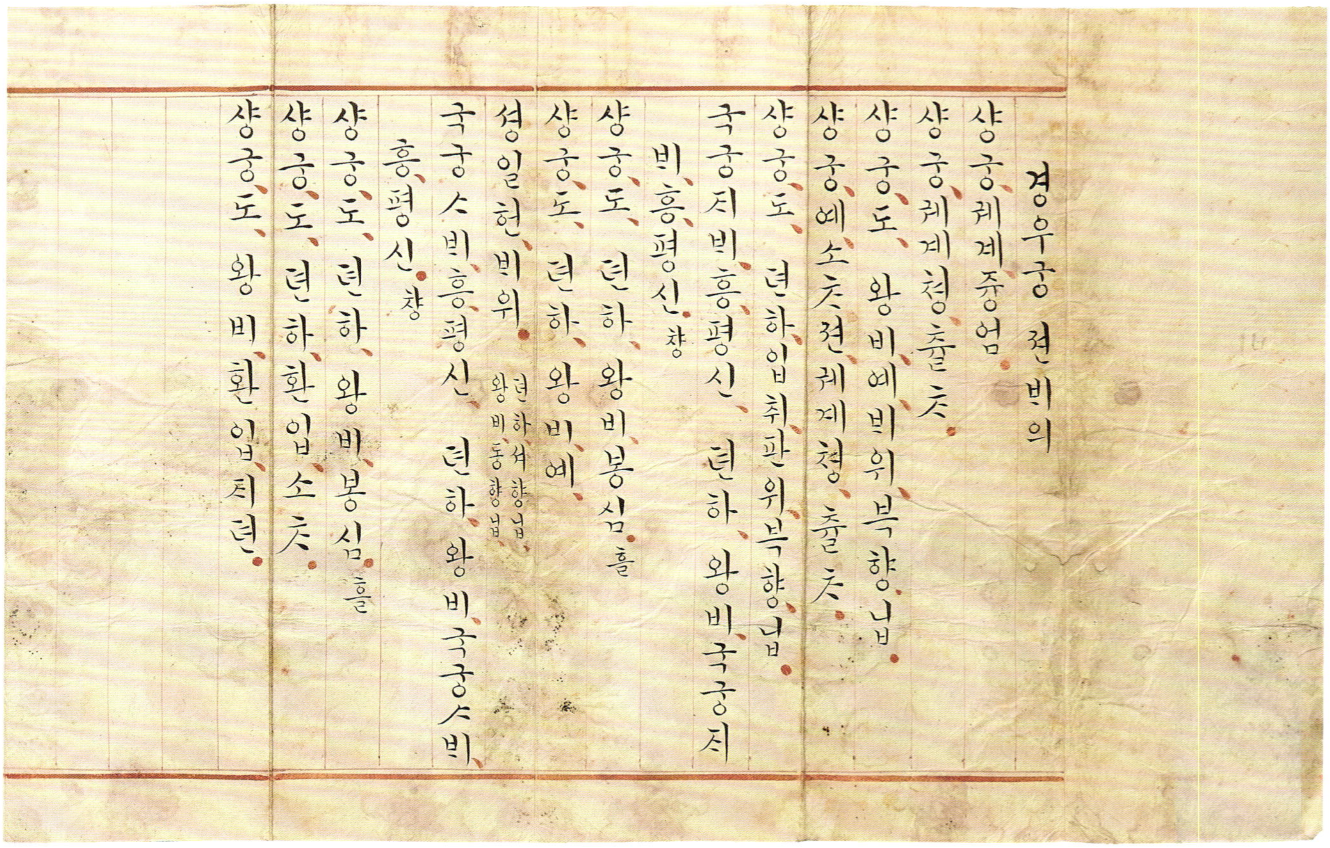
경우궁 젼ᄇᆡ의
샹궁궤계즁엄
샹궁궤계쳥츌ᄎᆞ
샹궁도 왕비예ᄇᆡ위북향닙
샹궁예소ᄎᆞ젼궤계쳥 츌ᄎᆞ
샹궁도 뎐하입취판위북향닙
국궁ᄉᆞᄇᆡ흥평신 뎐하 왕비국궁ᄉᆞ
ᄇᆡ흥평신 챵
샹궁도 뎐하 왕비봉심 흘
샹궁도 뎐하 왕비예
셩일헌ᄇᆡ위 뎐하셔향닙 왕비동향닙
국궁ᄉᆞᄇᆡ흥평신 뎐하 왕비국궁ᄉᆞᄇᆡ
흥평신 챵
샹궁도 뎐하 왕비봉심 흘
샹궁도 뎐하환입소ᄎᆞ
샹궁도 왕비환입치뎐

V

덕안궁, 궁원제의 쇠락

1897년광무 1 고종은 국호를 대한제국으로 선포하고 황제로 즉위했다. 이는 자주적인 황제국임을 내외에 천명하여 외세의 위협에 맞서기 위한 시도였다. 황제국의 위계에 맞게 국가의 제도와 의례를 개편하는 조치가 이어졌다. '광무'를 연호로 정하고 태조와 고종의 4대조를 황제로 추존했으며 황제국의 제도에 따른 『대한예전大韓禮典』 등을 편찬했다.

이 과정에서 순빈 엄씨는 황제의 후궁인 '비妃'로 승격되었고, 후궁 중 최고의 자리인 황귀비皇貴妃에 올랐다. 그러나 1910년융희 4 8월 29일 대한제국이 멸망하면서 고종은 이태왕李太王, 덕수궁전하, 순종은 이왕李王, 창덕궁전하, 영친왕은 왕세자로 격하되었다. 황귀비는 더 이상 황제의 후궁이나 왕의 생모가 아니었지만, 왕의 배필로 간주하여 '귀비'로 불렸다.

1911년 귀비는 58세의 나이로 덕수궁 즉조당에서 사망했다. 고종이 생존해 있다는 점에서 귀비의 죽음은 숙종 대 숙빈 최씨, 영조 대 영빈 이씨의 사례와 동일했지만, 일반 후궁과는 달리 궁궐 안에서 상례가 진행되었다. 또한 궁원제에 따라 시호를 순헌純獻, 궁호를 덕안德安, 원호를 영휘永徽로 정했다. 황귀비의 지위에 있었다는 점과 세자의 생모임을 고려하여 궁원제를 적용하면서, 파격적인 예우임을 강조했다. 그러나 궁원제 적용에 대한 의례적 타당성 여부는 논의되지 않았다. 의례의 차등을 통해 유교 이념을 구현하는 국가 의례의 원칙이 이미 유명무실해졌기 때문이다.

일제강점기 왕실의 의례를 담당한 것은 일본 황실의 궁내성 소속인 이왕직李王職이었다. 이왕직은 정치적 필요에 따라 대한제국의 황실 구성원들을 왕공족王公族으로 재편했고, 그 위상을 유지하기 위해 궁내성의 규범에 따라 왕실 의례를 관리했다. 이왕직은 귀비의 상례를 전담했고, 1929년 5월 29일 덕안궁을 육상궁의 영역으로 이전하면서 칠궁의 제사를 담당했다. 칠궁은 왕공족의 핵심적인 제례 공간으로 기능했으나, 편의적인 합사에 따라 의례적 위상이 크게 훼손되었다. 또한 제실재정帝室財政 정리 과정에서 합사로 폐궁廢宮된 각 궁의 터는 일제의 재산으로 환수되었고, 병원, 학교 등의 근대 시설로 변용되었다.

황귀비 엄씨(皇貴妃嚴氏, 1854~1911): 고종의 후궁, 영친왕의 어머니

연도	생애와 주요 사건
1854년(철종 5)	출생. 영월寧越 엄씨. 부父 엄진삼嚴鎭三, 1812~1879
1859년(철종 10)	6세, 입궁
1875년(고종 12)	22세, 고종의 승은을 입음추정
1885년(고종 22)	32세, 출궁
1895년(고종 32)	42세, 을미사변乙未事變 발생, 입궁
1897년(광무 1)	44세, 첫 아들 이은李垠 출산, 귀인 봉작
1900년(광무 4)	47세, 순빈淳嬪으로 책봉
1900년(광무 4)	4세로 이은이 영친왕英親王으로 책봉됨
1901년(광무 5)	48세, 순비淳妃로 책봉
1903년(광무 7)	50세, 황귀비皇貴妃로 책봉
1905년(광무 9)	52세, 양정의숙養正義塾 설립
1906년(광무 10)	53세, 진명여학교, 명신여학교 설립
1911년	58세, 황귀비 엄씨 사망. 시호: 순헌純獻, 궁호: 덕안궁德安宮, 원호: 영휘원永徽園
1929년	덕안궁을 육상궁 경내로 옮김

덕안궁 전경

덕안궁 감실

덕안궁 신주함

덕안궁 신주

01

귀인 엄씨 칙지

貴人嚴氏勅旨

1897년(광무 1)
1장, 필사, 77.3×88.3㎝
RD00071

1897년 10월 22일양력, 궁인 엄씨를 귀인貴人으로 임명하는 고종 황제의 칙지勅旨이다. 엄씨는 1897년 10월 20일 고종의 셋째 아들인 영친왕 이은李垠을 출산했고, 이틀 뒤인 22일 종1품 귀인에 봉작되었다. 봉작한 연도를 적은 부분에 '시명지보施命之寶'를 안보하였다. 시명지보는 4품 이상 문무관의 임명장, 공신 교서, 교명 등에 사용한 행정용 어보이다. 문서 말미에는 '봉작하는 일로 조칙함[封爵事詔勅]'이라는 문구가 기재되어 있다.

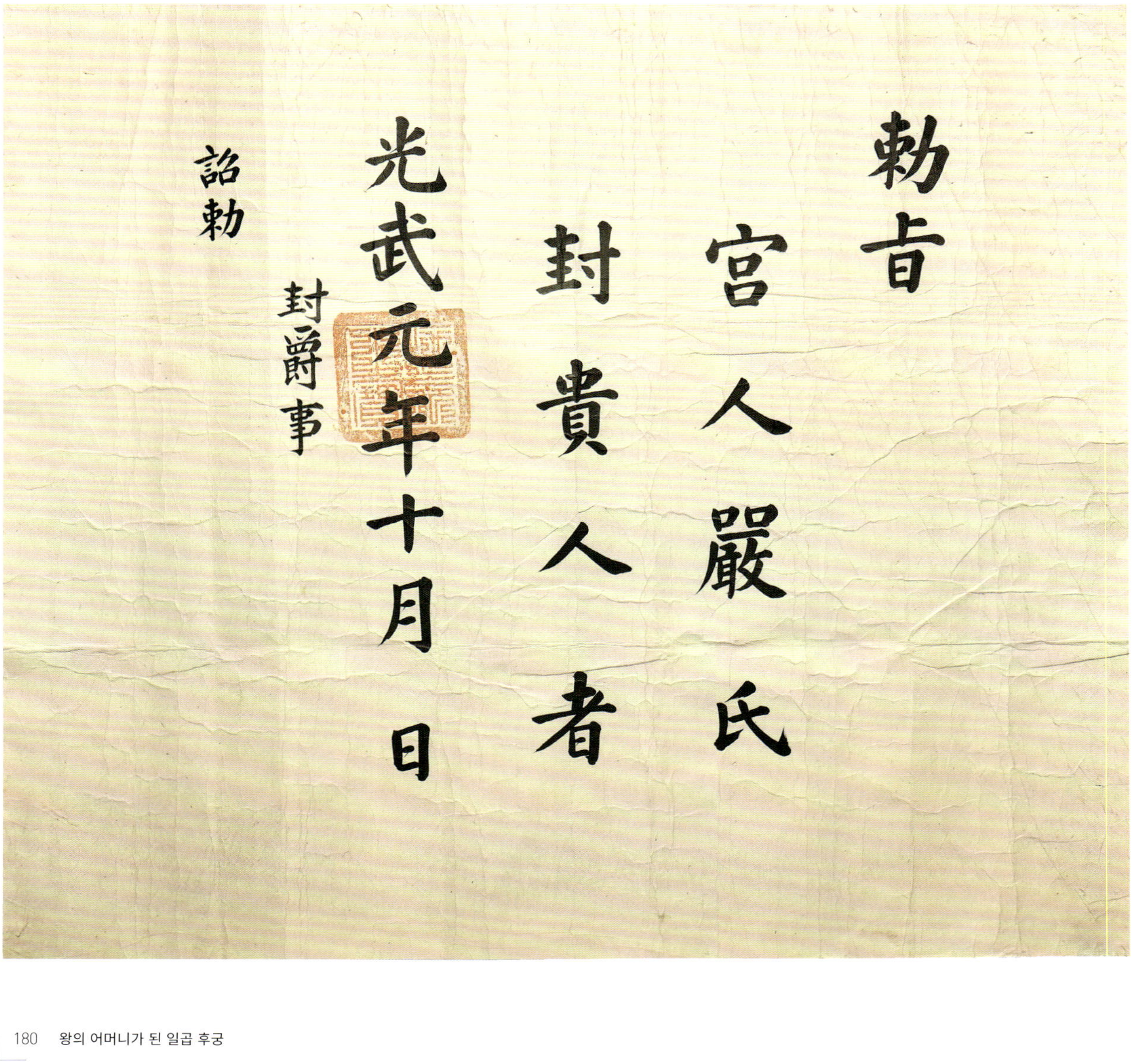
勅旨
宮人嚴氏
封貴人者
光武元年十月日
封爵事
詔勅

02

순빈 엄씨 칙명

淳嬪嚴氏勅命

1900년(광무 4)
1장, 필사, 80.6×92.5㎝
RD00072

1900년 8월 3일양력, 귀인 엄씨를 정1품 순빈淳嬪으로 임명하는 고종 황제의 칙명이다. 봉작 날짜의 연도 부분에 '제고지보制誥之寶'를 안보했다. 제고지보는 대한제국기 정1품에서 종1품의 최고위 관료인 칙임관勅任官을 임명할 때 사용하는 어보이다. 문서 말미에는 '봉작하는 일로 칙명을 받듦[封爵事奉勅]'이라는 문구가 작은 글씨로 기재되어 있다.

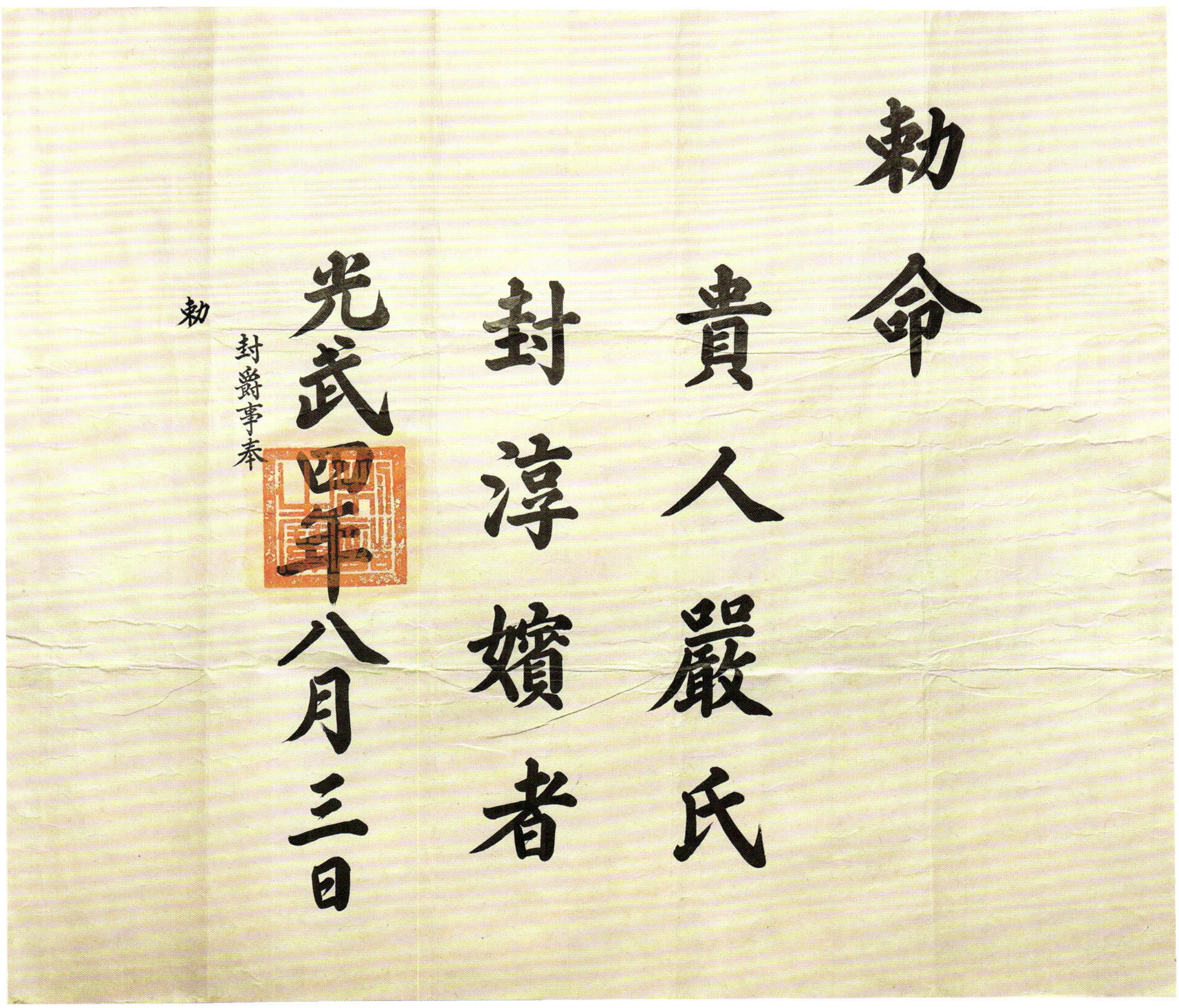
勅命

貴人嚴氏

封淳嬪者

光武四年八月三日

封爵事奉

勅

03

순비 책봉의궤

淳妃冊封儀軌

1901년(광무 5)
1책, 필사본, 44.0×32.0㎝, 보물
K2-2654

1901년에 장례원에서 고종의 후궁 순빈 엄씨를 순비로 책봉하는 의식과 절차를 기록한 의궤이다. 1901년 8월 2일에 윤용선尹容善이 황제의 후궁을 '비妃'로 승격시킨 유비綏妃의 사례를 근거로 순빈을 순비로 책봉해야 한다는 상소를 올렸다. 고종은 이를 받아들여, 장례원에서 순비 책봉 의식을 진행하게 하였다. 책봉을 위해 금책金冊과 금인金印을 제작하는 등 황제국의 위상에 따른 의례가 거행되었다. 8월 23일에는 순비의 궁호宮號를 경선慶善으로 정했다.

책봉 과정을 날짜별로 기록한 「시일時日」에 따르면, 8월 13일에 금책과 금인의 제작을 시작하여 9월 1일에 금책과 금인을 대내에 내입內入하였다가 9월 4일 내출하여 곤시坤時: 오후 2시 반~3시 반에 경선궁慶善宮에서 책봉 의식을 거행했다. 담당 관리들의 명단인 「좌목座目」에는 의정부찬성議政府贊成 윤정구尹定求, 1841~1903, 장례원경掌禮院卿 이원일李源逸, 1842~? 등 총 22명을 기록했다. 「조칙詔勅」에는 1901년 8월 2일부터 9월 1일까지 책봉과 관련한 고종의 명령과 신하들의 상소가 수록되었다. 「장례원주본掌禮院奏本」에는 장례원에서 마련한 진행 절차, 「의주儀註」에는 책비의冊妃儀·비수책의妃受冊儀·비조현황제의妃朝見皇帝儀가 수록되었다. 이어 「금책문金冊文」·「인식印式」·「봉과식封裹式」·「도설圖說」 등을 통해 의례에 필요한 의물의 제작을 기록했다. 다음으로 8면의 「책비책인예궐반차도冊妃冊印詣闕班次圖」와 「의장儀仗」 등의 물품 내역 및 재료와 장인의 명단을 자세히 수록했다. 이후 공문서인 「감결甘結」과 장인의 급료 등을 기록한 「재용財用」, 포상 내역인 「상전賞典」에 이어 마지막으로 「의궤사례儀軌事例」를 수록했다. 9건의 의궤를 제작하여 규장각, 시강원, 경선궁, 비서원, 장례원 및 정족산·오대산·태백산·적상산 사고에 보관하였다.

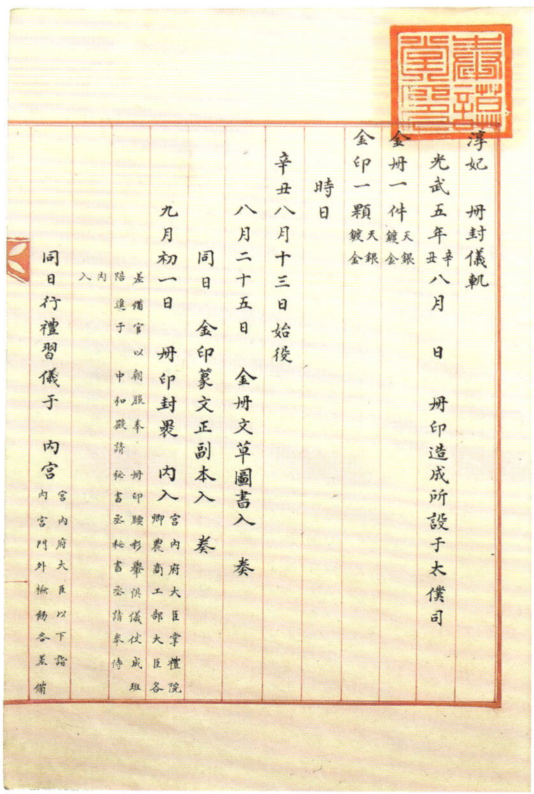
淳妃 冊封儀軌
光武五年辛丑八月 日 冊印造成所設于太僕司
金冊一件 天銀鍍金
金印一顆 天銀鍍金
時日
辛丑八月十三日始役
八月二十五日 金冊文草圖書入 奏
同日 金印篆文正副本入 奏
九月初一日 冊印封裹 內入 宮內府大臣掌禮院卿農商工部大臣各差備官以朝服奉 冊印腰彩轝供儀仗成班陪進于中和殿請秘書丞秘書丞請奉侍 內入
同日行禮習儀于 內宮 宮內府大臣以下詣 內宮門外檢飭各差備

金印一顆

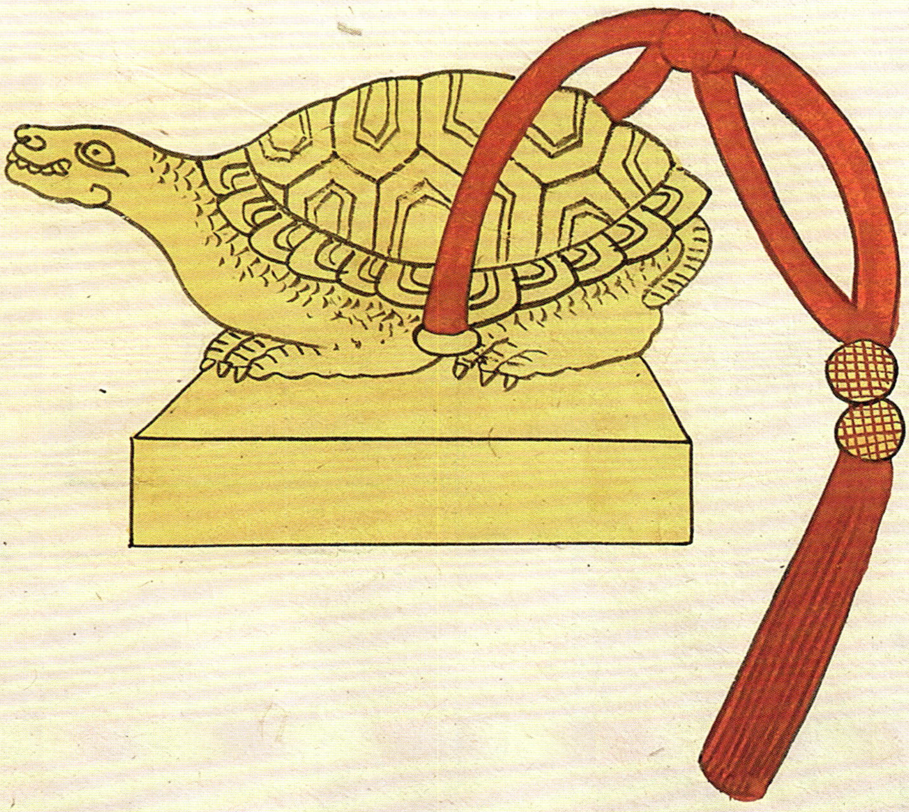

04

순비 금인

淳妃金印

1901년(광무 5)
금속제, 10.2×10.2×6.8㎝
국립중앙박물관

순빈 엄씨를 순비로 책봉하기 위해 제작된 금인으로, '순비지인淳妃之印'이 전서篆書로 새겨져 있다. 『순비책봉의궤淳妃冊封儀軌』에 따르면 규장각직학사 정인승鄭寅昇, 1859~1938이 글씨를 썼다. 금인은 천은天銀 7근 6냥을 사용하여, 사방 3치 7푼에 두께 9푼의 크기로 제작한 후 도금한 것이다. 황제국의 위상에 따라 황제의 후궁인 순빈은 순비로 승격되었으나, 황후의 금보金寶보다 격을 낮춘 금인金印을 사용하였다. 『대례의궤大禮儀軌』에 따르면 황후의 금보金寶는 황금 10근 8냥을 사용하여 사방 3치 9푼에 두께 9푼의 크기로 제작되었다.

05

순비 책봉 시 사찬 발기

신튝구월초ᄉᆞ일 진어손님상불긔 ᄌᆞ가봉비시

1901년(광무 5)
1장, 필사, 27.5×328.5㎝
RD01327

1901년 9월 4일 순빈 엄씨를 순비로 책봉할 때 차린 음식상을 기록한 발기이다. 황제와 황태자에게 올린 진어상은 유밀과의 높이를 8치로 하고, 각색다식, 각색정과, 잡탕, 면 등 20기 27종을 올렸다. 대비마마를 비롯한 빈마누라, 순화자가, 아기씨, 군부인에게는 16기 25종을 올렸다. 당사자인 순비자가에게는 총 23기 31종을 올렸는데, 중약과와 중만두과를 합쳐 1자 높이로 쌓았다. 이밖에 내외 손님상 50상과 내외손님 진지 30상, 자비관내인 음식 2차를 마련했다. 또한 축하 연회에서 공연을 펼친 악공과 여령 등에게도 음식을 내려주었다.

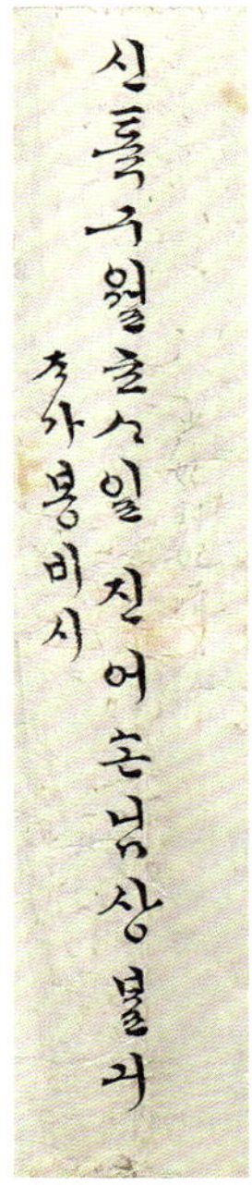

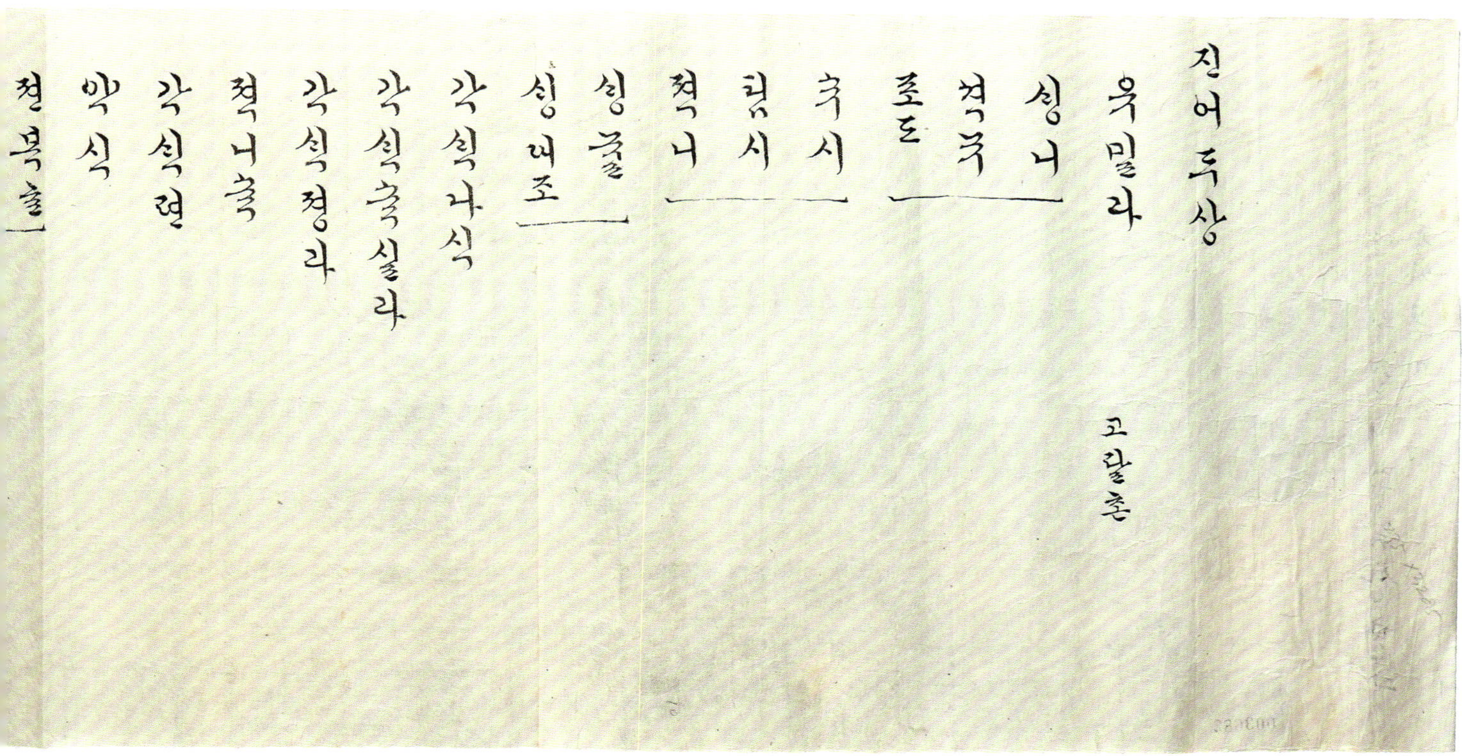

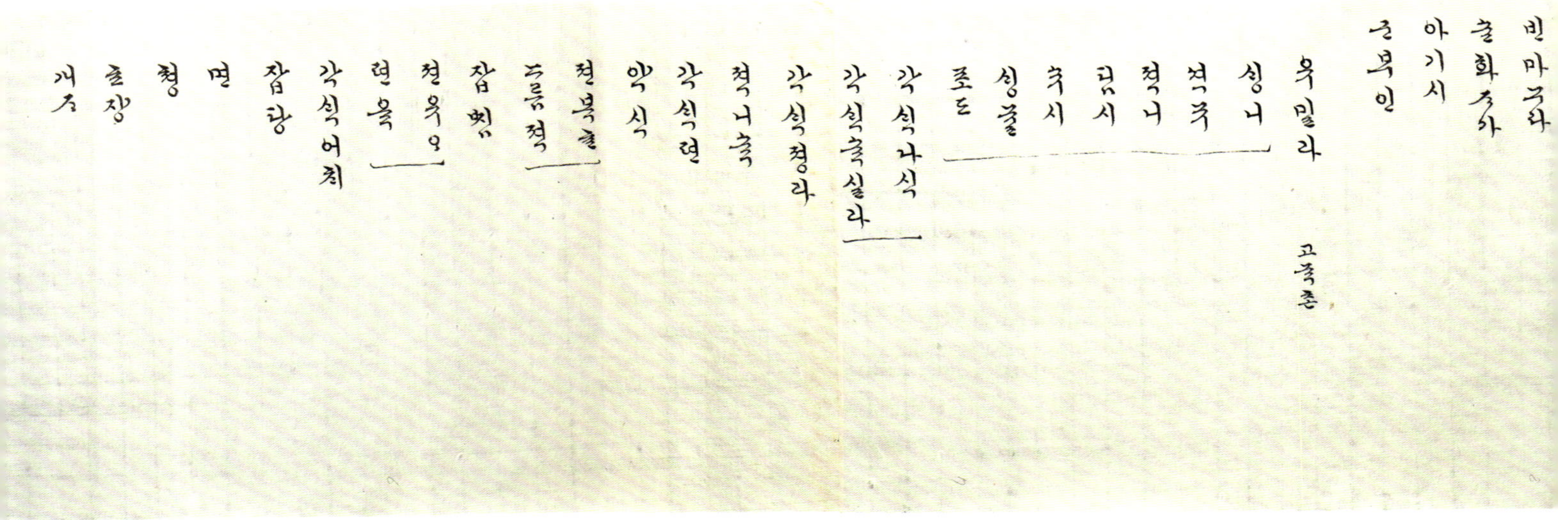
빈마구라
출화ᄌᆞ아
아기시
군복인
우밀라 고쵹촌
싱나
석국
적니
딤시
국시
싱쥴
조도
각식나식
각식흑실라
각식청라
적니흑
각식뎐
약식
전복쵸
드름적
잡뵈
뎐육
전유오
각식어채
잡탕
면
청
초장
개ᄌᆞ

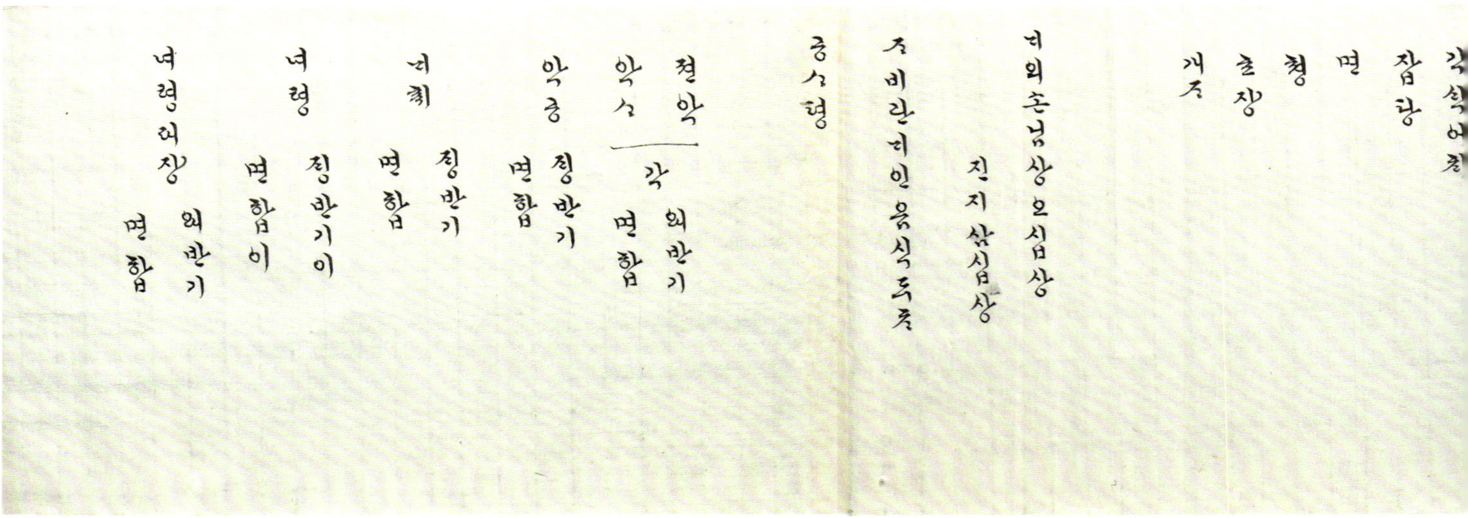
각식어채
잡탕
면
청
초장
개ᄌᆞ
대외손님상 오십상
진지 삼십상
ᄌᆞ비란디인 음식노ᄌᆞ
궁ᄉᆞ령
전약
약ᄉᆞ 각 외반기 면합
약공 징반기 면합
대쳐 징반기 면합
녀령 징반기이 면합이
녀령디장 외반기 면합

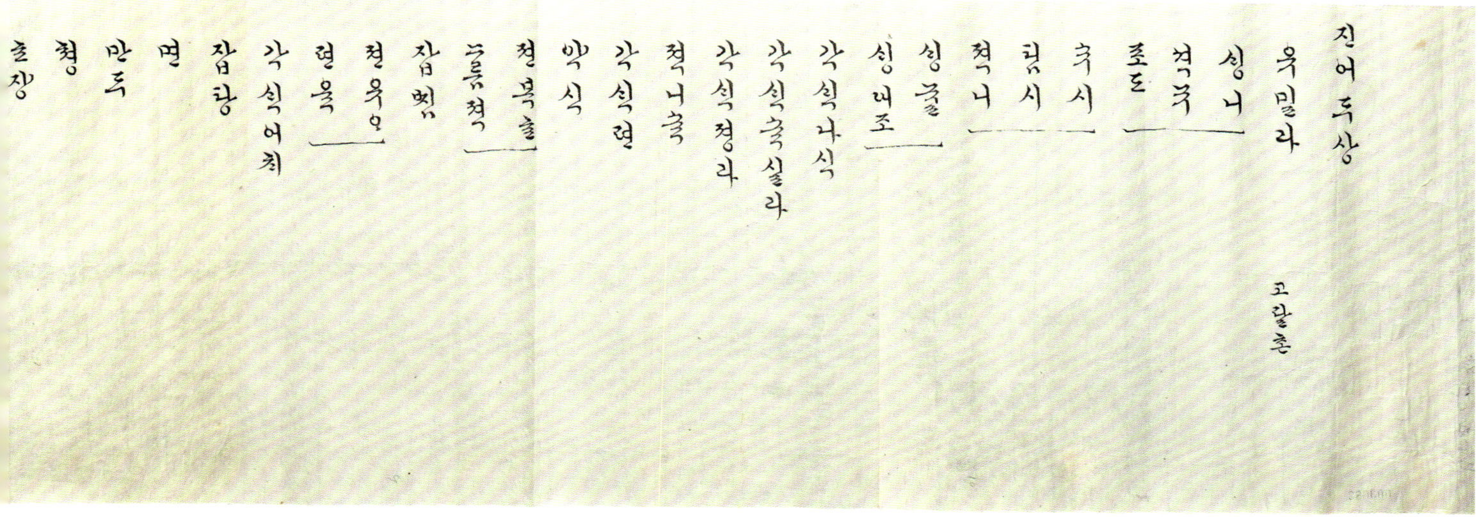
진어두상
옥밀라
고달촌
싱나
조도
국시
젹나
싱대조
각식나식
각식졍라
각식편
약식
잡탕
각식어채
면
만두
청
초장

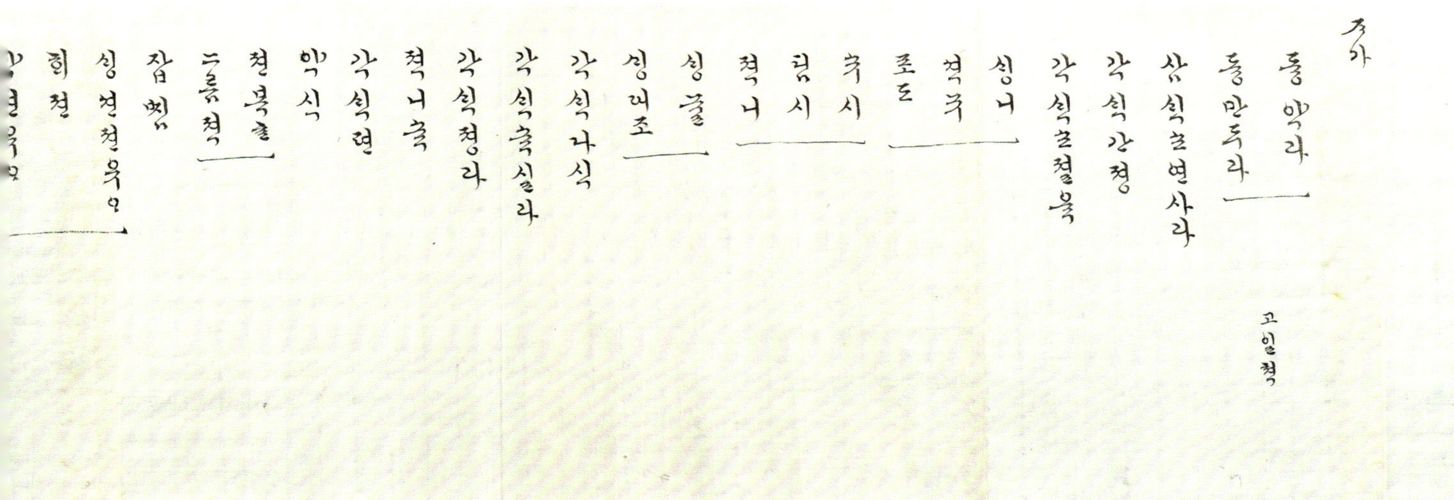
조가
각식간졍
싱나
젹국
조도
국시
젹나
싱대조
각식나식
각식졍라
각식편
약식

06

황귀비 금책문 탑본

皇貴妃金冊文搨本

1903년(광무 7)
1첩, 탑본·필사, 27.5×17.8㎝
K2-4153

1903년 순비 엄씨의 황귀비 책봉을 위해 제작된 금책金冊을 탑본하여 수록한 첩이다. 황귀비의 금책은 천은天銀 5근 6냥을 사용해 길이 1자 2치, 너비 5치의 2편片으로 제작한 뒤 도금한 것이다. 각 편은 5행 20자로 구성되었으며, 두 편을 붉은색 끈으로 엮어 책처럼 접었다 펼 수 있는 형태로 만들었다. 이 첩에는 금책의 탑본을 수록한 후, 정방형의 '황귀비인皇貴妃印'을 날인했고 이어서 제술관製述官, 서사관書寫官 등의 관직과 이름을 3행으로 묵서했다.

황귀비 책봉 의식은 1903년 11월 7일양력 12월 25일에 거행되었다. 이에 앞서 10월부터 장례원에 책인조성소冊印造成所를 설치하여 황귀비의 금책 1건과 금인金印 1과顆를 제작했다. 금책은 궁내부와 농상공부에서 만들고, 책문은 홍문관에서 지어 올리도록 하였다. 이에 홍문관학사 김학진金鶴鎭, 1838~1917이 책문을 찬술했는데, "순비 엄씨는 공경하고 삼가며 스스로 몸가짐을 지켰으니 후덕한 성품은 타고난 바이다. 왕자를 얻어 자손이 번성하는 경사를 이루었다."라는 점을 황귀비 책봉의 이유로 서술했다. 11월 4일 금책문의 초본을 올려 고종의 확인을 거친 후, 서사관인 규장각직학사 남규희南奎熙, 1859~1937에게 정서正書하게 하였다.

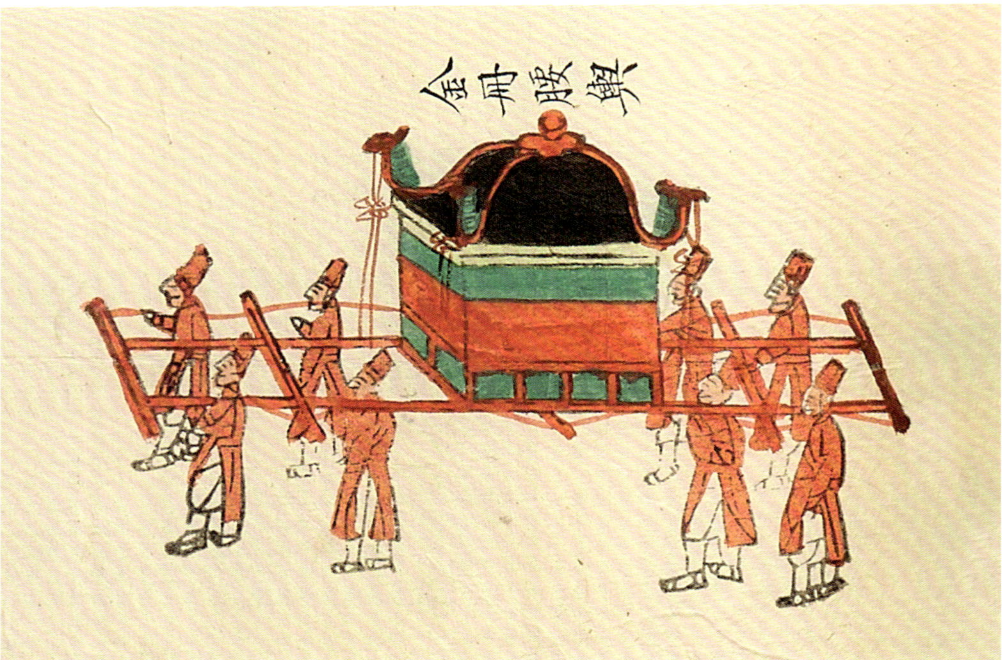

『진봉 황귀비 의궤』 반차도 중 금책을 실은 요여

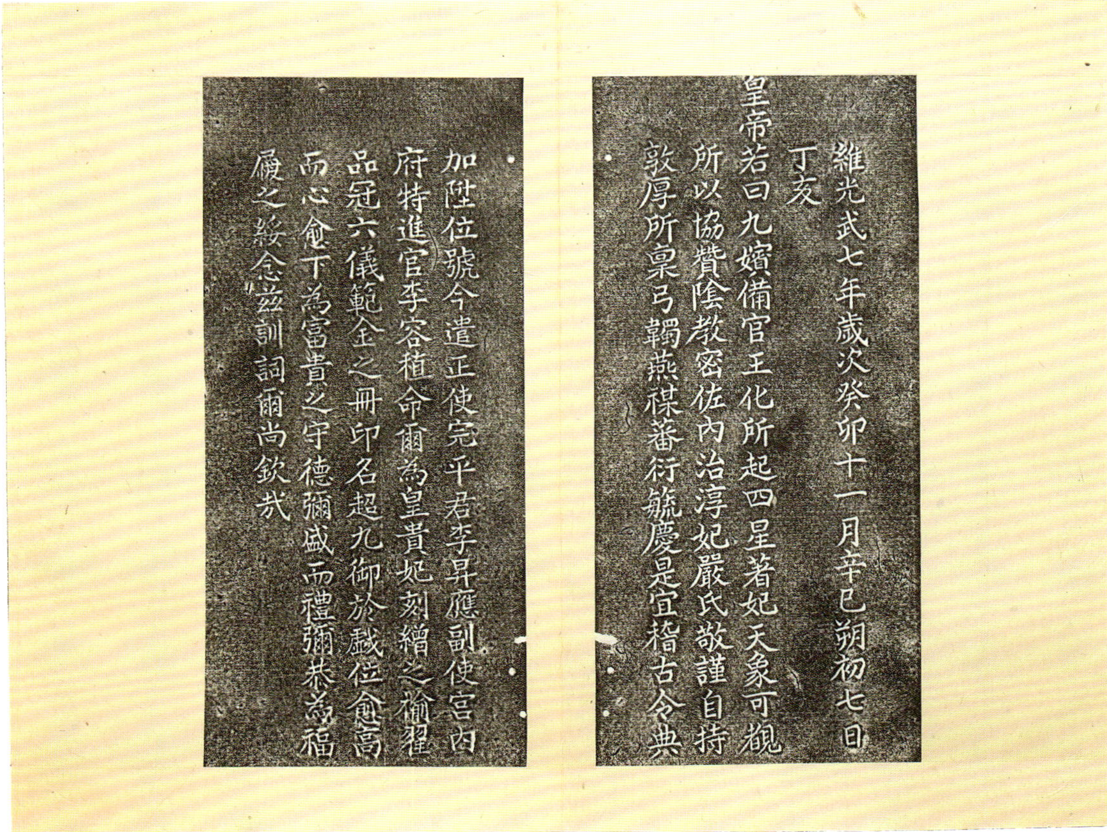

維光武七年歲次癸卯十一月辛巳朔初七日
丁亥
皇帝若曰九嬪備官王化所起四星著妃天象可覩
所以協贊陰教密佐內治淳妃嚴氏敬謹自持
敦厚所稟弓韣燕禖蕃衍毓慶是宜稽古令典
加陞位號今遣正使完平君李昇應副使宮內
府特進官李容植命爾為皇貴妃刻綃之褕翟
品冠六儀範金之冊印名超九御於戲位愈高
而心愈下為富貴之守德彌盛而禮彌恭為福
履之綏念茲訓詞爾尚欽哉

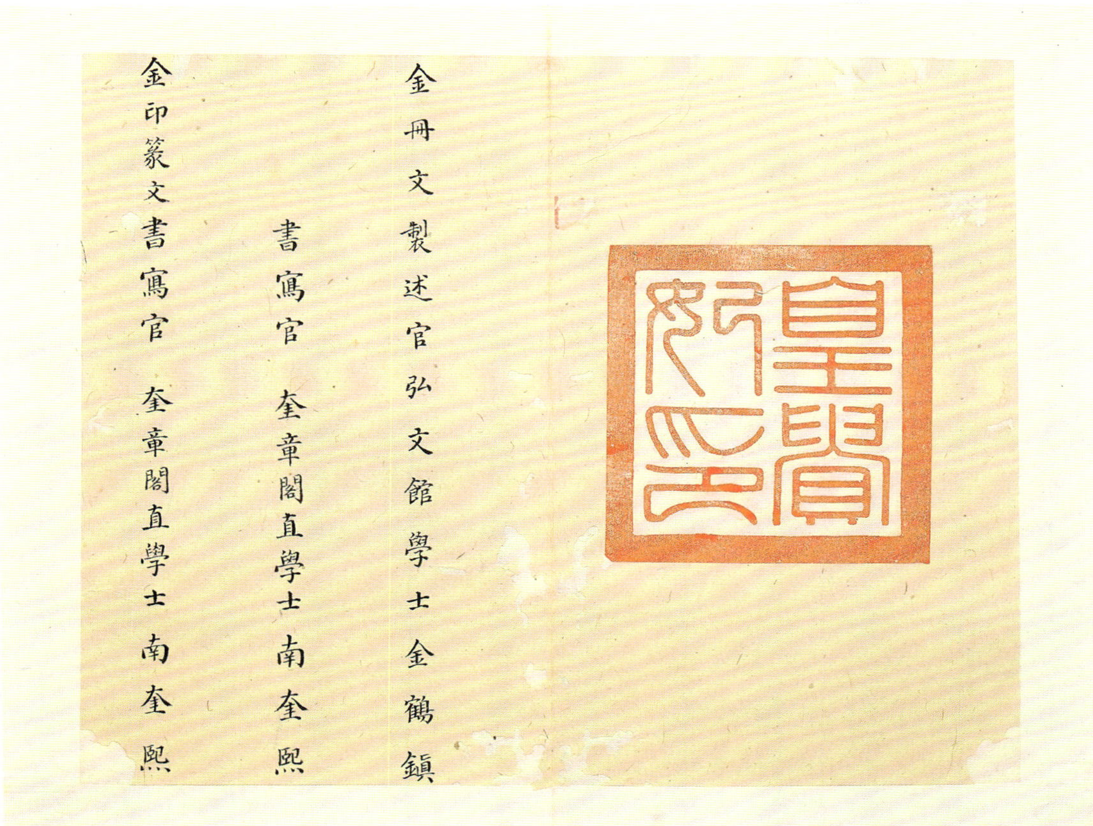

金冊文製述官弘文館學士金鶴鎮
書寫官奎章閣直學士南奎熙
金印篆文書寫官奎章閣直學士南奎熙

07

진봉 황귀비 의궤

進封皇貴妃儀軌

1903년(광무 7)
1책, 필사본, 43.5×31.6㎝, 보물
K2-2712

1903년 순비 엄씨를 황귀비로 책봉한 과정을 기록한 의궤이다. 1902년광무 6부터 황제를 보필하고 황자를 낳은 순비의 칭호를 높여야 한다는 주장이 거듭 제기되었다. 9월 27일에 고종은 순비를 황귀비로 책봉하는 조령을 내렸고, 제반 절차를 장례원에서 담당하도록 하였다. 황귀비는 귀비貴妃에 '황皇' 자를 붙여 후궁 중 최고로 우대하는 칭호로서, 명나라의 고사에 따른 것이었다. 그러나 순비를 황후로 책봉해야 한다는 주장도 제기되면서, 황귀비 책봉 의식은 1903년 11월 7일에야 거행되었다. 황귀비는 황후는 아니지만, 후궁 중의 최상이자 황후에 버금가는 지위를 인정받았다.

의궤는 책봉의 제반 절차, 소요 물품 제작 및 물자 조달, 관청 간 업무 협조 과정 등을 자세히 기록하여, 대한제국기 황실 책봉의의 실제를 보여주는 자료이다. 목록을 시작으로, 책봉 의식의 과정을 날짜별로 정리한 「시일時日」, 담당 관원 명단인 「좌목座目」, 고종의 명령과 신료의 주본奏本을 정리한 「조칙詔勅」을 수록했다. 다음으로 택일 및 각종 의절과 관련된 「장례원주본掌禮院奏本」과 책황귀비의冊皇貴妃儀 · 황귀비수책의皇貴妃受冊儀 · 황귀비조현황제의皇貴妃朝見皇帝儀 등을 기재한 「의주儀註」가 수록되었다. 이어 「금책문金冊文」과 「인식印式」 및 책 · 인을 싸서 궤에 담는 「봉과식封裹式」을 기록했다. 「도설圖說」에는 의식에 쓰인 주요 기물들의 채색 그림과 함께 물품별 규격 및 재료를 기재했고, 책봉 의식을 위한 금책과 금인의 이동 행렬을 8면의 「반차도」로 그렸다. 이어 금책 · 금인 · 의장 등 의식에 사용된 각종 물품의 목록과 함께 재료와 수량 및 장인의 명단 등이 첨부되었다. 다음으로 공문서인 「감결甘結」, 비용의 세부 항목인 「재용財用」, 포상 내역인 「상전賞典」, 의궤 제작과 관련된 「의궤사례儀軌事例」를 수록했다.

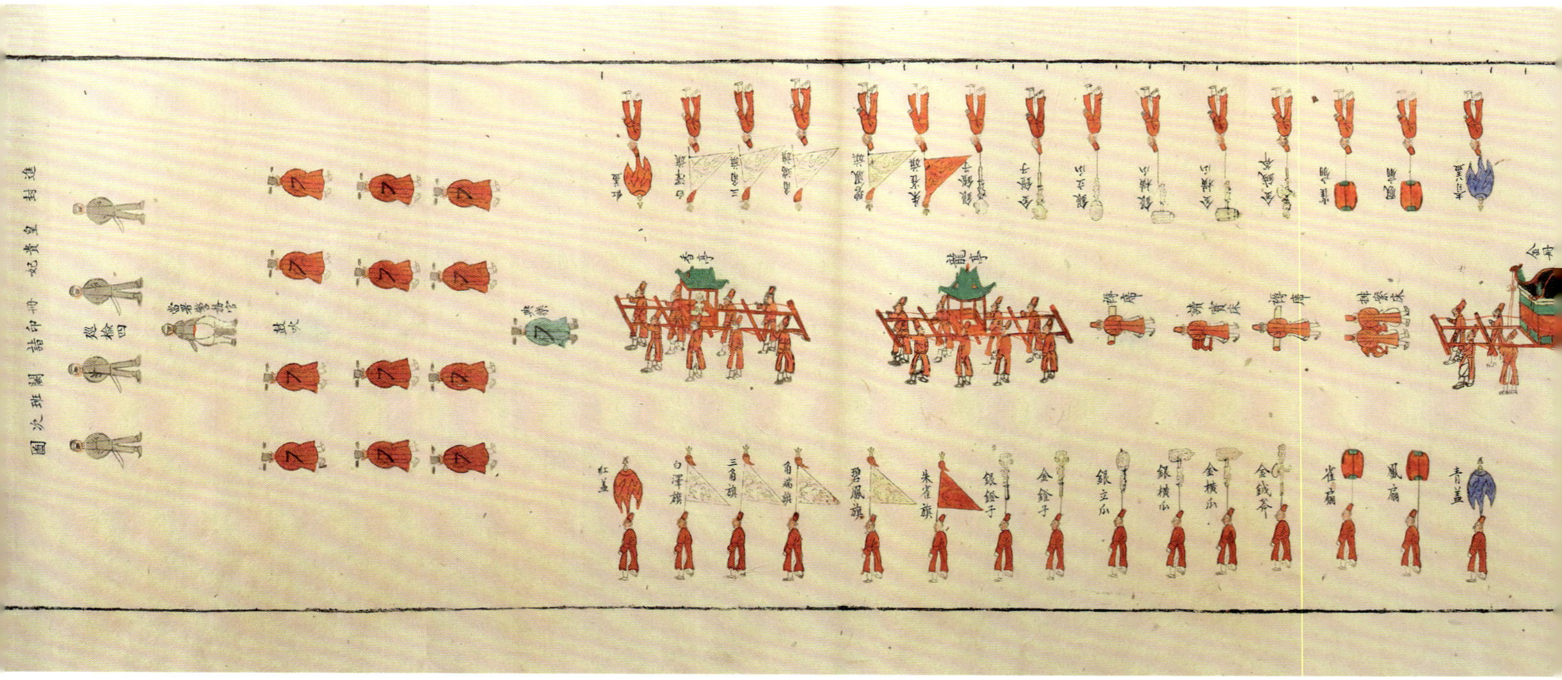

향정 용정 금책 요

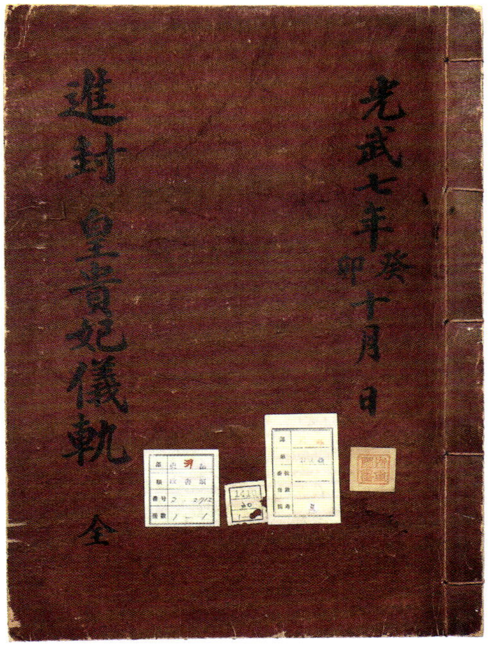

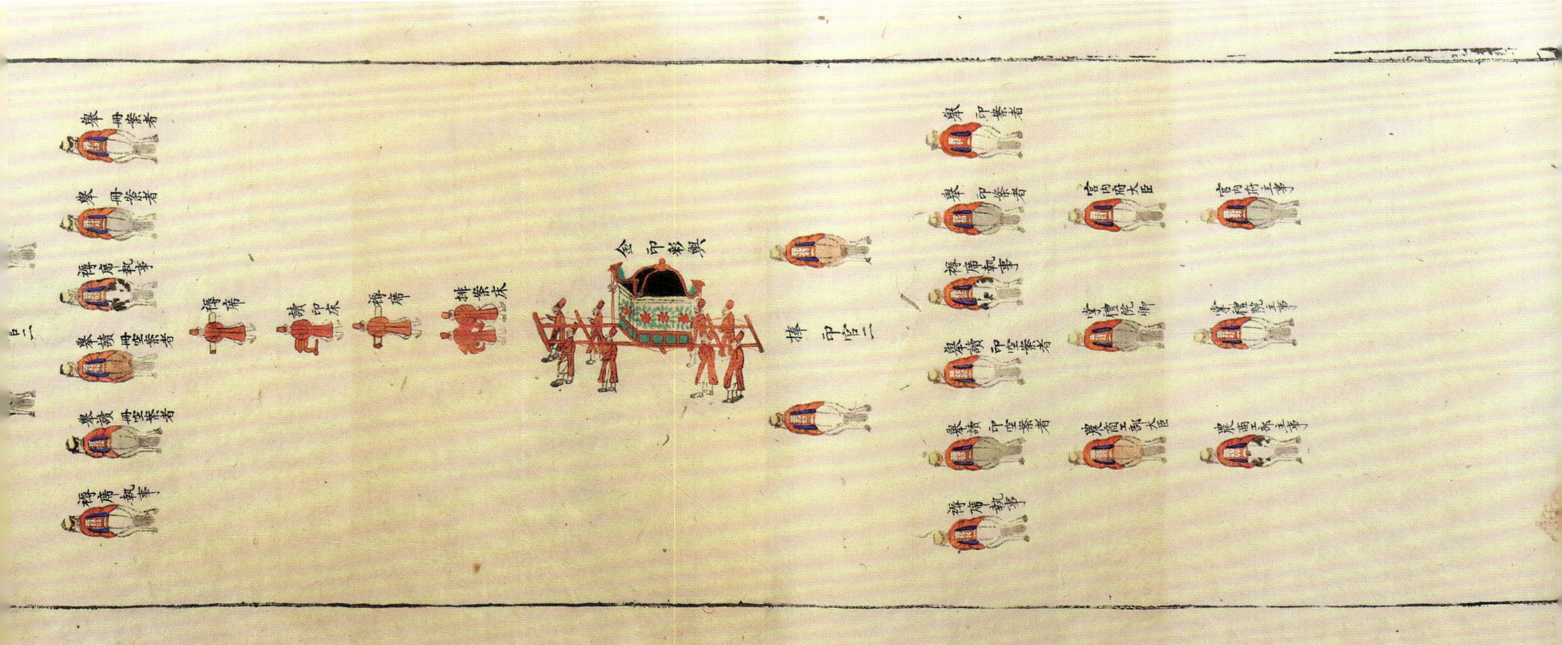

금인 채여

08

황귀비 책봉 시 의복 발기

계묘십일월초칠일 귀비ᄌ가봉비시 의복불긔

1903년(광무 7)
1장, 필사, 27.4×47.0㎝
RD01057

1903년 11월 7일 순비 엄씨를 황귀비로 책봉 시 마련된 의복 발기이다. 황귀비의 명복命服으로 후수와 하피 등을 갖춘 홍원삼이 제작되었다. 홍원삼은 대한제국의 황후가 착용하는 황원삼보다 격을 낮춘 것이지만, 황귀비의 작위를 상징하는 의복으로서 의미가 있다. 금박으로 짠 봉황무늬 흉배[금치봉흉비] 1쌍에 구봉九鳳을 금색실로 수놓은 다홍색 원삼[다홍직금구봉원삼]과 황색 한단으로 만든 안감[황한단녀작]을 1세트[일작]로 갖추었다. 또한 금환, 후망, 패옥을 갖춘 오색 후수後綬와 백공단으로 만든 대대 및 색다회를 갖춘 홍색 공단 치마와 금박 무늬의 남색 공단 하피가 포함되었다. 구봉을 금색실로 수놓아 스란단을 댄 웃치마 2종과 겹치마 2종 및 구봉을 금색실로 수놓은 초록당의복과 두록장원주의복, 보라삼팔주의복을 1세트로 갖추었다.

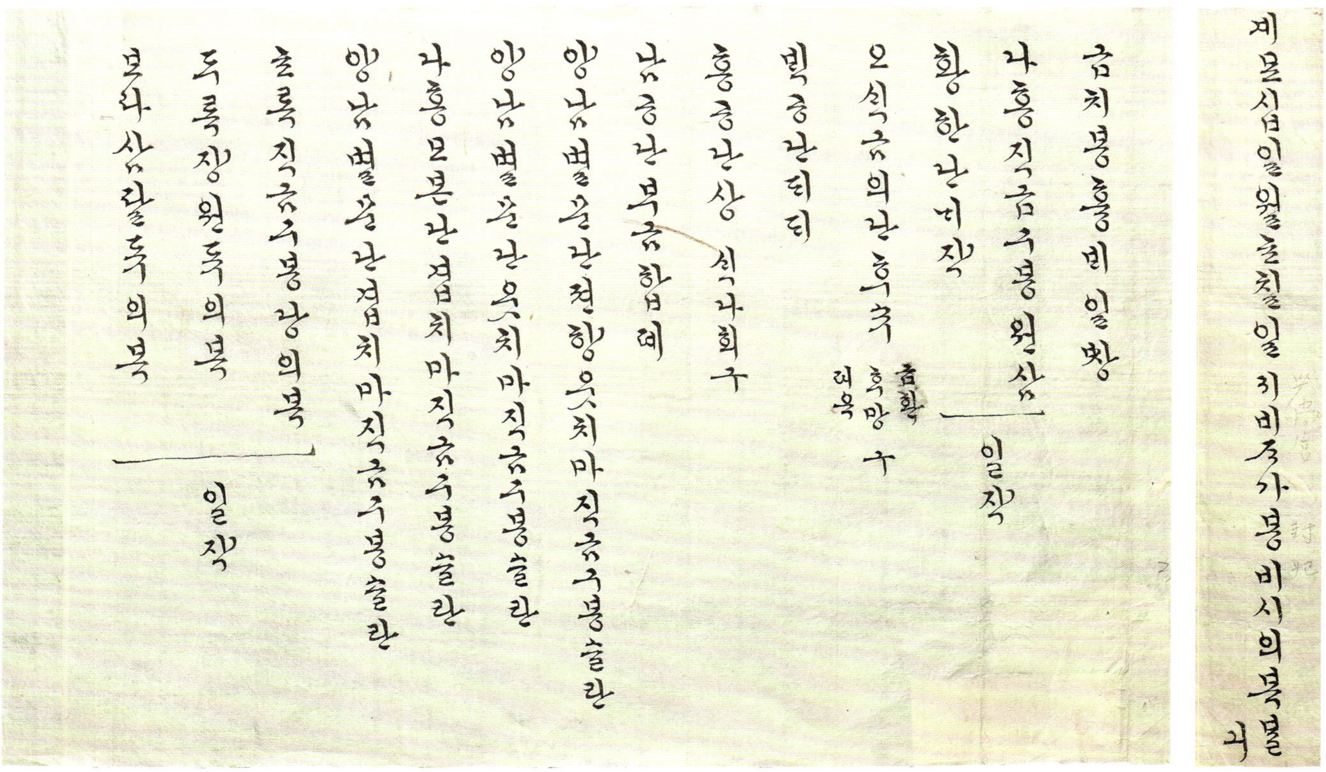
계묘십일월초칠일 귀비ᄌ가봉비시 의복불긔
금치봉흉비 일쌍
다홍직금구봉원삼
황한단녀작
일작
오ᄉ금의난후슈 금환 후망 ᄀ 패옥
빅공단대ᄃ
홍공단상 ᄉ나회ᄀ
남공단부금하피
양남별문단쳔향웃치마직금구봉슬란
양남별문단웃치마직금구봉슬란
다홍모본단겹치마직금구봉슬란
양남별문단겹치마직금구봉슬란
초록직금구봉당의복
두록장원주의복
보라삼팔주의복
일작

09

책황귀비 홀기

칙황귀비홀긔

1903년(광무 7)
1첩, 필사본, 27.7×9.3㎝
K2-2723

1903년 11월 7일 순비 엄씨를 황귀비로 책봉하는 의례를 한글로 기록한 홀기이다. 『진봉 황귀비 의궤』의 의주 중 '책황귀비의冊皇貴妃儀'의 한자음을 한글로 옮긴 것이다. 홀기는 경운궁 중화전에서 황귀비 책봉을 선포한 후, 정사正使 이승응李昇應, 1836~1909과 부사副使 이용식李容植, 1838~?이 금책金冊과 금인金印을 황귀비의 경선궁慶善宮에 전한 후 복명復命하는 절차로 구성되었다. 단, 황귀비가 직접 금책과 금인을 하사받는 절차는 여관이 진행하는 '황귀비수책의皇貴妃受冊儀'에 따라 별도로 거행되었다.

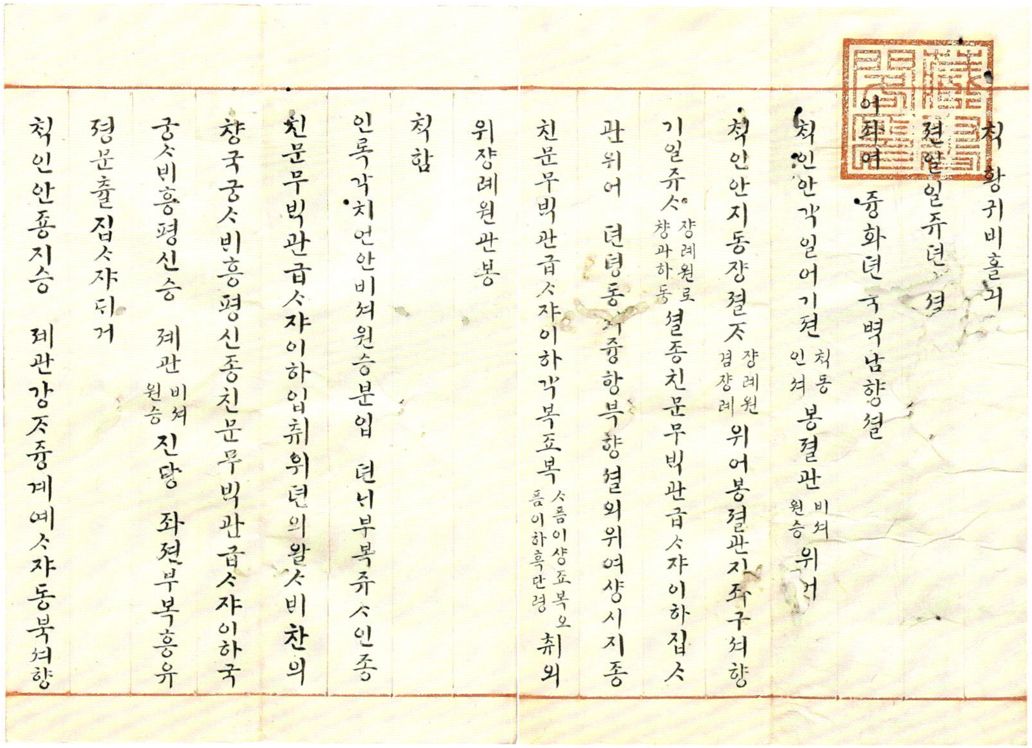
칙황귀비홀긔
젼일일쥬뎐ᄉᆞ셜
어좌여 즁화뎐 국벽남향셜
칙인안각일어기젼 칙동 인셔 봉졀관 비셔 원승 위어
칙안안지동쟝졀ᄌᆞ 쟝례원 겸쟝례 위어봉졀관지좌구셔향
기일쥬ᄉᆞ 쟝례원로 챵과하동 셜종친문무ᄇᆡᆨ관급ᄉᆞ쟈이하집ᄉᆞ
관위어 뎐뎡동ᄉᆞ즁향북향셜외위여샹시지종
친문무ᄇᆡᆨ관급ᄉᆞ쟈이하각복죠복 ᄉᆞ픔이샹죠복오픔이하흑단령 취외
위쟝례원관봉
칙함
인록각치언안비셔원승분입 뎐너부복쥬ᄉᆞ인종
친문무ᄇᆡᆨ관급ᄉᆞ쟈이하입취위뎐의왈ᄉᆞ비찬의
챵국궁ᄉᆞ비흥평신종친문무ᄇᆡᆨ관급ᄉᆞ쟈이하국
궁ᄉᆞ비흥평신승 졔관 비셔 원승 진당 좌젼부복흥유
졍문출집ᄉᆞ쟈뒤거
칙인안종지승 졔관강ᄌᆞ즁계예ᄉᆞ쟈동북셔향

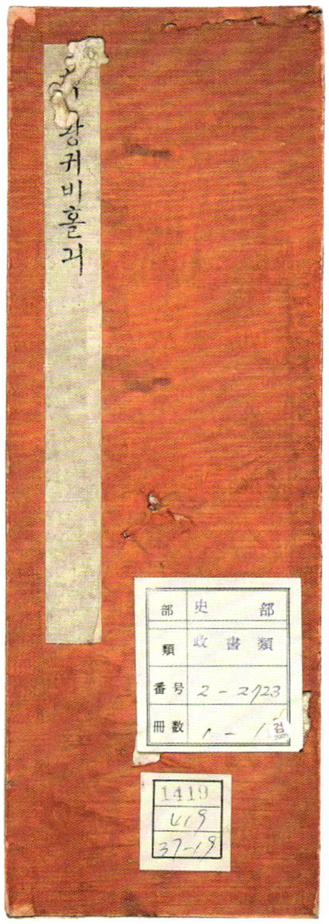

10

명신여학교 현판

明新女學校懸板

1906년(광무 10)
목제, 75.0×197.0㎝, 국가등록문화유산
숙명여자고등학교 사료관

1906년에 설립된 명신여학교의 교명을 새긴 현판이다.
황귀비는 여성 교육의 부재를 깊이 염려하며, 여학교 설립과 여성 교육의 진흥을 위해 많은 노력을 했다. 1906년 황귀비는 사재를 들여 진명여학교현 진명여자고등학교와 명신여학교현 숙명여자고등학교의 설립을 후원하였다. 같은 해 7월, 경복궁에서 명신여학교의 개교를 기념하며 학생과 교직원을 격려하는 축하연을 열기도 했다. 황귀비가 설립한 여학교는 한국 여성이 세운 교육기관의 시초로 평가받는다.

황귀비 엄씨 사진, 20세기 초, 국립고궁박물관

황귀비의 사인은?

황귀비 엄씨는 1859년철종 10에 6세의 나이로 입궁했고 명성황후의 시위상궁이 되었다. 그러나 고종의 승은을 입은 후, 명성황후의 미움을 받아 1885년고종 22에 궐 밖으로 쫓겨났다. 1895년고종 32 명성황후가 시해된 을미사변 이후 고종의 부름을 받아 재입궁했고, 1896년건양 1 아관파천 때 고종과 세자를 안전하게 모셨다.

1897년광무 1 10월 20일이하 양력, 대한제국이 선포된 지 8일 째에 엄상궁은 44세의 나이로 영친왕英親王 이은李垠, 1897~1970을 낳았다. 이틀 뒤인 10월 22일에 종1품 귀인貴人이 되었고, 1900년광무 4 8월에는 정1품 순빈淳嬪에 봉해졌다. 1901년광무 5 10월에는 황제의 후궁인 순비淳妃로 승격되어 '경선慶善'이라는 궁호를 받았다. 1903년광무 7에는 황제의 후궁으로서 가장 높은 지위인 황귀비皇貴妃에 올라 황후의 빈자리를 대신했다.

1907년융희 1 헤이그특사 사건으로 고종이 강제 퇴위되고 순종이 즉위하면서, 8월 7일에 영친왕이 황태자로 책봉되었다. 당시 31세의 의친왕義親王 이강李堈, 1877~1955이 있었음에도 순종은 어진 이를 선택한다는 명분으로 11세의 영친왕을 황태자로 정했다. 이 결정에는 아들을 황태자로 세우려는 황귀비의 개입과 일제의 지원이 작용했다. 그러나 그해 12월 이토 히로부미伊藤博文, 1841~1909는 유학이라는 명목으로 영친왕을 일본으로 데려갔고, 황귀비의 강력한 요구에도 불구하고 귀국 약속은 지켜지지 않았다. 결국 영친왕의 유학은 어머니 황귀비와의 영원한 이별이 되었다.

1910년 8월 29일 대한제국이 멸망하면서, 고종은 이태왕, 순종은 이왕으로 격하되었다. 황태자였던 영친왕은 왕세자가 되었으며 황귀비는 귀비로 불렸다. 1911년 7월 20일 황귀비는 덕수궁 즉조당에서 사망했고, 영친왕은 임종을 지키지 못했다. 『매일신보』는 "엄비는 오전 3시 10분 덕수궁에서 죽었는데, 비는 지난 10일경부터 감기 비슷이 미령未寧하여 한일인신의韓日人新醫의 진료를 받은 바 있으나 비밀히 약이藥餌, 약물치료는 소홀히 하고 기도만 전專히 하여 왔다 하며 병증病症은 장티푸스[腸窒扶斯]인 듯하다고 한다."라고 보도했다. 이처럼 일제가 발표한 공식 사인은 장티푸스였으나, 고된 군사훈련을 받으며 주먹밥을 먹는 영친왕의 활동사진을 보고 충격을 받아 사망했다는 증언도 제기되었다.

순헌황귀비 엄씨 장례 행렬 사진엽서, 20세기 초, 국립고궁박물관

황귀비의 부음을 듣고 영친왕은 급히 귀국했지만, 전염을 이유로 어머니의 마지막 얼굴조차 볼 수 없었다. 사망한 지 13일 만인 8월 2일에 황귀비는 영휘원永徽園에 안장되었다. 사대부의 3개월 장례에도 미치지 못하는 신속한 장례 진행은 장티푸스가 공식 사인이었기 때문으로 추정된다. 8월 5일 영친왕은 학업을 위해 일본으로 돌아갔고, 이후 황귀비의 연제練祭, 상제祥祭, 담제禫祭 등의 상례 절차에 참석하지 못했다. 황귀비의 제사는 고종이 주관했고, 영친왕은 전보를 통해 슬픔과 추모의 마음을 전했다. 1926년 순종의 승하 후 영친왕은 '이왕李王'의 지위를 계승했고, 이후 어머니의 덕안궁을 포함한 칠궁의 제사를 주관할 수 있었다.

11

순헌귀비 시책문 탑본

純獻貴妃諡冊文搨本

1911년
1첩, 탑본, 28.2×14.3㎝
K2-4939

1911년 7월 31일* '순헌純獻'의 시호를 귀비 엄씨에게 내리는 시책의 탑본이다. 7월 27일에 시호를 '순헌'으로 정했는데, '순'은 바르고 순수하다는 뜻으로 여군자의 아름다운 자태를 의미하고 '헌'은 충성을 다하고 덕을 간직한다는 뜻으로 어진 부인의 훌륭한 모범을 상징한다. 시책문은 이용원李容元, 1832~1911이 찬술하고, 조동희趙同熙, 1856~1934가 글씨를 썼다.

『순헌귀비 예장의궤』에 따르면, 시책은 각각 8행 19자로 구성된 두 편의 옥책으로 제작되었다. 길이 9치 5푼, 너비 4치 5푼, 두께 5푼의 남양청옥 두 편에 글자를 새긴 뒤, 붉은색 안료인 당주홍을 채웠다. 조선 왕실의 옥책 시책은 6개의 옥간玉簡으로 구성된 첩을 둥근 고리로 엮고, 옥간마다 12자를 새겨 금색을 채우는 형식으로 제작되었다. 반면, 귀비의 시책은 옥책이지만, 금책의 형식을 따른 점이 특징적이다. 7월 29일 시책문 초도서草圖書를 올렸고, 7월 30일 오후 4시 시책 · 시인을 내입했다가 31일 오전 9시 내출하여 오전 11시에 귀비의 빈궁殯宮에 내리는 의식을 거행했다. 시책문의 '윤유월 초4일'은 시호를 내린 7월 31일의 음력 날짜이다.

* 이하 날짜는 양력으로 표기함

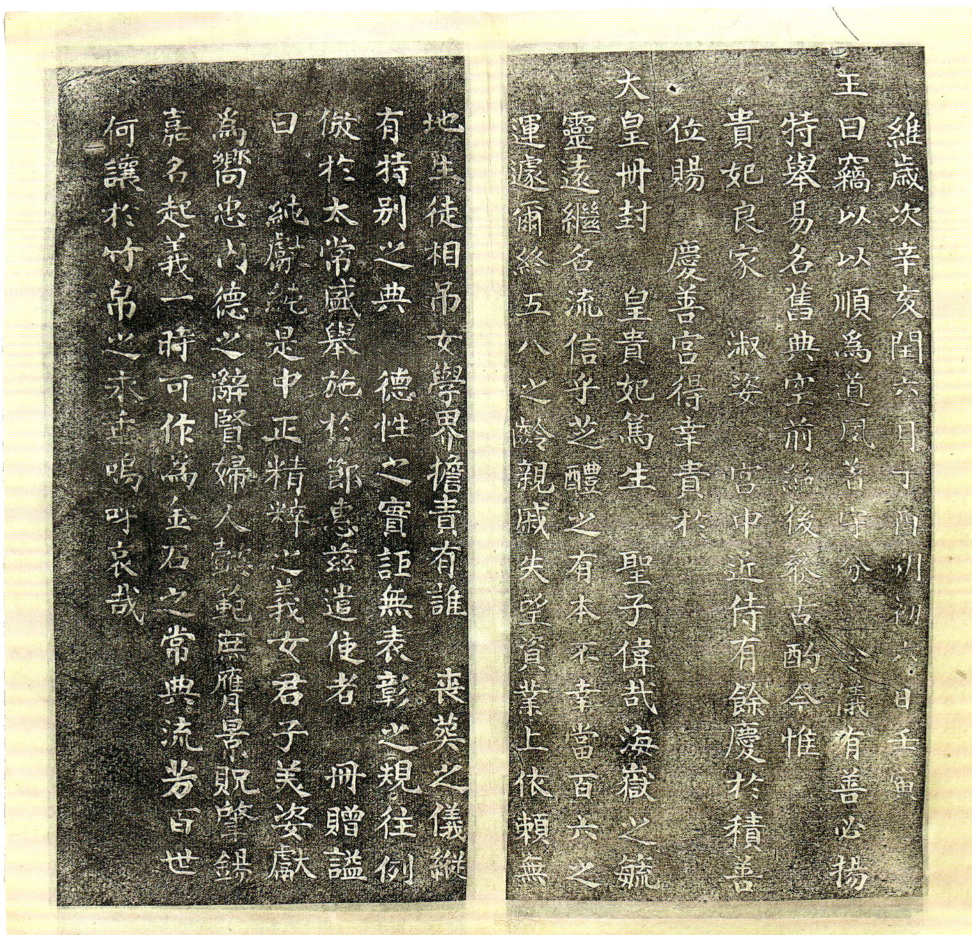

12

순헌귀비 애책문 탑본

純獻貴妃哀冊文搨本

1911년
1첩, 탑본, 26.4×16.8㎝
K2-4938

1911년 8월 2일 귀비 엄씨가 영휘원永徽園에 안장될 때 봉안된 옥책玉冊 애책의 탑본이다. 애책은 왕실의 장례 시, 생전의 공덕을 찬양한 글을 새겨 함께 매장하는 의물이다. 귀비의 애책은 총 8첩으로 제작되었다. 조선시대 왕·왕비의 애책과 동일하게, 길이 9치 7푼, 너비 1치 2푼, 두께 6푼의 옥간玉簡 6개를 하나의 첩으로 만들고, 각 옥간에 12자를 음각한 후 당주홍을 채웠다. 애책문의 내용은 귀비의 생애와 상장례에 대한 것으로, 귀비가 고종을 보필하고 부녀자에게 배움을 권장했음을 서술했다. 애책문은 남정철南廷哲, 1840~1916이 찬술했고 윤용구尹用求, 1853~1939가 글씨를 썼다.

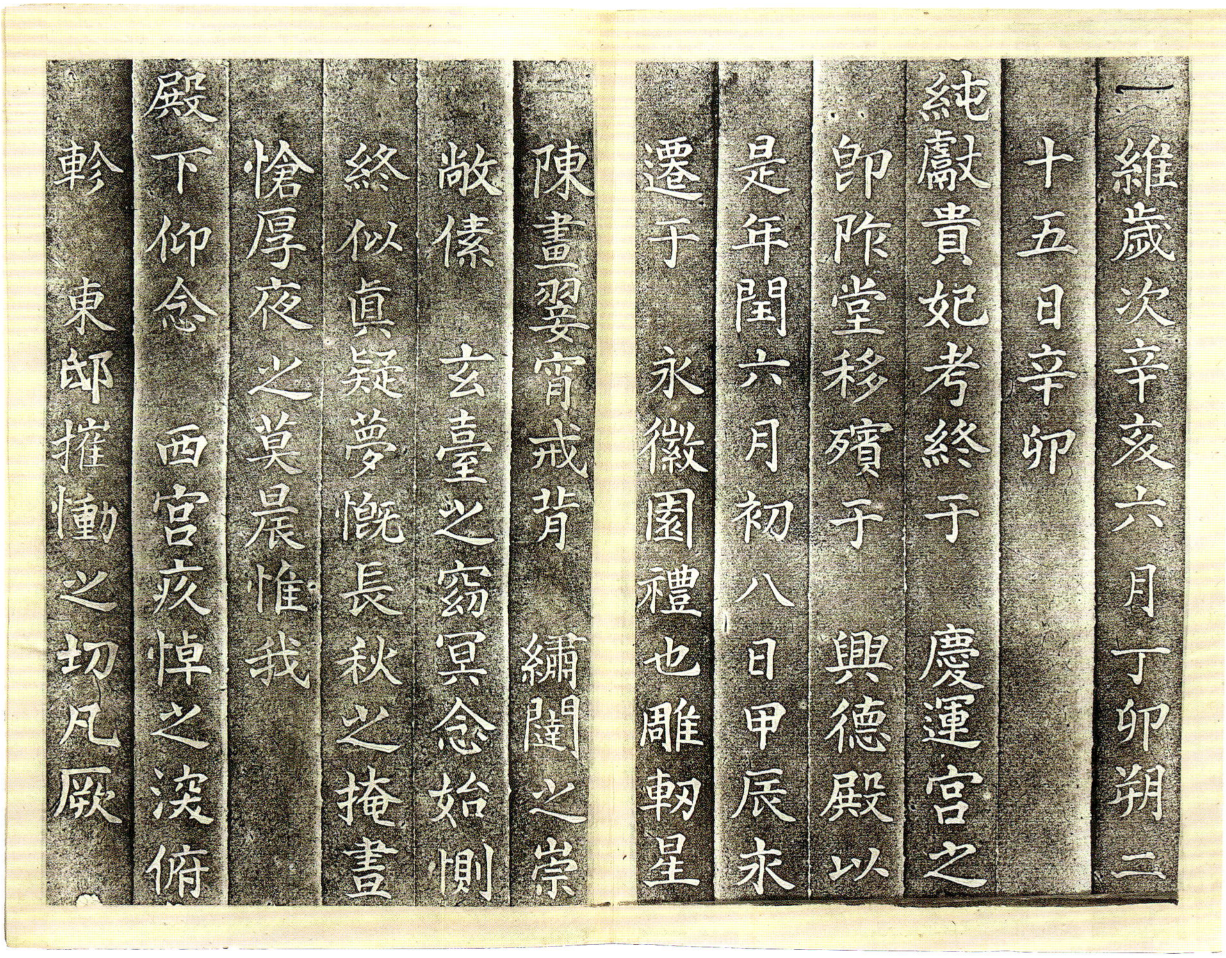
維歲次辛亥六月丁卯朔二
十五日辛卯
純獻貴妃考終于 慶運宮之
即阼堂移殯于 興德殿以
是年閏六月初八日甲辰永
遷于 永徽園禮也雖軔星
陳畫翣宵戒背 繡闥之崇
敞儀 玄臺之窈冥念始惻
終似眞疑夢慨長秋之掩晝
愴厚夜之莫晨惟我
殿下仰念 西宮疚悼之深俯
軫 東邸摧慟之切凡厥

13

순헌귀비 빈궁혼궁의궤

純獻貴妃殯宮魂宮儀軌

1911년
2책, 필사본, 42.3×29.8㎝
K2-2978

1911년 7월 20일 오전 3시 경운궁 즉조당에서 사망한 귀비 엄씨의 상례 절차 중 빈궁과 혼궁 운영에 관한 내용을 정리한 의궤이다. 귀비의 사망 당일 덕수궁 안에 예장소禮葬所가 설치되었고, 이왕직 장관 민병석閔丙奭, 1858~1940과 차관 고미야 미호마쓰小宮三保松, 1859~1935가 신구新舊 의식을 절충하여 상례를 거행했다. 순종의 하교에 따라 빈궁은 흥덕전興德殿, 혼궁은 영복당永福堂으로 정해졌다. 빈궁과 혼궁의 설치는 귀비의 상례가 조선시대 세자빈을 기준으로 진행되었음을 보여준다. 그러나 별도의 도감은 설치되지 않았고 예장소 산하 빈소주무殯所主務 등이 업무를 담당했다.

상례는 7월 20일 오전 11시에 망자의 혼을 부르는 복復을 시작으로, 오후 2시에 목욕, 오후 4시에 습襲이 진행되었다. 다음날인 21일에 명정銘旌을 세우고 오후 2시에 소렴小斂을 행했으며, 23일 정오에 대렴大斂, 오후 5시 30분에 성빈成殯을 거행했다. 7월 25일 오전 9시에 성복했고, 8월 2일 오전 5시 30분에 발인하여 오후 7시 혼궁인 경운궁 영복당으로 반우했다. 오후 7시 30분 고종이 초우제를 친행했으며, 이후 칠우제까지 총 7회의 우제가 거행되었다. 칠우제의 시행은 조선시대 왕·왕비와 동일하지만, 황제국의 예를 적용하여 9회의 우제를 행한 명성황후상보다는 등급을 낮춘 것이다.

의궤의 상권에는 상례의 상세 일정을 기록한 「시일時日」과 담당 관원 명단인 「좌목座目」이 수록되었다. 이어 종척집사宗戚執事인 후작 이재완李載完, 1855~1922 등 40명, 고문顧問인 백작 이완용李完用, 1858~1926 등 6명과 각 계원係員의 명단을 정리했다. 다음으로 「사무분장내규事務分掌內規」에는 상례 관련 6개 규정을 수록했고, 「하교급상계下敎及上啓」에는 1911년 7월 20일부터 29일까지 순종의 하교와 이왕직 장관의 보고 내용을 날짜순으로 정리했다. 「의주儀註」에는 '복復'부터 '초우제初虞祭'까지의 의절이 수록되었다. 「복제服制」에는 고종, 순종, 영친왕 이하의 상복을 기록했는데, 자최기년齊衰期年을 입는 귀비궁의 상궁과 수원관守園官을 제외하고 모두 가장 가벼운 시마삼월복緦麻三月服을 입었다. 이어 「축문祝文」과 각종 서식書式을 수록했고, 「도설圖說」에는 새로운 방식이 도입된 소금저素錦褚 등의 제작 방식과 함께 그림을 첨부했다. 다음으로, 하권에는 「거행제구擧行諸具」, 「혼궁배설魂宮排設」, 「발인시빈궁배설소화물종發引時殯宮排設燒火物種」 등을 수록하여 빈궁과 혼궁에서 사용되는 물품의 종류와 수량 및 발인 시 소각하는 물품을 자세히 정리했다.

進漆時素錦褚圖

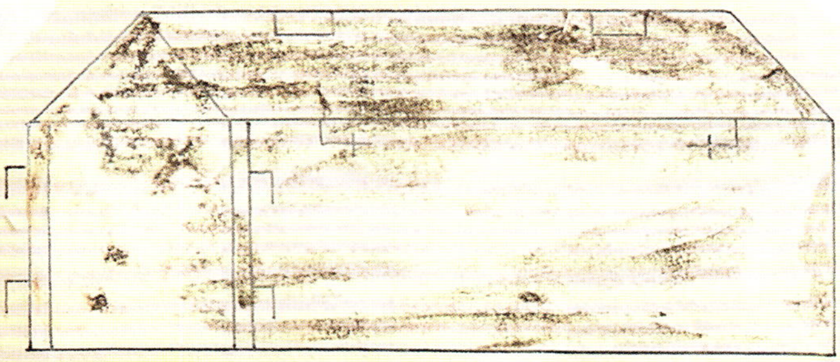

圖說

以松木作機以草注紙塗之左右挾機各一長八尺一寸五分高五尺四寸兩頭之上下各設排目二俾受隅機之可莫釗上邊各設排目二俾受蓋兒之可莫釗上下隅機各一長三尺七寸五分高五尺四寸左右邊上下各設可莫釗二俾挿挾機之排目又臺拱板高五寸蓋兒左右各長爲八尺一寸五分廣兩尺兩脊相凑處斜

14

순헌귀비 예장의궤

純獻貴妃禮葬儀軌

1911년
2책, 필사본, 42.0×30.0㎝
K2-2980

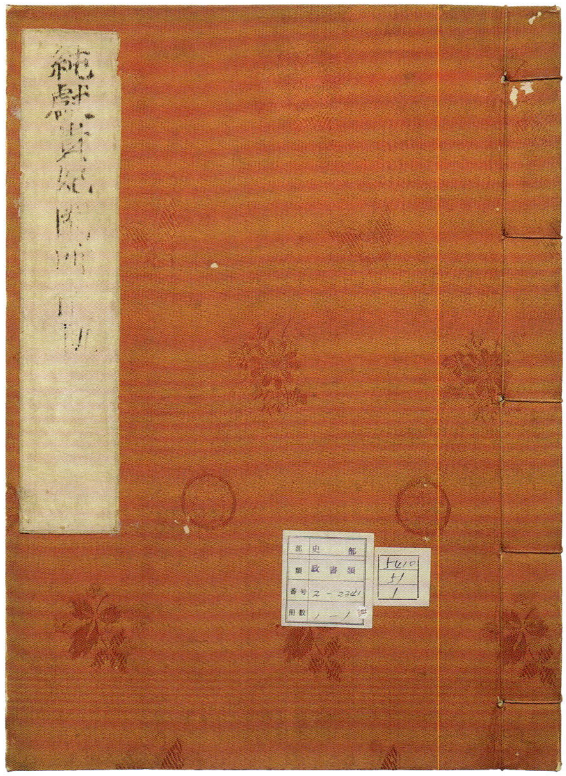

1911년 8월 2일 영휘원으로 발인하여 장례를 치르는 예장 절차를 정리한 의궤이다. 조선시대 왕실의 '예장'은 왕·왕비의 '국장'보다 등급을 낮춘 세자·세자빈의 장례를 지칭하는 용어였다. 이에 예장을 담당하는 예장도감이 설치되었고, 차후 『예장도감의궤』가 간행되었다. 그러나 귀비 엄씨의 상례에서는 예장소가 상장례 전반을 담당하면서 별도의 도감이 설치되지 않았다. 그럼에도 의궤는 『빈궁혼궁의궤』, 『예장의궤』, 『원소의궤』로 구분하여 제작되었다.

의궤 상권의 「시일時日」에는 1911년 7월 20일 고문顧問과 예장주무禮葬主務 등의 경운궁 회동부터 8월 2일 반우까지의 절차가 날짜순으로 기록되어 있다. 8월 2일 오전 5시 30분에 발인하여, 오전 7시 노제소인 보제원普濟院을 거쳐 오전 8시 원소 정자각에 도착했다. 오후 2시에 관[梓室]을 광중[玄室]에 내렸고, 3시에 길유궁에서 신주를 쓴 후 4시에 출발하여 오후 7시에 혼궁인 경운궁 영복당으로 반우했다.

다음으로 「좌목座目」에는 주무主務 장호진張浩鎭, 조무助務 유응렬劉膺烈 등 담당 관원의 명단이 수록되었다. 「하교급상계下敎及上啓」에는 7월 20일부터 31일까지 순종의 하교와 이왕직 장관의 보고 내용이 날짜순으로 정리되었다. 「발인반차發引班次」는 글자로 기재하는 문반차도文班次圖로 작성되었다. 이어서 발인반차에 포함되는 각종 의물의 내역과 제작 방식을 설명하고, 도설을 함께 수록했다. 또한 이근명李根命, 1840~1916과 민영규閔泳奎, 1846~1923 등 52명이 귀비의 죽음을 애도하며 쓴 「만장輓章」과 귀비의 책봉 시 책·인 및 시책·시인 등을 정리했다. 하권에 수록된 「대여大轝」 이하의 항목은 발인 시 관을 운반하는 기구 및 각종 부장품 등에 관한 것이다. 평상시의 길의장吉儀仗과 발인 시의 흉의장凶儀仗을 포함하여 각종 의물의 종류와 수량 및 재료 등을 정리하고 도설을 첨부했다.

大轝圖

15

순헌귀비 원소의궤
純獻貴妃園所儀軌

1911년
1책, 필사본, 42.3×30.0㎝
K2-2341

1911년 7월부터 8월까지 양주 천수산天秀山에 영휘원을 조성하는 과정을 기록한 의궤이다. 영휘원은 휘경원徽慶園의 예를 따라 조성되었으며, 석물의 형식은 순명효황후純明孝皇后, 1882~1904의 유릉裕陵을 참고했다. 일본인 무라카미 류키치村上龍佶가 주무主務로서, 영휘원 조성을 담당했다.

권수卷首의 목록에 이어, 「시일時日」에는 1911년 7월 20일 고문顧問과 원소주무 등의 경운궁 회동을 시작으로 8월 28일 안원전安園奠 설행까지의 절차가 날짜순으로 기록되었다. 7월 24일에 원소를 정하고, 다음날부터 공역을 시작하여 8월 1일에 광중壙中을 조성했다. 약 일주일 만에 원소가 마련된 것은 귀비 엄씨의 사인이 장티푸스로 공식화되면서 장례가 급히 진행되었기 때문으로 보인다.

이어 담당 관원의 명단인 「좌목座目」과 1911년 7월 21일부터 8월 28일까지 순종의 하교 및 이왕직 장관의 보고 내용을 날짜순으로 정리한 「하교급상계下敎及上啓」가 수록되었다. 다음으로 「원상각園上閣」, 「수도각隧道閣」, 「찬실欑室」, 「정자각」 등 원소 조성에 필요한 각종 구조물의 도설圖說을 삽입하고 그 형태와 필요 물품 등을 자세히 기록했다. 마지막으로 「의궤편찬儀軌編纂」에는 위원장인 이왕직 장관 한창수韓昌洙, 1862~1933와 편찬위원 7명, 편찬원 20명 등의 명단이 수록되었다. 「의궤편찬」 기록은 귀비의 『빈궁혼궁의궤』와 『예장의궤』에는 보이지 않는데, 예장소에서 통괄하여 편찬한 후 『원소의궤』에 수록한 것으로 추정된다.

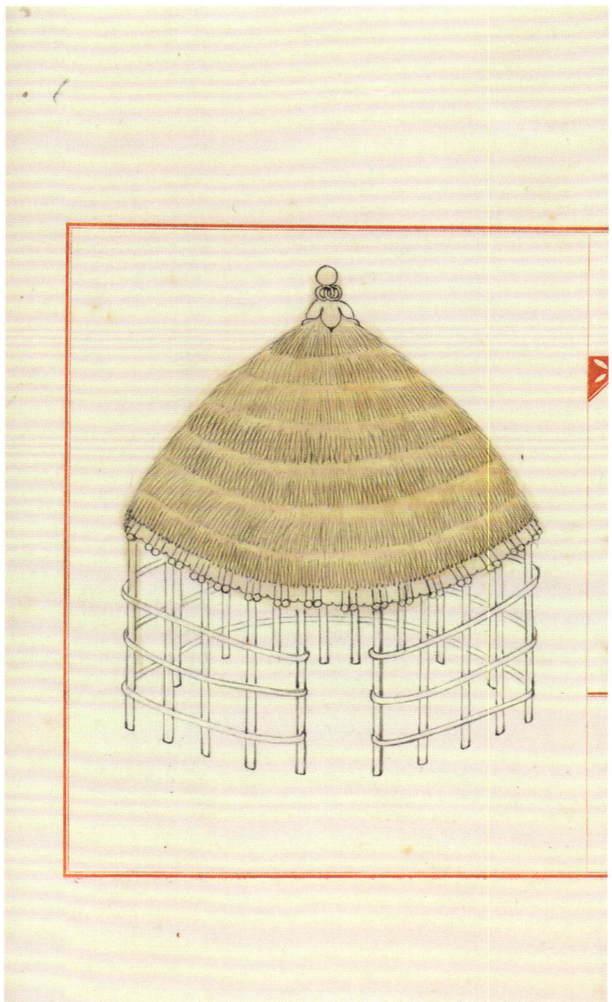

원상각園上閣

사수도四獸圖

16

순헌귀비 영휘원비 탑본

純獻貴妃永徽園碑搨本

1911년
1첩, 탑본, 41.3×25.2㎝
K2-3966

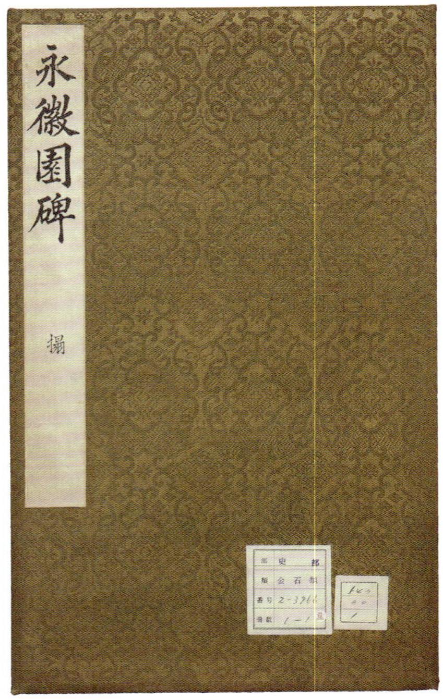

1911년 영휘원에 세워진 표석을 탑본하여 장황한 첩이다.『순헌귀비원소의궤』에 따르면, 표석은 길이 9자 7치, 너비 2자 7치 5푼, 두께 1자 6치의 오석烏石으로 제작되었다. 전면에는 대자 전서篆書로 '순헌귀비 영휘원純獻貴妃永徽園'이라 새겼는데, 이근명李根命, 1840~1916의 글씨이다. 후면인 음기에는 귀비의 탄생, 입궁, 영친왕 출산, 황귀비 책봉 및 상장례에 관한 내용이 서술되었다. 음기의 찬술자는 장호진張浩鎭, 1856~1929으로 추정된다. 그의 자서전인『남거자술南渠自述』에 따르면 "시책과 애책을 새기고, 겸하여 표석의 음기를 지었는데, 문자 상에 막히고 꺼려지는 것이 많았다. 여러 번 검토하고 자문을 구한 후에 원소로 보냈다. 이 공역은 내가 귀비를 향한 지난날의 존경과 우의에 보답하는 것이었다."라고 밝혔다.

영휘원 전경과 표석, 서울특별시 동대문구 홍릉로90 ⓒ국가유산청 궁능유적본부

17

덕안궁 제문

德安宮祭文

1911년
1책, 필사본, 39.5×27.5㎝
K2-2438

1911년 이후 귀비 엄씨의 상례와 제례 관련 제문과 축문을 정리하여 이왕직에서 편찬한 책이다. 이 책은 1911년 7월 20일, 귀비의 사망을 종묘와 영녕전 및 경효전景孝殿 등에 고하는 고문告文의 규격과 서식 등에 대한 논의로 시작되었다. 이후 7월 22일 습전襲奠과 소렴전小斂奠, 23일 대렴전大斂奠과 성빈전成殯奠, 25일 성복전成服奠과 별전別奠 등을 거행하는 내용이 차례로 기록되었다. 이어 빈궁에서 전奠을 올릴 때 고종[德壽宮殿下], 순종[昌德宮殿下], 왕비, 영친왕[王世子] 등의 축문 서식을 구분하여 수록했다. 또한 각 축문과 제문의 내용을 기재했는데, 1911년 7월 20일 귀비의 사망을 종묘에 고하는 '귀비엄씨상 종묘고문貴妃嚴氏喪宗廟告文'을 시작으로 1929년 5월 29일음력 4월 17일 육상궁으로 이안할 때의 축문까지 200여 건이 수록되어 있다.

이 책은 1913년 덕안궁 입묘入廟 이후의 의례를 확인할 수 있는 중요한 자료이다. 특히, 1914년에는 귀비의 회갑을 기념하여 고종과 순종 등이 지은 제문 및 행사에 동원된 인원을 자세히 기록했다. 또한 1929년 덕안궁을 육상궁 영역으로 이안하는 과정에서 거행된 제사의 축문도 확인할 수 있다. 5월 29일음력 4월 17일 '덕안궁이봉고유제', 7월 11일음력 6월 5일 '덕안궁이안고유제'와 '덕안궁봉안제'의 축문이 수록되어 있다.

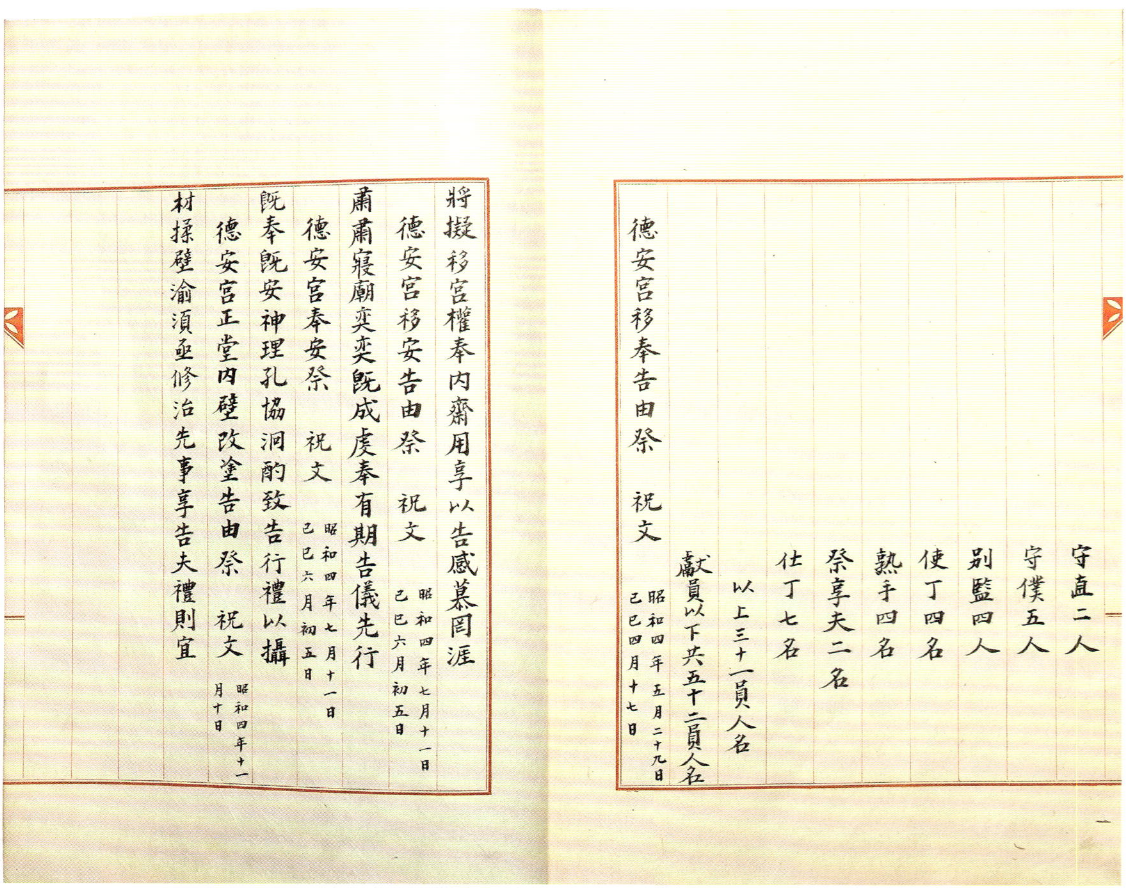

18

향수조사책

享需調査冊

1898년(광무 2)경
10책, 필사본, 33.7×21.4㎝
K2-2583

1898년경, 궁내부宮內府 회계원會計院에서 황실 제향에 필요한 물품의 수량과 비용을 조사하여 기록한 책이다. 1책은 사직, 대보단, 문묘, 종묘, 영녕전 등의 제향을 정리했고, 2책은 명성황후의 혼전인 경효전景孝殿의 제향 물품과 비용을 기록했다. 3책은 봉상시奉常寺에서 각 제향처로 올리는 물품, 4책은 함흥에 있는 덕릉德陵, 안릉安陵 등의 제향 비용, 5책은 선원전 등의 관리와 제향 비용을 정리했다. 6책과 7책은 종묘, 영녕전, 영희전, 경모궁의 오대향五大享과 삭망제朔望祭 등의 제향 내역과 비용을 수록했다. 8책에는 칠궁과 세자의 사당인 이묘영소묘·문희묘에서 사용하는 물품과 비용이 적혀있다. 9책은 「제향수조사목록祭享需調査目錄」으로 각 제향처의 유지보수 비용을 정리했고, 10책은 「제향각물종분등배정목록祭享各物種分等排定目錄」으로 제향별 배정 물품과 비용을 기록했다.

8책에 수록된 칠궁에는 덕안궁 대신 문효세자의 생모인 의빈 성씨의 의빈궁宜嬪宮이 포함되어 있다. 칠궁 중 육상궁, 경우궁, 선희궁, 의빈궁의 4궁에서는 연 4회의 명절 제사와 중삭제仲朔祭를 지냈으며, 제사 비용은 343냥 2전으로 정해졌다. 반면 4대가 지난 저경궁, 연호궁, 대빈궁의 3궁에는 춘분과 추분에 연 2회의 제사를 지냈으며, 85냥 8전의 제사 비용이 소요되었다. 그 외 기신제 여부와 수복守僕의 명수에 따라 각 궁의 운영 비용은 차이를 보인다. 이러한 기록을 통해 대한제국 시기의 황실 제향을 연구하고, 당시의 물가 수준을 파악할 수 있다.

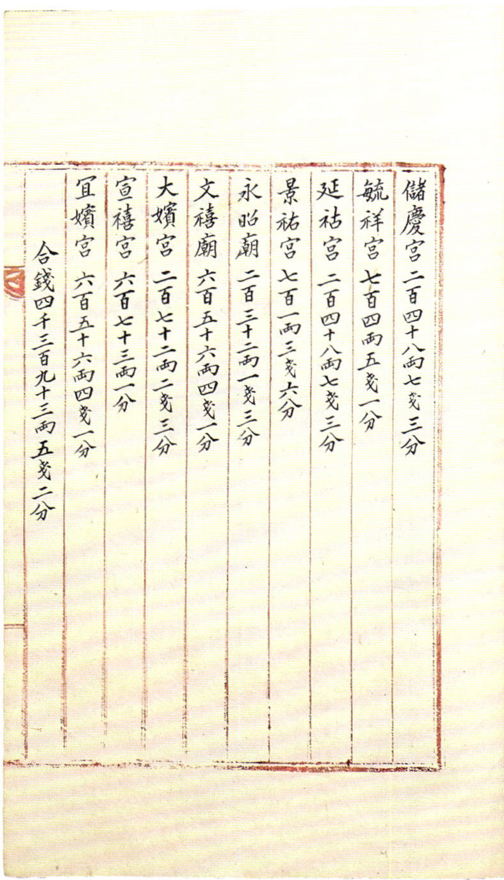
儲慶宮 二百四十八兩七戔三分
毓祥宮 七百四兩五戔一分
延祜宮 二百四十八兩七戔三分
景祐宮 七百一兩三戔六分
永昭廟 二百三十二兩一戔三分
文禧廟 六百五十六兩四戔一分
大嬪宮 二百七十二兩二戔三分
宣禧宮 六百七十三兩一分
宜嬪宮 六百五十六兩四戔一分
合錢四千三百九十三兩五戔二分

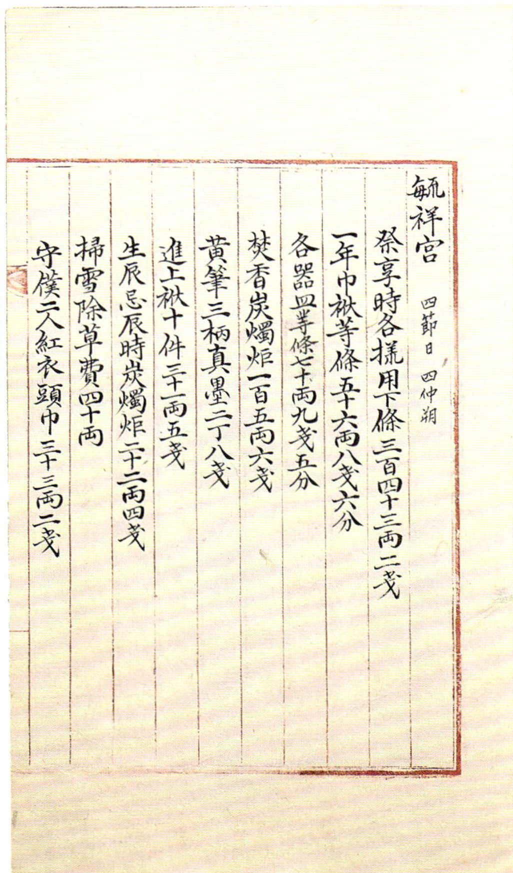
毓祥宮
祭享時各樣用下條 四節日 四仲朔 三百四十三兩二戔
一年巾袱等條 五十六兩八戔六分
各器四等條七十兩九戔五分
焚香炭燭炬一百五兩六戔
黃筆三柄眞墨二丁八戔
進上袱十件三十一兩五戔
生辰忌辰時炭燭炬二十二兩四戔
掃雪除草費四十兩
守僕二人紅衣頭巾三十三兩二戔

19

각궁각원제 축식

各宮各園祭祝式

20세기
1책, 필사본, 45.5×32.8㎝
K2-2403

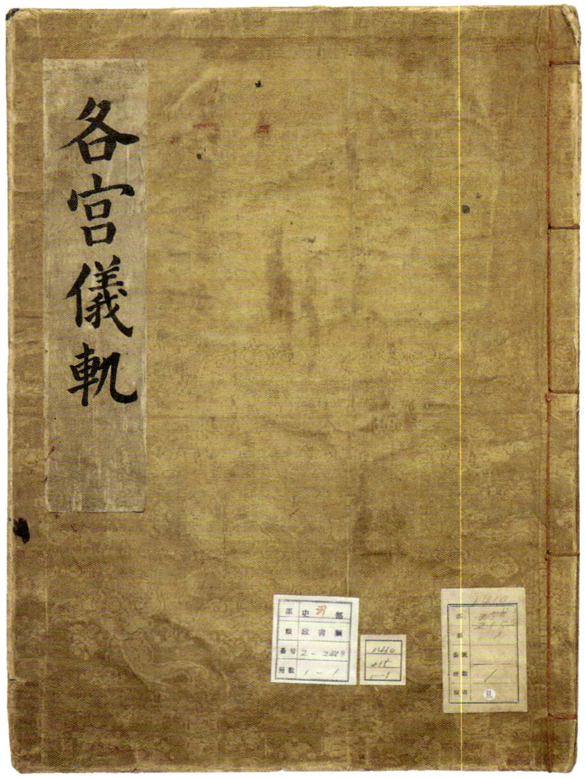

순종 연간부터 일제강점기까지 칠궁과 각 원園 · 묘墓 및 세자의 원에서 행해진 제향의 축식을 정리한 책이다. 저경궁, 대빈궁, 육상궁, 연호궁, 선희궁, 경우궁의 순서로 궁과 원 · 묘의 춘추제, 청명제, 기신제 등의 축식을 수록했다. 이어 순창원順昌園, 소경원昭慶園, 영회원永懷園, 의령원懿寧園, 효창원孝昌園의 청명제 축식을 실었고, 마지막으로 영휘원의 기신제와 청명제 축식을 첨부했다.

축식은 1908년융희 2 7월 23일양력에 반포된 칙령 제50호 〈향사이정享祀釐正〉에 따라 작성된 것이다. 육상궁, 경우궁, 선희궁의 사시제四時祭가 춘추제春秋祭로 변경된 것을 통해 확인할 수 있다. 또한 '융희隆熙'의 연호를 사용하고 주제자를 '황제'로 칭했는데, '태황제권근전선속太皇帝倦勤傳禪屬'을 표기하여 고종의 선위로 인해 순종이 제사를 주관하게 되었음을 밝혔다. 그러나 1910년 대한제국이 멸망한 이후, 흰색 종이를 붙여 주제자를 '왕'으로 수정하고, 연호를 '쇼와昭和'로 변경했다. 황제국의 제향이 일제강점기를 거치며 변형되는 양상을 보여주는 자료이다.

各宮各園祭祝式

儲慶宮春秋祭祝式 (春分 秋分) 凡告由祭謹以下清酌

維隆熙某年歲次某甲某月某甲朔某日某甲

王 諱

謹遣 臣

敢昭告于

敬惠裕德仁嬪金氏伏以歲月寢邈感慕冞深敢薦時享恭伸

菲忱謹以醴幣庶品式陳明薦尚

饗

順康園清明祭祝式

維隆熙某年歲次某甲某月某甲朔某日某甲

王 諱

謹遣 臣

敢昭告于

敬惠裕德仁嬪金氏伏以光陰易流時維清明追遠興懷庸

20

칠궁 약도

七宮略圖

1929년 이후
1장, 필사, 27.5×40.0㎝
RD04428

1929년 육상궁 영역에 합설된 덕안궁을 포함한 칠궁의 배치도이다. 1908년융희 2 7월 23일 칙령 제50호 〈향사이정享祀釐正〉이 반포되면서, 저경궁·대빈궁·연호궁·선희궁·경우궁이 육상궁 영역에 합설되었다. 이후 1929년 덕안궁이 이건되면서 칠궁으로 통칭되었다.

칠궁은 육상궁과 그 서편에 동서로 나란히 자리한 4개의 정당正堂으로 구성되었다. 먼저, 육상궁의 정당에는 숙빈 최씨와 정빈 이씨의 신주가 함께 모셔져 있다. 가장 서쪽에 있는 저경궁에는 인빈 김씨의 신주가, 그다음으로 대빈궁에는 희빈 장씨의 신주가 안치되어 있다. 이어서 선희궁과 경우궁을 합사하여, 영빈 이씨와 유빈 박씨의 신주를 하나의 정당에 봉안했다. 다음으로 황귀비 엄씨의 신주를 모신 덕안궁이 자리하고 있다. 덕안궁과 육상궁 사이에는 냉천정冷泉亭과 초가집으로 된 나정羅亭이 있으며, 외삼문 안쪽으로 왕이 머무는 어재실御齋室과 외재실外齋室이 위치한다. 약도에 이어 칠궁의 제사 대상과 원소·묘소의 소재지가 기록되어 있다. 그런데 이러한 배치는 현재의 칠궁 구조와는 차이가 있다. 1968년 창의문로의 확장에 따라 칠궁의 서편이 축소되면서, 각 궁이 동편으로 이전되었고 덕안궁은 선희궁·경우궁의 남쪽으로 재배치되었다.

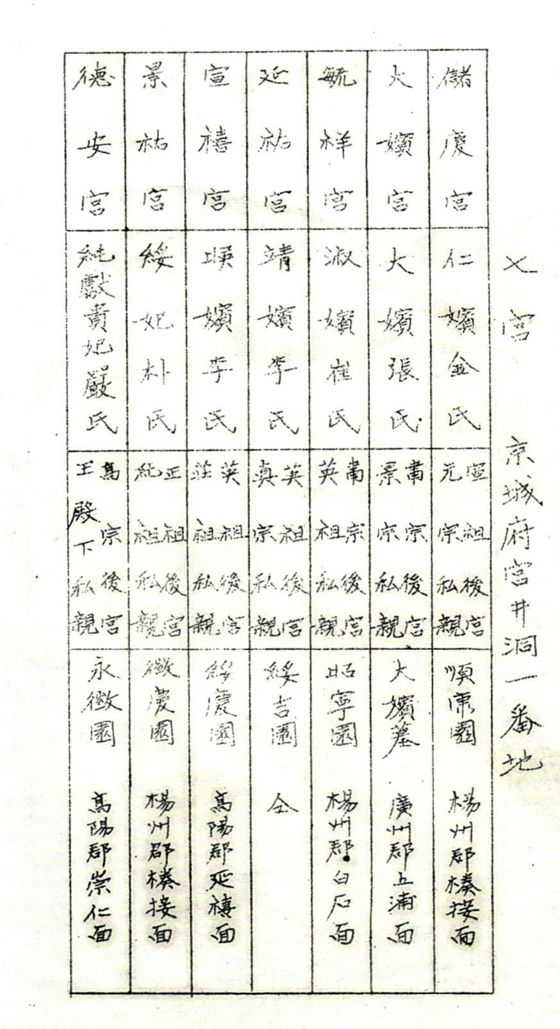

七宮 京城府宮井洞一番地

毓慶宮	仁嬪金氏	宣祖後宮 元宗私親	順康園	楊州郡榛接面
大嬪宮	大嬪張氏	肅宗後宮 景宗私親	大嬪墓	廣州郡五浦面
毓祥宮	淑嬪崔氏	肅宗後宮 英祖私親	昭寧園	楊州郡白石面
延祜宮	靖嬪李氏	英祖後宮 真宗私親	綏吉園	仝
宣禧宮	暎嬪李氏	英祖後宮 莊祖私親	綏慶園	高陽郡延禧面
景祐宮	綏嬪朴氏	正祖後宮 純祖私親	徽慶園	楊州郡榛接面
德安宮	純獻貴妃嚴氏	高宗後宮 王殿下私親	永徽園	高陽郡崇仁面

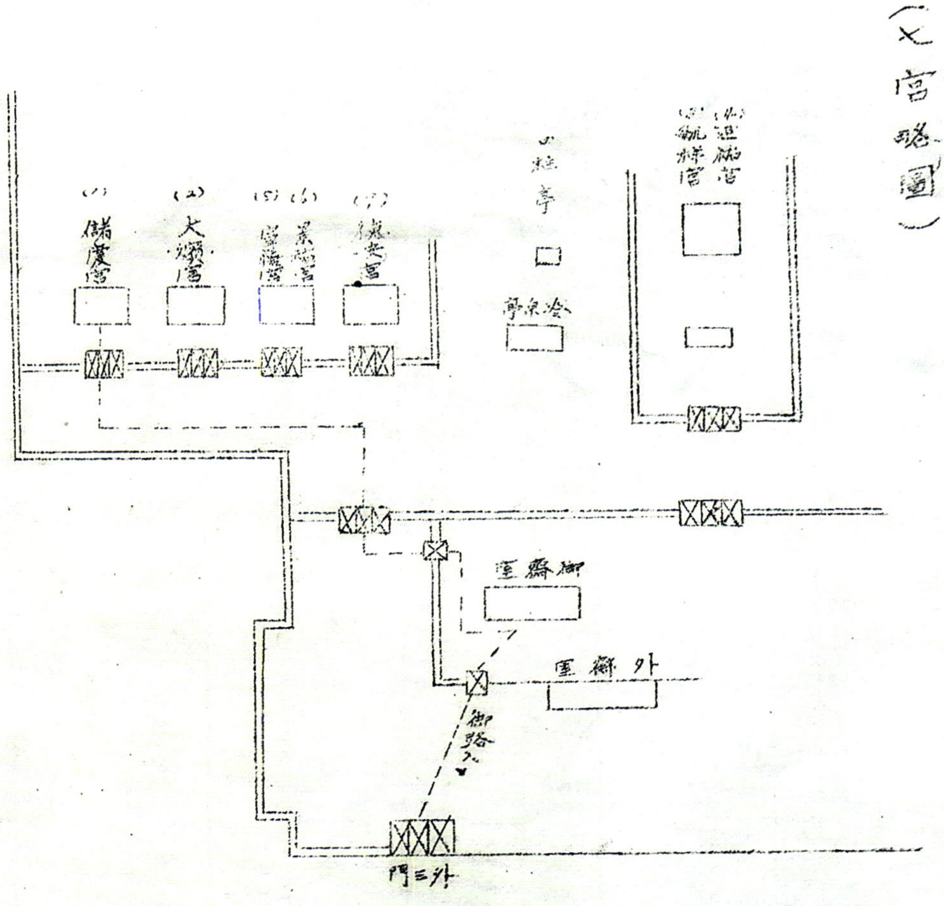
(大宮略圖)
(1)
儲慶宮
(2)
(5) (6)
(7)
冷泉亭
御齋室
外御室
御路
外三門

21

칠궁정당비품급청용잡품조사표

七宮正堂備品及廳用雜品調査表

1935년
43장, 필사, 28.0×40.0㎝
RD00389

1935년 이왕직에서 칠궁의 비품과 각종 물품을 조사하여 정리한 문서이다. 1935년 7월과 10월의 현황이 정리되어 있는데, 7월 작성표에는 연필로 수정하고 붉은색 기호를 표시하는 등 검토의 흔적이 다수 남아 있다. 마지막에는 '칠궁약도七宮略圖' 1장과 칠궁의 연혁 및 배치도를 수록한 '칠궁기사七宮記事' 15장이 첨부되어 있다.

'칠궁정당비품급청용잡품조사표'라는 제목 아래 신주장神主欌, 당가주렴唐家朱簾 등 140여 건의 물목을 가로로 배열하고, 단위와 총 수량 및 궁명과 적요를 세로로 기록했다. 궁명은 저경궁, 대빈궁, 육상궁, 연호궁, 선희궁, 경우궁, 덕안궁 순으로, 각 궁의 첫 글자만 표기되었다. 궁명에 따라 소장 수량을 기록했고, 적요에서 각 궁 소장 물품의 재질과 형식을 구체적으로 서술했다. 특히 죽책, 옥책, 팔고조도, 축문 등의 소장 상태를 확인할 수 있어, 칠궁 관련 현존 유물의 내역을 파악하는 데 중요한 자료가 된다.

이어 '칠궁제향용 제기비품 현재표七宮祭享用祭器備品現在表'에는 은향합銀香盒 등의 제기 수량이 위와 같은 형식으로 기록되었다. '칠궁잡품 현재표七宮雜品現在表'와 '칠궁청용비품 현재표七宮廳用備品現在表'에는 각각 공용 잡물과 칠궁청의 사무용품이 수록되었는데, 각 궁을 구분하지 않고 단위, 수량, 적요만 기록했다.

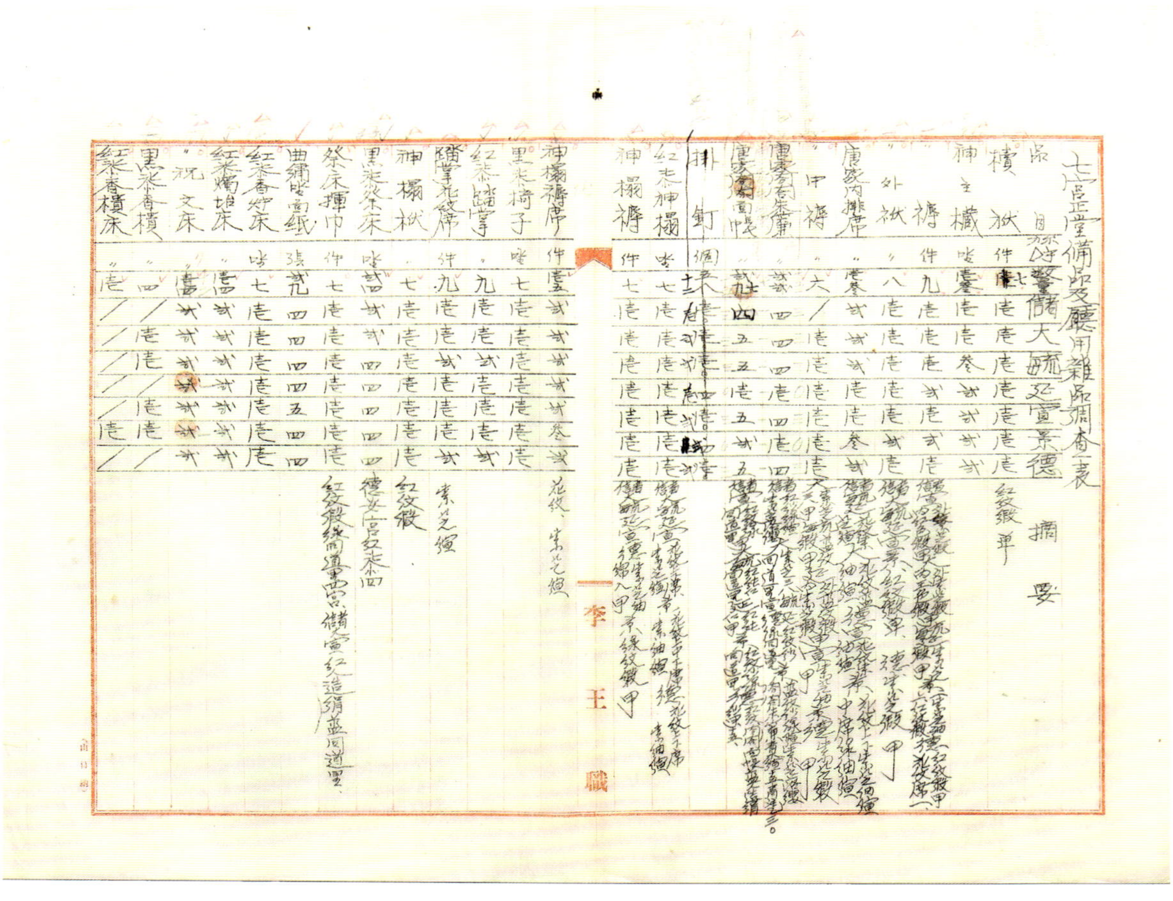

七宮正堂備品及廳用雜品調査表

品目		數量	儲	大	毓	延	宣	景	德	摘要
櫝欌	件	七	壹	壹	壹	壹	壹	壹	壹	紅紋緞、單
神主欌	坐	壹參	壹	壹	參	貳	貳	貳	貳	
〃褥	件	九	壹	壹	壹	貳	壹	貳	壹	[illegible]
〃外袱	〃	八	壹	壹	壹	壹	壹	貳	壹	儲毓延宣景、紅紋緞單、德[illegible]甲
唐家內排褥	〃	壹參	貳	貳	貳	壹	壹	參	貳	[illegible]
〃中褥	〃	六	／	壹	壹	壹	壹	壹	壹	[illegible]
唐家朱簾	〃	七	壹	壹	壹	壹	壹	壹	壹	[illegible]
內閤朱簾	〃	壹五	參	參	參	／	參	／	參	青木縇十五串注乙三。
唐家面帳	〃	壹貳	壹	貳	貳	壹	貳	貳	貳	[illegible]
內閤面帳	〃	壹五	參	參	參	／	參	／	參	並人造綢
紅紗神欄	咕	七	壹	壹	壹	壹	壹	壹	壹	[illegible]

22

묘전궁원단묘의궤

廟殿宮園壇墓儀軌

1935년
1책, 필사본, 49.7×35.8㎝
K2-2444

일제강점기에 이왕李王이 각 묘廟·전殿·궁宮·원園·단壇·묘墓에 올리는 축문을 정리한 책이다. 먼저, 경기전慶基殿·선원전璿源殿·조경묘肇慶廟·조경단肇慶壇·준경묘濬慶墓·영경묘永慶墓의 축식을 수록했는데, 주제자를 '효현손孝玄孫'으로 칭했다. 다음으로 '각궁각원제축식各宮各園祭祝式'의 항목으로 칠궁과 각 원·묘 및 세자·세자빈의 원인 순창원順昌園·소경원昭慶園·영회원永懷園·의령원懿寧園·효창원孝昌園의 축식을 정리하면서, 주제자를 '왕王'으로 칭했다. 마지막으로 1791년 정조 15 3월 3일에 올린 영월배식단寧越配食壇의 제문을 수록했다.

칠궁에서는 춘분·추분에 제사를 지냈으므로 '저경궁 춘추분제 축식' 등이 마련되었고, 각 원에서는 청명에 제사를 지냈으므로 '순강원 청명제 축식' 등이 사용되었다. 대빈묘大嬪墓에서도 청명에 제사를 지냈으므로 '대빈묘 청명제 축식'이 포함되었다. 기신제는 불천위不遷位에 해당되는 소령원 및 4대가 지나지 않은 휘경원과 영휘원에서만 지냈으므로 '소령원 기신제 축식' 등이 수록되었다.

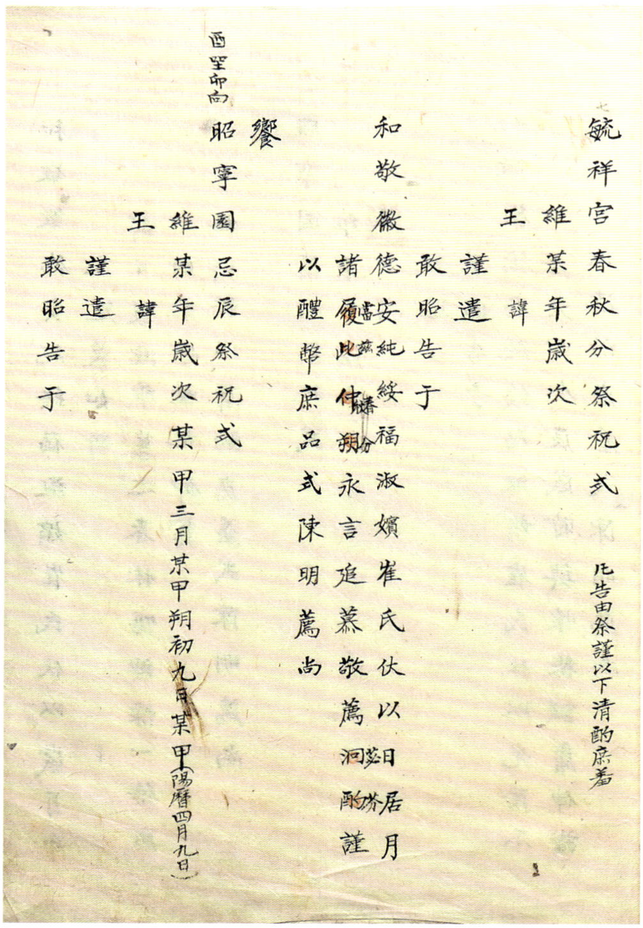
毓祥宮春秋分祭祝式 凡告由祭謹以下清酌庶羞
維某年歲次
王 諱
謹遣
敢昭告于
和敬徽德安純綏福淑嬪崔氏伏以日居月
諸履此仲朔永言追慕敬薦泂酌謹
以醴幣庶品式陳明薦尚
饗
昭寧園忌辰祭祝式
維某年歲次某甲三月某甲朔初九日某甲(陽曆四月九日)
王 諱
謹遣
敢昭告于

육상궁 춘추분제 축식과 소령원 기신제 축식

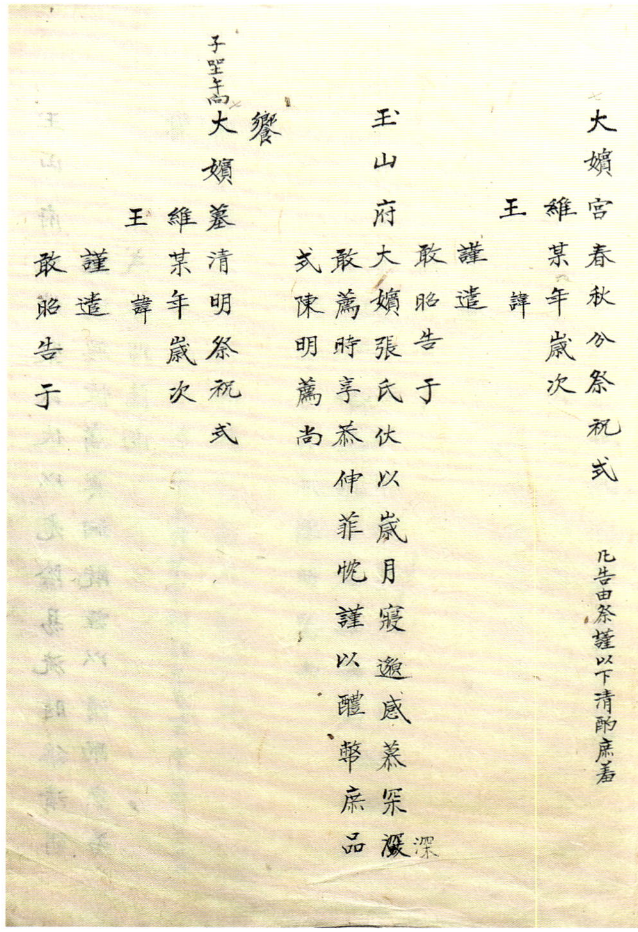
大嬪宮春秋分祭祝式 凡告由祭謹以下清酌庶羞
維某年歲次
王 諱
謹遣
敢昭告于
玉山府大嬪張氏伏以歲月寢邈感慕深深
敢薦時享恭伸菲悅謹以醴幣庶品
式陳明薦尚
饗
大嬪墓清明祭祝式
維某年歲次
王 諱
謹遣
敢昭告于

대빈궁 춘추분제 축식과 대빈묘 청명제 축식

各宮各園祭祝式

儲慶宮春秋分祭祝式

凡告由祭謹以下清酌庶羞

維某年歲次

王 諱

謹遣

敢昭告于

敬惠裕德仁嬪金氏伏以歲月寢邈感慕罙深敢薦時享恭伸菲忱謹以醴幣庶品式陳明薦尚

饗

子坐午向

順康園清明祭祝式

維某年歲次

王 諱

謹遣

23

홀기진설도

笏記陳設圖

1937년
1책, 석인본, 29.1×20.0㎝
K2-2587

1937년 3월 이왕직 예식과禮式課에서 왕실의 정기 제향과 임시 제향의 홀기 및 진설도를 정리하여 편찬한 책이다. 왕실 제향을 67건의 홀기와 15건의 진설도로 간략히 정리한 것으로, 일제강점기 이왕직의 의례 운영을 확인할 수 있는 자료이다. 홀기에는 '종묘·영녕전 전알宗廟永寧殿展謁', '종묘 대제친행宗廟大祭親行' 등 종묘 제향 홀기를 시작으로 조선의 시조묘인 조경묘肇慶廟, 어진御眞을 모신 선원전璿源殿, 태조의 4대조 위판을 봉안한 함흥본궁咸興本宮, 태조가 태어났던 영흥본궁永興本宮 등의 각종 제향 홀기가 수록되었다. 이어 칠궁과 완왕궁完王宮 및 각 능陵·원園·묘墓에 대한 제향 홀기를 기록했다. 진설도에는 종묘·영녕전 대제급친제宗廟永寧殿大祭及親祭, 선원전 작헌례璿源殿酌獻禮 등에 대한 찬품饌品 도설이 수록되었다.

칠궁 관련 홀기는 전배, 작헌례, 춘분·추분제향, 고유제향 등으로, 원소 관련 홀기는 전배, 제향, 작헌례, 기신제향, 고유제향 등으로 정리되어 있다. 대빈궁은 칠궁에 포함되었지만, 대빈묘는 끝내 원으로 승격되지 못했으므로 '대빈묘 청명제향', '대빈묘 고유제향' 홀기가 별도로 마련되었다. 진설도의 경우, 육상궁·경우궁·덕안궁과 저경궁·대빈궁·연호궁을 구분하여 2종의 춘분·추분제와 작헌례의 진설도가 수록되었다. 원·묘의 경우는 찬품의 차이를 없애면서, 원·묘의 기신제친제와 작헌례, 원·준경·영경·연산·광해·대빈·완왕묘의 고유제 진설도로 통합되었다.

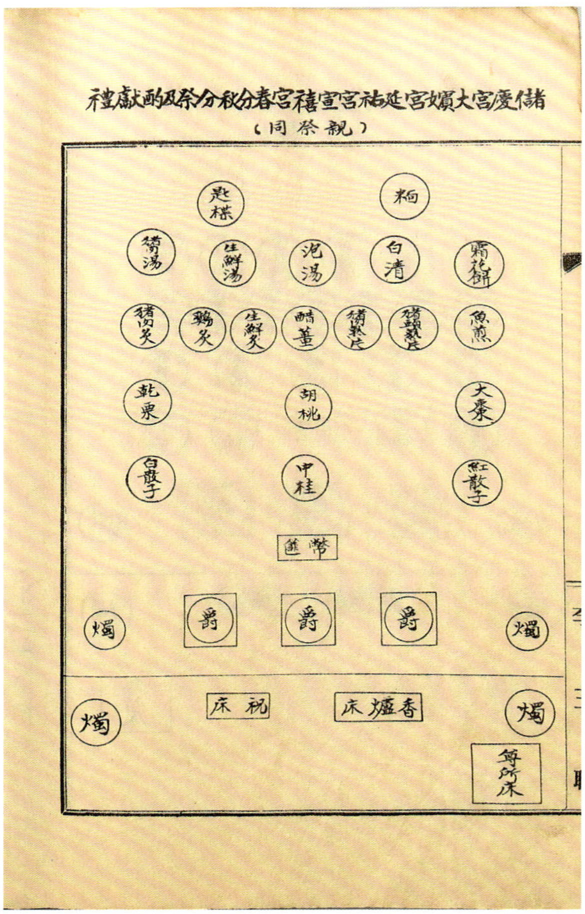

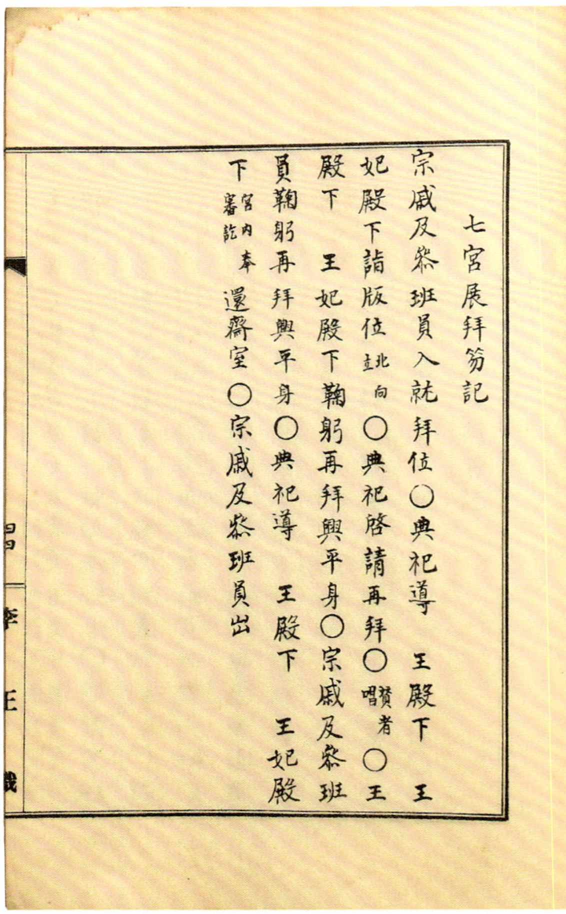

毓祥宮景祐宮德安宮春分秋分祭及酌獻禮

(親祭同)

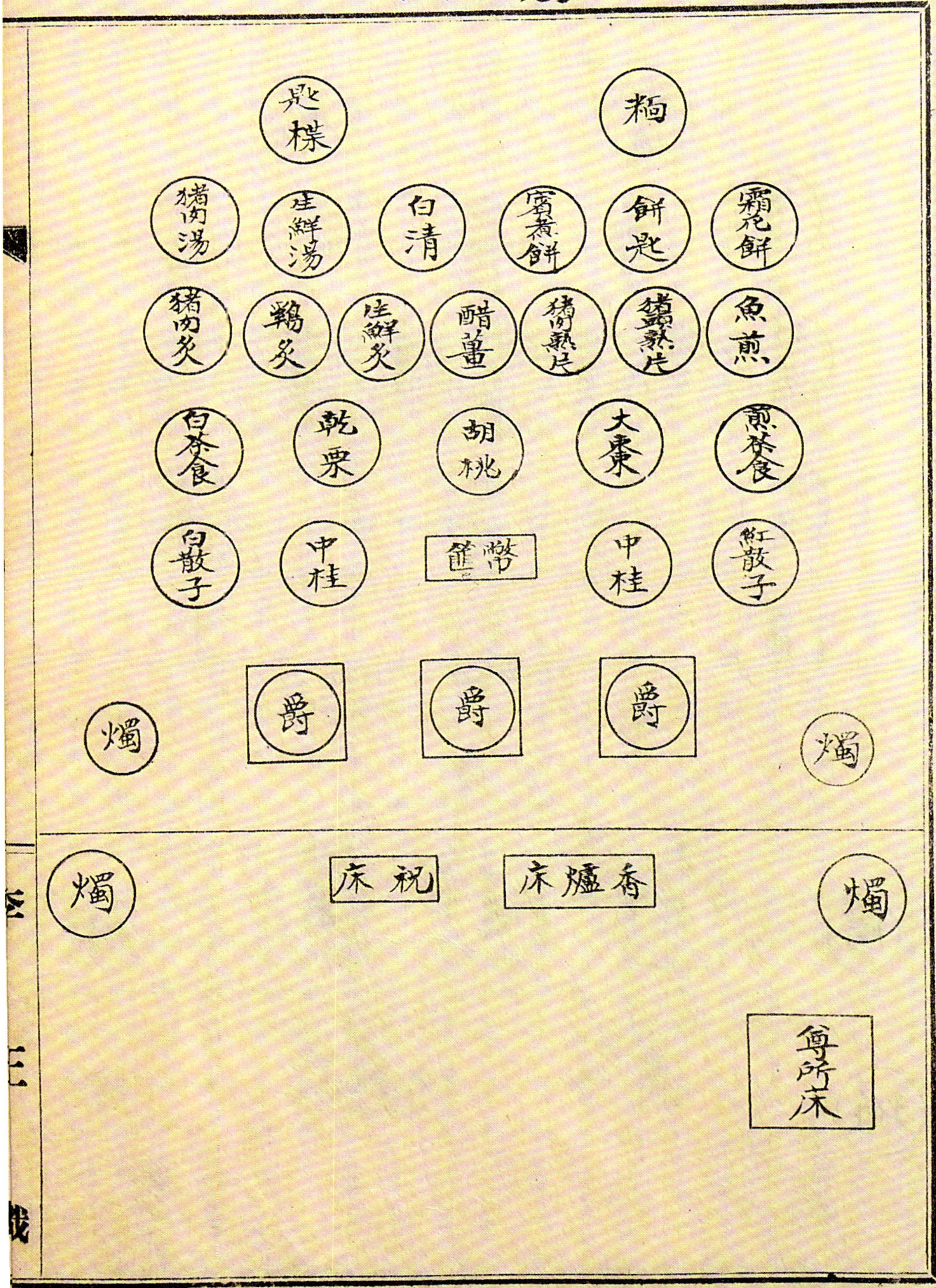

24

칠궁 춘분추분 제향홀기

七宮春分秋分祭享笏記

1937년 이후
1첩, 필사, 34.0×52.0㎝
RD00945

칠궁에서 춘분과 추분에 거행되는 정기 제향 의식 순서를 기록한 홀기이다. 1937년 이왕직에서 편찬한 『홀기진설도』의 '칠궁 춘분추분 제향홀기'와 내용은 동일하지만, 일부 권점이 생략되었다. 실제 의례에 사용하기 편리한 절첩장 형태로 제작되었으며, 권점은 붉은색으로 표시하여 가독성을 높였다.

현재 칠궁 제향 모습

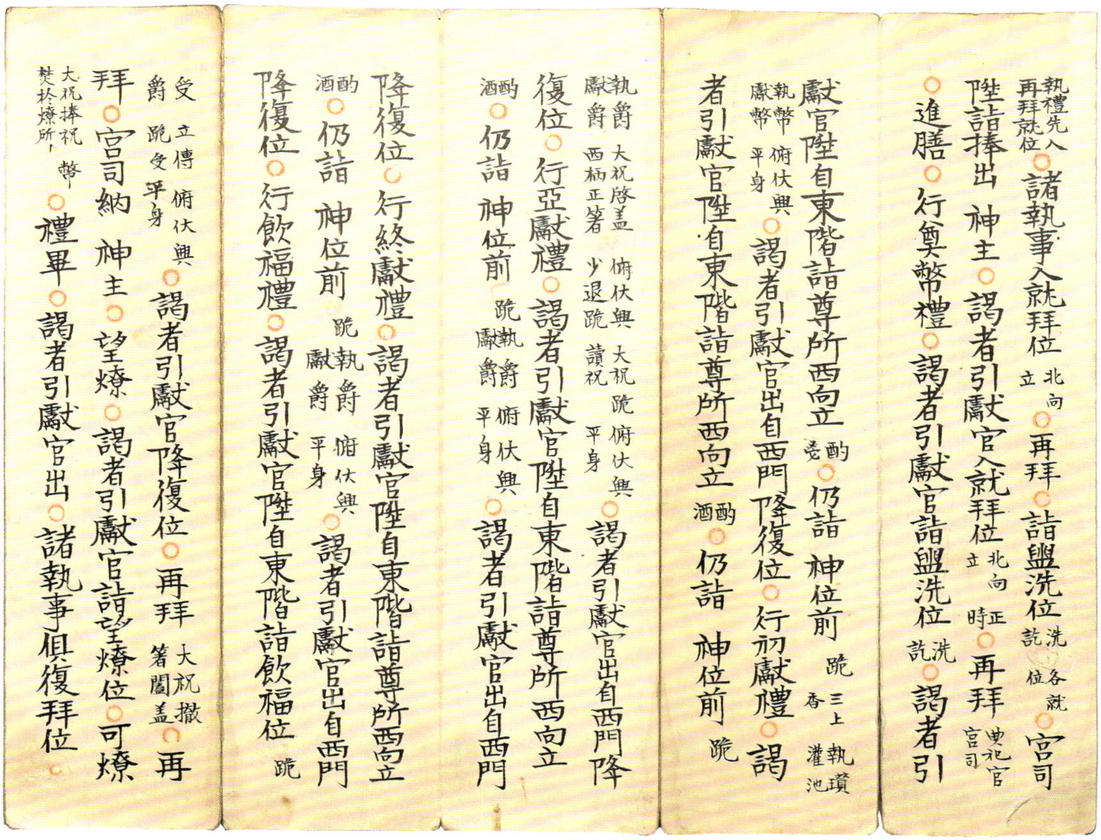
執禮先入再拜就位 ○諸執事入就拜位 北向立 ○再拜 ○詣盥洗位 洗訖各就位 ○宮司
陞詣捧出 神主 ○謁者引獻官入就拜位 北向立 ○正時 再拜 典祀官宮司
進膳 ○行奠幣禮 ○謁者引獻官詣盥洗位 洗訖 ○謁者引
獻官陞自東階詣尊所西向立 香酌 ○仍詣 神位前 跪 三上香 執瓚灌池
執幣獻幣 俯伏興平身 ○謁者引獻官出自西門降復位 ○行初獻禮 ○謁
者引獻官陞自東階詣尊所西向立 酒酌 ○仍詣 神位前 跪
執爵獻爵 大祝啓蓋西柄正箸 俯伏興 少退跪 大祝讀祝 跪 俯伏興平身 ○謁者引獻官出自西門降
復位 ○行亞獻禮 ○謁者引獻官陞自東階詣尊所西向立
酒酌 ○仍詣 神位前 跪 執爵獻爵 俯伏興平身 ○謁者引獻官出自西門
降復位 ○行終獻禮 ○謁者引獻官陞自東階詣尊所西向立
酒酌 ○仍詣 神位前 跪 執爵獻爵 俯伏興平身 ○謁者引獻官出自西門
降復位 ○行飮福禮 ○謁者引獻官陞自東階詣飮福位 跪
受爵 立傳 跪受 平身 俯伏興 ○謁者引獻官降復位 ○再拜 大祝撤箸闔盖 ○再
拜 ○宮司納 神主 ○望燎 ○謁者引獻官詣望燎位 ○可燎
大祝捧祝幣 焚於燎所 ○禮畢 ○謁者引獻官出 ○諸執事俱復拜位 ○

앞면

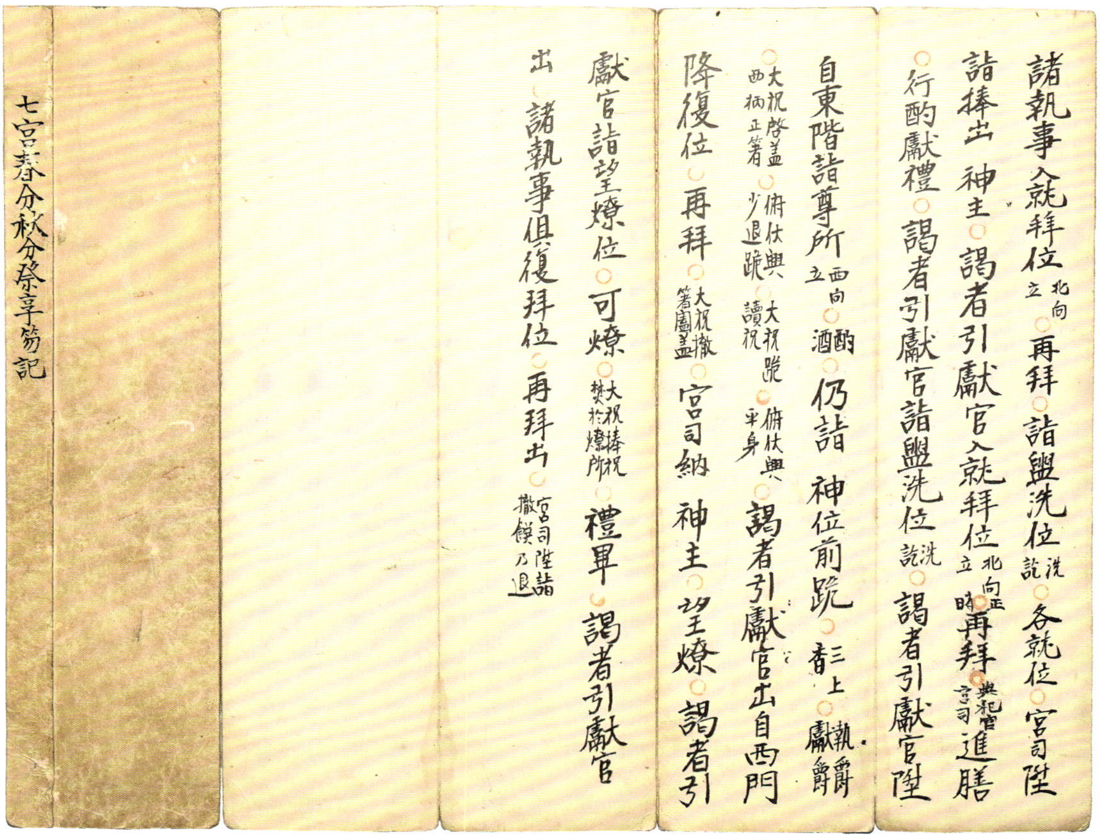
諸執事入就拜位 北向立 ○再拜 ○詣盥洗位 洗訖 ○各就位 ○宮司陞
詣捧出 神主 ○謁者引獻官入就拜位 北向立 正時 ○再拜 典祀官宮司 進膳
○行酌獻禮 ○謁者引獻官詣盥洗位 洗訖 ○謁者引獻官陞
自東階詣尊所 西向立 ○酒酌 ○仍詣 神位前跪 ○三上香 ○執爵獻爵
○大祝啓蓋西柄正箸 俯伏興 少退跪 大祝跪讀祝 俯伏興平身 ○謁者引獻官出自西門
降復位 ○再拜 ○大祝撤箸闔盖 ○宮司納 神主 ○望燎 ○謁者引
獻官詣望燎位 ○可燎 大祝捧祝焚於燎所 ○禮畢 ○謁者引獻官
出 ○諸執事俱復拜位 ○再拜出 ○宮司陞詣撤饌乃退

七宮春分秋分祭享笏記

뒷면

25

제례진설도설

祭禮陳設圖說

1929년 이후
1책, 필사본, 28.0×20.3㎝
K2-2571

1929년 이후 이왕직에서 조선의 제향 진설도를 해석하여 편찬한 책이다. 제향의 진설 방식과 유래, 제물을 만드는 방법, 제기의 형태 등을 자세히 기록하고, 필자의 견해를 덧붙였다. 앞부분은 일본어, 뒷부분은 국한문 혼용체로 작성된 점이 특징이다. 일본어로 작성된 이유는 일제강점기 이왕직이 왕실 의례를 담당하면서 관련 지식에 대한 필요성이 커졌기 때문으로 보인다.

권두의 서언序言에서 편찬 동기와 의의를 밝혔다. 조선의 제사는 동양 반만년 예악禮樂의 표준이자, 조선 오백 년 문물의 대표이며, 세계적으로 최고最古의 예법이라는 점에서, 연구의 필요성을 강조했다. 이어 '종묘 · 영녕전 사시대제 진설도宗廟永寧殿四時大祭陳設圖'를 시작으로, 20여 종의 진설도를 수록했다. 일본어 부분에는 대갱大羹, 화갱和羹 등 제사 음식 조리법이 자세히 기술되어 있다. 반면, 국한문 혼용 부분에는 음식 조리법 대신 작爵, 찬瓚 등 제기祭器의 도설이 수록되어 있다. 또한, 정서된 일본어 부분과 달리 국한문 혼용 부분은 교정 사항이 그대로 남아 있다. 국한문 혼용으로 먼저 작성한 후 교정을 거쳐 일본어로 번역한 것으로 추정된다.

칠궁에 관해서는 '육상 · 경우 · 덕안궁 춘추분제春秋分祭', '저경 · 대빈 · 연호 · 선희궁 춘추분제'의 진설도가 있고, 원 · 묘園墓를 대상으로 하는 기신제忌辰祭, 청명제淸明祭, 고유제告由祭의 진설도가 확인된다. 특히 칠궁의 진설도는 고종 대 중간된 『태상지』나 1937년 편찬된 『홀기진설도』와 많은 차이를 보인다. 영조 대 간행된 『궁원식례』의 '원의原儀'를 강조하면서, 속제俗祭의 원칙에 따라 작爵의 위치를 신주 가까이로 변경하고, 시저匙箸를 작의 오른쪽으로 이동시켜 수정하였다.

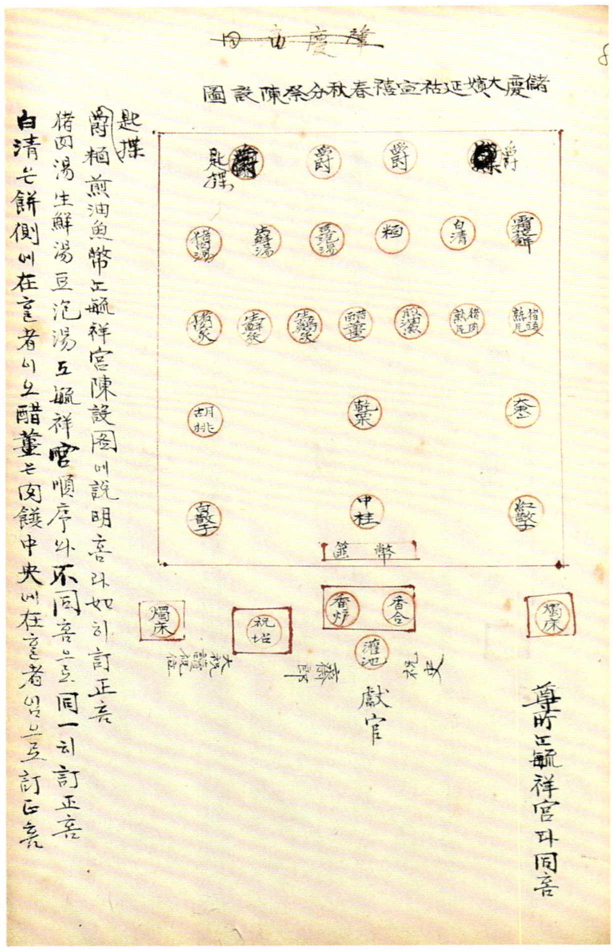

위) 국한문 혼용 부분
우) 일본어 정서 부분

儲慶 大嬪 延祜 宣禧宮春秋分祭（肇慶廟同）

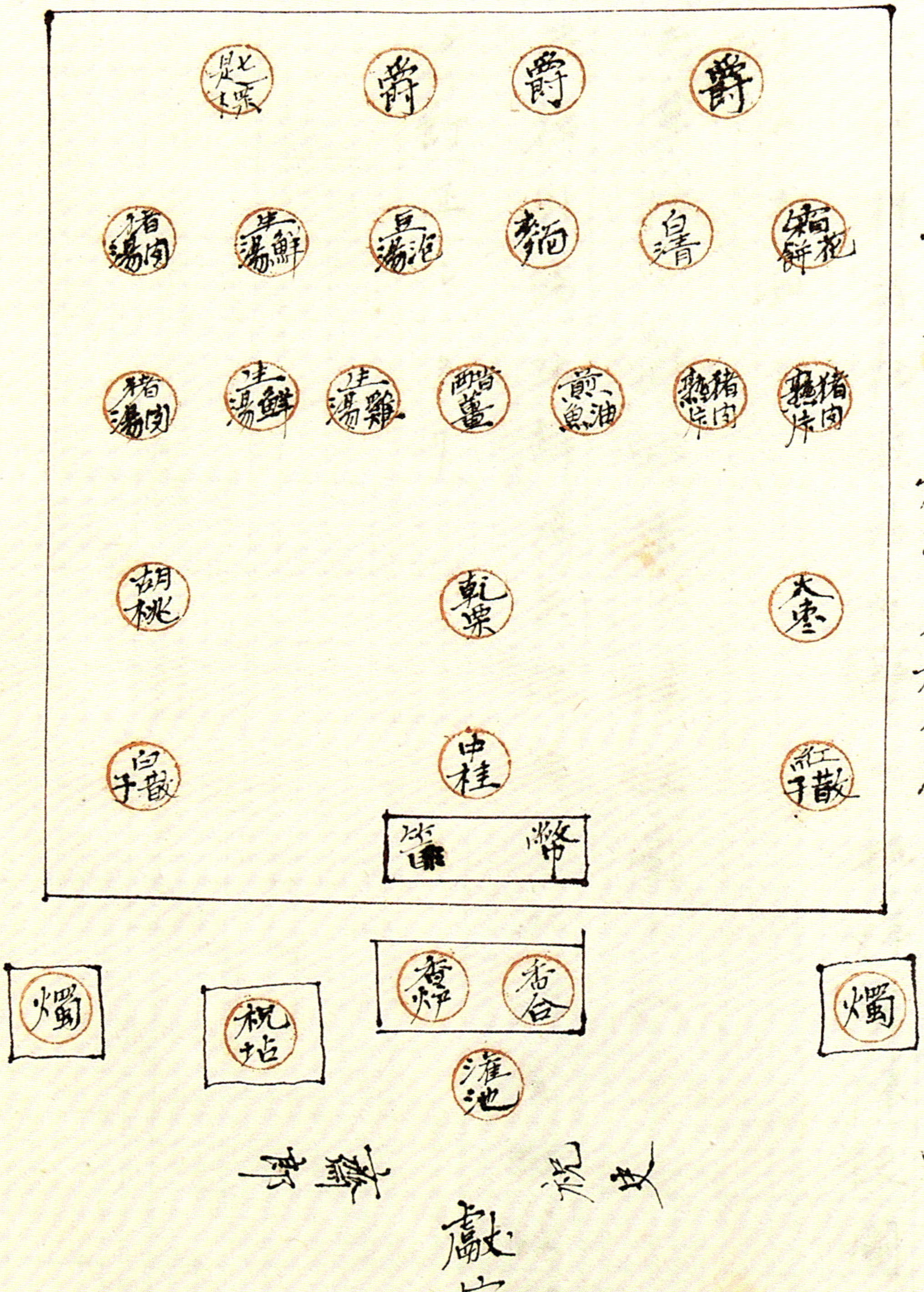

外樽所陳設ハ儲慶宮ト同

칠궁의 시간과 공간

왕을 낳은 후궁의 사당인 '궁宮'은 각각 고유한 역사를 지닌 독립된 공간으로 유지되어 왔다. 이러한 궁의 운영은 고종 대 합설과 이건으로 인해 변화되기 시작했다. 1870년고종 7 고종은 "별묘를 합봉하는 것이 사리에 합당하다."는 이유로 대빈궁, 연호궁, 선희궁을 육상궁 영역으로 이전했다. 그럼에도 각 궁은 여전히 독립적인 의례 공간으로 유지되었다. 이는 1882년고종 19 화재로 인한 육상궁의 소실에도 합봉된 궁들의 피해가 없었던 사실에서 확인할 수 있다.

1886년고종 23 경우궁의 이건은 1884년고종 21 갑신정변의 여파에 따른 조치였다. 고종은 개화파에 의해 경우궁으로 강제 이어移御했던 사건을 역적 무리의 침입으로 규정하고, 경우궁을 육상궁 근처 인왕동仁王洞으로 이건하도록 명했다. 또한 선희궁은 1897년광무 1에 원래의 자리로 환원되었고, 1899년광무 3에는 궁원제에 따라 정비되었다.

1908년융희 2, 통감부의 간섭이 심화되는 가운데 칙령 제50호 〈향사이정享祀釐正〉의 반포를 계기로 제사 공간의 본격적인 통합이 추진되었다. 이에 따라 저경궁, 대빈궁, 연호궁, 선희궁, 경우궁이 육상궁 영역에 합설되면서, 신주를 모신 정당正堂이 동서 일렬로 배치되었다. 서상西上의 원칙에 따라 생년이 가장 빠른 인빈 김씨의 저경궁을 서쪽으로 배열하는 방식이었다. 이 과정에서 각 정당 앞의 배위청拜位廳이 철거되고, 육상궁과 연호궁, 선희궁과 경우궁은 하나의 정당에 합사되는 등 의례 공간으로서의 위상이 크게 훼손되었다. 이후 1929년 덕안궁이 이건되면서 '칠궁'이라는 명칭이 성립되었다. 칠궁은 이왕직의 관리 아래 일제강점기 왕공족의 주요 제향 공간으로 기능하였다.

한편, 폐궁 처리된 각 궁의 공간은 총독부의 도시계획에 따라 근대시설로 전용되었다. 저경궁 터에는 1927년 경성치과의학전문학교 부속병원, 대빈궁 터에는 1913년 기상청인 경성측후소, 선희궁 터에는 1912년 고아원인 제생원양육부가 설립되었다. 경우궁 터에는 1910년 전염병 환자 격리 수용시설인 순화원이 설치되었으며, 이건 전의 경우궁 터 역시 오물처리를 위한 위생실행부가 설치되어 식민지 위생 정책에 활용되었다. 덕안궁 터에는 1935년에 예술 공연 시설인 경성부민관이 건립되었다.

해방 이후 칠궁은 한국 현대사의 격동 속에서 여러 변화를 겪었다. 미군정기를 거쳐 1948년 대한민국 정부가 수립된 후, 문화재 관리 업무를 맡은 문교부 문화국이 칠궁을 관리했다. 1961년 10월부터 문교부 외국으로 문화재관리국이 발족되어 칠궁 관리업무를 맡았다. 칠궁은 종묘와 함께 조선시대 묘사제도廟祠制度의 표본이라는 점에서 1966년 3월 2일에 사적 제149호로 지정되었다.

폐궁된 궁지의 변화

궁명	시기	건립된 시설물
연호궁延祜宮	1870년(추정)	경복궁 신무문밖 후원에 편입(추정)
경우궁景祐宮	1910년	경성부립 순화병원(순화원)
선희궁宣禧宮	1912년	총독부 제생원양육부
대빈궁大嬪宮	1913년	경성측후소
저경궁儲慶宮	1927년	경성치과의학 전문학교
덕안궁德安宮	1935년	경성부민관

ⓒ 조은주, 「근대기 한양도성 안 궁묘와 궁실의 변용」 (서울시립대학교 박사학위논문, 2012)

4.19 혁명 이후인 1960년 10월에 칠궁은 일반인에게 개방되었다. 그러나 1968년 북한 무장공비 침투사건으로 인한 대통령 경호 문제에 따라 관람이 금지되었다. 이후 칠궁의 관리 권한이 청와대 경호실로 이관되면서, 문화재 보존 차원에서 논란이 되었던 도로확장계획이 확정되었다. 이에 현재의 창의문로 공사를 위해 칠궁의 서쪽을 철거하고 정당을 동쪽으로 이전하면서, 덕안궁이 선희궁·경우궁의 남쪽에 위치하게 되었다. 또한 칠궁의 정문 왼편 담장과 잣나무 80여 그루가 훼철되었고, 의친왕의 식솔 등이 거처하던 행랑채도 철거되었다.

2001년 11월 칠궁은 다시 개방되었지만, 청와대 인근이라는 지리적 특성으로 제한적 관람이 허용되었다. 2022년 대통령실 용산 이전으로 청와대가 개방되었고, 칠궁의 관람도 자유화되었다. 2025년 청와대 재이전이 결정된 현시점에서, 칠궁의 새로운 변화에 주목하게 된다.

칠궁은 왕과 왕비의 신위를 모신 종묘에 버금가는 제향 공간이자 중요한 국가유산이다. 각 궁의 성립은 조선후기의 역사적 사건이자, 효를 실천하는 왕실문화의 상징으로 평가된다. 한국 근현대사의 격동 속에서 훼손된 칠궁의 복원과 보존을 위해 더욱 적극적인 노력이 필요한 시점이다.

순화원順化院으로 사용된 경우궁의 모습(『매일신보』, 1920년 8월 23일)

총독부 제생원 양육부로 사용된 선희궁(『조선총독부 제생원사업요람』 1, 1923년)

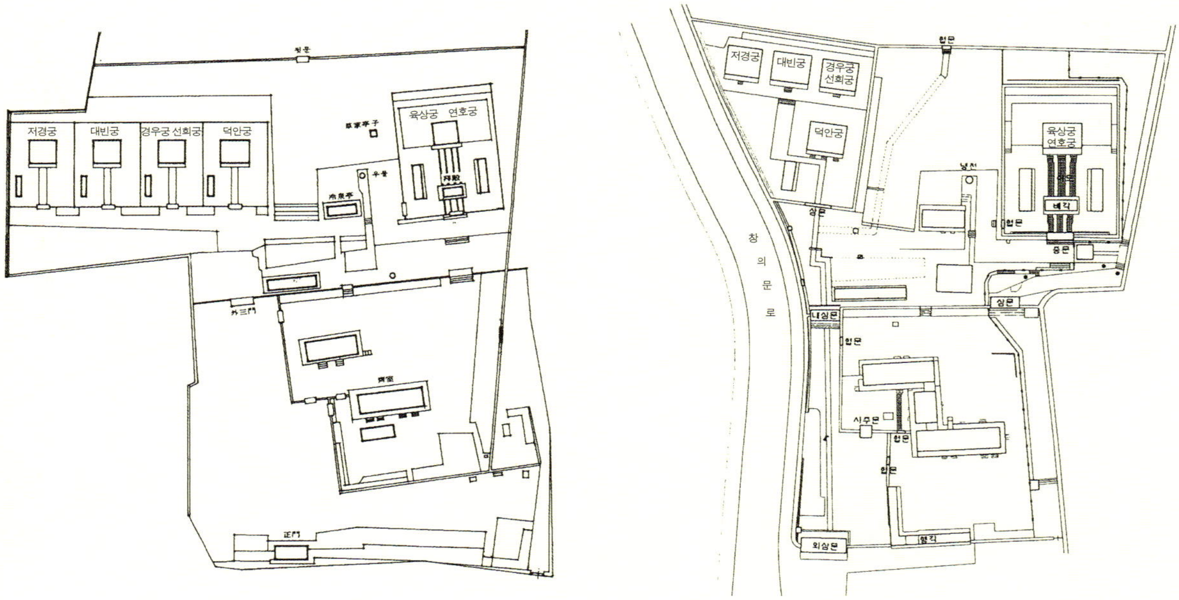

1968년 이전 칠궁 배치(좌)와 도로 확장 이후 칠궁 배치(우)(『칠궁의 연혁 및 수리공사보고서』, 2000년, 문화재청)

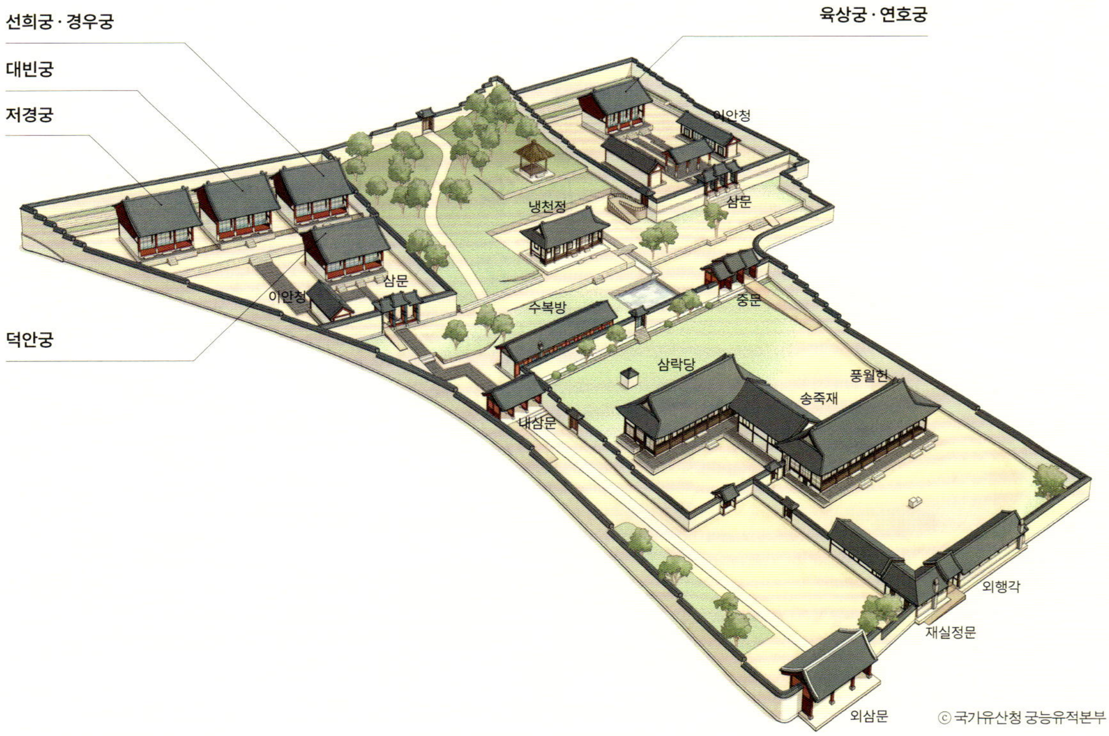

ⓒ 국가유산청 궁능유적본부

논고 I

조선시대 궁원제의 성립과정

논고 II

왕을 낳은 일곱 후궁의 인물사

논고 I

조선시대 궁원제의 성립과정

정해득 한신대학교 교수

조선의 왕위 계승은 왕세자를 정해 두는 것이 원칙이었으나 원칙이 지켜질 수 없게 되는 상황이 여러 차례 발생하였다. 왕세자가 일찍 죽어서 그의 아들이 계승하는 경우, 반정이 일어나기도 하였으며 후궁 출신의 왕자를 왕후에게 입후立後시켜 승계하는 사례들이 있었다. 그렇게 즉위한 국왕들은 자신의 생부와 생모를 왕과 왕비로 추존하려 노력하였고, 그것은 효를 실천하는 행위로 정당화되었다. 국왕으로 추숭되면 종묘에 부묘하고, 무덤을 왕릉으로 봉릉하여 사왕嗣王의 정통성을 상징적으로 드러내게 되므로 왕세자 승계가 아니었던 국왕이 사친을 왕과 왕비로 추숭하고 싶은 이유가 되었을 것이다. 그렇게 하지 못하였을 경우 사친의 신위를 종묘에 버금가는 사당[宮]에 봉안하여 제를 올리고, 무덤[園]을 왕릉과 같은 형태로 조성하여 자손 대대로 효가 행해지는 공간을 만들기 위한 제도가 궁원제이다.

1. 조선 전기의 사친 추숭

1. 의경세자 덕종 추숭

세조의 장자 의경세자懿敬世子는 일찍 죽었고, 차자次子였던 해양대군海陽大君이 세조를 승계하여 즉위하였다. 그렇게 즉위한 예종이 1469년 20세의 젊은 나이에 후계자 없이 서거하자 대비 정희왕후貞熹王后는 의경세자의 차남인 잘산군乽山君을 예종의 후사로 삼아 즉위시키니 곧 성종이었다. 수렴청정을 한 정희왕후는 의경세자의 국왕 추숭과 세자빈의 칭호 등을 논의하게 하였다.

신하들은 의경세자를 존숭할 만하긴 하지만 종묘에 부묘할 수는 없으며, 수빈粹嬪 역시 칭호를 올려서 비妃로 책봉하되 대비라고 할 수 없다는 의견이었다. 그래서 수빈을 왕비로 하고 의경세자를 왕으로 추숭하되 시호를 종宗이라 하지 않고, 별도의 사당을 세우는 방안이 대세를 이루었다. 정희왕후는 이 방안을 일단 받아들여 의경세자를 의경왕懿敬王으로 추숭하고 별묘別廟를 '의묘懿廟', 무덤을 '경릉敬陵'으로 봉호하기로 하였다. 종묘에 부묘되지 않았으나 무덤을 왕릉이라 함으로써 왕의 위격을 부여하여 1차 추숭이 마무리되었다.

그 후 성종은 의경왕의 추봉을 명나라에 주청하였고, 명나라는 1474년성종 5 의경왕의 시호를 회간懷簡, 왕비를 회간왕비懷簡王妃로 승인하였다. 이후 회간왕을 종묘에 부묘하여야 한다는 주장이 제기되어 오랜 논란 끝에 1476년성종 7 의경왕을 덕종德宗으로 추숭하고 부묘례를 거행함으로써 2차 추숭이 마무리되었다. 성종은 예종의 후사로 즉위하였으나 의경세자를 덕종으로 추숭함에 따라 다시 덕종의 제2자가 되었고, 예종은 숙부로 환원되었다.

덕종의 추숭사례는 명나라의 승인이라는 명분이 있어야 종묘에 부묘될 수 있다는 것을 보여주었다. 그 후 한명회가 1478년성종 9 경릉의 능실제도가 갖추어지지 못하였다며 난간석과 담장 설치를 요청하여 신하들에게 수의하게 하였으나, 정희왕후의 처음 지시대로 유지하기로 함으로써 의경세자묘는 조성 당시의 모습으로 남게 되었다.

2. 생모의 왕비 추숭

(1) 폐비 윤씨의 복위와 추숭

성종은 왕비 공혜왕후恭惠王后 한씨가 서거하자 국상 뒤에 숙의淑儀 윤씨를 왕비로 책봉하여 연산군을 낳았으나 질투가 심하여 폐위시킨 뒤 사사賜死하였다. 성종을 계승한 연산군은 1497년연산군 3 생모 윤씨의 사당을 효사묘孝思廟, 무덤을 회묘懷墓라고 명호하였는데, 자신의 생모가 후궁이라 생각하여 진행한 것이었다. 후일 생모가 왕비로 책봉되었다가 폐위된 사실을 알게 된 연산군은 1504년연산군 10 갑자사화를 일으켜 관련된 신하들을 숙청하고 생모를 왕후로 복위시키고자 하였다.

연산군은 성종이 의경세자를 의경왕으로 추숭할 때처럼 윤씨의 신주를 효사묘에 그대로 두었으나 중궁으로 책봉될 때의 고명誥命 · 교명敎命 및 옥책玉冊을 찾아나섰다. 연산군이 생모를 제헌왕후齊獻王后로 복위 · 추숭하면서 일시에 종묘에 부묘하지 않은 것은 덕종의 사례처럼 명나라의 승인과정이 필요하였기 때문이었다.

그래서 우선 회묘라 불리던 무덤을 회릉懷陵으로 봉릉하여 왕후의 위격을 부여하고 추숭도감을 설치하였다. 회릉은 1506년중종 1 중종반정 이후 다시 회묘로 강등되었기 때문에 봉릉하면서 설치한 정자각 등의 제향시설들은 모두 철거되었다. 폐비 윤씨를 복위시켜서 회릉으로 봉릉하였다가 다시 강등시켜 회묘가 되는 과정은 선왕의 결정을 함부로 번복할 수 없다는 점을 분명히 하였다.

(2) 공빈 김씨의 추숭

광해군은 선조의 후궁 공빈 김씨恭嬪金氏, 1553~1557 소생의 차자로서 즉위 후에 생모를 왕비로 추숭하고자 하였다. 1610년광해군 2 선조의 신주를 종묘에 부묘할 무렵 공빈의 추숭 문제를 검토하라고 지시하였다. 예조는 전례에 따라 공빈을 왕후보다 격이 낮은 왕비로 추존하고 별묘를 세워 제향할 것을 건의하였다. 이 방안은 덕종 1차 추숭 사례를 원용하여 종묘에 부묘하지 않는 조건으로 왕비 추숭을 하자는 것이었다.

하지만 광해군은 명나라 효종이 생모를 추숭한 사례를 거론하며 생모에게 '자숙단인慈淑端仁'의 시호를 올리고 공성왕후恭聖王后로 추숭하면서 사당을 봉자전奉慈殿, 무덤을 성릉成陵이라 봉호하였다. 광해군이 대신들의 반대에도 불구하고 부묘를 추진하자 신하들은 명나라의 책명策命을 받게 되면 종묘에 부제祔祭할 수 있다는 타협안을 제시하였다. 광해군은 그 제안을 받아들여 1613년광해군 5 책봉주청사를 명나라에 보내 승인해 줄 것을 요청하였다. 명나라는 광해군의 요청을 몇 차례 받아들이지 않다가 3년 뒤인 1615년광해군 7 공성왕후 책봉을 승인하였다.

광해군은 공성왕후의 신주를 고쳐 쓰고, 휘호를 『선원록』에 기입하였다. 이로써 후궁 출신의 사친을 왕후로 추숭하는 일이 성사되긴 하였으나 국혼과 국장을 하지 않은 후궁을 왕후로 추숭하는 것은 명분론적 시각에서 큰 문제가 있는 것이었다. 그래서 1623년인조 1 인조반정이 일어나자 공성왕후는 다시 공빈으로 강등되었다. 명나라가 공빈에게 내렸던 고명·면복·책보·의장 등의 물건은 모두 불태워졌고 무덤도 회묘의 경우와 같이 제향 시설물을 훼철하면서 성묘로 강등되었다.

3. 덕흥대원군 추숭

선조는 중종의 서왕자인 덕흥군德興君과 하동군부인 정씨 사이에서 셋째 아들로 태어나 하성군河城君의 봉호를 받은 왕손이었다. 1567년명종 22 명종이 서거하자 인순왕후仁順王后에 의해 후사로 지목되어 왕위를 승계하였다. 1569년선조 2 명종의 3년 상을 마치고 친정을 시작한 선조는 생부 덕흥군 추숭을 염두에 두었을 것이나 덕흥군이 세자의 신분이 아니었기 때문에 덕종과 같은 사례로 주장할 수 없었다.

선조는 일단 송나라 영종英宗, 1032~1067이 복왕濮王을 높인 고사를 원용하여 덕흥군을 덕흥대원군으로 추숭하고, 부인은 하동부대부인으로 칭하였다. 선조가 친제親祭를 지낼 때는 황백부모라 칭하여 관리를 보내 별묘에 고하고 대군의 예를 사용하였다. 선조는 자신의 형인 하원군河原君의 관작을 세습시키려 하였으나 신하들이 "종실의 녹은 4대까지만 주는 것이 규례이므로 옛 법규를 바꿀 수 없다."며 강력하게 반대하자 뜻을 이루지 못하였다.

국왕의 생부이기에 덕흥대원군을 국왕으로 추숭하자는 주장이 여러 차례 제기되기도 하였으나 이미 정해진 정론과 다른 의론이 받아들여지지 않았다. 덕흥대원군의 사당에 친제를 올리는 것조차 뜻대로 하지 못한 선조는 사친을 추존하려는 뜻을 이루지 못한 사례로 남게 되었다.

2. 묘원제廟園制와 궁묘제宮墓制의 등장

1. 정원대원군 추숭과 묘원제

1623년 반정을 일으켜 왕위에 오른 인조는 조부 선조를 계승한 셈이 되었다. 이로 인해 인조는 자신의 생부 정원군定遠君을 국왕으로 추존하고 싶었으나 인목대비가 생존해 있었고, 왕통과 종통의 문제를 정리해야 하는 문제가 있었기 때문에 덕종과 같은 논리로 추존하기는 어려운 상황이었다. 그래서 인조는 우선 덕흥대원군의 전례에 따라 정원군을 대원군으로 추증하고 별묘에서 제사 지내되 지자支子를 세워 제사를 주관케 하였다.

정원대원군의 국왕 추숭 논의는 종묘에 배향하여 제사를 받들어야 한다는 상소가 올라온 이후 본격화되었으나 신하들의 동의를 받지 못하는 가운데, 인조의 생모 구씨가 1626년인조 4 사망하였다. 인조는 현재의 김포 장릉자리에 육경원毓慶園을 조성하여 생모를 모셨고, 정원대원군의 묘소를 흥경원興慶園으로 봉원함으로써 능묘제도에 새로운 호칭이 등장하게 되었다. 수의收議 과정에서 '묘墓'자와 '능陵'자의 사이에 별도의 '원園'자를 두어 위아래의 등급을 나타내는 방안이 검토되었다. 한나라의 능원 제도를 검토한 인조는 "한나라 선제宣帝의 고사에 따라 김포의 산소를 '○○원'이라고 칭하여 다소 구별하는 뜻을 보존하라."라고 하였다.

이처럼 인조가 조선에 처음으로 도입한 원의 개념은 한나라의 능원 개념을 차용한 것이었다. 『전한서』에 "원은 영역塋域이고, 능은 산분山墳을 일컫는다."라고 한 것을 보면 능과 원은 공간적 규모에서 차이가 있었다는 것을 알 수 있다. 인조의 지시에 따라 처음 등장하게 된 흥경원과 육경원은 기존의 묘제 규모와 큰 차이가 없었으나 왕릉에 비해 작은 정자각을 건립한 형태였을 것이다. 1627년인조 5 흥경원을 육경원으로 이장하여 쌍분으로 합장하고, 원호를 흥경원이라 합칭하였으나 별묘는 그대로 두었다. 그래서 인조가 처음 추진한 정원대원군 1차 추숭은 '묘원제'의 형태가 된 것이다.

사친 무덤을 흥경원으로 승격하여 봉원한 인조는 더 나아가서 정원대원군을 국왕으로 추숭하여 종묘에 부묘하고 왕릉으로 봉릉하고 싶어 하였다. 인조는 1632년인조 10 덕종 추숭의 예에 따라 명나라에 책봉 승인을 주청하기로 하였다.

그리고 정원대원군과 대부인의 시호를 '경덕인헌정목장효敬德仁憲靖穆章孝', '경의정정인헌敬懿貞靖仁獻'으로 각각 올리고, 흥경원을 장릉章陵이라 봉릉하고 금보金寶를 올림으로써 내부적으로는 국왕 추숭이 성사되었다.

그리고 인목대비가 서거하여 국장이 치러지고 있었던 상황에서 명나라 황제가 주청을 승인한 사실이 전해지자 원종元宗이라 묘호하게 되었다. 1633년인조 11 조선에 도착한 칙사가 공량恭良이란 시호와 고명을 전해주었고, '원종'의 존호를 '숭은전崇恩殿'에 고묘한 후 1635년인조 13 1월에 원종의 부묘가 이루어졌다. 육경원과 흥경원은 장릉으로 승격되었으나 조선 최초의 '원'이었다는 점에서 중요한 의미가 있다. 김포 장릉은 흥경원의 모습을 일부 유지하고 있는데, 석물 구성에서 원과 능에 차이를 두었다는 것을 보여주고 있다.

2. 희빈 장씨 추숭과 궁묘제

숙종을 승계하여 즉위한 경종은 자신을 낳고 왕비까지 되었다가 다시 희빈禧嬪으로 강등된 생모 장씨의 추숭을 지시하였다. 경종은 숙종의 국장이 끝난 뒤인 1722년경종 2 희빈을 옥산부대빈으로 추숭하고 사당을 대빈궁大嬪宮이라 하였다. 경종이 '대빈'이라 한 것은 대원군 추숭 사례를 참고한 것으로서 그 위상을 왕비와 빈 사이로 설정한 것이었다.

경종은 광해군이 생모를 왕비로 추숭하였다가 실패했던 전례가 있고, 숙종이 후궁을 후비后妃로 삼지 못하도록 한 수교를 지켜야 했다. 경종이 희빈의 사당에 '궁宮'자를 쓴 것은 인조가 육경원을 조성하면서 '능원'의 의미를 검토하여 '원'이라는 명칭이 능과 다름없다고 논정한 사례를 참고하여 '묘궁廟宮'이라는 용례를 가지고 '궁'의 의미를 설정한 것으로 판단된다.

경종은 경기도 광주 오포면에 있던 대빈 장씨의 무덤을 천장하여 봉원할 생각을 하였을 것이지만 일찍 서거함으로써 추진하지 못하였다. 그래서 장희빈의 사당과 무덤은 시호로 불리지 않는 '궁묘제宮墓制'의 형태가 되었다.

3. 궁원제의 성립과 확대

1. 숙빈 최씨 추숭과 궁원제의 성립

인조가 정원군을 대원군으로 추숭할 때는 무덤을 묘보다 상위의 개념인 '원'으로 승격하였으나 사당은 별묘에 머물러 있었고, 경종은 장희빈의 무덤을 그대로 둔 채 사당을 대빈궁으로 격상하였다. 인조는 무덤을 격상하고, 경종은 사당을 격상한 것인데, 사당과 무덤이 같은 위상이어야 한다는 점에서 균형이 맞지 않았다.

이 문제는 영조가 생모의 사당을 육상궁毓祥宮, 무덤을 소령원昭寧園으로 봉호하면서 해결되었다.

숙빈淑嬪 최씨는 인현왕후仁顯王后가 폐출된 뒤 숙종의 승은을 입어 1694년숙종 20에 연잉군延礽君을 낳았다. 1724년 즉위한 영조는 인빈仁嬪 김씨의 예에 따라 숙빈 최씨의 사당을 세워 관청에서 제사를 올리고, 묘도를 늘리며 수호守戶를 두게 하였다. 그리고 1744년영조 20 숙빈 최씨의 사당을 육상묘毓祥廟, 무덤을 소령묘昭寧墓라 봉호封號하였다. 영조의 조치는 후궁의 사당과 무덤에 처음으로 명호를 붙였다는 점에서 특별한 의미가 있는 것이었다. 그로부터 9년이 지난 1753년영조 29에는 숙빈 최씨에게 '화경和敬'이란 시호를 내리고, 육상묘를 육상궁毓祥宮으로, 소령묘를 소령원昭寧園으로 승격함으로써 궁원제가 성립하게 된다.

영조가 숙빈에게 시호를 올린 것은 후궁 출신의 사친에게 처음으로 단행한 일로서 사당과 무덤을 추숭하는 전제조건이 되었다. 영조는 육상궁으로 승격한 이후에 재실을 크게 확장하고, 봉원도감을 설치하여 소령원에 정자각을 비롯한 각종 시설물을 조성하여 배설하였다. 소령원이 왕릉은 아니기 때문에 봉분 주위에 석호와 석양의 수량을 1쌍으로 줄였으며, 문인석만 세우고 정자각의 규모를 약 4분의 3으로 축소하여 소령원의 위계가 왕릉에 가깝게 하였다.

소령원 봉원을 성사시킨 영조는 한발 더 나아가 원종의 생모인 인빈 김씨를 추숭하였다. 인빈 김씨는 선조의 총애를 받아 정원군 등 4남 5녀를 낳았는데, 1623년 인조반정으로 손자 능양군綾陽君이 왕위에 오르면서 왕의 조모祖母가 되었고, 정원군이 원종으로 추존되자 추존왕의 사친이 되었다. 영조는 궁원제를 통해 사친 추숭을 정당화한 이후 1755년영조 31에 인빈의 시호를 경혜敬惠, 사당을 저경궁儲慶宮, 무덤을 순강원順康園으로 봉호함으로써 추존왕의 사친도 궁원제가 적용되는 지위라는 사실을 천명하였다.

이와 같이 영조가 숙빈 최씨와 인빈 김씨를 차례로 추숭함으로써 조선 왕실의 궁원제가 성립하게 되었다. 광해군이 무리하게 추진했던 방식과 비교해 보면 예제적 논란을 피해가면서 합리적인 위상으로 '왕의 사친'을 다른 후궁보다 높이 예우할 수 있는 방안이 마련된 것이다.

2. 사도세자 추숭과 궁원제의 확립

영조는 1764년영조 40 사도세자思悼世子의 아들인 세손을 효장세자孝章世子의 후사로 입적시켰고, 정조는 영조가 서거한 뒤에 1776년정조 즉위 효장세자의 후사로 즉위하였다. 정조는 영조의 국장을 치르는 동시에 효장세자를 진종眞宗으로 추존하여 종묘에 부묘하고 효장묘孝章墓를 영릉永陵으로 봉릉하여 자신의 정통성을 확고하게 하였다. 생부 사도세자에게는 장헌莊獻의 시호를 올리고 수은垂恩이라 명칭했던 사당을 경모궁景慕宮, 무덤을 영우원永祐園으로 봉원하여 궁원제를 적용하였다.

정조는 1780년정조 4 『궁원의』를 편찬하여 경모궁과 영우원의 각종 의주와 도설을 정리하였다. 1784년정조 8에는 『경모궁의궤』를 작성하여 제례의 규모를 종묘와 왕릉 제향에 버금가게 규정하였다. 『경모궁의궤』에 실린 「본궁전도」의 규모를 보면 육상궁보다 큰 규모의 별묘가 세워졌으며 제향 때에는 넓은 묘정에서 문무文武 육일무六佾舞를 올림으로써 종묘의 '지차之次'라는 점을 분명하게 드러내었고, 그 위상을 후궁 사친보다 앞에 두었다.

또한 정조는 1789년정조 13 영우원을 수원으로 옮겨 원호를 현륭원顯隆園으로 개칭하면서 원상에 병풍석을 설치하고 정자각의 규모를 왕릉과 같게 하였으며, 무인석을 설치하여 왕릉처럼 보이게 하였다. 정조는 영조 때 진행된 생모 위주의 궁원제를 생부로까지 확대하여 적용하였다는 의미가 있으나 이후에 유사한 사례가 나오지 않았다.

한편, 정조는 1778년정조 2 진종의 부묘례가 끝난 뒤 효장세자의 생모인 정빈靖嬪 이씨의 사당을 연호궁延祜宮, 무덤을 수길원綏吉園으로 봉호하였다. 그리고 사도세자의 생모인 영빈暎嬪 이씨도 궁원제의 대상으로 함께 추숭하려 시도하였으나 선조先朝 때 정한 법제와 맞지 않다는 반대에 부딪혔다. 영빈 이씨는 사도세자가 왕으로 추존되지 않았기 때문에 제도적인 조건을 충족하지 못한 문제가 있었던 것이다. 그래서 정조는 1789년 1월에 영빈 이씨의 사당인 의열묘義烈廟를 선희궁宣禧宮으로 승격시켰다.

정조는 1779년정조 3 후궁 원빈 홍씨元嬪洪氏, 1766~1779가 죽자 시호를 인숙仁淑, 사당을 효휘궁孝徽宮, 무덤을 인명원仁明園이라고 봉호하였다. 당시 권력을 농단하던 홍국영은 은언군恩彦君의 장자 이담李湛을 대전관代奠官으로 삼아 상喪을 치르게 하였고, 다른 후궁보다 여동생 원빈의 격을 높이기 위해 궁원제를 무리하게 적용하였다. 이 문제로 인해 1786년정조 10 신하들이 격례에 벗어난다며 비판함에 따라 효휘궁과 인명원은 조성된 지 7년 만에 강등되었다.

3. 궁원제의 확대

순조는 자신의 생모인 유빈綏嬪 박씨가 1822년순조 22 서거하자 '현목顯穆'이라는 시호를 올리고 궁원제를 적용하여 사당을 경우궁景祐宮, 무덤을 '휘경원徽慶園'이라 정하였다. 서거 직후에 궁원제가 적용된 첫 사례이다. 이후에 궁원제 적용 대상이 나오지 않다가 철종 즉위 이후 생부모를 예우하는 문제가 발생하였으나 위계상 맞지 않았기 때문에 전계대원군全溪大院君으로 추숭하는데 그치고 말았다.

『대한예전』에는 경모궁 · 저경궁 · 대빈궁 · 육상궁 · 연우궁 · 선희궁 · 경우궁 · 의

빈궁 등의 각궁과 영소묘·문희묘 등의 사당, 각 원 등에서 왕실 제향이 거행되는 것으로 규정하고 있다. 이는 대한제국에서도 여러 궁원과 사당, 무덤에 대한 국가적 예우가 지속되고 있었던 것이다. 고종은 1899년광무 3 자신의 고조高祖가 되는 사도세자를 장종-장조로 연거푸 추존하였는데, 이로 인해 영빈 이씨가 궁원제의 적용 대상이 되었다. 일찍이 정조는 영빈 이씨를 정빈 이씨와 함께 추숭하려다가 신하들의 반대에 부딪치자 사당만 선희궁으로 승격하였는데, 사도세자가 추존되자 선희묘를 수경원綏慶園으로 봉원하였다.

대한제국은 공식적으로 1910년 8월 29일 국권을 상실하였으나 아직 고종과 순종이 살아있었고, 각각 이태왕李太王과 이왕李王으로 격하되면서 왕실의 명맥을 이어갔다. 그로 인해 순헌귀비 엄씨가 서거하자 사당을 덕안궁德安宮, 무덤을 영휘원永徽園으로 명호하였다. 엄씨가 황귀비로서 정식 황후 승차설이 있었고, 황태자의 생모로서 정궁正宮에서 서거하여 빈소가 설치되었기 때문에 특별히 조선 왕실의 궁원제를 적용하여 파격적으로 예우한 것이라 하였다.

사당과 무덤은 고인을 추모하기 위한 공간으로, 사당에는 혼이 깃든 신주를 모셨고, 무덤에는 체백을 안장하여 각기 제사를 올렸다. 조선시대의 왕과 왕비의 신주는 종묘에 부묘하고, 커다란 왕릉을 조성하여 특별하게 예우하였다. 왕이 아닌 왕실 인물과 종친, 의빈, 공신, 문무 대신 등은 예장의 절차를 거쳐 가묘와 분묘를 만들었으나 그 규모는 종묘·왕릉과 큰 차이가 있었다.

조선 왕실에서 왕세자에 의한 왕위 승계가 정상적으로 이루어지면 위의 예법이 그대로 지켜졌을 것이지만 여러 이유로 인해 다른 방법으로 왕위 승계가 이루어지게 되면 새로 즉위한 국왕의 사친에 대한 예우 문제가 발생할 수밖에 없었다. 사친을 국왕으로 추숭하게 되면 문제 될 것이 없지만 그렇지 못한 경우에는 타인과 구별되는 지위로 승격하여 사당과 무덤에 그 차이를 분명하게 드러낼 필요가 있었다. 궁원제는 그러한 생각에서 만들어진 제도로서 효를 근간으로 하는 유교국가에서 국왕이 사친을 높이 예우하는 방법이었던 것이다.

참고문헌

金永模,「朝鮮時代 祠廟空間의 構成에 關한 硏究」,『서울학연구』 9, 서울학연구소, 1998.

김용흠,「인조대 원종 추숭 논쟁과 왕권론」,『學林』 27, 연세사학연구회, 2006.

김윤정,「儲慶宮의 성립과 의례적 변화 양상」,『서울과 역사』 113, 서울역사편찬원, 2022.

김윤정,「大嬪宮의 연혁과 의례적 변화 양상」,『韓國文化』 103, 서울대학교 규장각한국학연구원, 2023.

김정신,「선조대 덕흥대원군德興大院君 전례典禮논쟁과 종법宗法인식」,『다산과 현대』 7, 연세대학교 강진다산실학연구원, 2014.

문영자,「조선시대 追尊王의 追尊論 전개와 祔廟 과정」, 건국대학교 석사학위논문, 2013.

심재우,「조선후기 선희궁宣禧宮의 연혁과 소속 장토庄土의 변화」,『朝鮮時代史學報』 50, 조선시대사학회, 2009.

우 정,「영조대 숙빈 최씨 추숭과 가상시호의 의미」,『국학연구』 51, 한국국학진흥원, 2023.

이현진,「仁祖代 元宗追崇論의 推移와 性格」,『北岳史論』 7, 북악사학회, 2000

李賢珍,「영 · 정조대 육상궁의 조성과 운영」,『震檀學報』 107, 진단학회, 2009.

임민혁,「조선후기 영조의 孝悌 논리와 私親追崇」,『朝鮮時代史學報』 39, 조선시대사학회, 2006.

鄭景姬,「朝鮮後期 宮園制의 성립과 변천」,『서울학연구』 23, 서울학연구소, 2004.

정해득,「조선후기 사친추숭과 능원제도」,『朝鮮時代史學報』 86, 조선시대사학회, 2018.

논고 II

왕을 낳은 일곱 후궁의 인물사

이미선 한국학중앙연구원 전통한국연구소 연구교수

조선 전기에는 왕비의 아들들이 주로 왕위를 계승했지만, 선조 때부터는 왕비의 소생이 귀해지면서 적장자嫡長子가 아닌 후궁 소생의 왕자가 왕위를 잇거나 국왕에 추존되었다. 특히 왕비와 후궁들의 출산율이 현격히 떨어지면서 후궁의 위상은 파격적으로 높아졌다. 왕자녀를 출생했을 경우 간택후궁에게 정1품 빈을 약속했고, 비간택 후궁에게도 빈으로 초고속 승진을 보장해 주었다. 게다가 선왕의 후궁이었던 왕의 사친私親을 격상하여 사당을 궁宮으로, 무덤을 원園으로 예우하는 궁원제宮園制가 마련되었다. 이때 국왕이 표면적으로 내세운 논리가 바로 『춘추春秋』에서 '아들로 인해 부모가 귀하게 된다.'라는 것이었다. 즉 내명부가 후궁의 사적 지위를 생전에 공적 지위로 격상시킨 것이라면, 사친 추숭은 후궁 사후에 왕의 사적 영역의 공적 제도화를 이룬 것이다.

왕의 어머니가 된 일곱 후궁은 조선의 여성 가운데 권력의 중심부에 있는 왕실 여성이었다. 분명 행운의 여인들이었지만, 그들의 삶 자체는 그리 녹록하지 않았다. 이들의 이야기는 퍼내고 퍼내도 마르지 않은 샘물과 같이 스토리텔링의 보물창고임은 두말할 나위가 없다. 그들의 절절한 삶 속을 들여다보자.

1. 왕통을 잇게 한 인조의 조모, 인빈 김씨

인빈 김씨仁嬪金氏, 1555~1613는 인조반정의 주역인 인조의 할머니로, 반정 이후의 왕들은 모두 그녀의 후손이 된다. 그녀는 1555년명종 10에 사헌부 감찰 김한우金漢佑와 전주 이씨의 딸로 태어났다. 외조부 이효성李孝誠은 왕실의 일원으로, 효령대군의 셋째 아들인 보성군寶城君의 증손자이다. 그녀의 외종조부인 이효삼李孝參의 사위가 공빈 김씨恭嬪金氏의 부친 김희철金希哲의 사촌 형인 김희일金希逸로, 인빈 김씨와 공빈 김씨 두 집안은 인척 관계였다. 공빈 김씨는 임해군과 광해군 형제의 어머니이다.

외사촌 언니인 명종의 후궁, 숙의 이씨가 어린 인빈을 궁으로 데려와 키우면서 김씨는 일찌감치 궁살이를 하였다. 숙의 이씨는 1556년명종 11 16세의 나이로 입궁해 그 품성을 눈여겨본 문정왕후에 의해 18세인 1558년명종 13 명종의 후궁이 된 여성이다. 보통 궁궐에는 4~6세에 입궁한 여자아이[少女內人], 일명 '생각시'를 둘 수 있었는데, 당시 자식이 없었던 숙의 이씨가 그 또래의 인빈을 데려와 양육했다. 덕분에 명종의 왕비인 인순왕후의 눈에 든 인빈은 1568년선조 1에 선조의 후궁이 되었다.

그 당시 선조는 미혼이었고 이미 궁중음식을 만드는 소주방 나인, 공빈을 총애하고 있었다. 둘 다 선조가 혼인을 치르기도 전에, 간택을 받거나 승은을 입지 않고도 왕실 어른들의 추천으로 입궁한 비간택 후궁들이다. 선조와 의인왕후懿仁王后의 혼례식은 3년간 명종의 국상을 치르고 인순왕후가 정치의 일선에서 물러난 다음 해인 1569년선조 2에 이루어졌다. 의인왕후는 현령 박응순朴應順의 딸로, 이조정랑을 지내고 좌찬성에 추증된 박조년朴兆年의 증손녀이자 영의정에 추증된 문강공文康公 박소朴紹의 손녀였다. 그녀는 1600년선조 33 46세의 나이로 세상을 떠날 때까지 후사를 두지 못했다.

선조가 가장 사랑한 후궁은 공빈이었다. 공빈은 '다른 후궁들이 감히 그 사랑에 끼어들지 못할' 정도였다. 의인왕후가 아이를 출산하지 못하는 동안에 공빈은 선조에게 첫아들 임해군과 둘째 아들 광해군을 안겨주었다. 그러나 광해군을 낳은 지 2년 만인 1577년선조 10 25세의 젊은 나이에 산후병으로 사망했다.

인빈 김씨는 공빈이 살아있을 때 그 존재감이 미비했지만, 공빈이 사라지게 되자 선조의 총애를 독차지하였다. 공빈과 경쟁 관계였던 그녀는 그 당시에 정1품 빈에 오르지 못한 '소용'의 지위에 있었는데, 죽은 공빈의 허물을 선조에게 일러바침으로써 선조의 환심을 얻게 돼, 사관의 말대로 '전에 비할 바가 아닐' 정도로 선조의 사랑을 한 몸에 얻었다. 실제로 인빈 김씨는 1577년부터 시작하여 이후 아들 4명과 딸 5명을 낳았다. 둘 사이의 금슬이 얼마나 좋았던지 임진왜란으로 피란을 갈 때, 선조는 의인왕후가 아닌 인빈을 데려가 피난지인 황해도 해주에서 딸을 낳았다. 이러한 총애에 힘입어 그녀는 1604년선조 37 11월에 후궁 최고의 자리인 정1품 빈에 승격되었다.

1592년선조 25 4월, 조선 최대의 전쟁인 임진왜란이 발발하자 갑자기 광해군이 세자로 결정되었다. 1591년선조 24에 처음 건저建儲 문제가 불거졌을 때, 조정 안에서 후계자로 고려되었던 유력 후보는 공빈 김씨 아들 임해군과 광해군이었다. 이

때 임해군은 성정性情이 난폭하고 방탕하다 하여 조정 대신들은 광해군을 추대하였으나, 선조는 신성군을 염두에 두고 있었다. 장남인 의안군이 12살에 일찍 요절했기 때문에 신성군은 사실상 그녀의 장남이었다. 인빈은 정비의 소생이 없고 세자 책봉 문제가 지연되고 있는 상황에서 속으로 신성군을 왕세자의 자리에 앉히고 싶었을 것이다.

여기서 잠깐, 세자 책봉 문제를 거론하던 당시의 정국 동향을 살펴보기로 하자. 선조 시기는 붕당이 등장하며 본격적인 사림 정치가 시작된 때였다. 명종이 승하하자 훈구 세력과 외척 세력들이 약화되고 사림들이 대거 중앙 정계에 진출하면서 이권을 놓고 동인東人과 서인西人이 분열되기 시작하였다. 특히 그들은 세자 책봉 문제를 놓고 상이한 입장을 보였다. 1589년선조 22 10월, 기축옥사己丑獄事, 일명 정여립鄭汝立의 옥사獄事로 서인이 정여립과 연루된 동인을 숙청하자, 앙심을 품은 동인들은 건저 문제에서 기회를 잡아 서인 세력을 숙청하고 정권을 재탈환할 절호의 기회로 삼았다. 결국 동인의 영수이자 영의정이던 이산해李山海는 광해군을 세자로 건의한 좌의정 정철 등을 유배시키고 서인들을 조정에서 축출하는 데 성공하게 되었다. 이 과정에서 인빈 김씨의 오빠 김공량金公諒이 이산해 부자와 결탁하였는데, 인빈 김씨는 동인 측이 세운 계획에 동참하였다.

그러나 광해군이 임진왜란에서 분조分朝를 성공적으로 이끌며 백성들의 지지를 받았고 더욱이 신성군은 1592년에 의주 피난길에서 병사하게 되면서, 인빈 김씨의 아들이 세자가 될 가능성은 없어졌다. 이렇게 질질 끌던 세자 책봉 문제를 선조는 피난 바로 전날인 4월 29일에 책봉 의식도 없이 강행 처리하였다.

자신의 입지가 줄어들 수밖에 없는 상황 속에서 의인왕후는 사망하고 인목왕후仁穆王后 김씨가 새로 왕비가 되어 적자인 영창대군을 낳았다. 인빈 김씨는 자신의 입지와 자녀들의 신변을 지키기 위해 광해군 지지를 자처하며 그의 왕위 즉위를 도왔다. 훗날 이 일에 대해 광해군은 "내가 서모의 은혜를 받아서 오늘이 있게 된 것이니, 그 의리를 감히 잊지 못한다."라며 고마워했다.

광해군을 자기편으로 포섭하기 위한 인빈 김씨의 행보는 신경辛鏡과 결혼한 친정 언니의 딸인 신씨를 광해군의 후궁으로 추천한 모습에서 알 수 있다. 이후 조카 신씨가 1609년광해군 1에 숙원에 봉작되면서 인빈 자신은 물론 자식과 손주들은 인빈이 살아있을 때까지 무사할 수 있었다. 그녀는 1613년광해군 5 59세를 일기로 사망하였다. 비록 자신의 아들이 왕위에 오르지 못했지만, 얼마 지나지 않아 손자인 능양군綾陽君, 후일 仁祖이 왕위에 올랐다. 이로 인해 영조는 1755년영조 31 사친私親인 숙빈 최씨와 격을 맞추어 '경혜敬惠'라는 시호를 증시하고, 묘소를 순강원順康園, 사당을 저경궁儲慶宮으로 올렸다. 이와 함께 인빈 김씨가 입궁하는 데 결정적 역할을 한 숙의 이씨도 경빈에 추증되었다.

2. 정쟁에 휘말린 어머니들, 희빈 장씨와 숙빈 최씨

숙종 대는 '환국 정치換局政治'로 불리는 시기였다. 이 시대는 서인과 남인의 정쟁이 극심했던 때로, 숙종은 조정의 당파를 완전히 바꾸어버리는 '환국'의 방식을 통하여 왕권 강화를 모색하였다. 그 중심에 경종의 어머니와 영조의 어머니가 있었다.

궁인 장옥정張玉晶, 1659~1701은 1659년효종 10에 역관 출신 장형張炯의 막내딸로 태어났다. 인동 장씨仁同張氏 집안은 조상 대대로 역관들을 배출한 전형적인 중인층 집안이었다. 조부 장응인張應仁은 『통문관지通文館志』에 행적이 기록될 정도로 선조 때에 첨지중추부사에 오른 유명한 역관이었다. 종숙부 장현張炫 역시 인조 때부터 숙종 때까지 활동한 이름난 역관으로서 조정 내에서 갑부甲富로 통했다.

중인층 집안에서 태어난 그녀의 신분은 미천했다. 어머니 윤씨가 조사석趙師錫의 처갓집 여종이었다는 실록 자료를 근거로 종모법從母法에 따라 그녀 역시 여종의 처지라 생각된다. 종숙부 장현 역시 출세에 한계가 있던 역관 신분의 중인층이었다. 이 때문에 그는 역관의 신분을 활용해서 사무역을 통해 부를 축적하고 집권 남인 세력과 친분을 쌓아갔다.

장옥정이 언제 어떠한 이유로 입궁하였는지는 알 수 없다. 다만 「장형 신도비張炯神道碑」에 "어린 나이에 간택되어 입궁하였다."라고 하거나 『숙종실록』에서 "머리를 스스로 땋아 올리기 전에 입궁하였다."라고 한 사실을 통해 어린 나이에 궁중으로 뽑혀 들어온 정식 궁녀인 것으로 보인다. 장씨의 입궁은 조부 장응인이 생존해 있었다는 점에서 경제적 어려움보다는 인동 장씨 집안의 정치 세력과의 연계성에서 찾아야 할 것으로 본다.

장씨가 숙종의 총애를 받기 시작하였을 때는 인경왕후의 승하 이후인 1680년숙종 6 이후일 것이라 추측된다. 그녀의 입궁을 도와준 사람은 동평군東平君 이항李杭과 우의정 조사석이었다. 동평군은 인조의 후궁 귀인 조씨의 소생인 숭선군崇善君 이징李澂의 아들이고, 조사석은 대왕대비 장렬왕후의 재종 동생이다. 장렬왕후는 숭선군 부인에게 이모였다. 처음 장씨가 배속받은 곳은 장렬왕후의 처소였다. 장렬왕후는 숙종의 증조모로, 당시 대왕대비였다. 대왕대비전은 왕이 아침저녁으로 문안 인사를 드리는 곳으로, 숙종의 눈에 띄기에 가장 적합한 곳이었다.

명성왕후의 삼년상이 1685년숙종 11에 끝나고 장옥정이 재입궁하면서 장씨는 숙종의 총애를 한 몸에 받았다. 이듬해인 1686년숙종 12에 종4품 숙원으로 봉했으며, 별당을 지어주고, 숙원방淑媛房에 백 명의 노비를 하사했을 정도였다. 남인의 후원과 숙종의 총애를 입은 그녀는 숙종이 계획한 기사환국己巳換局에 적극적으로 가담했다. 서인에 대한 숙종의 견제가 성공할 수 있었던 데에는 정2품 소의에 봉해진 장씨가 이로부터 두 달 뒤인 1688년숙종 14 10월에 훗날 경종이 될 왕자를 낳았기 때문이다.

소의 장씨의 아들 이윤李昀이 태어나자, 숙종은 원자 명호를 내릴 뜻을 밝혔다. 이 소식을 들은 조정의 원로대신들은 너무 성급하다고 반대하였지만, 숙종은 요지부동이었다. 곧바로 왕자를 원자로 삼아 종묘사직에 고했고, 소의 장씨를 내명부 정1품 빈嬪으로 책봉하였다. 서인의 영수 송시열을 비롯한 대신들의 반대에 지속적으로 부딪혔지만, 숙종은 아랑곳하지 않고 삼사와 승정원 등 정부 요직에 있던 서인을 내쫓고 남인을 등용하는 기사환국을 단행해 버렸다.

숙종이 비교적 빠르게 서인에서 남인으로의 정권교체를 단행할 수 있었던 것은 희빈 장씨가 훌륭한 정치 내조자의 역할을 충실하게 뒷받침해 주었기 때문이다. 실제로 장희빈은 "간교하고 민첩하게 일해"라고 묘사될 만큼 숙종의 의정을 정확하게 읽어, 임금의 뜻[上意]에 영합했다. 임금의 뜻에 영합했다는 의미는 정국 운영에 일정한 영향을 주며 적절한 조언자의 역할을 수행했음을 의미한다. 이러한 정국 변화에서 숙종은 후궁 영빈 김씨와 인현왕후를 폐출하고 희빈 장씨를 왕비에 올렸다.

왕비 인현왕후와 후궁 영빈 김씨는 1680년숙종 6 경신대출척庚申大黜陟을 계기로 자당自黨인 서인이 집권에 성공한 덕분에 입궁한 여성들이다. 인현왕후는 민유중閔維重의 딸로, 숙종의 첫째 왕비인 인경왕후仁敬王后가 세상을 떠난 이후 1681년숙종 7 5월에 왕비로 선발되었고, 영빈은 영의정 김수항金壽恒의 종손녀로, 1686년숙종 12에 간택후궁으로 선발되었다. 두 여성은 서인 측과 연결되었다. 희빈 장씨는 남인 측과 연결되었다.

반면 숙빈 최씨는 당파적 기반이 처음엔 아예 없었다. 그러나 그녀는 당쟁의 정국 속에서 정치적 선택을 여러 차례 경험하게 되면서 나름대로 정치적인 영향력을 발휘하였다. 그 사건이 바로 1694년숙종 20의 갑술옥사甲戌獄事와 1701년숙종 27의 무고巫蠱의 옥獄이다.

숙빈 최씨淑嬪崔氏, 1670~1719는 1670년현종 11 최효원崔孝元과 홍계남洪繼南의 딸 사이에서 1남 2녀 중 막내딸로 태어났다. 최씨의 집안은 빈한한 중하급 무관 가문이었다 3~4살 무렵에 고아가 되면서 절박했던 가정 형편 탓에 1676년숙종 2 7살의 어린 나이에 입궁하였다. 최씨는 처음 침방에서 바느질하다가 중궁 인현왕후전으로 근무지를 옮겼다.

궁인 최씨는 기사환국이 일어난 지 3~4년이 지난 1692년숙종 18에 숙종의 승은을 입은 것으로 보인다. 당대 정치 평론서인 이문정李聞政의 『수문록隨聞錄』에 따르면, 인현왕후가 폐위된 뒤, 궁인 최씨가 인현왕후의 생일 전날 밤에 생일상을 차려놓고 기도를 올렸다가 숙종에게 우연히 목격되어, 그 마음 씀씀이에 감동한 숙종이 그녀를 총애하였다는 것이다. 이렇게 숙종과 궁인 최씨와의 우연한 만남은 인현왕후를 향한 숙종의 노한 감정을 상당히 누그러뜨리게 하였다.

중궁전의 교체가 이루어진 갑술옥사는 1694년숙종 20 3월에 발생하였다. 노론 측 김춘택金春澤 등이 남인과 궁중의 동향을 정탐하고 비밀 거사 자금[銀]을 모아 폐비된 인현왕후의 복위 운동을 시도하고자 했다. 복위 운동에 참여한 핵심 세력들은 모두 서인 명문가의 자제였다. 이 당시 남인의 영수 우의정 민암閔黯 등은 이를 기회로 반대당 서인을 완전히 제거하려고 했다. 그러나 그의 계획과는 달리 숙종은 오히려 "임금을 우롱하고 진신搢紳을 함부로 죽인다[愚弄君父 魚肉搢紳]."라며 민암을 질책하여 처벌하고, 남인 측 중진 관료 대신 서인들로 인사 교체를 단행하였다. 이 과정에서 남인 정권이 무너지고 서인이 다시 정권을 잡게 되었다.

갑술년의 환국은 숙종의 주밀한 계획 하에 미리 준비되었다기보다는 숙원 최씨의 독살 사주 혐의가 있었음을 그녀에게 전해 들은 숙종의 순간적인 결단으로 단행된 것이다. 숙원 최씨의 독살설을 주장하는 김인金寅의 고변에 따르면, 후궁 최씨의 해산 무렵의 생일날에 독약을 넣은 음식을 가지고 입궐하여 최씨를 독살하고자 했다는 내용이다. 주목되는 점은 김춘택이 고모 인경왕후와 봉모부인과의 인연을 이용하여 숙원 최씨와 연결해서 환국을 성사시켰다는 사실이다. 최씨의 밀고 때문에 환국이 일어났다는 『단암만록丹巖漫錄』의 기록은 서인 민진원閔鎭遠의 주장이라는 점에서 사료의 신뢰성을 갖는다. 실제로 남인과 소론들은 숙빈을 가리켜 '김씨들의 사인私人'이라고 하였다.

갑술환국의 성공으로 그녀는 종2품 숙의로 봉작되었다. 그해 9월에 연잉군延礽君 이금李昑을 출산하면서 1695년숙종 21에 종1품 귀인에 올랐다. 1699년숙종 25 최고 위계인 정1품 빈으로 봉작되었다. 그리고 두 달 후에 이금이 연잉군에 책봉되었다.

그로부터 2년 뒤인 1701년숙종 27 8월에 왕비 인현왕후가 35세로 사망하였다. 인현왕후의 갑작스러운 죽음은 왕비의 자리가 공석이 되는 상황을 야기하면서 계비를 선발해야 하는 문제를 발생시켰다. 조정에서는 인현왕후를 위한 국상을 준비함과 동시에 왕세자의 생모 희빈 장씨를 다시 왕비로 복위시키는 움직임이 전개되었다. 희빈 장씨가 다시 복위한다면, 노론은 물론 숙빈 최씨와 아들 연잉군에게 치명적인 상황이었다.

이에 숙빈은 대책을 강구했다. 그러던 중에 숙빈 최씨는 자신을 찾아온 숙종에게 희빈 장씨가 처소인 취선당 서쪽에 신당神堂을 차려놓고 인현왕후를 저주했다는 인현왕후로부터 들은 얘기를 전하면서 왕비의 죽음이 병 때문만이 아니라 희빈의 저주에서 비롯된 것임을 주장하였다. 이는 노론의 중심인물이라 할 수 있는 민진원의 『단암만록』에서도 인현왕후에 대한 희빈 장씨의 저주를 숙종에게 알려준 사람이 숙빈 최씨였음을 분명히 밝혔다.

희빈 장씨가 실제로 인현왕후를 무고했는지는 현재로서는 확인할 길이 없다. 분명한 것은 숙빈 최씨의 말을 전해 들은 숙종이 이번에도 그 사실 여부를 확인하지 않고 장희빈에 대한 처벌을 결정해 버렸다는 점이다. 결국 희빈은 인현왕후가 사망한 그해에 자진의 명을 받고 43세에 생을 마감했다. 주목되는 점은 숙종이 "이제부터 나라의 법전을 명백하게 정하여 빈어嬪御가 후비의 자리에 오를 수 없게 하라."라고 명을 내려, 후궁이 왕비에 오를 수 없도록 법제화했다. 이것이 '무고의 옥' 사건이다. 갑술환국과 무고옥사에 보여준 숙빈 최씨의 정치공작은 이처럼 성공적이었다. 이후 그녀는 1718년숙종 44에 창의동彰義洞 사가에서 49세로 숨을 거두었다.

희빈 장씨와 숙빈 최씨의 노력은 성공적이었다. 희빈 장씨는 남인 당파의 힘을 빌려 인현왕후를 왕비 자리에서 끌어내리고 그 자신이 왕비 자리에 올라서는 데 성공했다. 숙빈 최씨는 서인 당파의 힘을 빌려 궁궐에서 추방되었던 인현왕후를 복위시키고 희빈 장씨를 왕비 자리에서 끌어내리는 데 성공했다. 눈여겨봐야 할 점은 숙빈 최씨가 희빈 장씨를 왕비 자리에서 축출한 데 멈추지 않고 그녀를 죽음으로 내몰았다는 사실이다. 이로써 그녀는 연잉군에게 왕위를 계승할 수 있는 터전을 마련해 주었고, 훗날 그녀의 소원대로 연잉군은 노론의 지원에 힘입어 왕위를 차지하게 되었다.

3. 추존왕의 어머니들, 정빈 이씨와 영빈 이씨

영빈 이씨暎嬪李氏, 1696~1764는 영조의 후궁으로 사도세자의 어머니이다. 그녀는 1696년숙종 22 증찬성 이유번李楡蕃의 딸로 태어났다. 1701년숙종 27 6세의 나이로 입궁하게 되었는데, 아마도 절박한 가정 형편 때문에 투탁된 것으로 보인다. 처음 배속된 곳은 숙종의 두 번째 계비 인원왕후 김씨 처소로, 어려서 입궁한 그녀는 아기 나인[內人]이 되었다.

영빈 이씨는 어려서부터 어른스러웠고 품행이 남달랐다. 평소 그녀의 행동거지를 눈여겨 본 숙종은 "높은 벼슬하는 집안의 여자들도 이러한 나이에는 오히려 어린아이의 습관을 면하기 어려운 법인데, 위항委巷의 여자가 조숙하기가 이와 같을 수 있는가!"라고 감탄할 정도였다. 실제로 그녀는 인원왕후로부터 궁관으로서의 업무 능력을 인정받아 1717년숙종 43 숙종의 온천 행행에서 배종하는 궁관에 뽑혀 갔다 오기도 했다.

1720년숙종 46 숙종이 세상을 떠나고, 경종이 즉위하였다. 노론은 경종에게 후사가 없고 만성적인 신병을 명분으로 내세워 연잉군의 세제 책봉과 대리청정을 잇달아 요청하면서 결국 신임옥사辛壬獄事가 발생하였다. 이러한 과정에서 연잉군은 28세인 1721년경종 1에 왕세제가 되었다.

영조가 왕위에 오르자, 영빈 이씨의 총혜聰慧와 견식見識을 매번 칭찬해 왔던 인원왕후가 조서를 내려 영조의 급사給事에 보임하도록 그녀를 추천하였다. 영조의 처소로 옮긴 영빈 이씨는 어렸을 때부터 총명한 데다 궁중 법도를 꿰뚫고 있었기 때문에 궁중 생활의 모든 일을 빈틈없이 처리해 나갔다. 이 때문에 그녀는 당시로서는 늦은 나이인 31세에 영조의 승은을 입고, 내명부 종2품 숙의에 봉작되었다. 궁관의 지위에서 승은을 받은 영빈 이씨가 숙용, 소용, 숙원, 소원의 등급을 거치지 않고 바로 숙의에 책봉된 것은 매우 파격적인 조치였다.

영빈 이씨는 숙의로 책봉된 이듬해인 1727년영조 3 4월에 화평옹주和平翁主를 낳았다. 이후 그녀는 이듬해 10월에 귀인으로 승봉되었고, 35살 때인 1730년영조 6 11월 27일에 후궁 최고의 자리인 정1품 영빈暎嬪에 봉작되었다. 영빈 이씨에 대한 영조의 총애는 "온 나라가 놀라 탄식했다."라고 할 정도였다. 실제로도 그녀가 승은을 받았던 1726년영조 2부터 43살이 되던 1738년영조 14까지 1~2년 터울로 연이어 1남 6녀를 낳았다.

영조는 사실 영빈 이씨를 만나기 전에 정빈 이씨靖嬪李氏, 1694~1721를 총애했었다. 그녀는 영조가 즉위하기 전인 연잉군 시절에 만나 1남 2녀를 두었다. 1721년경종 1 28세의 젊은 나이에 사망했기 때문에 그녀에 관한 기록이 거의 없다. 영조가 세운 비문에 따르면, 그녀는 1694년숙종 20에 의정부 좌찬성에 추증된 이후철李後哲과 김해 김씨의 딸로 태어났고, 1701년숙종 27에 8세의 나이에 입궁했다고 한다.

이씨가 어떤 이유로 입궁하여 궁인이 되었는지 알 수 없고, 연잉군 또한 왕자의 신분으로 궁인을 첩으로 들였는지 현재로서는 알 길이 없다. 이씨가 낳은 첫딸 향염香艶의 출생년이 1717년숙종 43 4월이었음을 고려해 볼 때, 둘이 만나게 된 시점은 적어도 1716년 전후일 것이라 추측된다. 이씨의 나이 20대 초반대였다. 그녀는 첫딸 향염을 낳은 후 2년 뒤인 1719년숙종 45 2월 또다시 왕자를 낳았고, 그 이듬해 3월 또다시 둘째 딸 향이香怡를 낳은 것을 보면 연잉군이 얼마나 이씨를 총애했는지 알 수 있다.

그 당시 연잉군은 11세인 1704년숙종 30에 혼인한 정성왕후가 있었다. 하지만 부인 서씨가 아이를 낳지 못하자 그녀를 첩으로 들여 1남 2녀를 얻었는데, 맏딸 향염은 돌을 보름 정도 앞두고 요절했고 첫아들 이행李緈 역시 1725년영조 1 세자로 책봉되었으나 10세에 단명하였다. 1721년, 연잉군이 왕세제로 책봉되면서 그녀는 세자궁의 종5품 소훈昭訓이 되었으나 그해 11월에 병사하였다. 영조가 왕위에 오르자, 그녀는 정4품 소원昭媛에 추증되었고 1725년영조 2에 경의군敬義君이 세자로 책봉되면서 이틀 뒤, 정1품 정빈靖嬪으로 추증되었다. 영빈 이씨는 이처럼 정빈 이씨가 죽은 이후에 영조의 마음을 얻게 된 것이다.

영빈 이씨는 1735년영조 11 사도세자를 낳았다. 사도세자의 탄생은 효장세자가 사망한 지 꼭 7년 만의 경사였다. 사도세자는 태어난 지 사흘 뒤에 원자가 되었고, 2살 되던 해에 왕세자로 책봉되었다. 영빈 이씨의 아들은 차기 국왕으로서의 확고한 지위를 인정받았다. 1744년영조 20에 영빈 이씨는 사도세자와 동갑인 혜경궁 홍씨를 며느리로 맞이하였다. 혜경궁 홍씨가 아들 정조에게 "내가 입궐한 이후로 잘못한 일이 없었음은 모두 돌아가신 빈의 덕분이었다."라고 술회할 정도로 고부간 사이는 좋았다.

그 사이 영조와 세자의 갈등은 깊어졌다. 갈등의 구체적인 시기는 사도세자가 대리청정을 시작한 1749년영조 25부터였다. 영조와 영빈 이씨의 바람과 달리 대리청정 시기에 세자는 영조의 기대에 미치지 못해 영조로부터 질책을 받았다. 그 이유에 대해 혜경궁 홍씨는 "왕과 세자가 일찍부터 떨어져 살아 부자의 정을 쌓지 못했고, 세자를 책임진 상궁들이 무예나 놀이 쪽으로 이끌어서 세자는 책보다 무예를 더 좋아해 왕의 실망을 샀다."라고 설명했다.

이 시기에 사도세자는 영조를 두려워했다. 사도세자는 영조로부터 지나칠 정도로 면박을 당했다. 그뿐만 아니라 영조가 정치적인 목적으로 왕위를 세자에게 넘겨주겠다는 선위소동을 일으킬 때마다 사도세자는 며칠 동안 석고대죄해야만 했다. 세자의 병증을 살펴보면 의대 공포증, 울화증, 가학증 등 복합적인 증상을 보였다. 세자의 정신 질환이 악화하여 정상적인 생활을 하기 어려운 상태가 되자 궁중에서는 이미 세자가 폐위될 것이라는 소문이 나돌았다. 실제로 1758년영조 34에는 영조가 세자를 폐위하였다가 도승지 채체공의 반대로 하루아침에 철회한 해프닝이 발생했다.

1752년영조 28에 원손정조이 태어나면서 영조에게는 다른 선택의 여지가 생기게 되었다. "삼백 년 종사를 이을 사람은 세손이다."라는 영조의 표현처럼 영조는 세손 정조를 점찍었다. 『한중록』에서도, 혜경궁은 사도세자가 자신의 생명이 무사하지 못할 것이라고 짐작했는지, 자신은 폐위되고 세손은 효장세자의 양자가 될지도 모른다며, 자신의 앞날을 걱정했다고 한다.

사도세자가 뒤주 속에 갇혀 죽게 된 직접적인 계기는 1762년영조 38 5월 22일에 나경언羅景彦이 형조에 올린 고변서告變書 때문이었다. 영조는 나경언의 고변을 통해서 세자의 실덕과 그가 저지른 비행 전모를 알게 되었다.

세자가 측근 내시들과 결탁하여 역모를 꾸미고 있다는 내용 이외에 세자의 비행 '10조목'이 올라와 고발되면서 영빈 이씨는 나경언의 고변이 있은 뒤에 중대한 결심을 하였다. 사건이 일어나기 전에 그녀는 며느리로부터 세자의 근황과 함께 병 증세를 자세히 들었다. 사건 당일에 그녀는 혜경궁에게 편지를 보냈고 경희궁 경현당景賢堂에 머물고 있는 영조를 직접 찾아갔다. 영빈 이씨는 궁궐 안에 퍼져 있던 흉흉한 소문들을 전해주며 아들의 비행을 알렸다. 영빈 이씨가 영조에게 나인[內人]·중관中官 등 100여 명을 살해한 일, 기생·여승들을 불러들여 음란한 짓을 행한 일 등의 이야기를 고변했다. 결국 그녀는 영조와 사백 년 종묘사직의 안위 때문에 아들을 포기했고, 아들을 대신할 사람으로 세손을 지목했다. 이는 영조가 내세운 명분이기도 했다. 영빈 이씨의 권유는 세자의 처리 문제로 고심하던 영조에게 폐세자를 결정케 한 것이었다.

영빈은 1764년영조 40 7월 26일에 경희궁慶熙宮 양덕당養德堂에서 병사하였다. 향년 69세였다. 영조는 이듬해인 1765년영조 41에 영빈 이씨에게 의열義烈이란 시호를 내렸다. 영빈의 무덤과 사당은 의열묘와 의열궁으로 부르다가 1899년광무 3 고종이 정조의 생부 장헌세자莊獻世子를 장종莊宗, 후일 莊祖로 개칭으로 추존하면서 영빈 역시 궁원제에 적용되었다.

영빈 이씨는 정조의 친할머니였지만 정조의 법적 할머니는 사실상 정빈 이씨였다. 정빈의 사후인 1764년 영조가 세손 정조의 종통을 변경하는 갑신처분甲申處分을 내림에 따라 양자 정조가 즉위하여 양아버지인 효장세자를 진종眞宗으로 추존했다. 진종의 어머니인 정빈 이씨 또한 시호 온희溫僖, 원호 수길원綏吉園, 궁호 연호궁延祜宮으로 추상되었다.

4. 아들의 왕위 즉위를 지켜본, 유빈 박씨

유빈 박씨綏嬪朴氏, 1770~1822는 정조의 후궁이자 순조의 어머니로, 흔히 '수빈 박씨'로 알려져 있다.* 정조는 왕비 효의왕후에게서 왕자를 얻지 못하자, 후사를 얻기 위해 세 차례 후궁을 맞이하였다. 원빈 홍씨는 입궁한 지 1년 만에 병사하였고, 화빈 윤씨 역시 왕자녀를 낳지 못하였다. 물론 원빈과 화빈이 제 역할을 하지 못하고 있을 때 궁인 출신 의빈 성씨宜嬪成氏가 1782년정조 6에 아들 문효세자文孝世子를 낳았다. 그러나 1786년정조 10 5세에 문효세자가 요절하고 그 해에 의빈도 출산을 앞두고 사망했다. 다음 해인 1787년정조 11에 유빈 박씨가 세 번째 간택후궁으로 선발되었다. 이 당시에 뽑힌 박씨가 정조의 마음에 들었던 듯하다. 이는 김조순이 "빈께서 궁중으로 들어오실 때의 성대한 거동을 보았는데, 아직도 우리 선왕 정조께서 기뻐하시던 모습과 칭찬하시던 음성을 기억하고 있어 마치 어제의 일처럼 역력하다."라고 회고한 사실에서 엿볼 수 있다.

유빈 박씨는 1770년영조 46 5월 8일, 사복시 주부 박준원朴準源과 원주 원씨 사이의 6남 5녀 가운데 셋째 딸로 태어났다. 그녀는 박소朴紹의 후손이다. 친할머니 기계 유씨는 장헌공 유명홍兪命弘의 손녀이자 김창협金昌協의 외손녀이다.

이 집안에서 두드러지는 인물은 노론 박윤원朴胤源인데, 박씨에게 백부가 된다.

* 綏嬪은 '수빈'이라 읽고 있지만, 한글 문헌인 「進香文」(장서각 소장 K2-3019), 「上諭文」(장서각 소장 K2-3068) 등에는 '綏嬪'을 '유빈'으로 표기하고 있다. 따라서 본 글에서는 당시에 작성된 한글 문헌의 표기를 따라 서술하였음을 밝힌다.

박윤원은 낙론의 영수인 김원행金元行과 김지행金砥行의 문하에 들어가 학문을 깊이 연구해 학자들로부터 크게 추앙받았다. 유빈 박씨의 외조부는 원몽린元夢鱗의 손자인 원경유元景游인데, 효종의 여섯째 딸인 숙경공주淑敬公主의 손자이다. 즉 어머니 부인 원씨는 윤두수의 7세손인 윤형동尹衡東의 외손녀였다.

유빈 박씨가 후궁에 뽑힌 데에는 선조비 의인왕후를 비롯해 부마, 학자를 배출한 반남 박씨 집안의 명성이 한몫했지만, 영조의 부마인 금성위錦城尉 박명원朴明源의 역할이 매우 컸다. 박명원은 노론 박필주朴弼周의 종손이자 화평옹주和平翁主의 남편이다. 정조에게 고모부가 되는 그는 사도세자를 보호하는 데 앞장섰고 현륭원 천장 과정에서 주도적 역할을 수행한 인물이었다.

입궁한 유빈 박씨가 처음 생활한 장소는 창경궁 집복헌이었다. 이곳은 숙종의 후궁 명빈 박씨가 연령군延齡君을 낳은 곳이자, 영조의 후궁 영빈 이씨가 사도세자를 낳은 곳이다. 유빈 박씨의 처소를 집복헌으로 정한 것은 대를 잇기를 간절히 바라는 마음에서였다. 왕실의 간절한 소망과 기대에 호응하듯 유빈 박씨는 입궁하고 4년이 지난 1790년정조 14 6월 18일에 왕자를 낳았다. 정조의 총애를 받은 그녀는 순조를 낳고 3년 뒤인 1793년정조 17에는 숙선옹주淑善翁主를 낳았다.

유빈 박씨의 나이 서른한 살 때인 1800년정조 24 1월에 아들 원자가 왕세자로 책봉되고 5개월 뒤인 6월, 남편 정조는 나이 마흔아홉 살에 승하하였다. 그로부터 1주일 후인 7월 4일에 11살 된 아들 순조가 즉위하면서 후궁 자신이 살아있을 때 그 아들이 왕위에 오르는 모습을 지켜보았다.

유빈 박씨의 부친 박준원 역시 현 국왕의 외조부라는 유례가 드문 인물이 되었다. 당시 11살 어린 나이에 순조가 왕위에 올랐기 때문에 법적 증조모이자 영조의 계비인 대왕대비 정순왕후의 수렴청정이 이루어졌다. 정순왕후는 유빈 박씨의 부친 박준원을 왕실에 협력할 척신으로 유시하여 특교로 공조판서에 임명하였고, "주상의 외조이고 의리를 굳게 지켰다."라고 하며 보도의 책임을 맡겼다. 이처럼 정순왕후는 순조의 외조부라는 그의 지위와 관료들의 호의, 선왕의 유지를 바탕으로 하여 그를 적극적으로 기용하였다. 이 때문에 유빈 박씨가 간택될 당시 미관말직에 있었던 박준원은 이후 호조, 형조, 공조의 판서와 3영의 병권을 잡는 등 순조 재임기에 권세를 누렸다. 그런 만큼 정순왕후는 유빈 박씨와 그 친정을 신뢰했다.
유빈 박씨는 아들이 현 국왕으로 재위할 때 사친의 영예를 누리다가 나이 53세인 1822년순조 22 12월 26일, 창덕궁 보경당寶慶堂에서 졸하였다. 1901년광무 5 고종이 정조를 선황제로 추존함에 따라 유빈 박씨도 유비綏妃로 추존되었다.

5. 마지막 황태자를 낳은, 황귀비 엄씨

황귀비 엄씨1854~1911는 마지막 황태자인 영친왕英親王의 어머니로, 흔히 '엄상궁'으로 불렸다. 그녀는 1854년철종 5 11월 5일 엄진삼嚴鎭三의 2남 2녀의 장녀로 태어났다. 6세가 되는 1859년철종 10에 아기 나인으로 입궐하였다. 그녀가 어떻게 입궁하게 되었는지 알 수 없으나, 아마도 한미한 집안에서 태어나 생계가 어려워 어린 나이에 투탁된 것이라 짐작된다. 실제로 부친 엄진삼은 뒤에 찬정이란 벼슬에 추증되었는데, 이는 엄씨가 귀하게 된 이후에 이루어진 것이다.

그녀는 처음 명성황후 소속의 지밀나인으로 배속되었다. 원래 지밀은 왕과 왕비나 대비 등의 거처이며, 4~5세의 여자아이들을 이곳에 입궁시켰다. 궁인 엄씨는 스무 살쯤에 정식 나인이 되었다. 보통 아기 나인으로 입궁한 후 15년이 지난 스무 살 안팎에 계례를 올리고 정식 나인이 되었기 때문이다. 왕비 측근의 지밀나인으로 왕과는 지근거리에 있었기 때문에 고종의 승은을 비교적 쉽게 얻을 수 있었다. 궁인 엄씨가 고종의 총애를 언제 입게 되었는지는 정확하지 않지만, 황현黃玹의 『매천야록梅泉野錄』에, '십 년 전'이라고 기록한 것으로 보아 22살 때로 짐작된다. 이것이 화근이 되어 그녀는 32세 되는 1885년고종 22에 명성황후에 의해 목숨만 보전한 채 궐 밖으로 쫓겨났다. 이후 그녀의 행적에 관한 내용은 알려진 바가 없다.

엄상궁이 다시 입궁하게 된 시점은 내쫓긴 지 10년 정도가 되는 1895년고종 32 을미사변乙未事變이 발생한 이후였다. 을미사변은 서울 주재 일본 공사 미우라 고로三浦梧樓의 지휘 아래 일본 낭인들이 경복궁 건청궁에 침입해 명성황후를 시해한 사건이다. 이 사건 직후 조정은 친일 인물들을 중심으로 한 친일 내각이 구성되었다. 당시 고종은 일본 세력과 친일 세력으로부터 신변의 위협을 느끼는 위험한 상황에서 자신이 믿을 수 있는 인물을 생각했는데, 그 사람이 바로 엄상궁이었다. 사실 을미사변 이전에 고종의 승은을 입은 여성은 엄상궁 이외에 완화군完和君의 어머니인 귀인 이씨와 의친왕義親王의 어머니인 귀인 장씨가 있었다. 하지만 고종의 자식을 둔 두 여성 역시 명성황후에 의해 쫓겨난 뒤 이미 고인이 된 상태였기에 이 당시에는 엄상궁 밖에 없었다.

을미사변이 일어난 지 불과 5일 만에 고종의 부름을 받고 재입궁한 엄상궁은 고종의 측근에서 일거수일투족을 보좌하여 고종의 총애를 얻게 되었는데, 사실상 이후부터 고종의 황후 역할을 했다고 해도 과언이 아니다. 당시 고종이 그녀를 믿고 총애하였다면 그것은 이 당시 정국 운영의 방향을 정확하게 파악해 그것에 보탬이 되는 역할을 수행했기 때문이다. 실제로 궁인 엄씨는 "엄씨의 외모가 명성왕후와 닮았고 권모와 지략도 비슷했으며, 중국어에 능통하고 춤과 노래를 잘 불렀다."라고 할 만큼, 탁월한 업무 능력과 함께 고종에게 훌륭한 정치 내조자로서 해야 할 역할을 톡톡히 해냈다.

상궁 엄씨가 고종에게 현명한 정치 능력을 보여준 사건이 바로 춘생문春生門 사건과 아관파천俄館播遷이었다. 춘생문 사건은 을미사변 직후 친일 정권에 있던 고종을 궁궐 밖으로 탈출을 시도한, 이른바 '국왕 탈취 사건'이다. 이 사건은 실패했지만, 다음 해인 1896년건양 1 2월, 고종과 왕세자가 러시아 공사관으로 거처를 옮긴 아관파천은 성공하였다. 이 과정에서 그녀는 고종을 공사관으로 피신시키는 데 결정적 역할을 하였다. 이 당시 러시아 공사관에서 1년 동안 고종을 측근에서 모셔 1897년광무 1 10월 20일, 아들 이은李垠, 의민태자을 낳았다. 그녀의 나이 마흔네 살이었다. 이날은 고종이 대한제국을 선포하고 환구단에서 황제로 즉위한 지 8일째 되는 날이었다. 황자를 낳은 상궁 엄씨는 이틀 뒤인 10월 22일 귀인에 봉작되었다. 소원이나 숙의를 거치지 않고 종1품으로 초고속 승진을 한 것이다. 귀인에 오르기까지 그녀는 고종의 승은을 입은 특별 상궁 또는 승은 상궁의 지위였다. 특별 상궁은 왕의 승은을 입고도 정5품 상궁의 지위에 머물러 있으면서 오직 왕의 곁에서 시침侍寢을 드는 여성이다.

고종을 보필한 공이 있고 아들까지 낳은 귀인 엄씨의 위상은 높아졌다. 1900년광무 4 8월 다시 순빈淳嬪, 1901년광무 5 8월 순비淳妃에 책봉되었다. 엄황귀비를 황후로 추대하려는 움직임이 1897년부터 1906광무 10까지 지속적으로 일어났으나, 반대하는 의견도 많아 그녀는 황후가 되지 못했다. 하지만 1903년광무 7 후궁으로서의 최고 지위인 황귀비皇貴妃로 진봉되었다. 황후가 없는 상황에서 황후와 같은 역할까지 수행했던 황귀비 엄씨의 권세는 날로 강해질 수밖에 없었다. 그 영향력으로 아들 영친왕을 순종의 후계자로 하려는 막후역할을 했다. 당시 순종에게는 아들이 없었다. 의친왕의 반발에도 불구하고 결국 영친왕은 11살이 되던 해인 1907년광무 11에 순종의 뒤를 이을 황태자로 책봉되었다. 이후 황귀비 엄씨는 한일합방 이듬해인 1911년, 장티푸스로 58세에 세상을 떠났다.

참고문헌

『조선왕조실록』; 『통문관지』.

申欽, 『象村稿』; 張維, 『谿谷集』.

朴宗熏 等編, 『潘南朴氏世譜』 2, 1831.

仁同張氏大同譜編纂會 編, 『仁同張氏大同譜』 권1, 1998.

민진원 지음 · 이희환 옮김, 『丹巖漫錄』, 민창문화사, 1993.

李聞政, 「隨聞錄」, 『朝鮮黨爭關係資料集』 5, 여강출판사, 1984.

혜경궁 홍씨 작 · 정은임 교주, 『한중록』, 이회, 2008.

황윤석, 『頤齋亂藁』 권7, 한국정신문화연구원, 2001.

황현 지음, 임형택 외 옮김, 『梅泉野錄』, 문학과 지성사, 2005.

한국학중앙연구원 장서각 편찬, 『숙빈최씨자료집』 4, 2009.

한국학중앙연구원 장서각 편찬, 『영조비빈자료집』 2, 2011.

金用淑, 『朝鮮朝宮中風俗研究』, 一志社, 2000.

신명호, 『궁녀』, 시공사, 2004.

이미선, 「영조 후궁 暎嬪李氏의 생애와 위상: 壬午 大處分을 중심으로」, 『역사와 담론』 76, 호서사학회, 2015.

이미선, 「숙종대 왕실여성들의 정치적 행보와 역할」, 『조선시대사학보』 93, 조선시대사학회, 2020.

이미선, 『조선왕실의 후궁: 조선조 후궁제도의 변천과 의미』, 지식산업사, 2021.

이미선, 『조선 후궁; 제도화된 지위, 감추어진 일상』, 국학자료원, 2022.

이미선, 「정조대 초반 後嗣 문제를 둘러싼 왕실여성들의 동향과 위상」, 『진단학보』 143, 진단학회, 2024.

이희환, 「甲戌換局과 肅宗」, 『전북사학』 제11 · 12合輯, 전북사학회, 1989.

한희숙, 「구한말 순헌황귀비 엄비의 생애와 활동」, 『아시아여성연구』 45(2), 숙명여자대학교 아시아여성연구소, 2006.

홍학희, 「徽慶園綏嬪朴氏誌文」, 『19세기 · 20세기 초 여성생활사 자료집』 2, 보고사, 2013.

육상궁, 영조의 사모곡

01
최숙의 호산청일기
崔淑儀護産廳日記
1694년(숙종 20)
1책, 필사본, 40.0×28.0㎝
K2-3619

02
숙빈방 인장
淑嬪房印章
1699년(숙종 25) 이후
놋쇠, 7.8×6.5㎝
국립고궁박물관

03
무술점차일기
戊戌苫次日記
1718년(숙종 44)
1책, 필사본, 25.1×18.0㎝
K2-2948

04
묘소도형과 산론
墓所圖形與山論
1718년(숙종 44)
접포(1장), 종이에 수묵·필사, 80.0×59.4㎝
K2-4450

05
숙빈 최씨 묘비 탑본
淑嬪崔氏墓碑搨本
1718년(숙종 44)
2축, 탑본, (전면) 189.7×68.7㎝, (음기) 189.8×68.9㎝
K2-5263-1, 2

06
숙빈 최씨 사우제문 원고
淑嬪崔氏祠宇祭文原稿
1726년(영조 2)
1첩, 필사, 34.2×12.3㎝, (전체) 34.3×97.0㎝, 보물
K4-437

07
사묘 전배록
私廟展拜錄
1733년(영조 9)
1장, 필사, 43.0×93.0㎝
RD00882

08
육상묘 고유제문 원고
毓祥廟告由祭文原稿
1744년(영조 20)
1장, 필사, 38.0×80.0㎝
RD02127

09
숙빈 최씨 소령묘갈문 원고
淑嬪崔氏昭寧墓碣文原稿
1744년(영조 20)
1장, 필사, 43.1×92.7㎝, 보물
RD02299

10
숙빈 최씨 소령묘갈 탑본
淑嬪崔氏昭寧墓碣搨本
1744년(영조 20)
2축, 탑본, (전면) 193.3×68.9㎝, (음기) 197.0×68.8㎝
K2-5264-1(전면), K2-5266(음기)

11
소령 제서
昭寧題書
1745년(영조 21)
1장, 필사, 34.4×73.3㎝
RD02112

12
사친 숙빈 최씨 제문
私親淑嬪崔氏祭文
1751년(영조 27)
1장, 필사, 29.0×22.0㎝
RD02498

13
육상궁 소령원 식례
毓祥宮昭寧園式例
1753년(영조 29)
1책, 필사본, 33.7×23.5㎝
K2-2474

14
궁원식례보편
宮園式例補編
1753년(영조 29)
1책, 필사본, 33.4×23.5㎝
K2-2427

15
육상궁 소령원 식례
毓祥宮昭寧園式例
1756년(영조 32)
1책, 활자본, 32.4×16.3㎝
K2-2476

16
육상궁 상시책인의
毓祥宮上諡冊印儀
1753년(영조 29)
1책, 필사본, 31.5×21.0㎝
K2-2473

17
화경숙빈 상시봉원시 세자칭하전문
和敬淑嬪上諡封園時世子稱賀箋文
1753년(영조 29)
1장, 필사, 34.6×137.5㎝
K2-3086

18
소령원도
昭寧園圖
1753년(영조 29)
1장, 종이에 담채, 115.0×86.5㎝, 보물
RD04412

19
화경숙빈 소령원비 탑본
和敬淑嬪昭寧園碑搨本
1753년(영조 29)
2축, 탑본, (전면) 246.8×92.6㎝, (음기) 247.0×92.2㎝
K2-5265-1, 2

20
선비화경휘덕숙빈 최씨 제문
先妣和敬徽德淑嬪崔氏祭文
1756년(영조 32)
1장, 필사, 61.0×104.2㎝
RD02830

21
화경휘덕안순숙빈 가상시호시 세손칭하전문
和敬徽德安純淑嬪加上諡號時世孫稱賀箋文
1772년(영조 48)
1첩, 필사본, 39.0×12.0㎝
K2-3087

22
육상궁 묘현의
육상궁묘현의
19세기 이후
1첩, 필사본, 23.5×7.3㎝
K2-2472

23
경인 각궁 제수도
경인각궁제슈도
19세기
1첩, 필사, 31.1×11.5㎝
K2-2414

24
주상전하 팔고조도
主上殿下八高祖圖
1744년(영조 20)
1첩, 필사본, 51.8×35.8㎝
K2-1079

25
주상전하 팔고조도
主上殿下八高祖圖
1753년(영조 29)
1첩, 필사본, 49.5×33.2cm
K2-1078

26
주상전하 팔고조도
主上殿下八高祖圖
1756년(영조 32)
1첩, 필사본, 43.5×30.5cm
K2-1080

27
주상전하 팔고조도
主上殿下八高祖圖
1772년(영조 48)
1첩, 필사본, 48.1×32.4cm
K2-1081

28
열성팔고조도
列聖八高祖圖
1776년(영조 52)
1첩, 필사본, 47.5×33.8cm
K2-1065

29
어제 초육일전배시여회
御製初六日展拜時餘懷
1766년(영조 42)
1첩, 필사본, 33.6×20.6cm
K4-4782

30
어제 육아
御製蓼莪
1773년(영조 49)
1첩, 필사본, 32.0×18.0cm
K4-3789

II 저경궁과 대빈궁, 궁원제의 명암

01
광해상등록
光海喪謄錄
1641년(인조 19)~1736년(영조 12)
1책, 필사본, 40.7×26.8cm
K2-2923

02
맹자언해
孟子諺解
1693년(숙종 19)
7책, 활자본, 32.7×21.2cm
K1-168

03
경혜인빈 김씨 시책
敬惠仁嬪金氏諡冊
1755년(영조 31)
10첩, 목제·금속제, (1첩) 25.0×16.8cm
(전체 길이) 183.0cm
서울특별시 유형문화유산
서울공예박물관

04
인빈 김씨 시호망단자
仁嬪金氏諡號望單子
1755년(영조 31)
1장, 필사, 36.2×75.4cm
RD00517

05
인빈 김씨 궁호원호망단자
仁嬪金氏宮號園號望單子
1755년(영조 31)
1장, 필사, 36.4×75.0cm
RD00602

06
저경궁 순강원 식례
儲慶宮順康園式例
1756년(영조 32)
1책, 활자본, 35.2×22.4cm
K2-2484

07
원종대왕 팔고조도
元宗大王八高祖圖
1756년(영조 32)
1첩, 필사본, 43.5×30.5cm
K2-1099

08
저경궁 제문
儲慶宮祭文
1772년(영조 48)
1장, 필사, 56.0×82.0cm
RD02335

09
어제 저경궁
御製儲慶宮
1775년(영조 51)
1첩, 필사본, 30.9×17.6cm
K4-4274

10
송현고궁기 현판
松峴故宮記懸板
1755년(영조 31)
목제, 39.2×104.0cm
국립고궁박물관

11
육궁고사
六宮故事
18세기
1책, 필사본, 23.9×22.0cm
K2-4381

12
책례도감청의궤
冊禮都監廳儀軌
1690년(숙종 16)
1책, 필사본, 44.0×33.7cm, 보물
K2-2721

13
당대선원록
當代璿源錄
1713년(숙종 39)
1책, 필사본, 54.0×39.0cm
K2-957

14
장희빈 상장등록
張禧嬪喪葬謄錄
1723년(경종 3)
1책, 필사본, 39.5×26.0cm
K2-3006

15
열성팔고조도
列聖八高祖圖
1735년(영조 11)
1첩, 필사본, 40.0×27.3cm
K2-1066

16
제물등록
祭物謄錄
1797년(정조 21)
2책, 필사본, 35.0×23.0cm
K2-2556

17
태상지
太常志
1873년(고종 10) 중간重刊
3책, 필사본, 26.9×23.5cm
K2-2043

III 연호궁과 선희궁, 정조의 의도된 선택

01
소훈 이씨 교지
昭訓李氏敎旨
1721년(경종 1)
1장, 필사, 127.3×89.7cm
RD00118

02
소훈 이씨 제문
昭訓李氏祭文
(한문) 1721년(경종 1)
1장, 필사, 31.0×170.0cm
RD02784
(한글) 1721년(경종 1)
1장, 필사, 28.0×150.0cm
RD02786

03
정빈 이씨 추증교지
靖嬪李氏追贈敎旨
1725년(영조 1)
1장, 필사, 131.8×91.8cm
RD00117

04
정빈방 인장
靖嬪房印章
1725년(영조 1) 이후
놋쇠, 7.7×7.8×6.5cm
국립고궁박물관

05
정빈 이씨 묘비 탑본
靖嬪李氏墓碑搨本
1725년(영조 1)
2축, 탑본, (전면) 190.5×69.0cm
(음기) 191.3×68.9cm
K2-5278-1, 2

06
추숭도감의궤
追崇都監儀軌
1776년(정조 즉위)
1책, 필사본, 43.8×33.0cm, 보물
K2-2850

07
온희정빈 이씨 시책
溫僖靖嬪李氏諡冊
1778년(정조 2)
8첩, 목제·금속제, 24.8×141.0cm
국립고궁박물관

08
팔고조도
八高祖圖
1777년(정조 1)
1첩, 필사본, 47.0×31.8cm
K2-1088

09
의열묘 소게 영조 어필 현판 등본
義烈廟所揭英祖御筆懸板謄本
1764년(영조 40) 이후
1장, 필사, 24.0×33.0cm
RD04353

10
어제 표의록
御製表義錄
1764년(영조 40)
1책, 목판본, 35.0×22.9cm
K4-5253

11
영빈 이씨 증시교지
暎賓李氏贈諡敎旨
1765년(영조 41)
1장, 필사, 60.6×109.5cm
RD00113

12
의열궁 거둥시 전교
義烈宮擧動時傳敎
1766년(영조 42)
1책, 필사본, 35.3×25.7cm
K2-2899

13
국조휘감
國朝彙鑑
19세기
5책, 필사본, 25.0×17.5cm
K2-33

14
선희궁 궁묘호 망단자
宣禧宮宮墓號望單子
1788년(정조 12)
1장, 필사, 40.8×72.7cm
K2-1837

15
선희궁 인장
宣禧宮印章
1788년(정조 12) 이후
놋쇠, 9.0×9.0×12.3cm
국립고궁박물관

16
선희궁 동지제 친행의
宣禧宮冬至祭親行儀
1794년(정조 18)
1첩, 필사, 38.2×18.3cm
K2-2456

17
추존시의궤
追尊時儀軌
1899년(광무 3)
1책, 필사본, 43.8×31.5cm, 보물
K2-2854

18
소유영빈 이씨 시책
昭裕暎嬪李氏諡冊
1899년(광무 3)
8첩, 목제 · 금속제, 25.2×141.8cm
국립고궁박물관

19
소유영빈 이씨 시인
昭裕暎嬪李氏諡印
1899년(광무 3)
금속제, 9.7×9.7×7.6cm
국립중앙박물관

20
선희궁 중삭준축책
宣禧宮仲朔準祝冊
1899년(광무 3) 이후
1책, 필사본, 27.8×22.5cm
K2-5045

21
오성어진 봉안 고유문
五聖御眞奉安告由文
1899년(광무 3)
1장, 필사, 24.0×14.0cm
RD02845

22
소유영빈 수경원비 탑본
昭裕暎嬪綏慶園碑搨本
1900년(광무 4)
1축, 탑본, (전면) 198.7×78.9cm
(음기) 198.7×79.9cm
K2-5279-1, 2

IV 경우궁, 순조의 애도

01
유빈 박씨 책봉교명
綏嬪朴氏冊封敎命
1787년(정조 11)
1축, 비단, 33.3×190.0cm
국립중앙박물관

02
가순궁 인장
嘉順宮印章
1787년(정조 11) 이후
놋쇠, 9.1×9.1×12.2cm
국립고궁박물관

03
각전궁 동가 의절
各殿宮動駕儀節
1811년(순조 11)
1첩, 필사본, 32.8×19.8cm
K2-2404

04
현목유빈 박씨 시책문
顯穆綏嬪朴氏諡冊文
(한문) 1823년(순조 23), 1첩, 필사본
19.1×16.5cm, K2-3067
(한글) 1823년(순조 23), 1첩, 필사본
18.9×16.0cm, K2-3068

05
가순궁 상례등록
嘉順宮喪禮謄錄
1825년(순조 25)
1책, 필사본, 41.2×27.0cm
K2-2911

06
휘경원 원소도감의궤
徽慶園園所都監儀軌
1823년(순조 23)
1책, 필사본, 45.7×32.5cm, 보물
K2-2398

07
현목유빈 휘경원비 탑본
顯穆綏嬪徽慶園碑搨本
1824년(순조 24)
2축, 탑본, (전면) 245.3×94.6cm
(음기) 244.0×94.2cm
K2-5295-1, 2

08
현사궁 별묘 영건도감의궤
顯思宮別廟營建都監儀軌
1824년(순조 24)
1책, 필사본, 45.6×31.8cm, 보물
K2-3602

09
경우궁도
景祐宮圖
1825년(순조 25)
1장, 종이에 채색, 222.3×452.8cm
국립고궁박물관

10
어필 경우궁
御筆景祐宮
1825년(순조 25)
3장, 필사, 96.0×66.5cm
RD04338

11
경우궁 현판 탑본
景祐宮懸板搨本
1825년(순조 25)
1장, 탑본, 66.0×184.0cm
RD04266

12
현목유빈 입묘도감의궤
顯穆綏嬪入廟都監儀軌
1825년(순조 25)
1책, 필사본, 44.5×31.6cm, 보물
K2-2214

13
팔고조도
八高祖圖
1823년(순조 23)
1첩, 필사본, 47.0×31.5cm
K2-1089

14
문조예제 경우궁재숙련구 탑본
文祖睿製景祐宮齋宿聯句搨本
1827년(순조 27)
1첩, 탑본, 32.3×20.3cm
K4-104

15
휘경원 지문 탑본
徽慶園誌文搨本
1855년(철종 6)
1첩, 탑본, 33.8×19.5cm
K2-4020

16
현목유빈 휘경원 천봉비 탑본
顯穆綏嬪徽慶園遷奉碑搨本
1863년(철종 14)
1축, 탑본, 232.8×95.2cm
K2-5297

17
휘경원 천봉원소도감의궤
徽慶園遷奉園所都監儀軌
1863년(철종 14)
4책, 필사본, 45.7×32.5cm, 보물
K2-2400

18
경우궁 정유신조
경우궁뎡유신조
1897년(광무 1)
1첩, 필사본, 33.7×13.5cm
K2-2412

19
현목유비지인첩
顯穆綏妃之印帖
1901년(광무 5)
1첩, 필사본, 28.0×16.2cm
K2-4941

20
현목유비지인
顯穆綏妃之印
1901년(광무 5)
금속제, 10.3×10.3×7.5cm
국립고궁박물관

21
경우궁 전배의
경우궁젼빅의
19세기 이후
1장, 필사, 23.4×72.0cm
RD00801

V 덕안궁, 궁원제의 쇠락

01
귀인 엄씨 칙지
貴人嚴氏勅旨
1897년(광무 1)
1장, 필사, 77.3×88.3cm
RD00071

02
순빈 엄씨 칙명
淳嬪嚴氏勅命
1900년(광무 4)
1장, 필사, 80.6×92.5cm
RD00072

03
순비 책봉의궤
淳妃冊封儀軌
1901년(광무 5)
1책, 필사본, 44.0×32.0cm, 보물
K2-2654

04
순비 금인
淳妃金印
1901년(광무 5)
금속제, 10.2×10.2×6.8cm
국립중앙박물관

05
순비 책봉 시 사찬 발기
신튝구월초ㅅ일 진어손님상불긔 ㅈ가봉비시
1901년(광무 5)
1장, 필사, 27.5×328.5cm
RD01327

06
황귀비 금책문 탑본
皇貴妃金冊文搨本
1903년(광무 7)
1첩, 탑본·필사, 27.5×17.8cm
K2-4153

07
진봉 황귀비 의궤
進封皇貴妃儀軌
1903년(광무 7)
1책, 필사본, 43.5×31.6cm, 보물
K2-2712

08
황귀비 책봉 시 의복 발기
계묘십일월초칠일 귀비ㅈ가봉비시 의복불긔
1903년(광무 7)
1장, 필사, 27.4×47.0cm
RD01057

09
책황귀비 홀기
칙황귀비홀긔
1903년(광무 7)
1첩, 필사본, 27.7×9.3cm
K2-2723

10
명신여학교 현판
明新女學校懸板
1906년(광무 10)
목제, 75.0×197.0cm, 국가등록문화유산
숙명여자고등학교 사료관

11
순헌귀비 시책문 탑본
純獻貴妃諡冊文搨本
191' 년
1첩, 탑본, 28.2×14.3cm
K2-4939

12
순헌귀비 애책문 탑본
純獻貴妃哀冊文搨本
1911년
1첩, 탑본, 26.4×16.8cm
K2-4938

13
순헌귀비 빈궁혼궁의궤
純獻貴妃殯宮魂宮儀軌
1911년
2책, 필사본, 42.3×29.8cm
K2-2978

14
순헌귀비 예장의궤
純獻貴妃禮葬儀軌
1911년
2책, 필사본, 42.0×30.0cm
K2-2980

15
순헌귀비 원소의궤
純獻貴妃園所儀軌
1911년
1책, 필사본, 42.3×30.0cm
K2-2341

16
순헌귀비 영휘원비 탑본
純獻貴妃永徽園碑搨本
1911년
1첩, 탑본, 41.3×25.2cm
K2-3966

17
덕안궁 제문
德安宮祭文
1911년
1책, 필사본, 39.5×27.5cm
K2-2438

18
향수조사책
享需調査冊
1898년(광무 2) 경
10책, 필사본, 33.7×21.4cm
K2-2583

19
각궁각원제 축식
各宮各園祭祝式
20세기
1책, 필사본, 45.5×32.8cm
K2-2403

20
칠궁 약도
七宮略圖
1929년 이후
1장, 필사, 27.5×40.0cm
RD04428

21
칠궁정당비품급청용잡품조사표
七宮正堂備品及廳用雜品調査表
1935년
43장, 필사, 28.0×40.0cm
RD00389

22
묘전궁원단묘의궤
廟殿宮園壇墓儀軌
1935년
1책, 필사본, 49.7×35.8cm
K2-2444

23
홀기진설도
笏記陳設圖
1937년
1책, 석인본, 29.1×20.0cm
K2-2587

24
칠궁 춘분추분 제향홀기
七宮春分秋分祭享笏記
1737년 이후
1첩, 필사, 34.0×52.0cm
RD00945

25
제례진설도설
祭禮陳設圖說
1929년 이후
1책, 필사본, 28.0×20.3cm
K2-2571

· 2025년 장서각 기획전 ·

왕의 어머니가 된 일곱 후궁

Chilgung: The Legacy of Seven Royal Concubines, Mothers of Kings

편	한국학중앙연구원 장서각
제1판 제1쇄	2025년 9월 22일 발행
발행처	한국학중앙연구원 출판부
발행인	김낙년
출판등록	제1979-000002호(1979년 3월 31일)
주소	경기도 성남시 분당구 하오개로 323
전화	031-730-8773
팩스	031-730-8775
전자우편	akspress@aks.ac.kr
홈페이지	www.aks.ac.kr

ISBN 979-11-5866-809-9 93990